LES FLAMMES
— Errata

CW01655439

P. 86 – Cat. 86 Elmar Trenkwalder, *WVZ 90 B TRE 10 – Dessin cadre*, 2010, **collection particulière**, courtesy galerie Bernard Jordan, Paris, France

P. 105 – Cat. 113 Ruby Neri, *In the field*, **2018**, galerie Salon 94, New York, États-Unis

P. 121 – Cat. 135 Johan Creten, *Présentoir d'orange*, 1988-2017, courtesy de l'artiste et galerie Emmanuel Perrotin, **Paris, France/New York, États-Unis/ Hong Kong, Chine/Séoul, Corée du Sud/Tokyo, Japon/Shanghai, Chine**

P. 136 – Cat. 145 Claudine Monchaussé, *Totems*, 2019, collection **Renaud Régnier**

P. 161 – Cat. 180 Georges Hoentschel, *Vase algue*, 1900, **collection Owenscorp, Paris, France**

P. 199 – Cat. 60 Karen Karnes, *Soupière de cuisson*, **années 1960,** collection Benjamin Lignel, Montreuil, France

P. 223 – Cat. 60 Karen Karnes, *Soupière de cuisson*, **années 1960**, grès émaillé, cuisson au sel, H.18 × L. 25,5 × l.21, collection Benjamin Lignel, Montreuil, France

P. 224 – Cat. 86 Elmar Trenkwalder, *WVZ 90 B TRE 10 – Dessin cadre*, 2010, terre cuite émaillée, mine de plomb sur papier, H. 135 × L. 110 × l. 15 cm, **collection particulière**, courtesy galerie Bernard Jordan, Paris, France

P. 224 – Ursula Morley Price, ***Bol blanc forme torsade*, 2015, grès, collection particulière, H.19,5 × L. 25cm, courtesy galerie de l'Ancienne Poste**

P. 224 – Cat. 113 Ruby Neri, *In the field*, **2018**, faïence émaillée, H.61 × L.79 × l.47 cm, galerie Salon 94, New York, États-Unis

P. 225 – Cat. 135 Johan Creten, *Présentoir d'orange*, 1988-2017, grès émaillé rouge, orange, H. 65 × L. 19 × l. 14 cm, courtesy de l'artiste et galerie Emmanuel Perrotin, **Paris, France/New York, États-Unis/Hong Kong, Chine/Séoul, Corée du Sud/ Tokyo, Japon/Shanghai, Chine**

P. 225 – Daniel Dewar et Grégory Gicquel, ***Motorcyclist***, 2012, gif animé, boucle de 3 s, couleur, muet (édition 3/3), courtesy Clearing (New York, États-Unis/ Bruxelles, Belgique), Jan Kaps (Cologne, Allemagne) et Loevenbruck (Paris, France)

P. 225 – Cat. 145 Claudine Monchaussé, *Totems*, 2019, grès, cuisson bois, dimensions variables, collection **Renaud Régnier**

P. 226 – Sandra Berrebi avec **Laurent-David Garnier** pour la fragrance

P. 226 – Cat. 180 Georges Hoentschel, *Vase algue*, 1900, grès émaillé, cuisson bois, H. 115,9 × L. 57,2 × l.61,3 cm, **collection Owenscorp, Paris, France**

P. 230 – Nous tenons à remercier **Renaud Régnier** pour son prêt capital.

P. 232 – **Laëtitia Badaut Haussmann**

LES FLAMMES
L'ÂGE DE LA CÉRAMIQUE

LES FLAMMES
L'ÂGE DE LA CÉRAMIQUE

Musée
d'Art moderne
de Paris

Paris Musées

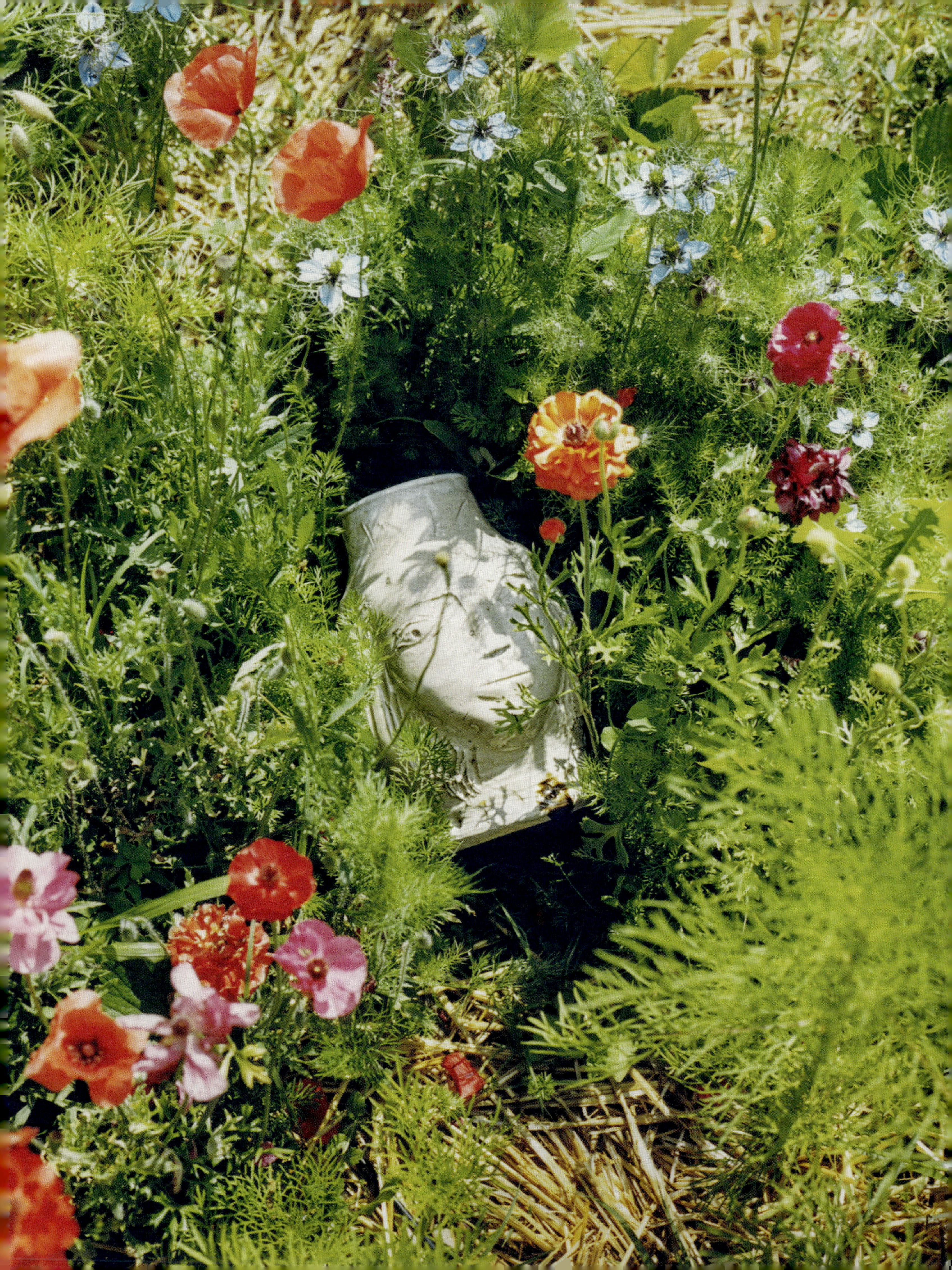

Source constante d'inspiration pour les artisans, les artistes et les designers, la céramique – du grec *keramikos* signifiant argile – est l'une des plus anciennes formes d'expression artistique. Utilisée dès la préhistoire, notamment pour la confection d'idoles, elle fait aujourd'hui l'objet d'un intérêt croissant de la part du public.

Dans la lignée des expositions « Decorum » et « Medusa », respectivement consacrées à la tapisserie en 2013 et au bijou en 2017, le musée d'Art moderne nous invite à une immersion exceptionnelle dans l'art riche et passionnant de la céramique avec « Les flammes ».

Aujourd'hui plébiscitée par les artistes modernes et contemporains, la céramique est également utilisée pour transmettre des messages politiques, qu'ils soient sociaux, écologiques ou féministes.

Grâce à la présentation de plus de trois cent cinquante pièces, de la période néolithique aux créations contemporaines, cette exposition met en lumière toute l'étendue des explorations artistiques et techniques. Un dialogue fécond se noue sous nos yeux entre différentes époques et différentes œuvres, dont certaines dérogent aux règles et bouleversent les codes de cet art fascinant qui ne cesse de se réinventer.

Anne Hidalgo

Maire de Paris

Cat. 238 Natsuko Uchino, *Vanitas bench* (détail), 2018, musée d'Art moderne de Paris, France

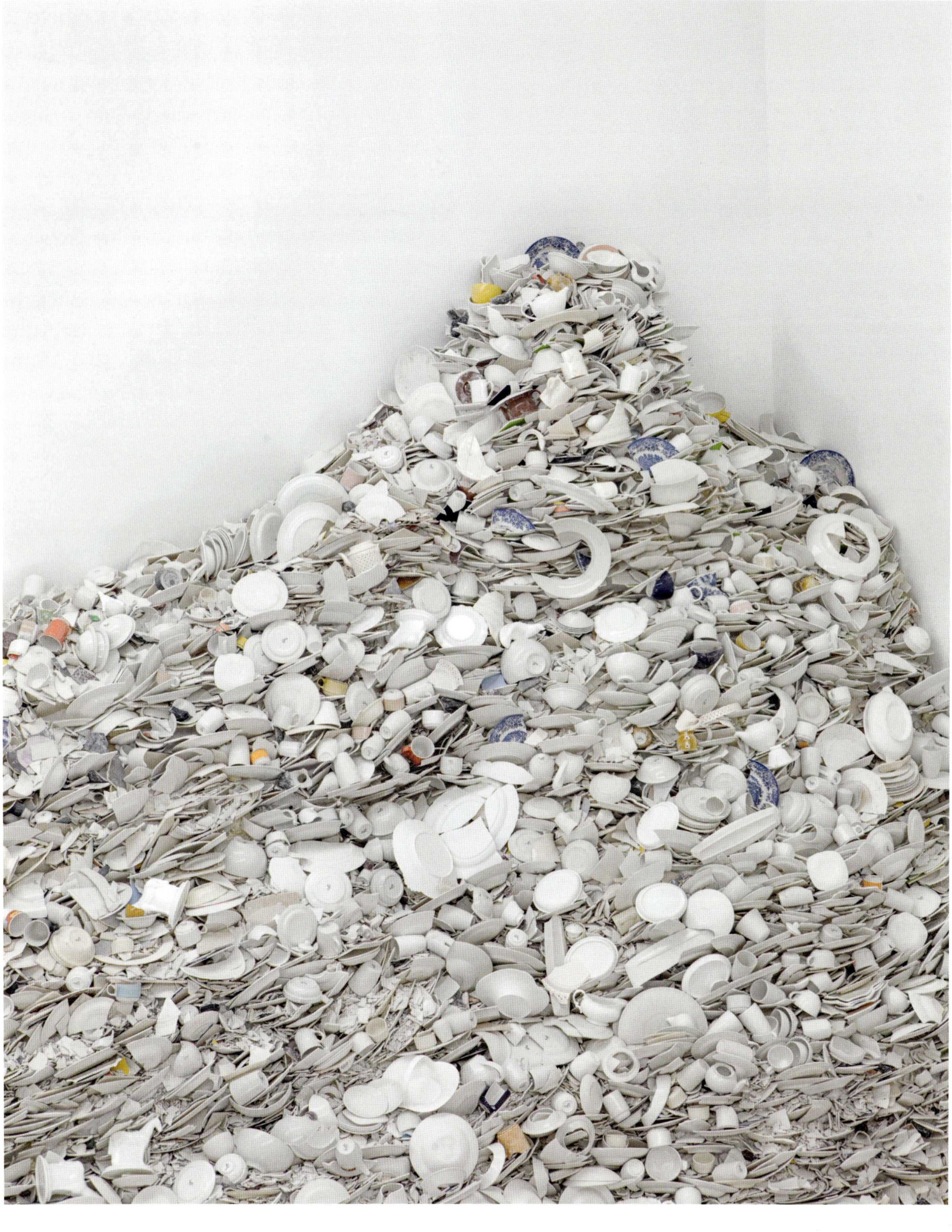

Cat. 1 Clare Twomey, *Monument*, 2021, courtesy de l'artiste

La céramique est longtemps restée marginale dans la programmation des institutions dédiées à l'art moderne et contemporain. Elle intéresse pourtant de plus en plus souvent les artistes et les amateurs. Au point d'être devenue une expression de l'évolution sociale du goût et des usages. On ne compte plus les collections de céramiques et de plus en plus de nouveaux artistes intègrent la céramique dans leur manière de penser le monde. Il est vrai qu'elle est à la fois peinture, sculpture, objet. Elle est réalisée à un seul exemplaire ou industriellement, hautement fragile ou d'une solidité telle qu'il ne reste souvent d'anciennes cultures que quelques tessons à partir desquels les archéologues inventent des mondes disparus. Prise comme un art, elle traverse ou renverse les anciennes hiérarchies, touche à tous les domaines et sa malléabilité en fait le médium par excellence capable d'une intensité émotionnelle que la sculpture « classique » ne permet pas. Il y a quelques années, la grande exposition « Lucio Fontana » du musée d'Art moderne avait montré combien la céramique du grand artiste italien se situait expressivement un peu en avant de sa peinture.

Peut-être que, dans le vaste domaine de l'art, la céramique est un monde en soi comme il se pourrait bien qu'elle soit un âge en soi, traversant les siècles et les pays, les langues et les usages, à l'image du monde dans lequel nous vivons. Il ne faut pas se leurrer, les musées n'inventent pas la réalité en organisant de grandes expositions thématiques. Ils ne font que l'accompagner. Il n'est pas si facile de suivre le monde d'aujourd'hui, si varié, transitif, vivant, se méfiant ou ne croyant plus aux étiquettes, ouvert et en quête de vérités, confus et idéaliste. Les différences y sont immenses et les similitudes stupéfiantes, alors qu'il ne s'agit jamais que de terre crue cuite au four à des températures variées. On voit que les flammes ont leur importance. Elles qui transforment, confirment et modifient les états. Le procédé qui fait la céramique est depuis longtemps passé dans le langage qui à son tour forme la pensée. Le titre du roman de Joseph Kessel *Le Tour du malheur* parle de ce qui est à la fois le fond et l'air des êtres et des choses, qui est ce que voit le potier assis à son tour avant même la cuisson, la part de cet oracle que tout être et objet porte avec soi.

Depuis ses origines, l'action du potier est à l'image de l'action humaine. Il n'est pas anodin que cette relation intime des mains à la matière, que ce corps à corps entre la glaise et l'esprit reprenne de l'importance au moment où la relation entre l'homme et la nature s'est tragiquement perdue. Peut-être que la multiplication des images avec la photographie comme méthode de la relation de l'homme à la nature n'y est-elle pas indifférente. La prolifération des images *via* le numérique a encore éloigné l'homme de la nature et de sa relation avec les êtres et les choses, et finalement avec lui-même.

La céramique est une expérience, un retour à une expérience d'avant la photographie. De tous les arts, elle est l'un des plus revêches à la reproduction photographique. Avec le développement exponentiel de l'image numérique, le besoin de compenser la perception à travers des objets qui sollicitent le toucher, la perception tactile du relief, le mouvement du corps pour en voir tous les aspects est devenu vital. Peut-être, parce qu'il est plus ancien, d'une technologie où la technique la plus élémentaire côtoie les maîtrises les sophistiquées, l'art de la céramique est-il aussi l'art le plus universel et le plus quotidien. Il est bien difficile de vivre sans une tasse ou un objet en céramique qu'aucune technologie ni nouveau matériau n'a su remplacer. Nous n'irons pas jusqu'à parler d'écologie et de retour à la terre lesquels, en ces temps dépassés de réchauffement planétaire, paraîtront aussi nécessaires et dérisoires que la dernière cigarette à un condamné à mort, mais plus simplement d'un art qui tente de comprendre ce qui se passe et de lui donner une forme.

Cette exposition conçue par Anne Dressen se place dans la lignée de « Decorum » qui, en 2013, traitait de la question du textile dans l'art, puis « Medusa », en 2017, portant sur celle du bijou. « Les flammes » associe des pièces allant du paléolithique jusqu'à nos jours, des œuvres reconnues ou inconnues, des productions de grandes manufactures comme des pièces anonymes. Comme ses expositions précédentes, cette exposition fait dialoguer le présent et le passé tout en apportant un éclairage inédit et personnel. Qu'elle soit vivement remerciée pour la qualité de son regard et de son travail.

Cette exposition n'aurait pas pu voir le jour sans les nombreuses collaborations avec des collections tant privées que publiques comme le Petit Palais, le musée Cernuschi, le musée et la manufacture de Sèvres, Adrien Dubouché, le Mucem, les Arts décoratifs, le Centre Pompidou, le Louvre, Guimet et le Quai Branly, ainsi que le musée Ariana de Genève, le Moderna Museet de Stockholm et l'Arizona State University Art Museum de Tempe. L'assistante d'Anne Dressen, Margot Nguyen. Les trois experts invités à former un collège scientifique autour de l'exposition : Frédéric Bodet, Thomas Golsenne et Stéphanie Le Follic-Hadida. L'artiste et céramiste Natsuko Uchino, conseillère artistique de l'exposition pour les choix des dispositifs et des matériaux scénographiques auprès de la scénographe Violette Cros de l'agence Cros & Patras. Sans oublier nos mécènes : la société Würth à Erstein, le Crédit municipal de Paris, Pro Helvetia, la fondation Hermès, la fondation Sasakawa, la Japan Foundation et Olivier Diaz.

Mes remerciements les plus chaleureux s'adressent enfin à toutes les équipes de Paris Musées et du musée d'Art moderne.

Fabrice Hergott

Directeur du musée d'Art moderne de Paris

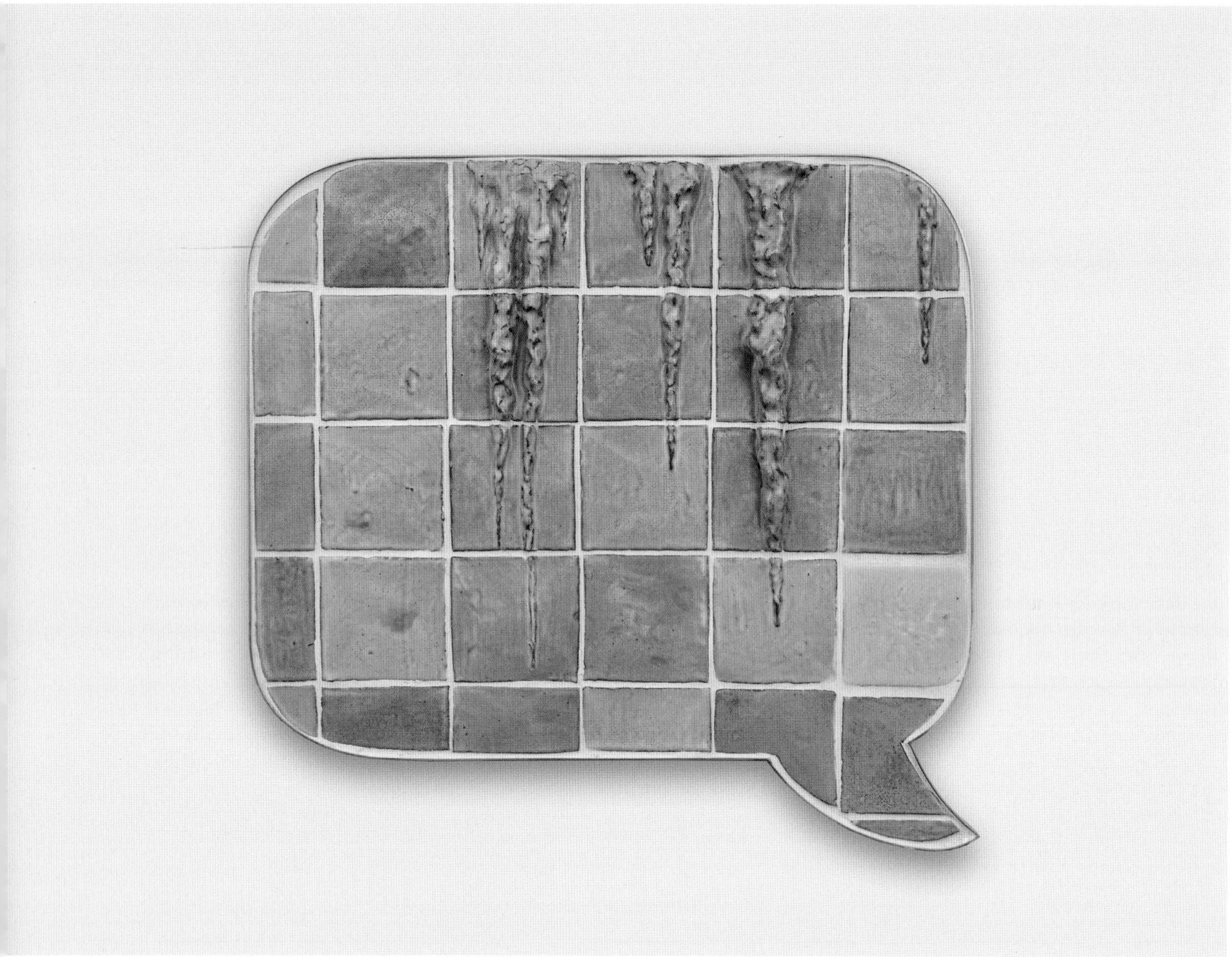

Cat. 83 Liz Craft, *Stalactites left*, 2018, courtesy de l'artiste et galerie Truth and Consequences, Genève, Suisse

Avant-propos
Anne Dressen

Au centre du roman d'anticipation d'Alain Damasio, *Les Furtifs* (2019), des êtres d'un genre nouveau se céramisent quand ils sont capturés. Cette pétrification leur permet d'échapper à l'étude ainsi qu'à leur possible récupération ou asservissement par autrui. La céramique est par bien des aspects un art de la résistance.

Source récurrente d'inspiration et d'expression pour artisan·es, artistes et designer·euses, la céramique est l'une des plus anciennes formes artistiques de l'humanité. Un médium à la fois ancestral et contemporain qui appartient au patrimoine culturel immatériel mondial, mais dont l'amplitude passée et le potentiel futur sont encore à explorer.

La céramique reste souvent marginalisée dans l'art du fait de son association avec le décoratif, l'amateurisme ou le fonctionnel. Elle ne serait pas assez « désintéressée », pour reprendre le terme kantien. Pour beaucoup, et pour la majorité des historien·nes de l'art et des conservateur·trices, elle a longtemps été perçue comme trop utilitaire, trop technique, mais aussi trop terre à terre, trop accessible, trop naturelle (et ainsi trop paysanne, romantique), pas assez conceptuelle pour certain·es, trop féminine pour d'autres, pré-moderne et donc non contemporaine pour la plupart. Autant de jugements orientés et discriminants qui nous invitent à en questionner les fondements mêmes.

Tel le Phénix qui renaît constamment de ses cendres[1], la céramique exerce toutefois une fascination, croissante bien que cyclique, liée à l'imprédictibilité technique de la cuisson et du four qui ne se laisse jamais complètement apprivoiser. Elle a inspiré des artisan·es – anonymes – depuis toujours et ne cesse d'attirer les artistes, depuis la fin du XIXe siècle, ainsi que le grand public et les amateur·trices en général.

Le feu, qui a orienté le titre de l'exposition, est à la fois une donnée technique avec des propriétés et des fonctions bien précises, offrant des esthétiques spécifiques ainsi qu'un imaginaire riche parfois proche de l'utopie radicale. Pensée comme une exposition transhistorique alliant pièces anonymes ou signées et de typologies variées, du néolithique à nos jours, « Les flammes » se propose d'aborder la céramique comme un médium et non un genre artistique en soi, dans ses rapports intrinsèques à l'art et plus largement à l'humain et à la terre, explorant la multiplicité de ses applications dans les domaines de l'artisanat et du décoratif, mais aussi du culinaire, du médical et du technologique.

Non chronologique, l'exposition est organisée de manière transversale. Elle révèle également des pièces qui dérogent aux règles, réinventent les codes, bousculent les approches et ce, même si les recettes, proches de l'alchimie, n'ont quasiment pas évolué au cours de l'histoire. Elle se propose aussi d'envisager la céramique comme un *processus*, un objet performatif et relationnel[2] engagé dans le faire, l'échange, ou encore la diffusion d'idées avant-gardistes.

En lien étroit avec l'exposition, le présent catalogue en suit le parcours thématique et aborde la céramique selon trois axes complémentaires, partant du point de vue *technique* (Faire) – la terre et la cuisson, la forme, le décor – pour ensuite aborder la question des *usages* (Faire faire), multiples – domestiques, artistiques ou rituels – et conclure sur l'enjeu des *messages* (Faire dire) des trompe-l'œil, des partis pris anticlassiques ou politiquement engagés.

À l'instar de l'exposition qui repose sur des prêts et les échanges avec de nombreuses institutions et collections de renom, tant muséales que privées, ce catalogue est aussi le fruit d'une collaboration avec plusieurs spécialistes, artistes, universitaires, historien·nes et théoricien·nes français·es et internationaux·ales, à qui nous avons commandé des textes ou demandé l'autorisation d'en reproduire.

Les dialogues réguliers avec les expert·es Stéphanie Le Follic-Hadida, Thomas Golsenne et Frédéric Bodet – qui forment le conseil scientifique de l'exposition –, ont été essentiels. Ils ont chacun écrit un essai, portant respectivement sur la céramique comme quête du Graal pouvant mener à la folie, comme objet anthropologique polyvalent et contradictoire, et comme vecteur du politique par l'entremise du grotesque et de l'abject. Glenn Adamson, penseur stimulant ayant renouvelé la perception du *craft*, traite, lui, de la question de l'auteur dans la collaboration entre artistes et artisans, tandis que l'universitaire Jenni Sorkin livre son point de vue d'historienne féministe. Garth Clark revient sur le mythe fondateur de la *Earth* ou *Clay Mother* (Terre mère) en terre pueblo et sur son évolution actuelle ; Marie-Charlotte Calafat, conservatrice au Mucem (Marseille), s'est penchée, pour sa part, sur les deux figures visionnaires et précurseuses en matière de muséographie que furent Georges Henri Rivière et François Mathey, passionnés d'art populaire ; enfin, Anne-Claire Schumacher, conservatrice à l'Ariana (Genève), revient sur le cas des « chinoiseries » comme témoins symptomatiques d'une première globalisation et d'une hybridité à l'œuvre.

En plus de ces essais spécialement commandés pour ce catalogue, il nous a semblé capital de republier, telle une anthologie, certains textes déjà parus : ainsi celui de Sōetsu Yanagi, fondateur avec Hamada Shōji et Bernard Leach de la philosophie *mingei*, célébrant l'artisan méconnu, ou l'extrait de François Lissarrague, spécialiste des vases grecs et de leur rôle lors du banquet antique ; l'analyse de James Clifford, introduisant la question de l'artification des objets ethnographiques, ou le post d'Erik Scollon (publié sur le compte instagram « Pots in Action » créé par Ayumi Horie) portant sur l'appropriation culturelle ; tout aussi stimulant, le texte de Tim Ingold, autour du « faire », explicitant le principe de la morphogenèse comme dialogue entre la matière et la forme, ou celui d'Ezra Shales obligeant à repenser *Fountain*, l'emblématique ready-made de Duchamp, comme une pièce d'artisanat de luxe plus qu'un banal produit industriel.

Et parce que je dois nombre d'idées aux artistes et à leur regard libre sur les objets et les choses, j'ai tenu à en inviter plusieurs : Fréderic Bauchet, artiste et enseignant à la villa Arson, à Nice, propose des entrées aussi techniques que thématiques dans un glossaire collectif offrant plusieurs niveaux de lecture ; Natsuko Uchino, qui est aussi conseillère artistique aux côtés des architectes Violette Cros et Alexis Patras, a écrit sur le rapport viscéral et politique à la terre, au vivant et à leurs utopies, réfléchissant à l'idée d'empreinte, plastique et écologique ; Jean Girel, artiste et conteur, revient, dans sa « brève histoire » de la céramique mondiale, sur la trouvaille, récente, du plus ancien artefact en céramique connu ; par ailleurs, Dave the Slave, un esclave afro-américain devenu Dave the Potter une fois affranchi au milieu du XIXe siècle, gravait des poèmes elliptiques sur ses pots, constituant un témoignage unique et capital sur cette funeste époque, redécouvert grâce à l'artiste Theaster Gates dans les années 2000 ; enfin, Nicki Green, artiste et activiste queer, clôt le catalogue, mais aussi l'exposition, avec toute l'irrévérence mêlée de sérieux qui sied à la céramique.

À l'instar de l'art du *kintsugi* qui recolle les fragments cassés tout en en sublimant les cicatrices, « Les flammes » entend aborder la céramique comme un contenant autant qu'un contenu, en réconciliant, sans les opposer, chacune de ses qualités propres. Intersectionnelle et incarnée, parce que quotidienne et vivante, la céramique est une clé essentielle pour repenser l'histoire culturelle et sociale : l'histoire de l'art, mais aussi celle des femmes et des hommes plus généralement. Une histoire que nous souhaitons plus que jamais inclusive et que cette exposition, ce catalogue, mais aussi tous les projets annexes[3], contribueront, je l'espère, à mieux appréhender.

Cat. 4 Jean-Pierre Raynaud, *Stèle + amphore étrusque*, 1986, collection de l'artiste, Paris, France
Cat. 79 Anonyme (Nièvre, France), *Égouttoir à fromage*, XVIIIe-2e moitié XIXe siècle, musée des Civilisations de l'Europe et de la Méditerranée, Marseille, France
Cat. 80 Lucio Fontana, *Concept spatial*, vers 1955, collection Larock-Granoff, Paris, France
Cat. 170 Anonyme (Jian, Fujian, Chine), *Bol temmoku à couverte « fourrure de lièvre »*, dynastie Song du Sud (1127-1279), vers 1150-1250, Musée national des arts asiatiques – Guimet, Paris, France
Cat. 171 Meret Oppenheim, *Souvenir du « déjeuner en fourrure »*, 1972, collection particulière, Suisse, courtesy Karma International, Zurich, Suisse/Los Angeles, États-Unis

1 Sachant que la cendre s'utilise aussi comme émail.
2 Voir le projet *Across the table* de Namita Gupta Wiggers, National Council on Education in the Ceramic Arts, 2016 : « Ceramics connect people », « We don't just make things from clay, we make community, history through clay ».
3 Autour de l'exposition, nous avons en effet mis en place un espace de collecte pour recueillir des objets déposés par le public, un projet d'exposition en valise (à destination de publics éloignés), un programme d'ateliers et de démonstrations, ainsi qu'un colloque international autour du thème « Céramique et politique », organisé conjointement avec la société des Amis du musée national de céramique, Sèvres – Manufacture et musée nationaux, et le musée des Arts décoratifs de Paris, programmé en janvier 2022 à l'Institut national de l'histoire de l'art.

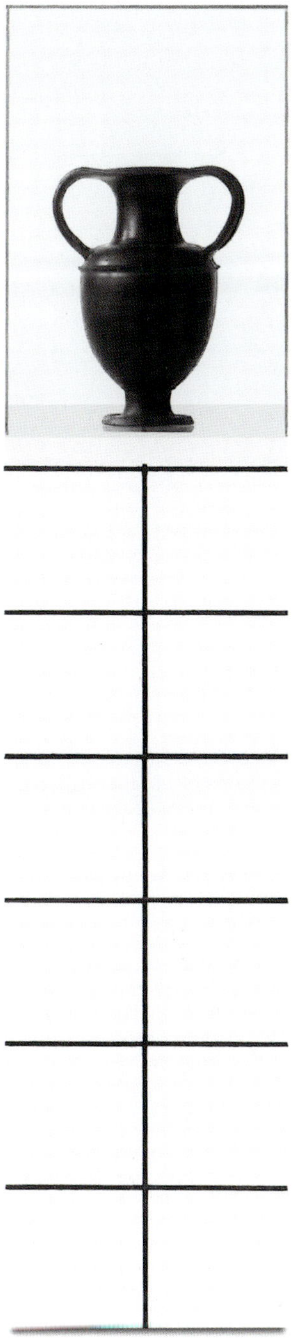

Cat. 4

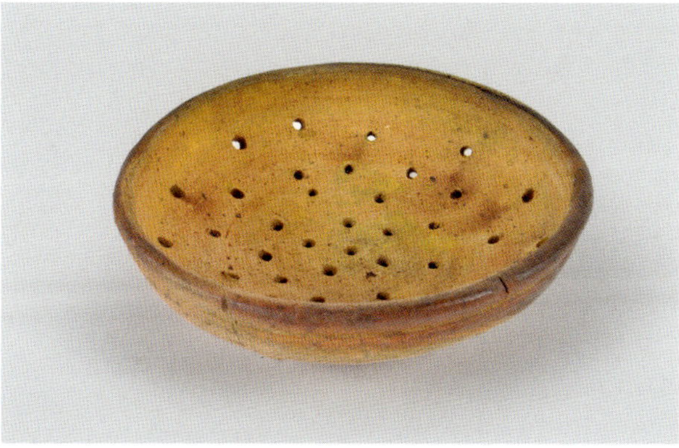

Cat. 79

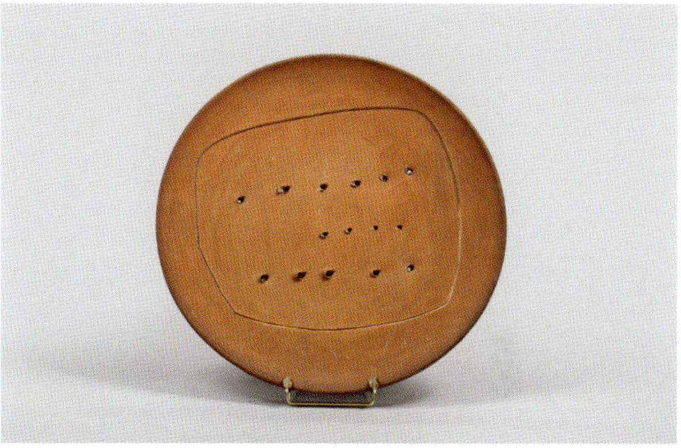

Cat. 80

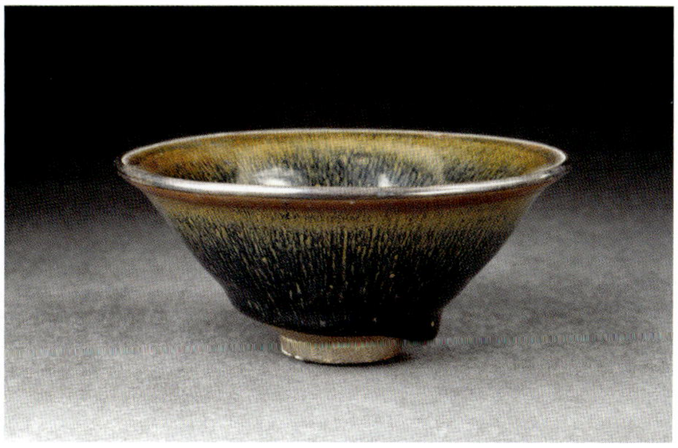

Cat. 170

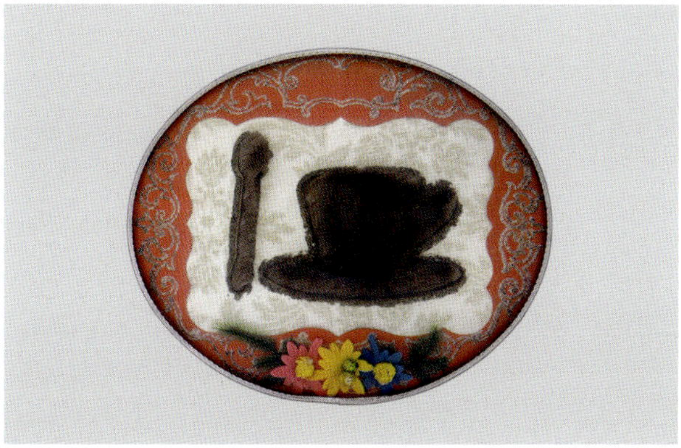

Cat. 171

III. **FAIRE DIRE**

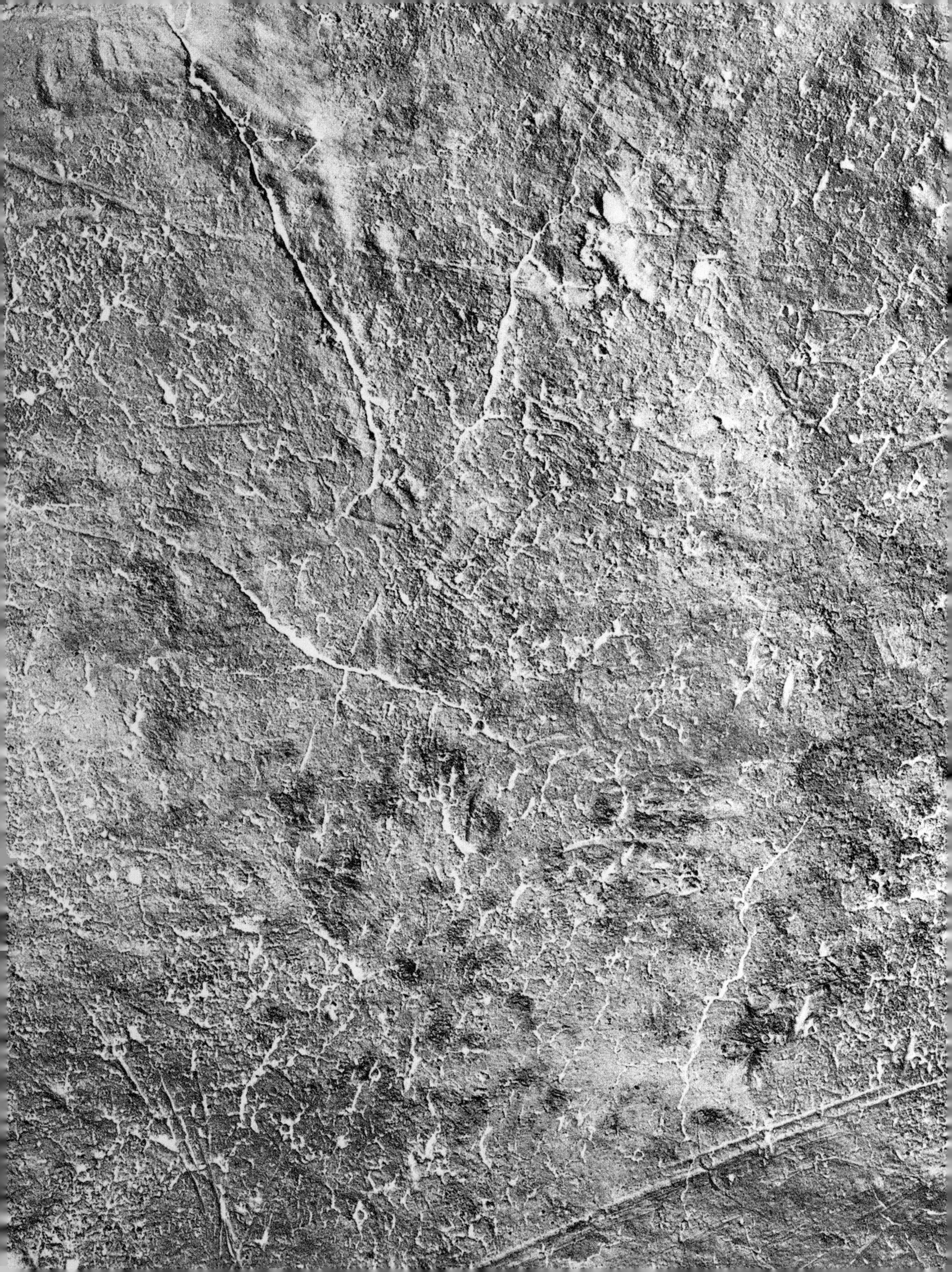

I. **FAIRE**

Pages suivantes →
Cat. 17 Anonyme (Bizen, Japon), *Plaque de cuisson en céramique (Ko-Bizen botamochi)* (et détail p. 14), période Momoyama (1573-1603), galerie Mingei, Paris, France
Cat. 8 Anonyme (site de Fort Harrouard, Sorel-Moussel, France), *Statuette féminine*, néolithique moyen (4500-3500 avant notre ère), musée d'Archéologie nationale, Saint-Germain-en-Laye, France
Cat. 41 Émile Decœur, *Vase vert amande à bord brun-noir*, vers 1930, musée d'Art moderne de Paris, France
Cat. 36 Jean Girel, *Vues macro des émaux de l'artiste*, années 2000

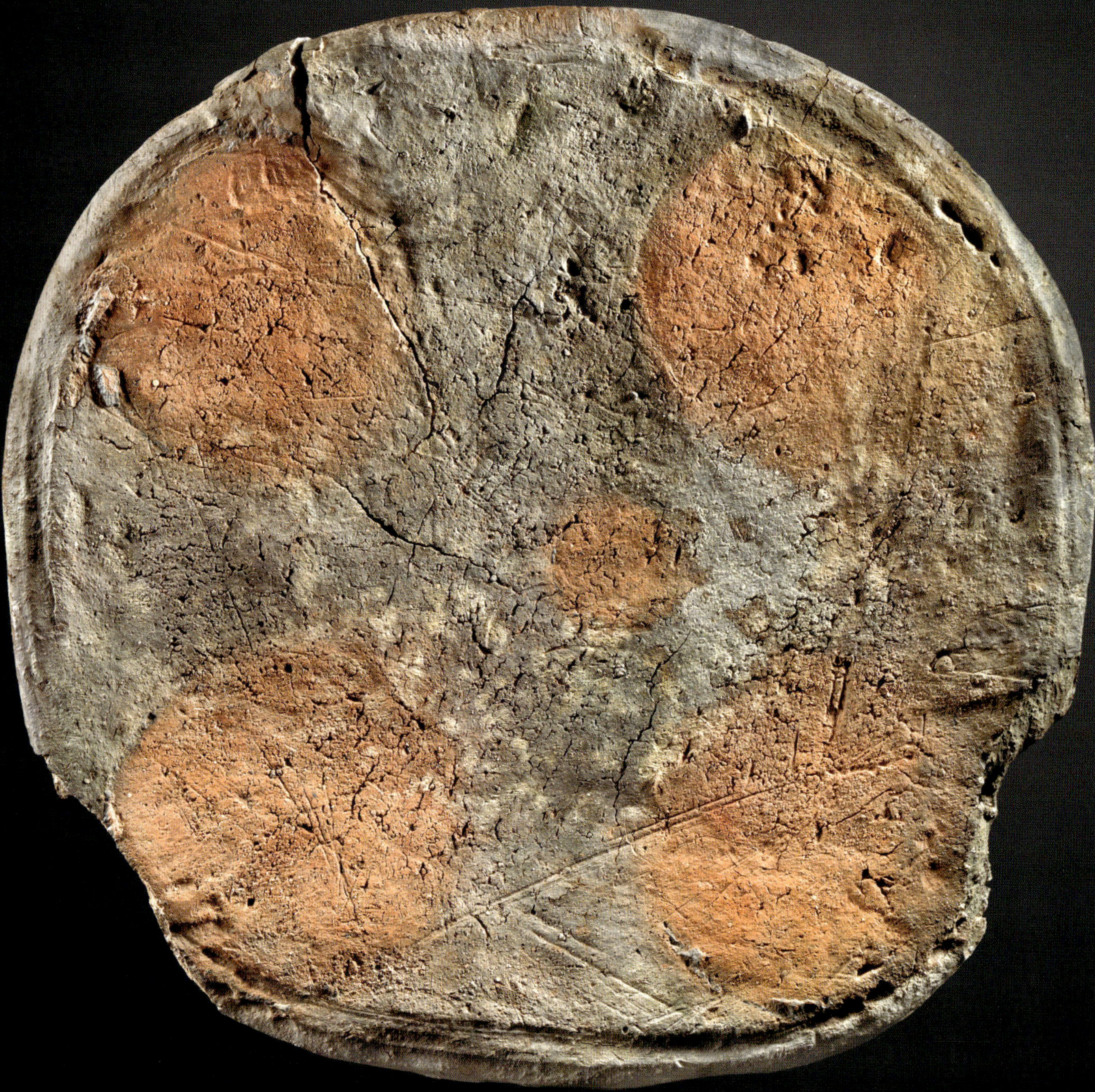

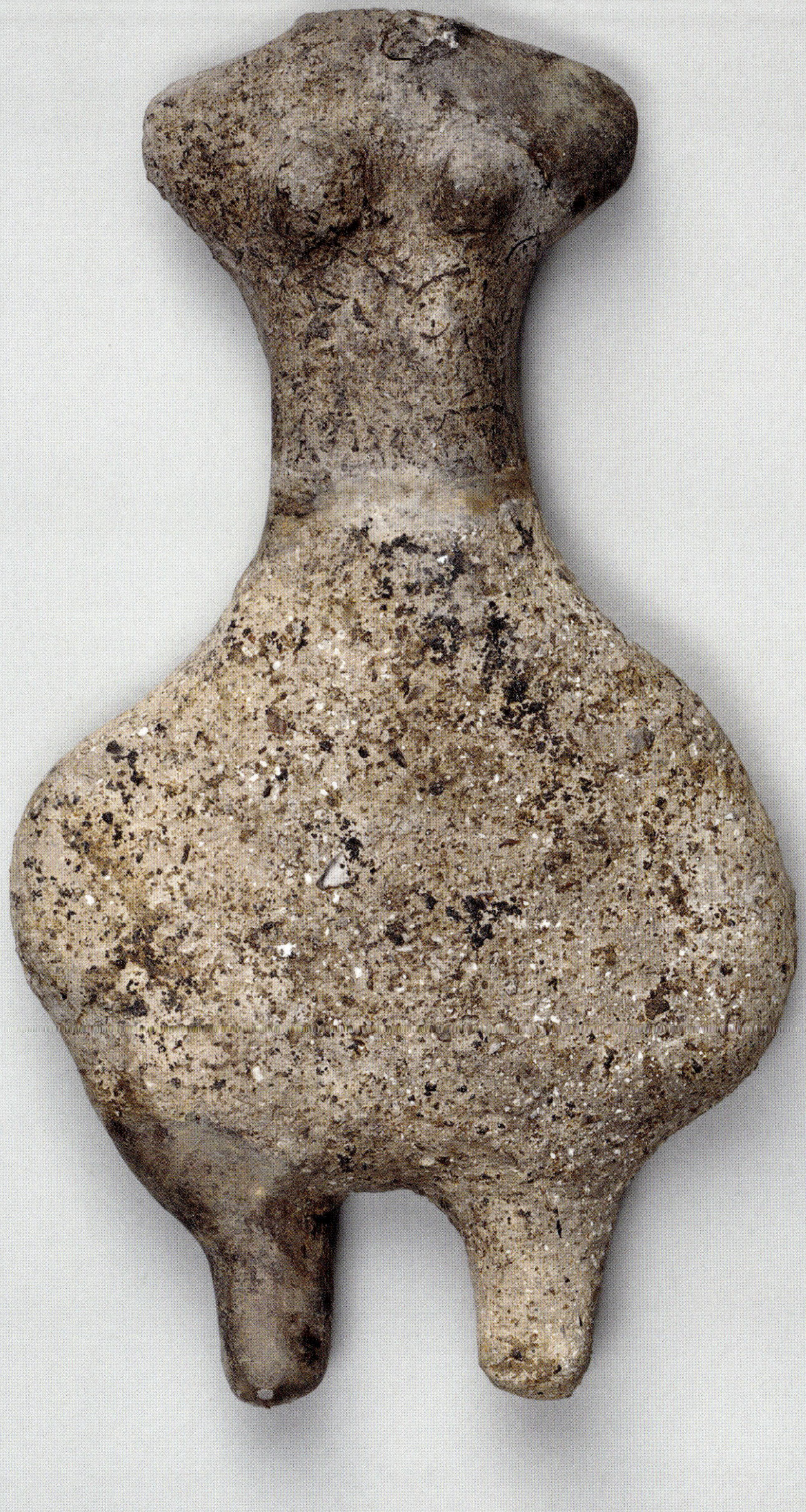

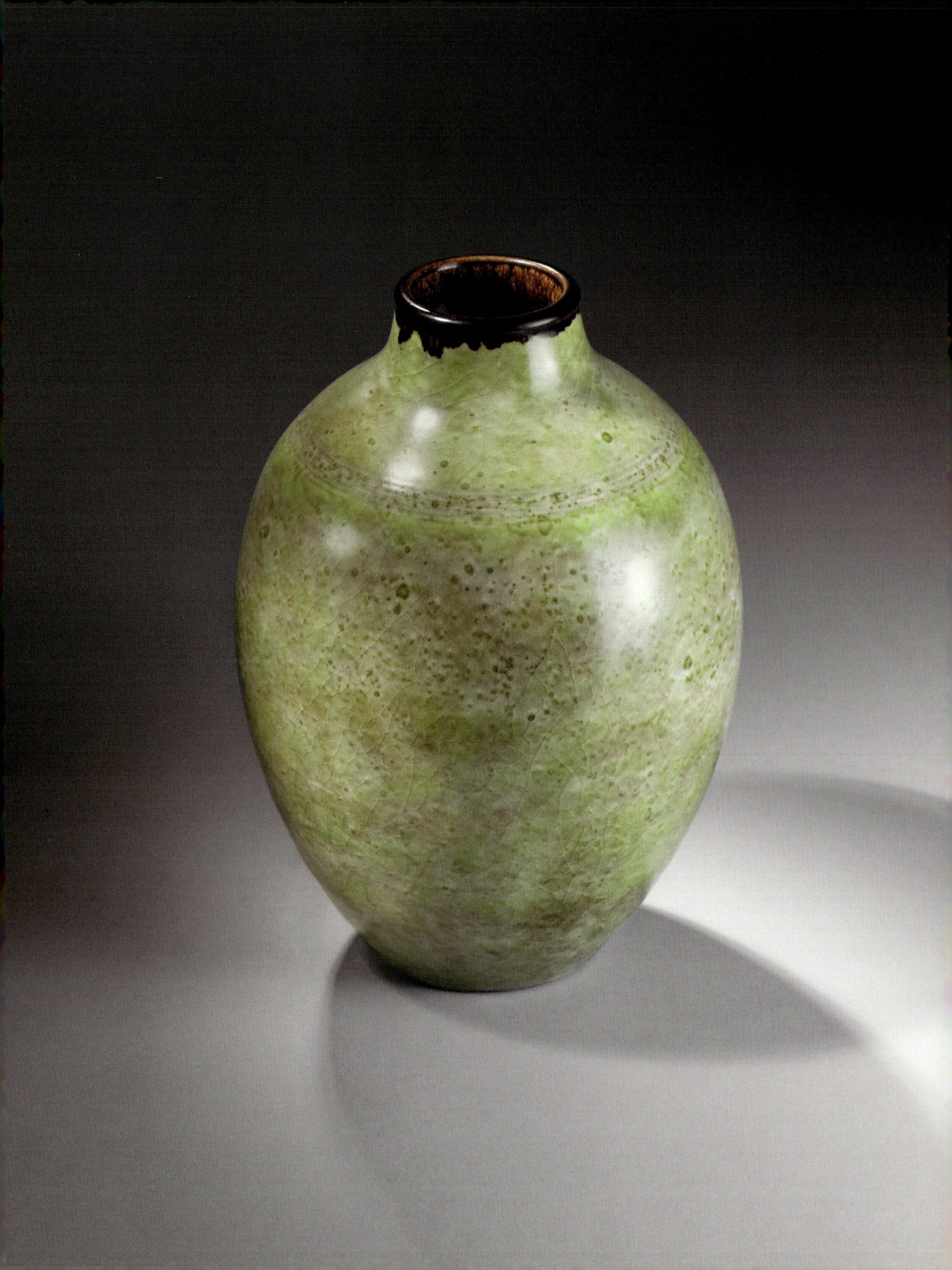

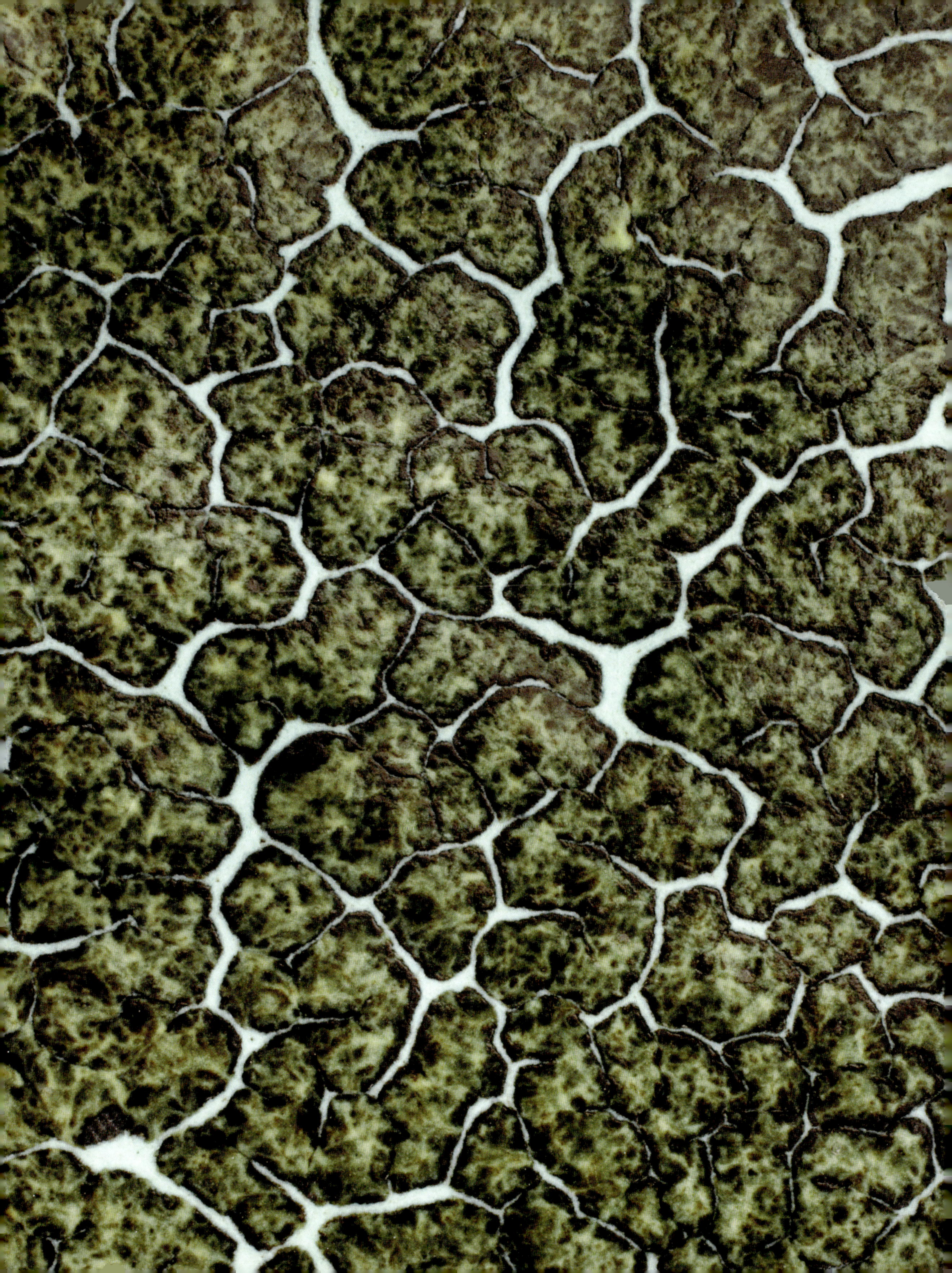

LA MATIÈRE, À EN PERDRE LA RAISON

Stéphanie Le Follic-Hadida

La rédaction de cet article s'appuie sur la lecture des écrits de quatre éminents céramistes émailleurs : Bernard Palissy[1], Jean Carriès[2], René Ben Lisa[3] et Jean Girel[4]. Mes chaleureux remerciements vont ici à Jean Girel, auteur de plusieurs petits essais jubilatoires et non publiés sur Palissy et Ben Lisa, et toujours très généreusement disposé à transmettre pour le plaisir d'une réflexion partagée.

Passer pour fou, tant sa création diffère ou rompt avec le domaine du connu et les codes du convenable, est le sort des avant-gardistes, tous domaines confondus. De Bernard Palissy à Gérard de Nerval, en passant par Camille Claudel, Vincent Van Gogh ou George Edgar Ohr, tous et toutes ont passionnément flirté avec la déraison. George Ohr[5], autoproclamé « Potier fou de Biloxi » (« Mad Potter of Biloxi »), joue au fou lorsqu'il pose pour la postérité en fixant l'objectif, le regard ivre des « torches de l'abîme[6] » et les moustaches annonciatrices de celles de Dalí. De la même manière que le Facteur Cheval et parfois aussi Jean Carriès, Ohr abuse de forfanterie et provoque ses visiteurs, lorsqu'il placarde ces mots sur la façade de son atelier : « Unequaled Unrivaled – Undisputed Greatest Artpotter on the Earth » (« Inégalé, sans rival – Meilleur potier incontesté

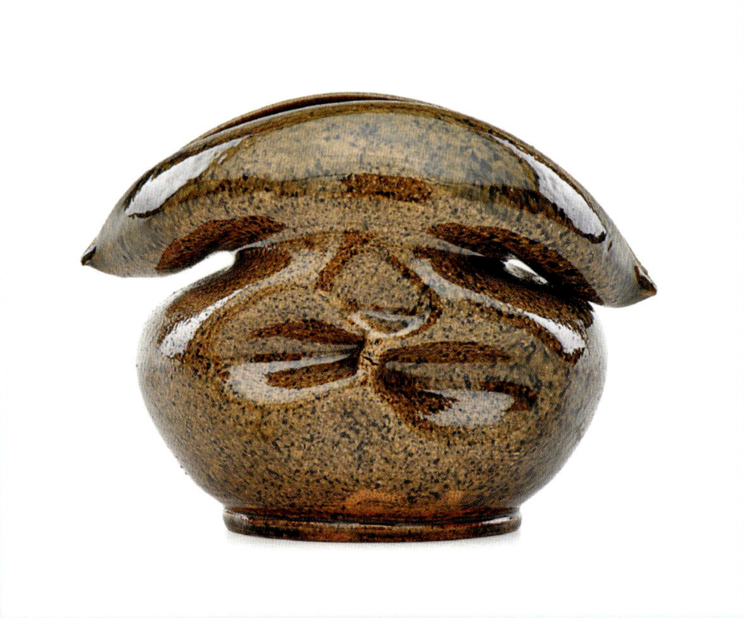

Cat. 177 George E. Ohr, *Untitled*, 1900, courtesy The Museum of Everything, Londres, Royaume-Uni

1 Artisan verrier français (vers 1510-1589 ou 1590) et grand précurseur dans l'art de la céramique émaillée.
2 Illustre céramiste français (1855-1894) installé dans la Nièvre et qui a révolutionné la pratique du grès émaillé.
3 Céramiste français (1926-1995), d'abord peintre, qui se tourne vers la céramique à partir de 1947 et le grès émaillé en 1961.
4 Céramiste français né en 1947, d'abord peintre abstrait, devenu maître d'art, très reconnu en Asie, notamment pour ses émaux luisants.
5 Céramiste américain (1857-1918) considéré comme le précurseur de la céramique post-moderniste.
6 Jules Lefèvre-Deumier, *Les Martyrs d'Arezzo*, Paris, Ambroise Dupont, 2 vol., 1839, tome I, p. 182.

du monde »). Derrière les outrances se cache une vérité : ils sont parvenus à faire ce que nul avant eux n'avait fait, sauf, peut-être, « les vieux Chinois[7] » qu'il s'agit alors d'égaler.

À partir de 1883, Ohr épate par ses colorations nouvelles et, plus encore, par ses formes, vrillées, froissées… qui éprouvent les limites extrêmes de la souplesse de l'argile comme les sortilèges de la cuisson, ainsi que par ses pièces extraordinairement déséquilibrées et ansées, au point d'établir un vocabulaire plastique ressource dans lequel viendra puiser, quatre-vingts ans plus tard, la céramique post-moderniste américaine. La très grande solitude dont témoignent souvent les potiers entièrement dédiés à leur recherche, comme le fait qu'ils soient prêts à sacrifier tous leurs biens matériels à la pérennité de leur quête « bazardeuse[8] », ajoute au caractère excentrique qui est le leur et nourrit la défiance populaire. Palissy raconte : « On se mocquoy de moy, et mesme ceux qui me devoient secourir alloient crier par la ville que je faisois brusler le plancher […] et m'estimoit-on estre fol. Les autres disoient que je cherchois à faire la fausse monnoye[9]. »

Sentir vaciller sa raison, craindre le trépas à force de travail et du désir trop violent de découvrir, c'est autre chose. Une posture métaphorique partagée par nombre d'artistes à travers les âges, qu'ils soient poètes, peintres ou céramistes. Tout à l'élaboration de sa théorie sur les couleurs, Cézanne s'ouvrait de sa crainte de voir « sa frêle raison » y passer. En imposant aux céramistes d'apposer leurs émaux à l'aveugle, en transformant la matière par le feu, l'ouvrage céramique est plus diabolique encore, *a fortiori* si les céramistes font le choix d'emprunter, parmi les nombreuses autres voies offertes, le « chemin long et caillouteux[10] », « le sentier obscur[11] » de l'émail cuit au bois à haute température. Ils doivent ici anticiper et se livrer à une gymnastique intellectuelle complexe. Il leur faut prendre tant de variables en considération que nombreux sont les témoignages attestant d'un épuisement mental et du sentiment imminent de basculer dans la folie et la mort : « J'ai la tête en capitolade *[sic !]*[12]. » « N'émaillant jamais trois pièces du même émail, il m'arrive que, quand j'ai habillé deux cents pièces, il m'a fallu composer quatre-vingts formules nouvelles ou diverses, et si elles ne sont pas dans le mille le jour de l'enfournement, c'est la débâcle. Seule mon araignée sous crâne m'empêche de me rebuter de ces émotions qui tuent[13] », écrit encore et encore Carriès. « Je me suis mis à chercher les esmaux, comme un homme qui taste en tenebres[14] » et « J'ay cuidé entrer jusques à la porte du sépulchre[15] », se lamente Palissy, quand Ben Lisa avoue : « Votre lettre me trouve dans un état de fébrilité qui frise la démence[16]. »

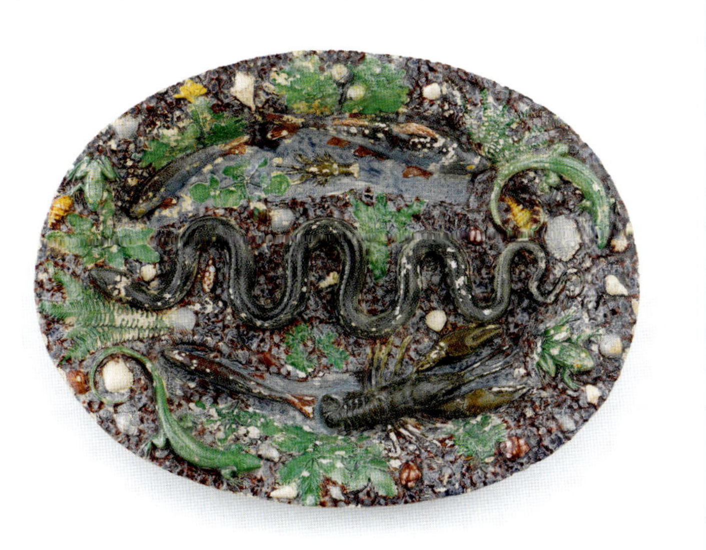

Cat. 30 Atelier parisien inspiré de Bernard Palissy, *Bassin ovale à décor de rustiques figulines*, 1re moitié du XVIIe siècle, Musée national de la Renaissance, Écouen, France

Il y a une part d'inconscience et de défi. Un défi lancé à soi-même, mais qui défie l'ordre établi et titille la Création. Inébranlables et pourtant humbles, les « fous d'émaux et de feu[17] » entendent – rien de moins – percer les secrets de l'univers et de l'existence selon deux axes majeurs : prendre la Nature pour modèle et en reproduire certains effets

7 Derrière ce terme de « vieux Chinois », Carriès englobait les céramiques chinoise, coréenne et japonaise, qu'il admire et commence à collectionner à partir de l'Exposition universelle de 1878, à l'image de ses amis Jeanneney, Grasset, Gillot et Hoentschel. Au terme de sa vie, il possédait une trentaine de céramiques asiatiques allant possiblement du XVIIe au XIXe siècle. Sa quête personnelle se concentrait sur l'exploration des grès japonais, émaillés mats et aux formes rustiques produits au sud du Japon (fours historiques de Takatori, Seto, Shigaraki…). Voir Christine Shimizu, « Les grès japonais en France à l'époque de Carriès » in *Jean Carriès ou la terre viscérale*, cat. exp., Auxerre, musée Leblanc-Duvernoy, 2007, p. 57-60.

8 Bazardeux : néologisme adopté par Jean Girel et l'auteure pour décrire simultanément le caractère hasardeux de la démarche et la « grande machine » (René Ben Lisa, *Propos d'un céramiste. Lettres à Philippe Lambercy et à Michel Le Gentil*, Vendin-le-Vieil, éd. Revue céramique et verre, 2011, p. 30), « l'échafaudage » matériel et mental (*ibid.*) requis par la poterie émaillée.

9 Bernard Palissy, *De l'art de terre, de son utilité, des esmaux & du feu*, Paris, Jacques Haumont, 1941, p. 17. https://gallica.bnf.fr/ark:/12148/bpt6k619347.image

10 René Ben Lisa, *op. cit.*, p. 122.

11 *Ibid.*, p. 53.

12 Lettre de Jean Carriès à Lucien Klotz, 12 septembre 1891, fonds Carriès, AD58/73J47.

13 Lettre de Jean Carriès, n. d., reproduite in Arsène Alexandre, *Jean Carriès imagier et potier. Étude d'une œuvre et d'une vie*, Paris, Librairies-Imprimeries Réunies, 1895, p. 173-174.

14 Bernard Palissy, *op. cit.*, p. 17.

15 *Ibid.*, p. 32.

16 René Ben Lisa, *op. cit.*, p. 56.

17 Expression employée par Robert Deblander in « Alain Gaudebert. Fou d'émaux et de feu », *La Revue de la céramique et du verre*, n° 87, mars-avril 1996.

de surface ; sonder les entrailles de la terre pour dupliquer les principes chimiques de la fusion des matières et de la transmutation. Et tout ceci pour approcher la lumière et décrocher « quelques lambeaux de vérité[18] ». Au nom de ce défi, ils s'acharnent et sans relâche livrent le difficile combat : « En cherchant ledit art j'ay apprins à faire l'alchimie avec les dents[19]. » « [...] je vais prendre [le chemin] même à quatre pattes[20]. » Déterminé dans sa quête, nul ne se sent le droit de faillir. Il est ici question de vocation, de « foi intense », d'engagement solennel et de « démarche royale[21] ». Tous ont la conviction de ne plus pouvoir faire demi-tour : « J'y trouverai ronces et fondrières et il ne me faudra pas, même si j'y rencontre la peur, retourner ni seulement regarder derrière moi. Vous devez me tenir pour fou[22] ! »

L'atteinte est autant physique que psychique. Le céramiste dévoué à la spiritualité de l'émail endosse d'abord le rôle de l'ouvrier besogneux. Cela suffit souvent à qualifier la céramique d'art de « mechanique[23] », ce que dément avec véhémence Palissy. Le travail est dur et ingrat, et met les corps à rude épreuve : « Mon affolante besogne me ronge le cuir. Je m'y acharne après à en crever[24]. » « J'estoi tout tari et deseché à cause du labeur et de la chaleur du fourneau[25]. » « Le feu l'avait consumé et trempé, et il était devenu de ces êtres dont l'abord est si poignant et si dramatique que l'on dit d'eux qu'ils semblent revenir de l'enfer[26]. » Impossible de déléguer. Chaque étape du travail, depuis la collecte des terres, leur marche[27], le tournage, l'insensée multiplication des moules parfois, la préparation du bois, le placement dans le four en anticipant la lèche des flammes, jusqu'à la conduite du feu, sollicite, dès le départ, les qualités et les prémonitions du céramiste.

Trouver la bonne argile pour le bon ouvrage, la plasticité idéale, le bon mélange. Jean Girel s'approvisionne en terres directement auprès des carrières. La terre est, pour lui, « aussi importante que la chair sur les os[28] » et sous la peau. Par sa couleur et sa structure, elle fait vivre l'émail, lui apporte sa luisance et sa profondeur (soit un espace-temps figé dans sa fusion qu'Emmanuel Boos et, avant lui, René Ben Lisa nomment « poétique » de l'émail). Son choix n'est pas neutre. En à peine quatre ans, Jean Carriès a testé plus de trois cents terres collectées dans un rayon de quinze kilomètres autour de son atelier nivernais pour les besoins divers du tournage, du coulage, de l'estampage ou de ses émaux. La terre prélevée porte en elle la mémoire géologique. « Quand on touche la terre, on touche à la nuit des temps[29] », dit Anne Verdier. Choisir ses terres revient à franchir la première marche du voyage initiatique vers l'émail.

Avoir « les mains dans le matériau broyé[30] », sentir en soi « la puissance du royaume minéral[31] », entendre « la voix des ombres[32] » mallarméennes... c'est en ces mots que René Ben Lisa justifie son ivresse mystique à partir au combat. « Nous partons de roches [...] un minéral mystérieux, souterrain, inconnu [...] le feldspath, la craie, le kaolin, le talc, la dolomie, la baryte, etc. [...] comme disait Lambercy[33]. Il faut provoquer l'affrontement de ces matériaux pour en faire surgir quelque chose et ce quelque chose est une création pure [...] c'est la somme des sensations qui fait que même dans un monochrome, tu peux arriver à faire passer tout un monde, tout *ton* monde[34]. » Déterminé à percer le secret du *Yohen Tenmoku*[35], attelé à la tâche depuis quarante ans, Jean Girel s'inscrit dans cette vision. Pour y parvenir, à chacun sa stratégie. Élaborer des « drogues ». Échafauder à tâtons des milliers de recettes. Consigner les formules dans des cahiers, sur des bouts de papier, pour ne pas oublier, pour garder trace, pour transmettre... Tout brûler à échéances régulières pour garder vierge et intacte la fièvre créatrice. Conserver ses notes codées et elliptiques sous clef par peur des convoitises et des pillages. Dresser des tableaux en prenant soin d'y indiquer scrupuleusement les profils chimiques des matériaux, leur provenance et leur masse moléculaire. Se garder de toute science pour préserver l'intuition artistique. Apprendre par l'expérimentation et interpréter à la lumière de la théorie[36]. Peser à la cuillère à soupe ou bien à la balance de précision. Multiplier les essais sur tessons ou privilégier une échelle plus grande...

Aucune règle n'unifie les pratiques en ce domaine. Aucun rituel ne fait ressembler un céramiste à un autre, mais tous ont en partage la conscience aiguë « de jouer avec des forces[37] » qui les dépassent, au point de se sentir envoûtés. Tout est mystère. Le fou d'émail évolue dans un monde différent, aux franges de l'occulte, et lorsque, brièvement, il lui arrive d'approcher la vérité, il peut prendre peur tant la puissance de cette lumière révélée l'éblouit : « Il y a des moments où j'ai la grosse trouille, écrit Ben Lisa, je ne me sens pas digne, c'est trop noble[38]. » Dès lors, il n'est pas étonnant que les cahiers de recettes de nos grands céramistes conservent encore aujourd'hui une symbolique particulière auprès du public amateur. On parle de grimoires. On craint la réplication[39]. « Ceux qui connaissent bien l'œuvre de Carriès, écrit Arsène Alexandre, et l'esprit dans lequel elle a été enfantée sourient quand on parle de ses secrets, du danger qu'il y a à divulguer

18 René Ben Lisa, *op. cit.*, p. 56.
19 Bernard Palissy, *op. cit.*, p. 14.
20 René Ben Lisa, *op. cit.*, p. 144.
21 Jean Girel, « Préface » in René Ben Lisa, *op. cit.*, p. 14.
22 René Ben Lisa, *op. cit.*, p. 53.
23 Bernard Palissy, *op. cit.*, p. 38.
24 Lettre de Jean Carriès à Arsène Alexandre, février 1892, reproduite in Arsène Alexandre, *op. cit.*, p. 99.
25 Bernard Palissy, *op. cit.*, p. 24.
26 Arsène Alexandre, *op. cit.*, p. 177.
27 La terre était, en grande quantité, pétrie au pied dans de larges bassins.
28 « La quête d'intensité de Jean Girel, céramiste d'art », RCF Radio, émission du 18 mars 2020 par Thierry Lyonnet à 17h03.
29 Interview d'Anne Verdier par Stéphanie Le Follic-Hadida in Clotilde Boitel (dir.), *S'imbriquer autour de la brique*, Milan, Silvana Editoriale, 2011, p. 96.
30 René Ben Lisa, *op. cit.*, p. 23-24.
31 *Ibid.*
32 *Ibid.*, p. 22.
33 Philippe Lambercy (1919-2006), céramiste suisse de renom alliant les principes sculpturaux et l'émail.
34 René Ben Lisa, *op. cit.*, p. 23-24.
35 Le *Yohen Tenmoku* évoque « le scintillement dans le ciel d'une nuit étoilée » au fond du bol. Il existe trois exemplaires de ces bols réalisés en Chine à la période Song (XIIIe siècle) et conservés au Japon.
36 Jean Girel in « La quête d'intensité de Jean Girel, céramiste d'art », voir note 28.
37 René Ben Lisa, *op. cit.*, p. 27.
38 *Ibid.*
39 Les carnets de recettes de Jean Carriès ont été rendus accessibles au public en 2015 seulement. Ceux d'Alexandre Bigot, conservés aux archives de la ville d'Orléans, sont toujours sous le coup d'une consultation restreinte.

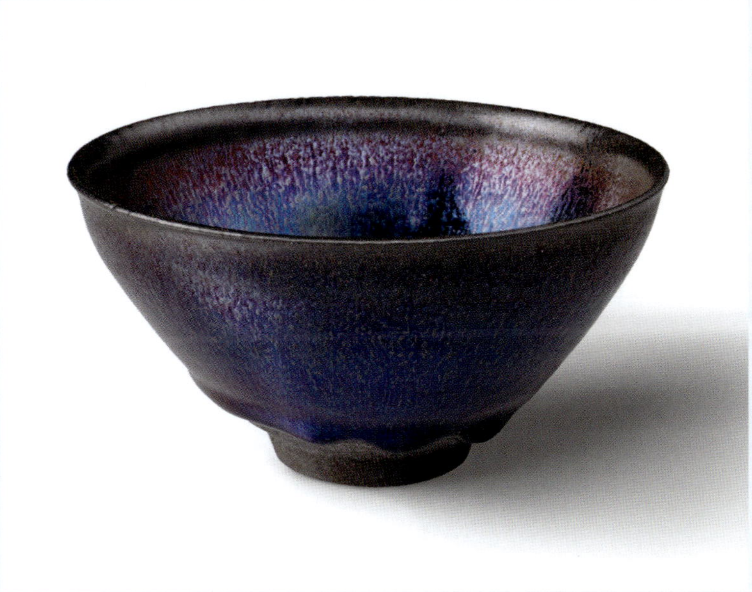

Cat. 162 Jean Girel, *Bol*, 2018,
musée des Arts décoratifs, Paris, France

ses formules. Le vrai secret de Carriès a été dans sa main (le fameux « tour de main de Bibi[40] ») ; quant à ses formules, ou bien on ne s'en servirait que pour l'imiter servilement [...] ou bien on serait surpris de voir qu'elles donnent tout autre chose que ce qu'elles promettent[41]. »

L'abrutissante quête culmine avec le passage au feu. Œuvrer avec le feu ramène inéluctablement au mythe prométhéen et aux punitions infligées aux hérétiques. Feu vitaliste, sacrificiel, rédempteur ou purificateur, il peut faire l'objet de fascinations étranges parmi les potiers. Les adeptes du *raku* américain[42] donnent l'impression de toréer avec le feu. Ils ont besoin de ce corps à corps violent. Au moment de l'enfumage, les pièces sont jetées vives dans les flammes. « Une chaleur épouvantable, des éléments en fusion, une intense fumée, les odeurs d'herbes brûlées. [...] Il faut être avec [...] dans les éléments et au cœur des imprévus[43]. » Les choses se compliquent encore lorsqu'il s'agit de cuire le grès émaillé au bois et à haute température (1 320-1 340 °C). Le feu accélère les transformations géologiques habituellement induites par un temps long. On dit « être en feu » (pour cuire) et « conduire une cuisson » (pour souligner l'expertise requise). La plupart des cuiseurs au bois ont édifié leur four eux-mêmes en s'inspirant d'un modèle de leur choix (Anagama, Noborigama, Sèvres...), mais il n'est pas un céramiste qui n'ait fulminé contre son four, qualifié de « diabolique » par Ben Lisa qui lui reproche d'accoucher « selon son gré de scories ou de rubis[44] ». Les fours couchés de Puisaye ou de La Borne, dont la capacité varie de cinquante à cent vingt mètres cubes, imposent un respect de temps chimico-techniques irréductibles : l'enfournement, qui requiert une certaine habitude, prend d'emblée à lui seul plusieurs jours. Neuf jours de séchage lui succèdent ; vient alors la montée en température qui – jusqu'à la tombée des montres – nécessite entre trois et sept jours.

Pendant tout ce temps, le céramiste et ses cuiseurs s'agitent dans le silence, hantés par « la peur du feu qui mange tout[45] », et veillent à tour de rôle, solennellement. Le potier ne peut que deviner ce qui se passe. L'oreille, autant que l'œil, reste à l'affût du moindre craquement. Par un petit oculus, il « regarde à blanc [...] les formes sont floues [...] très peu de temps car [il] y laisserait la vue[46] ». Arrive l'insoutenable temps du refroidissement du four, qui peut aller jusqu'à trois semaines pour un grand four couché, accompagné de son flot de conjectures angoissées et de regrets déjà. Quand la porte est enfin démontée, l'œil jauge, mal en général, hésite, découvre et ne sait qu'en penser tant les espoirs étaient forts et la déconvenue latente. Les pièces sont sorties, posées, épiées, répudiées, revisitées... et il semblerait que ce soit vingt-quatre heures plus tard et à la lumière d'un nouveau jour, apaisé, que la pièce révèle sa pleine puissance. Ces moments de joie intense ne sont toutefois pas légion. Les ratés peuvent se multiplier inexorablement. Les causes sont de temps à autre comprises : sur-cuissons, sous-cuissons, émaux posés trop clairs ou trop épais, léchage de flamme trop intense... mais, trop souvent, le mystère reste entier. Tout est fait dans les règles et pourtant rien ne marche. Une cuisson suffit à remettre en question une expérience de cinquante ans. Le céramiste ne peut alors qu'hurler son

40 Les carnets de recettes de Carriès sont consultables en ligne : http://archives.nievre.fr
41 Arsène Alexandre, *op. cit.*, p. 171-172.
42 Né des expériences menées par Paul Soldner (groupe Otis, États-Unis) dans les années 1950, le *raku* américain se caractérise par une cuisson à basse température et un enfumage.
43 Stéphanie Le Follic-Hadida (dir.), *Gisèle Buthod-Garçon. La terre, simplement*, cat. exp., La Louvière, Centre Keramis, Bruxelles, Prisme éditions, 2018, p. 132.
44 René Ben Lisa, *op. cit.*, p. 74.
45 Lettre de Jean Carriès à Georges Hoentschel, 24 avril 1893, reproduite in Arsène Alexandre, *op. cit.*, p. 99.
46 René Ben Lisa, *op. cit.*, p. 30.

désespoir : « Je suis maudit. Mon atelier est maudit. Mon four est maudit[47] ! » « Une cumulation d'échecs, voilà ma vie[48] ! » tempête Ben Lisa. Désormais, ce four désespérément capricieux n'est plus un collaborateur, mais l'outil du malin, la main d'un vil tortionnaire.

Les céramistes peuvent diversement poursuivre « une céramique de phénomènes[49] », provoquer le hasard ou s'en défendre, rechercher l'accident tectonique ou l'illusionnisme de surface. Mais en brassant autant d'inconnues relevant de plusieurs domaines scientifiques (géologie, chimie, volcanologie), en acceptant d'y sacrifier ses forces et sa réflexion jusqu'à l'obsession, l'âpre rêve d'un émail compris, maîtrisé et sublime, s'apparente à une quête mystique, analogue à celle du Graal, où les rares accents de vérité obtenus peuvent être perçus par le céramiste lui-même comme émanant du divin. Il nous évoque la magie, parle *Œuvre au noir* et alchimie. La part d'inexplicable reste nécessaire. Un raisonnement scientifique n'y suffit pas. Seuls le mystère et l'aptitude poétique peuvent durablement soutenir la recherche artistique, au risque, il est vrai, d'y laisser un peu de sa raison.

47 *Ibid.*, p. 116.
48 *Ibid.*, p. 117.
49 C'est ainsi que Jean Girel qualifie sa démarche. Voir la conférence qu'il a donnée pour l'Académie internationale de céramique, Unesco, Paris, 2010, reproduite in *Formes vivantes*, cat. exp., Limoges, Musée national Adrien Dubouché, Milan, Silvana Editoriale, 2019, p. 38-43.

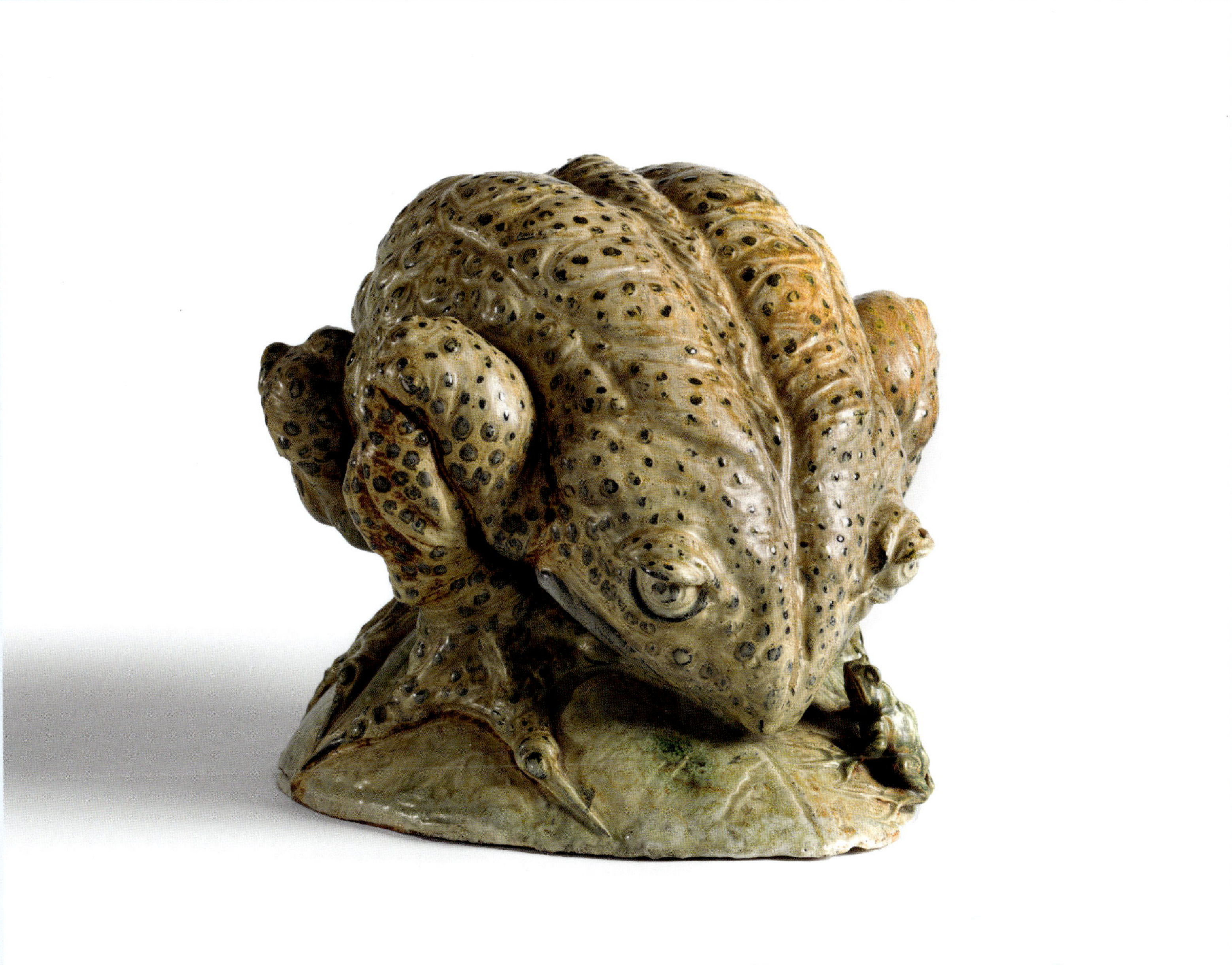

Fig. 1 Jean Carriès, *Crapaud*, 1892,
Centre national des arts plastiques,
La Défense, en dépôt à Sèvres –
Manufacture et musée nationaux, France

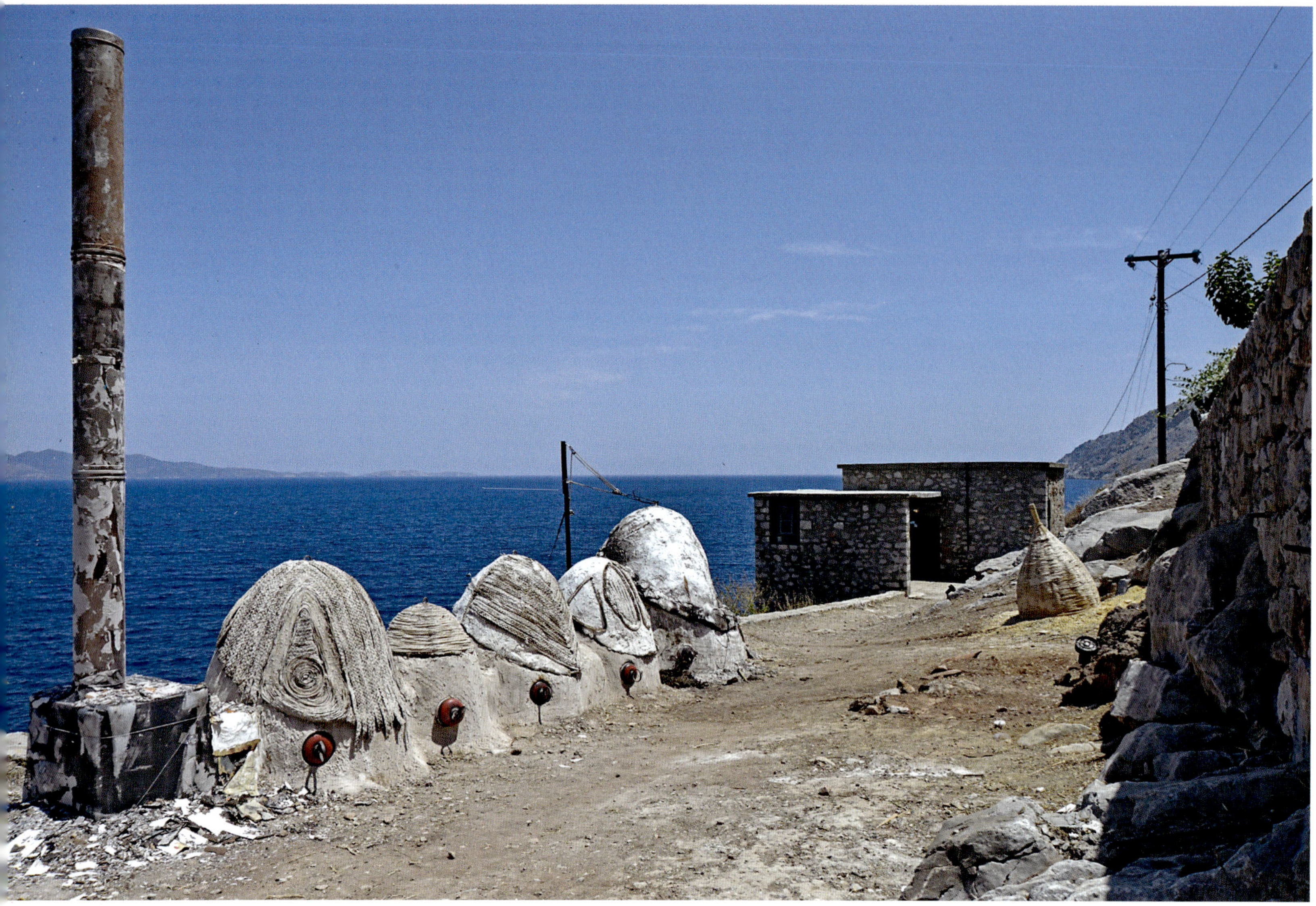

Cat. 16

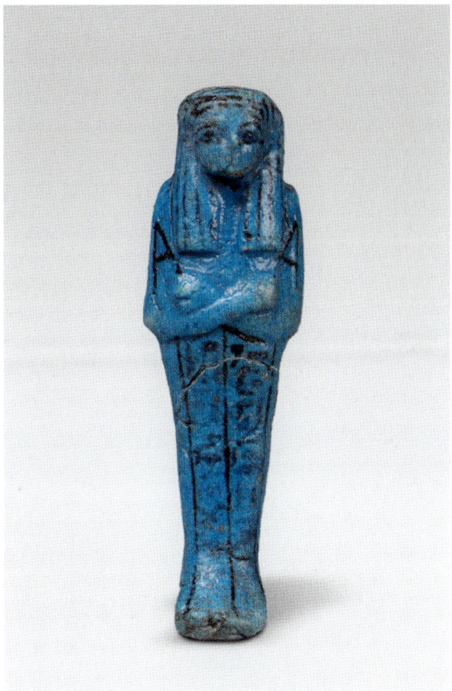

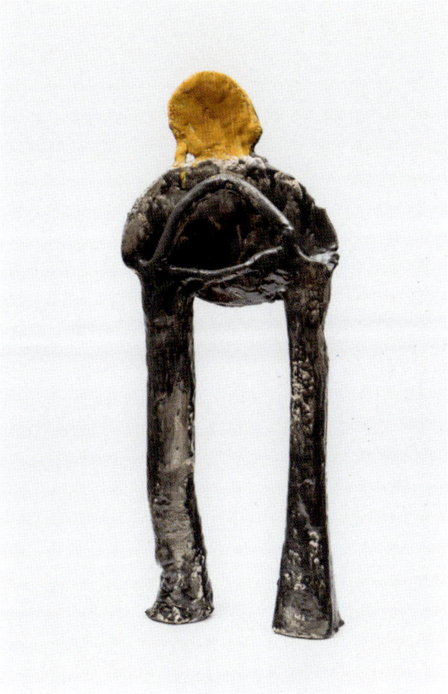

Cat. 10
Cat. 23

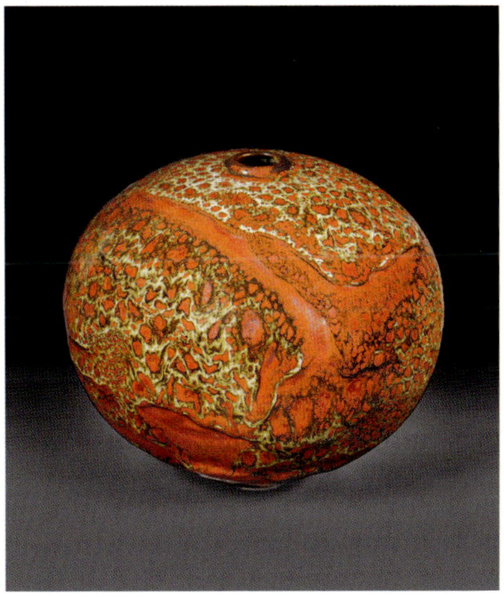

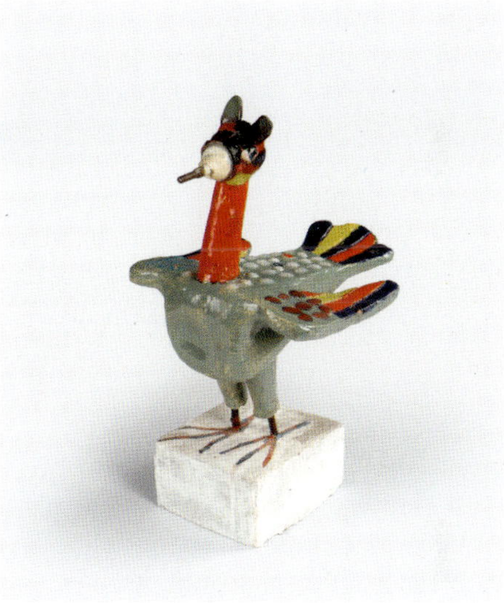

Cat. 42
Cat. 11

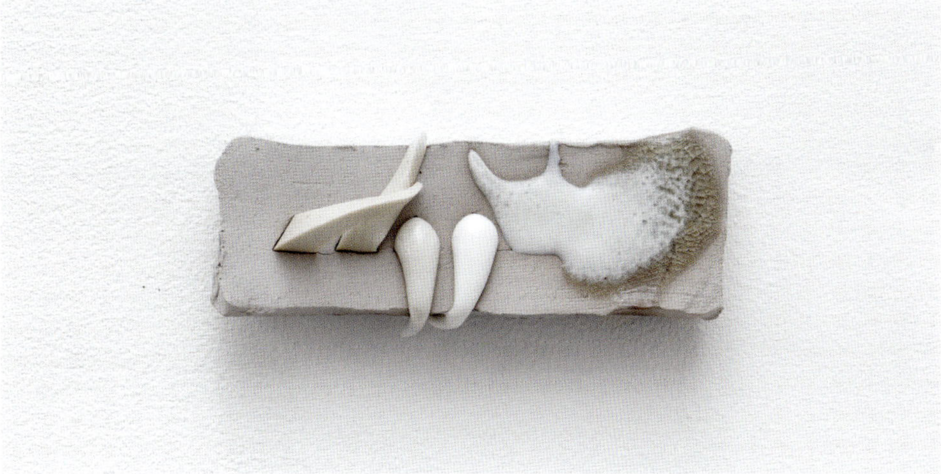

Cat. 19

Cat. 16 Roberto Cuoghi, *SS(LXP)mm*, 2016, courtesy de l'artiste et galerie Chantal Crousel, Paris, France
Cat. 10 Anonyme (Égypte), *Ouchebti momiforme*, IIIe Période intermédiaire, XXIe dynastie (1069-656 avant notre ère), musée Rodin, Paris, France
Cat. 23 Simone Fattal, *Dionysos*, 1999, courtesy de l'artiste et galerie Balice Hertling, Paris, France
Cat. 42 Daniel de Montmollin, *Petit pot boule rouge pompéien – Rêve de pierre précieuse*, 1986, collection Charles-Adrien Buéno
Cat. 11 Guidette Carbonell, *Idole*, 1960, galerie Mercier et associés, Paris, France
Cat. 19 Bettina Samson, *Horloge 3*, 2018, galerie Sultana, Paris, France

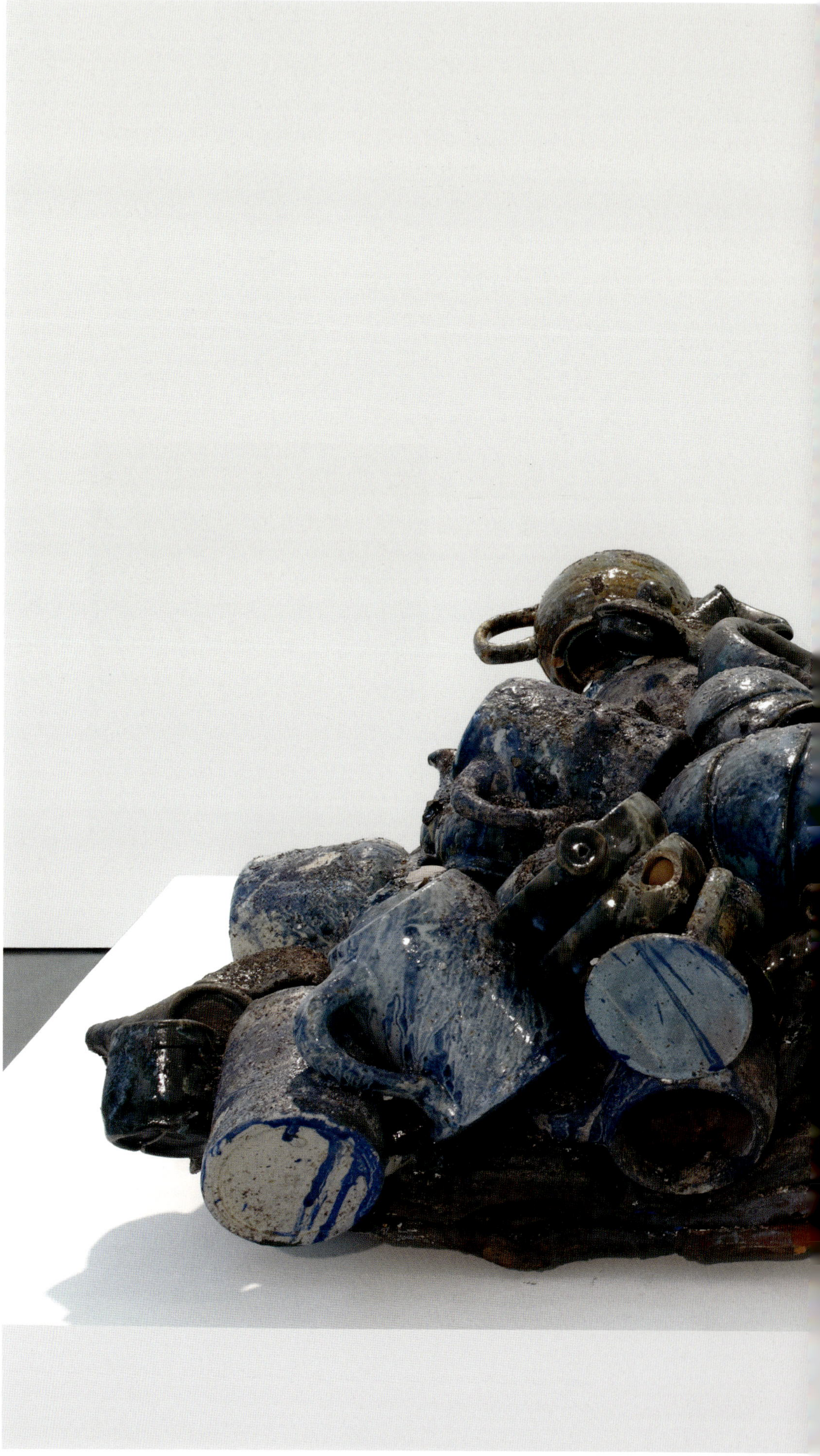

Cat. 15 Daniel Dewar
et Grégory Gicquel,
Mixed ceramics (n° 7), 2011,
Centre national des arts plastiques,
La Défense, France

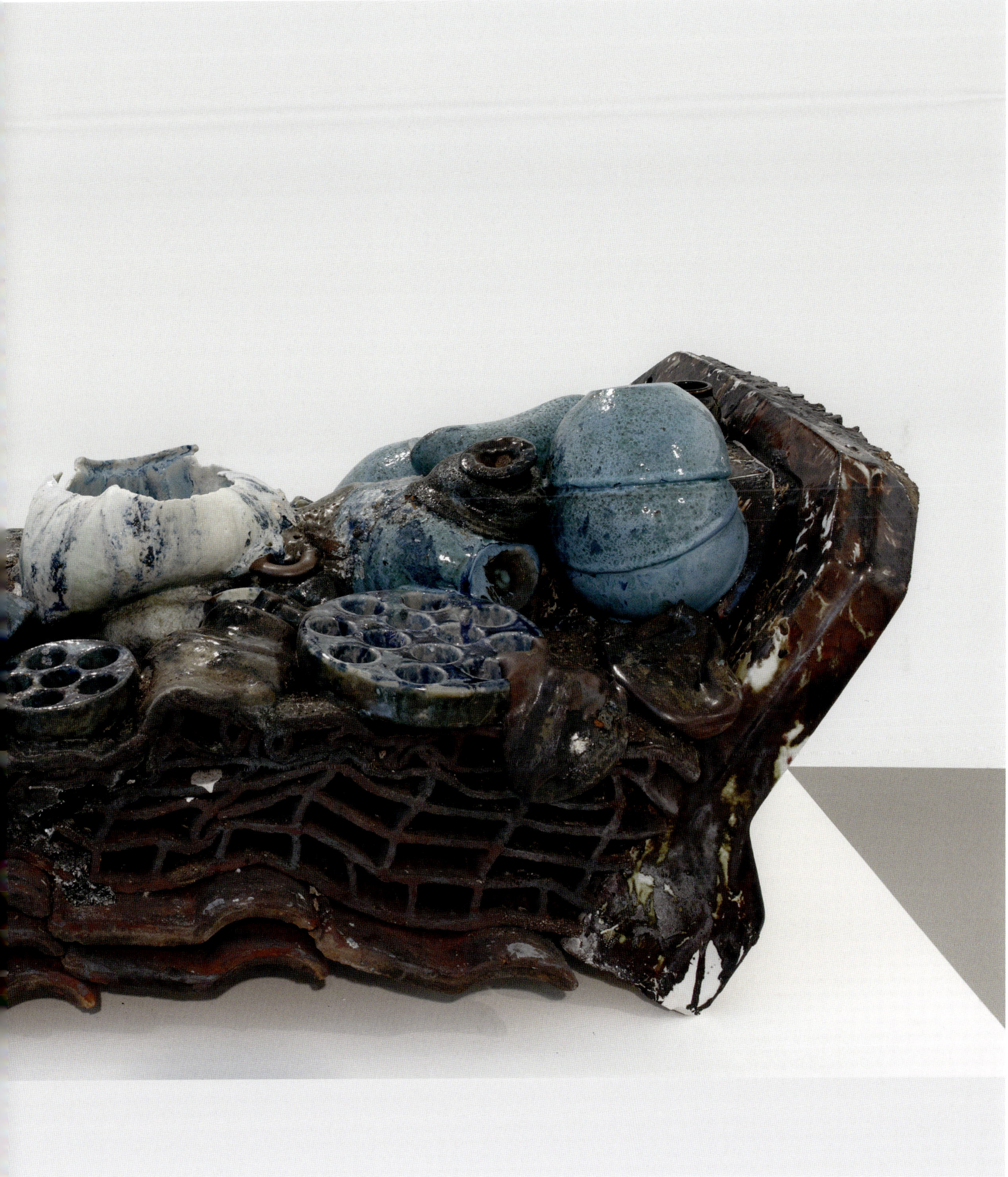

Faire
Tim Ingold

Ce texte est extrait de *Faire. Anthropologie, archéologie, art et architecture*, traduit de l'anglais par Hervé Gosselin et Hicham-Stéphane Afeissa, Bellevaux, Éditions Dehors, 2017, p. 60-61.

La culture matérielle, comme le dit Julian Thomas, « représente à la fois des idées devenues matérielles et une substance naturelle transformée en culture[1] ». Dans les écrits théoriques, cette pensée est connue sous le nom d'*hylémorphisme*, du grec *hyle* (matière) et *morphe* (forme). Lorsque nous lisons que, dans la fabrication d'artefacts, les praticiens imposent des formes issues de leur esprit à une matière du monde extérieur, nous avons affaire à une conception hylémorphique.

Je voudrais au contraire penser le *faire* comme un processus de *croissance*. Cela place dès le départ celui qui fait comme quelqu'un qui agit dans un monde de matières actives. Ces matières sont ce avec quoi il doit travailler et le processus de fabrication consiste à « unir ses forces » aux leurs, les rassemblant ou les divisant, les synthétisant ou les distillant, en cherchant à anticiper sur ce qui pourrait émerger. En ce sens, les ambitions de celui qui fait sont beaucoup plus humbles que celles impliquées par le schéma hylémorphique. Loin de se tenir à distance d'un monde passif en attente de recevoir les projets qui lui seraient imposés de l'extérieur, le mieux qu'il puisse faire est de s'insérer dans les processus déjà en cours, lesquels engendrent les formes du monde vivant qui nous environne (les plantes et les animaux, les vagues de l'eau, la neige et le sable, les rochers et les nuages), en ajoutant sa propre force aux forces et aux énergies déjà en jeu. De ce point de vue, il ne suffit pas de dire, par exemple, que la différence entre une statue de marbre et la formation rocheuse d'une stalagmite est celle qu'il y a entre un objet fabriqué et un objet non fabriqué. La différence réside plutôt en ceci que le processus de formation de ce morceau de marbre est marqué, à un certain moment, par l'apparition d'un homme qui a entrepris d'extraire énergiquement des blocs d'une carrière à l'aide de marteaux et de cales. Après quoi un sculpteur s'est mis au travail à l'aide d'un burin pour délivrer la forme de la pierre. Or, de la même manière que chaque coup de burin contribue à faire émerger la forme d'une statue, de même chaque goutte de solution saturée qui tombe de la voûte de la grotte contribue à former la stalagmite. Lorsque, par conséquent, la statue est érodée par la pluie, le processus de génération de la forme se poursuit, mais dorénavant sans intervention humaine.

Penser le faire d'un point de vue longitudinal, comme la confluence de forces et de matières, et non plus latéralement, comme la transposition d'une image sur un objet, c'est concevoir la génération de la forme, ou la *morphogénèse*, comme un processus. Cela permet d'atténuer la distinction qui peut être faite entre organisme et artefact. Car si les organismes croissent, c'est aussi le cas des artefacts. Et si les artefacts sont fabriqués, c'est aussi le cas des organismes. Ce qui fait la différence, parmi d'autres innombrables paramètres, c'est la part de l'implication humaine dans la génération de la forme : mais ce changement n'est que de degré et non de nature. Bien entendu, il ne s'agit en aucune manière de nier que celui qui fabrique puisse avoir une idée dans la tête de ce qu'il veut réaliser. Il se peut même qu'il veuille copier une œuvre qui se tient devant lui. N'est-ce pas ce qui distingue radicalement une statue d'une stalagmite ? Y a-t-il un sens à parler de design si ce n'est en référence aux seuls artefacts ? Je reviendrai sur cette question plus tard (chapitre 5). Il suffit de dire pour le moment que bien que le fabricant ait une forme à l'esprit, ce n'est toutefois pas elle qui crée l'œuvre : cette dernière résulte plutôt de l'engagement du fabricant avec la matière elle-même. C'est donc cet engagement qu'il nous faut observer si nous voulons comprendre comment les choses sont faites.

1 Julian Thomas, « The Trouble With Material Culture », dans Vitor Oliviera Jorge et Julian Thomas (éds.), *Overcoming the Modern Invention of Material Culture, Journal of Iberian Archaeology*, Porto, ADECAP, n° 9-10, 2007, p. 11-23.

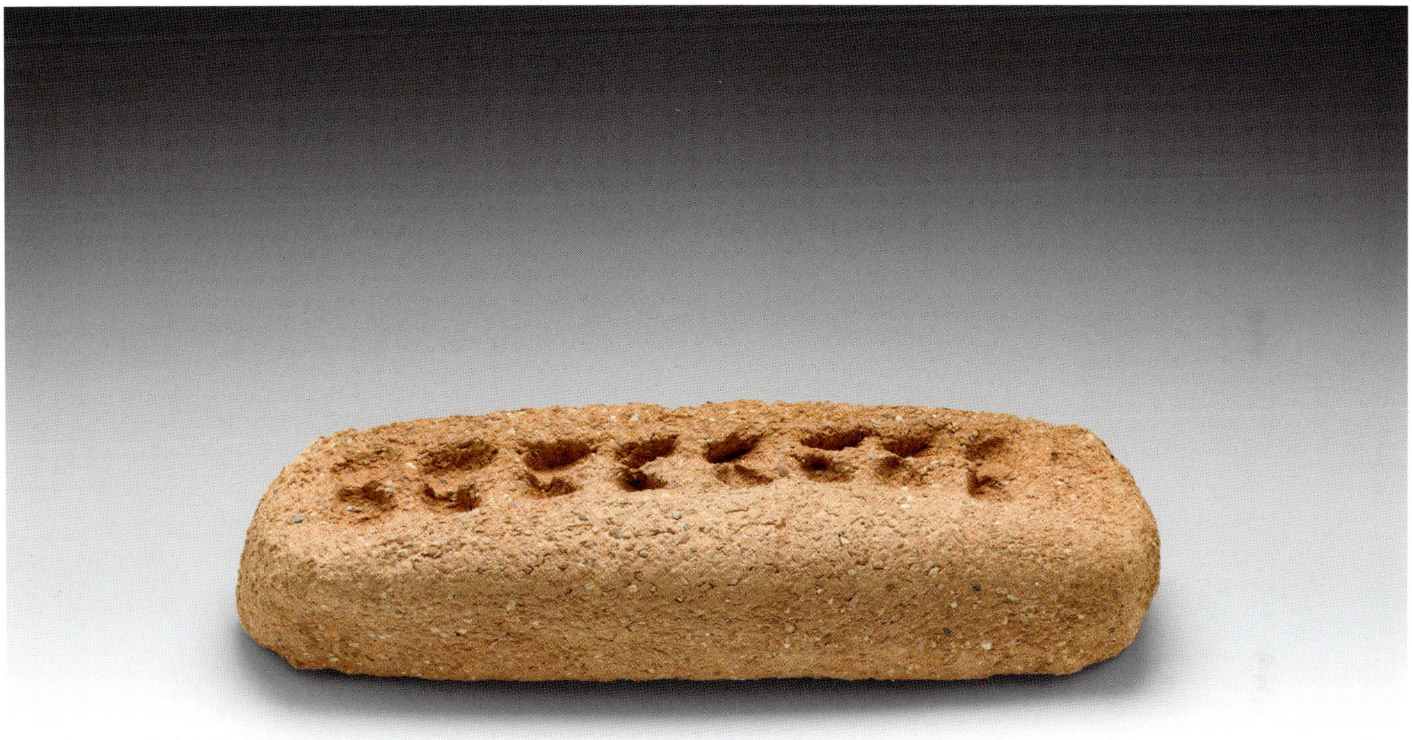

Cat. 93 Jacques Kaufmann, *Fac-similé de la plus vieille brique du monde, dite « au nombril, ayant été longuement caressée pour arriver jusqu'à nous »*, collection de l'artiste, Vanzy, France

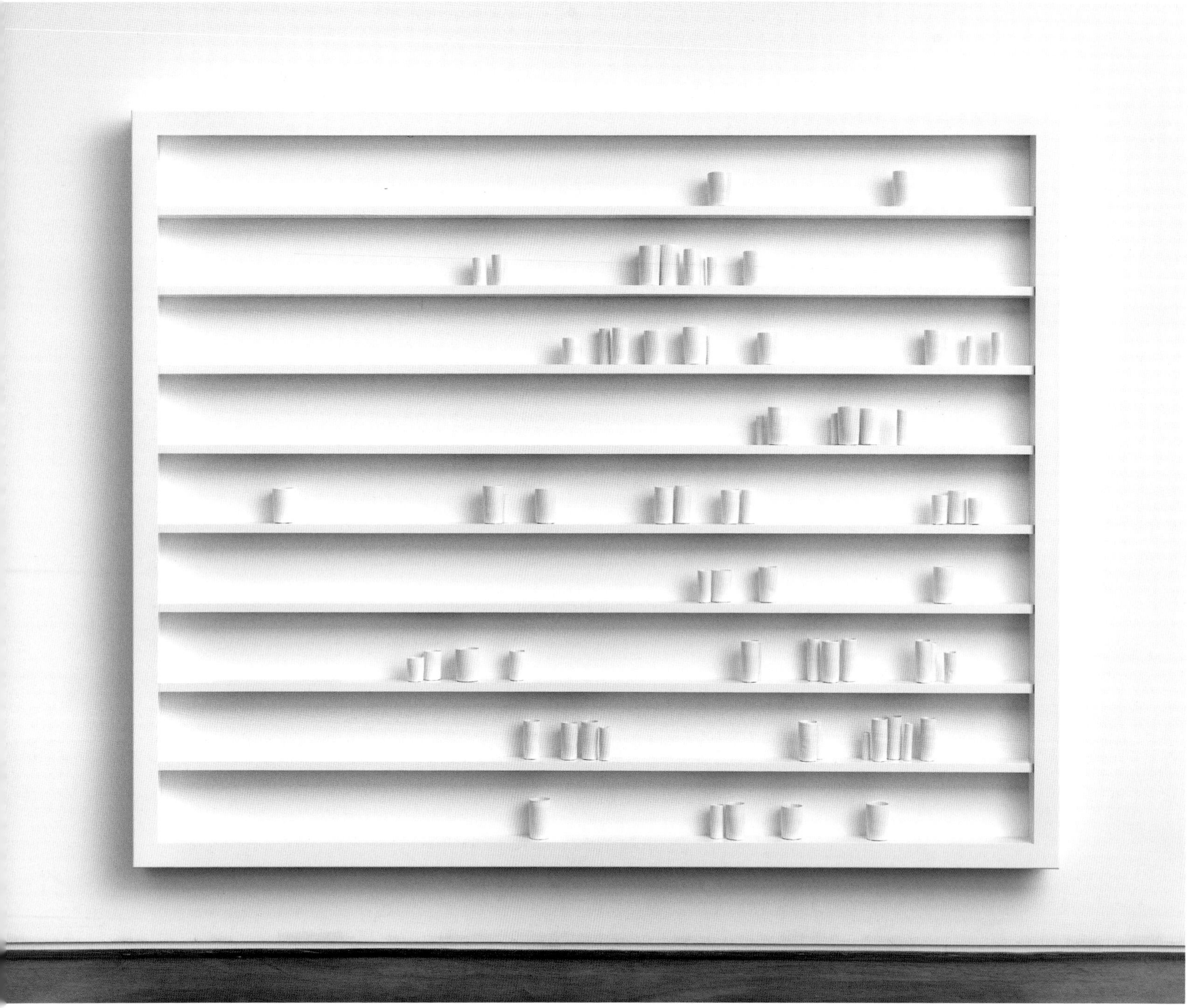

Cat. 14

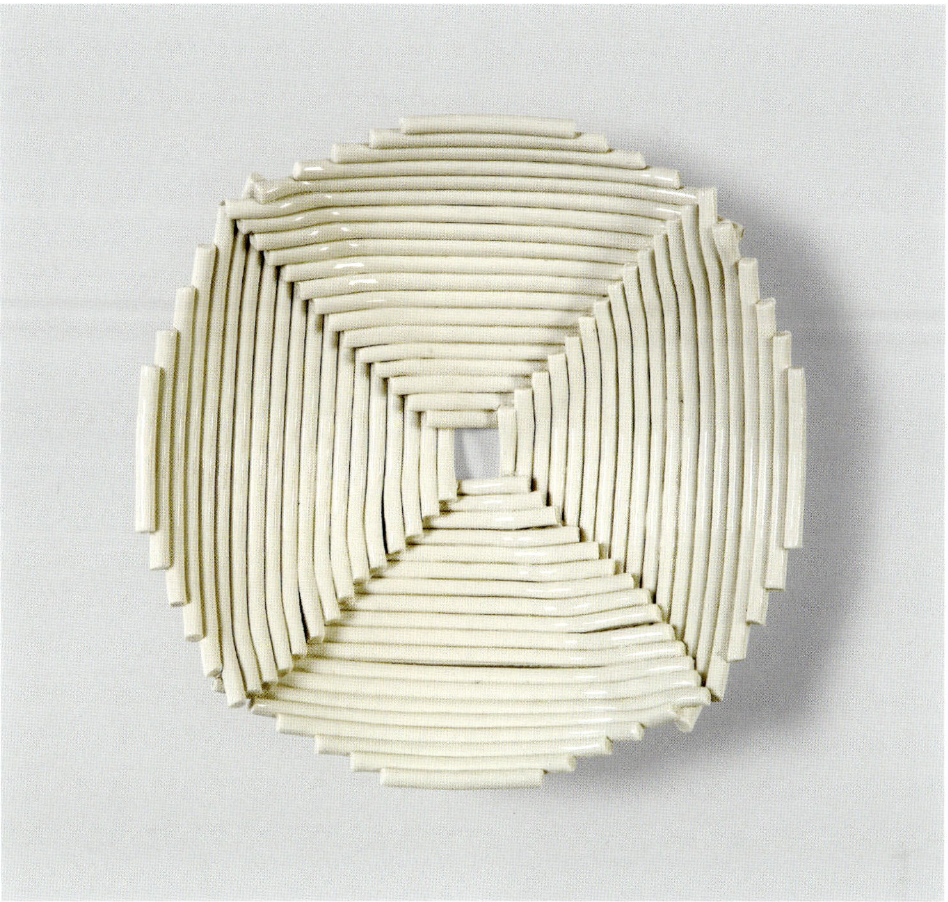

Cat. 26

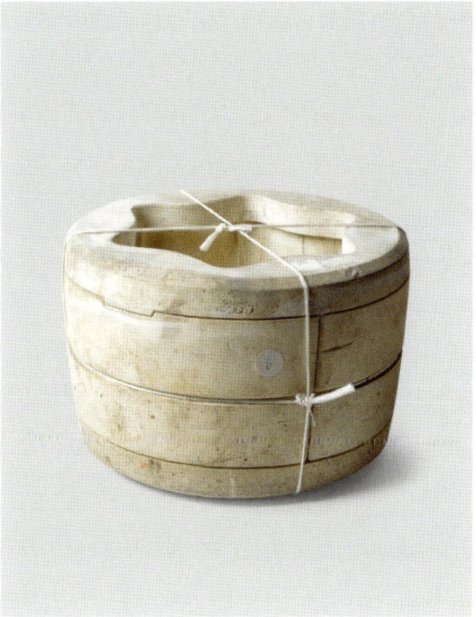

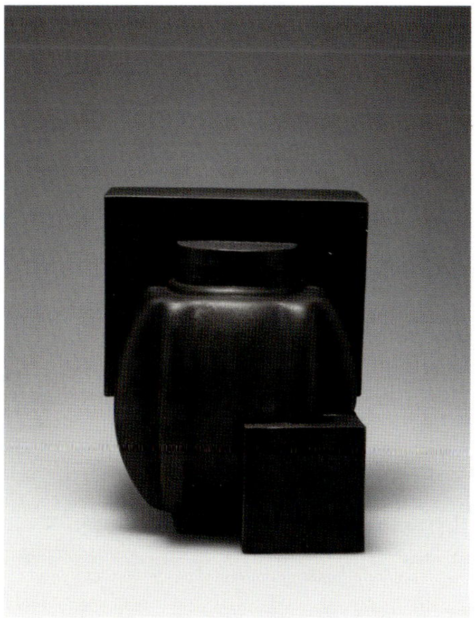

Cat. 33
Cat. 32

Cat. 14 Edmund de Waal,
Once is as good as never, 2016,
galerie Max Hetzler, Paris, France
Cat. 26 Enzo Mari, *Fatti a Mano/ Samos R*, 1973, Fonds national d'art contemporain, en dépôt au musée des Arts décoratifs, Paris, France
Cat. 33 Paul-Ami Bonifas,
Moule de vase, 1922-1940,
musée Ariana, Genève, Suisse
Cat. 32 Philippe Barde,
Hommage à B., 2010,
musée Ariana, Genève, Suisse

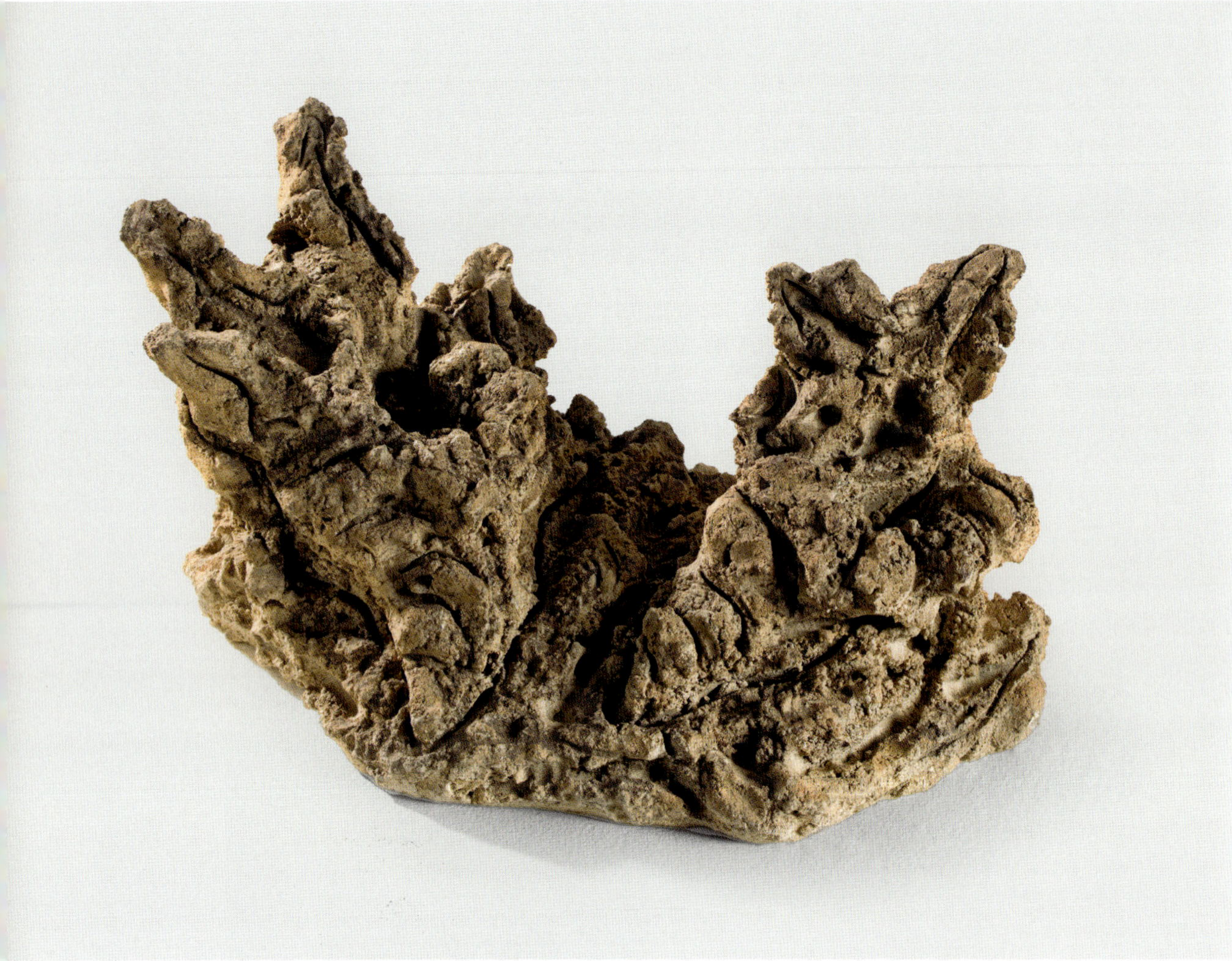

Cat. 22

Cat. 22 Lucio Fontana,
Coquillages (Mer), 1935-1936,
musée d'Art moderne de Paris, France
Cat. 21 Rebecca Warren,
The Wise Virgin, 2012,
galerie Max Hetzler, Paris, France

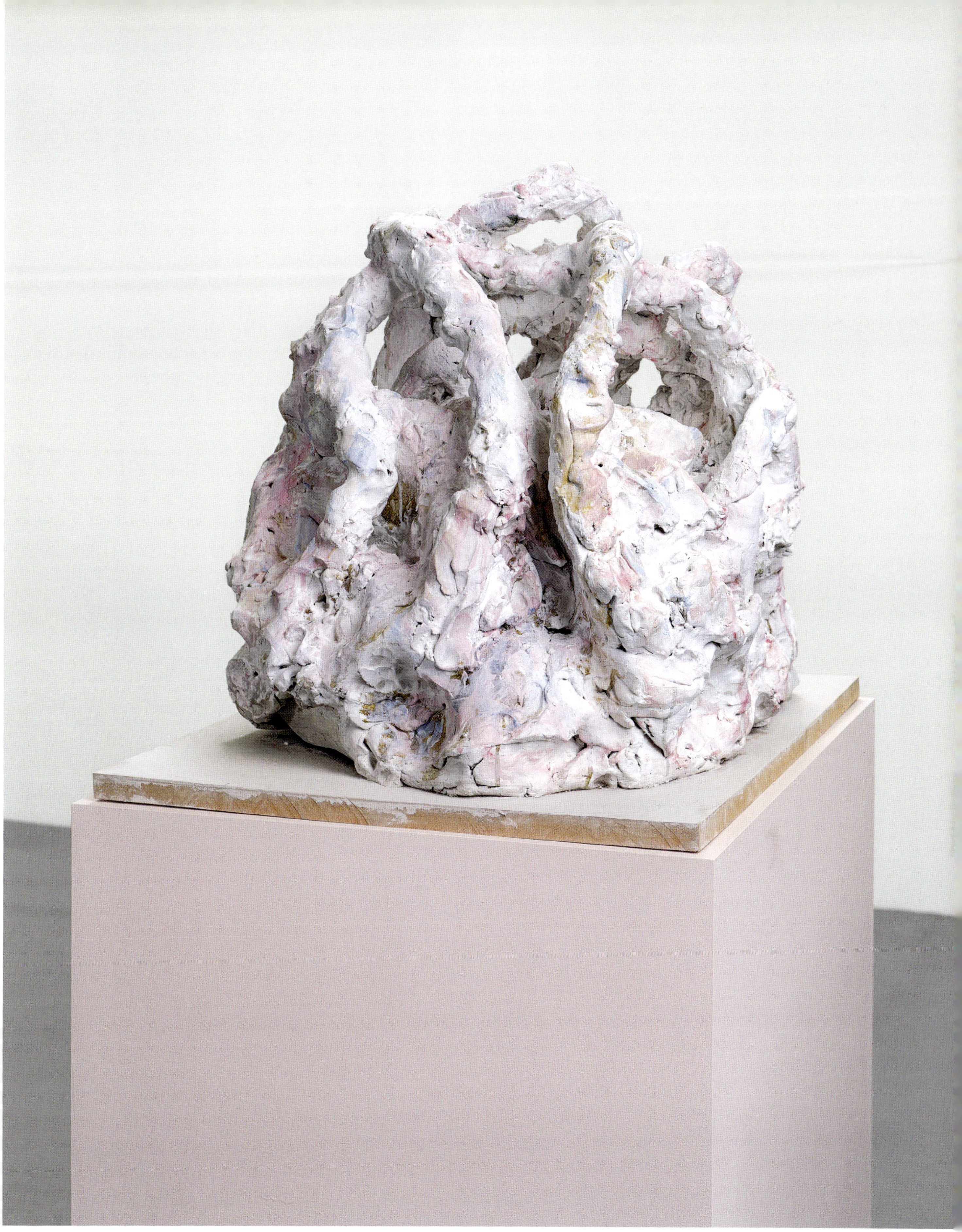

Cat. 21

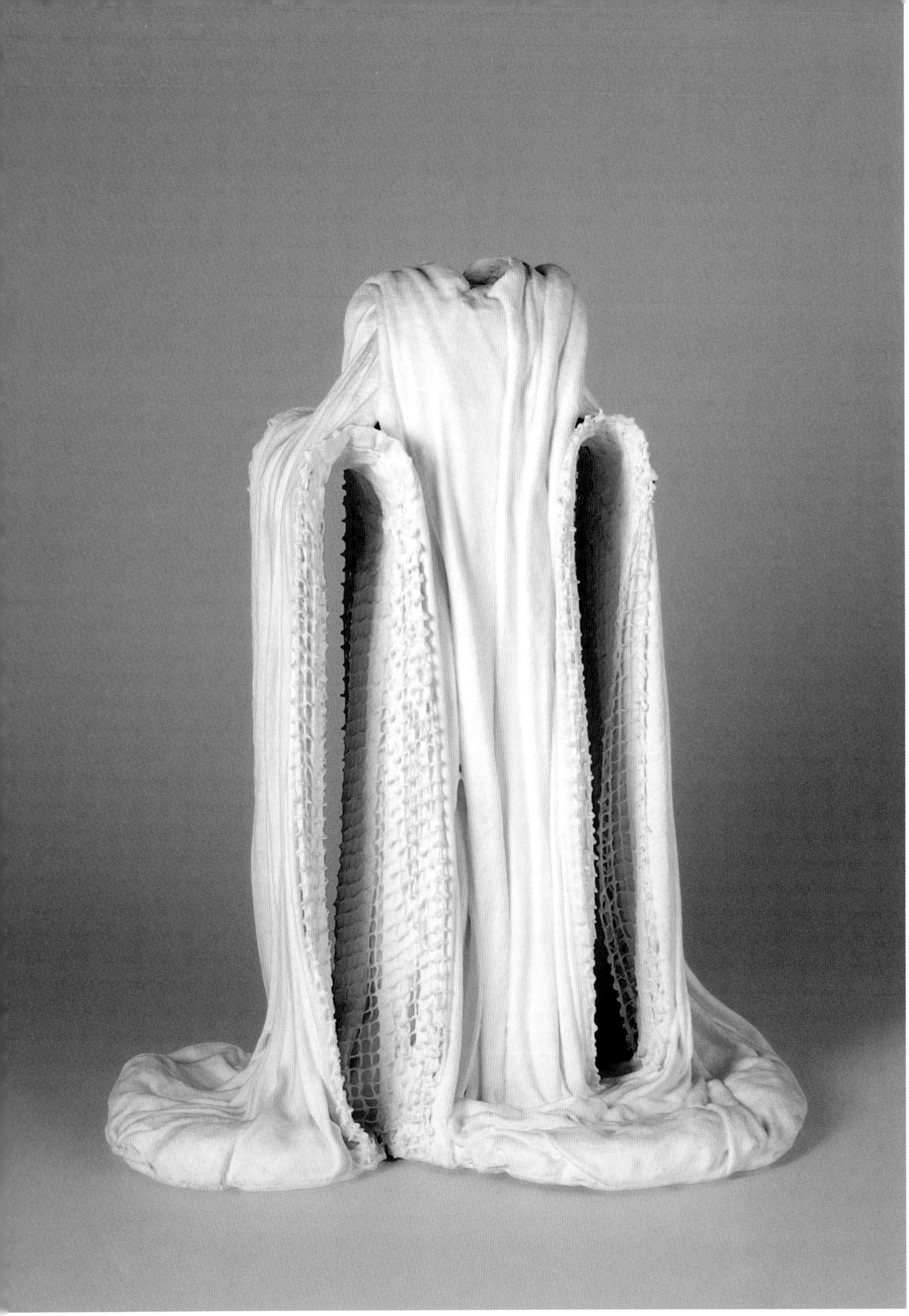

Cat. 34

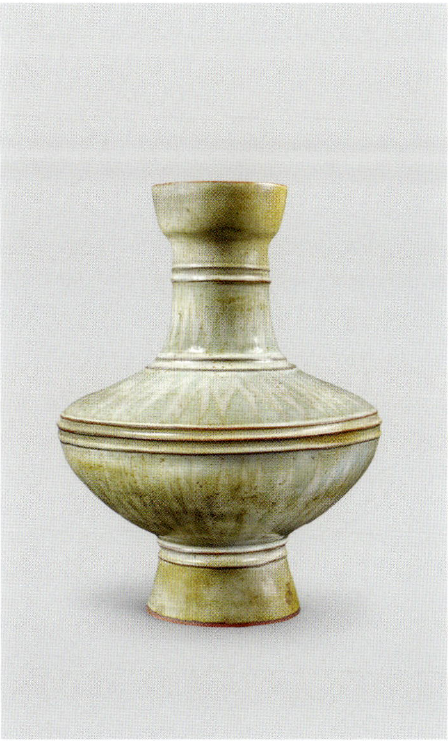

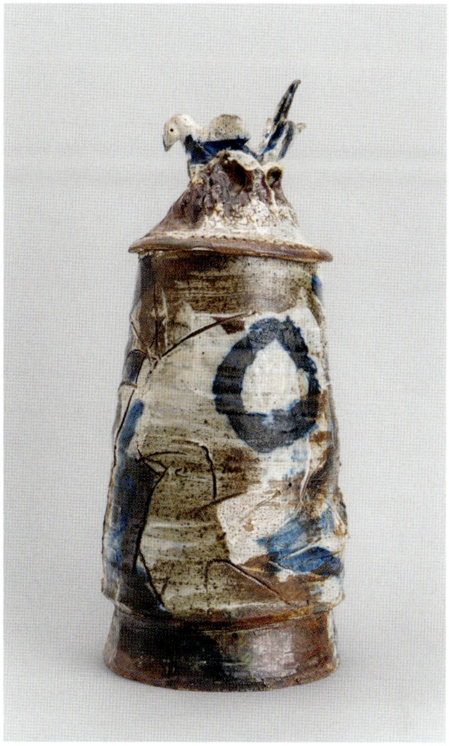

Cat. 25
Cat. 29

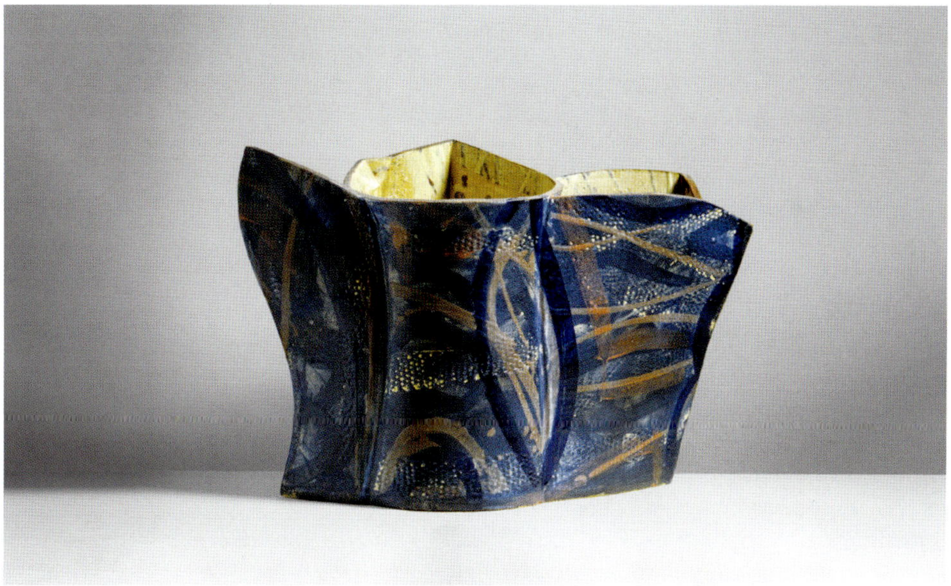

Cat. 24

Cat. 34 Nicole Giroud, *Fontaine*, 1983, Sèvres – Manufacture et musée nationaux, France
Cat. 25 Francine Del Pierre, *Sans titre (Grand vase)*, vers 1960, collection particulière, Paris, France
Cat. 29 Peter Voulkos, *Covered vessel*, 1960, Arizona State University Art Museum, Tempe, États-Unis
Cat. 24 Alison Britton, *Connected pot*, 1987, collection Mardochée Franco, Paris, France

L'invention
Jean Girel

Ce texte est extrait d'*Une brève histoire de la céramique*, éditions du 81, 2019.

La hutte, un peu à l'écart au-dessus du campement, est bâtie en défenses de mammouths maçonnées à l'argile. Dans le silence glaciaire, on entend parfois, venu de l'intérieur, un bruit sourd, suivi de quelques murmures. L'homme est debout, devant le four en forme de fer à cheval et attise le feu. Près de lui, sont rangées toute une série de petites figures animales, modelées dans une argile encore fraîche, réalistes, avec des détails gravés à l'ongle ou rapportés par collage. Dès que le foyer redevient incandescent, l'homme prend une de ces petites figurines et la jette dans les flammes. Des hommes et des femmes, massés derrière le muret du foyer, se taisent et attendent. Puis c'est l'explosion, les éclats de la petite sculpture volent parmi les escarbilles ; le sol de la hutte est déjà jonché de fragments d'ours, de lions, de renards. Le dernier modelage qui vient d'être lancé, un mammouth, résiste sans bruit à la flamme. L'homme attend encore quelques minutes puis retire du foyer la figurine brûlante et la pose, dure et intacte, sur une pierre froide. Le verdict est prononcé, les hommes sortent ; ils savent maintenant quel animal ils doivent chasser aujourd'hui.

Un couple est demeuré auprès de l'homme et lui tend une forme très stylisée, presque abstraite. On devine deux seins, un ventre, surtout des fesses ; la vénus callipyge va bientôt plonger dans la fournaise, et la femme anxieuse connaîtra l'avenir de la lignée cette année.

La scène se passe il y a trente mille ans, en Moravie, à Dolni Vestonice. Le personnage officiant devant son four est le chaman de la tribu. Il sait prédire les destinées de son clan en soumettant à l'oracle du feu la question de l'argile ; il sait que celle-ci doit être encore très fraîche pour que la pression de la vapeur d'eau, portée en quelques secondes à sept cents degrés, ait une chance de provoquer l'explosion. Ce qu'il ne sait pas, c'est qu'il est devenu le premier céramiste de l'humanité.

La question du feu

Les archéologues, qui fouillent le site depuis cinquante ans, y ont trouvé des milliers de fragments de figurines d'argile cuite. Ils ont donc supposé que celles qui avaient résisté à l'épreuve du feu, rares sur le site, avaient été emportées par les consultants. Ils se sont aussi demandé pourquoi les traces de céramiques découvertes dans d'autres régions du monde sont de quinze mille ans postérieures à cette éclosion !

Une équipe de chercheurs américains et tchèques a récemment résolu ce mystère en analysant la composition des fragments d'argile cuite et du lœss local[1] qui a servi à les fabriquer. La terre de Dolni Vestonice recèle une teneur en phosphore un peu supérieure à la normale, et cet élément, combiné à l'argile, a la capacité de former des verres à basse température[2]. Les modelages du chaman morave ont pu ainsi atteindre le seuil d'inaltérabilité qui est le propre de la céramique.

[...]

Plus donc que la constitution de sa matière première, le caractère propre à la céramique réside dans cette transformation par le feu qui la rend inaltérable.

Les bisons de la grotte des Trois Frères en Ariège, modelages réalistes en terre crue de plus de soixante centimètres de long, dus à un artiste de talent il y a seize mille ans, sont des sculptures au sens strict ; les minuscules sculptures d'animaux de Dolni Vestonice sont des terres cuites, donc des céramiques.

Le terme céramique, qui désigne l'argile cuite, apparaît pour la première fois en 1806. Il est emprunté au grec *keramos,* qui signifie l'argile, la « terre à potier », et qui lui-même proviendrait d'une racine sanscrite, *cram*, relative au foyer, au four, à la cuisson. Il contiendrait ainsi dans son étymologie les deux conditions nécessaires et suffisantes à sa réalisation, la malléabilité de l'argile et le passage par le feu.

L'histoire de la céramique, depuis le chaman préhistorique jusqu'aux ingénieurs d'aujourd'hui, est, plus que l'exploitation de la plasticité de l'argile très tôt maîtrisée, celle d'une lente accession à de très hautes températures et de longues recherches pour trouver les matières capables de les supporter. Si un simple foyer suffit pour cuire à huit cents degrés une poterie poreuse, la porcelaine, translucide à partir de mille trois cents degrés, nécessite des fours très performants et certaines céramiques techniques d'aujourd'hui sont traitées à trois mille degrés.

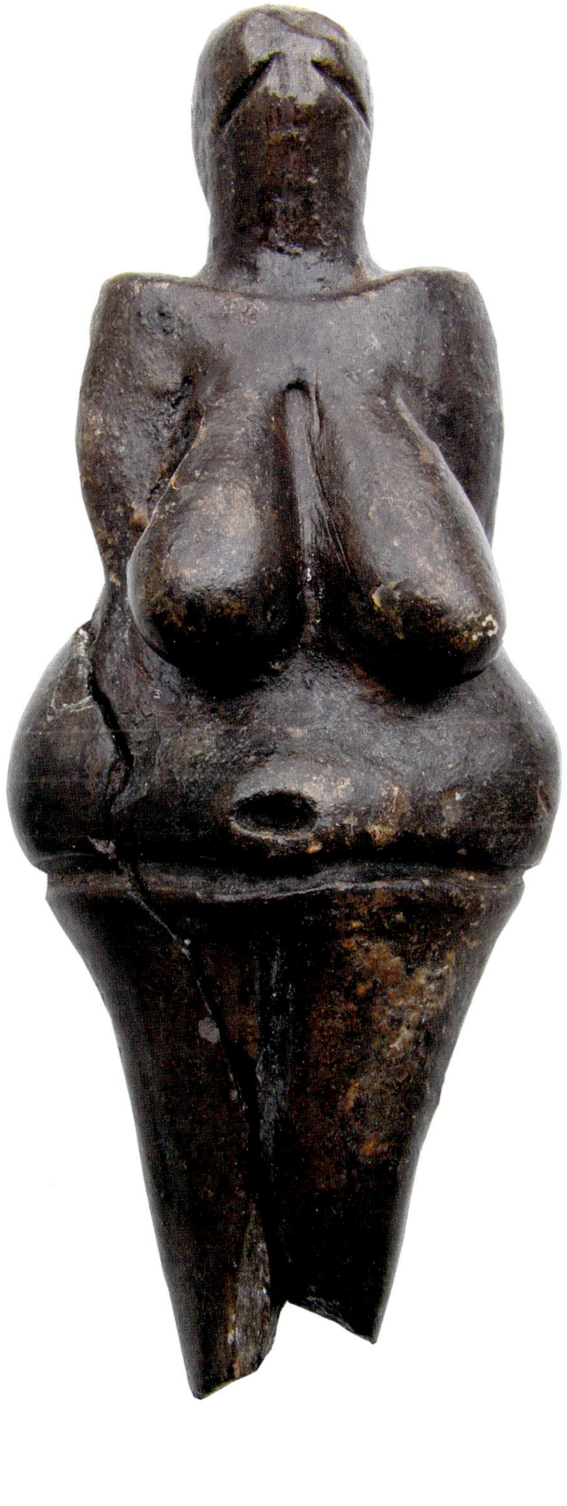

Cat. 138 Anonyme (Tchéquie), *Vénus de Dolni Vestonice*, paléolithique supérieur, gravettien (29000-25000 avant notre ère), courtesy musée de Moravie, Brno, Tchéquie

1 Un limon argileux d'origine éolienne.
2 Cette propriété du phosphore a été exploitée pour fabriquer de la porcelaine translucide en utilisant de la poudre d'os.

Cat. 63

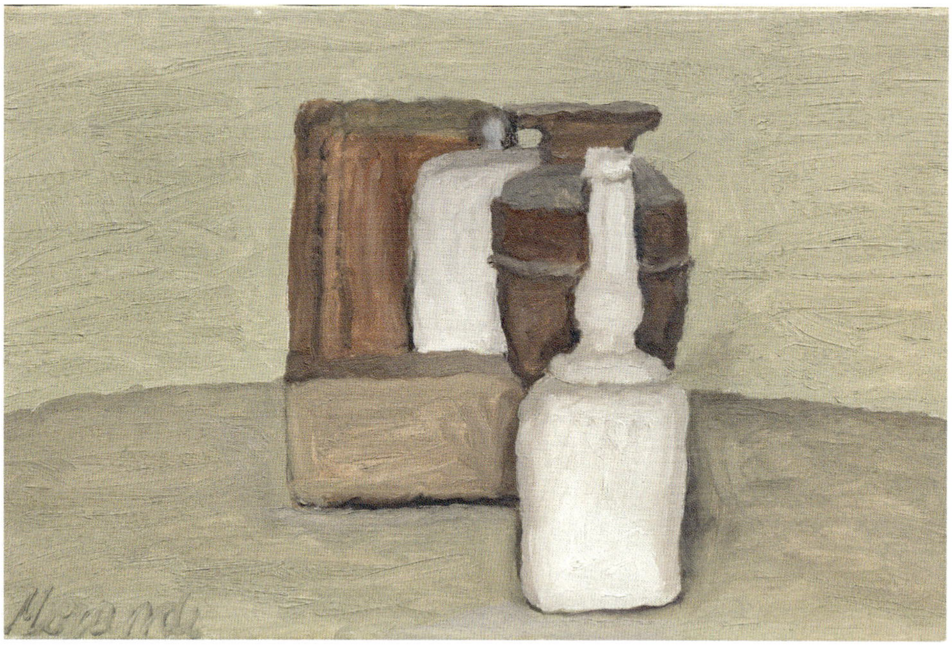

Cat. 40
Cat. 39

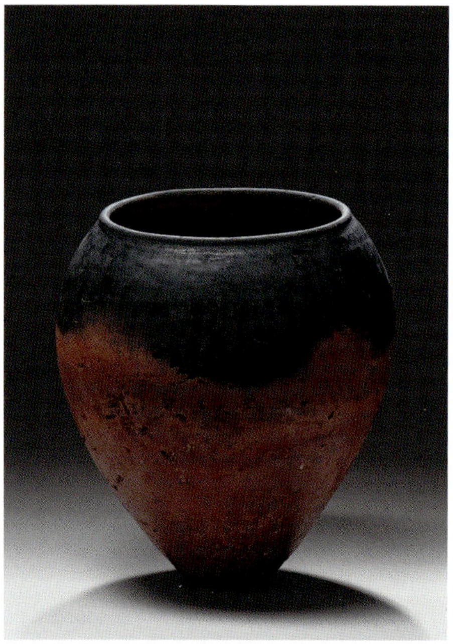

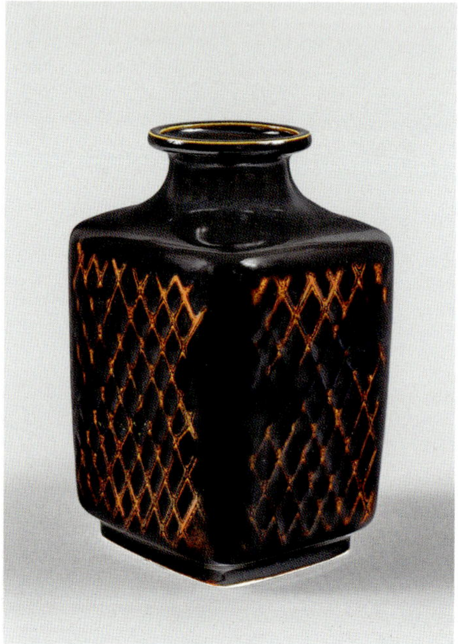

Cat. 63 Giorgio Morandi, *Nature morte*, 1955, collection particulière, Florence, Italie
Cat. 40 Anonyme (El-Amrah, Égypte), *Vase à bord supérieur noirci*, Nagada I (vers 3800-3500 avant notre ère), musée d'Archéologie nationale, Saint-Germain-en-Laye, France
Cat. 39 Fance Franck, *Vase rectangulaire à col étroit*, 1996, collection particulière, Paris, France
Cat. 35 Lawson Oyekan, *Body undivided*, 1994, collection Helen Aziza, Paris, France

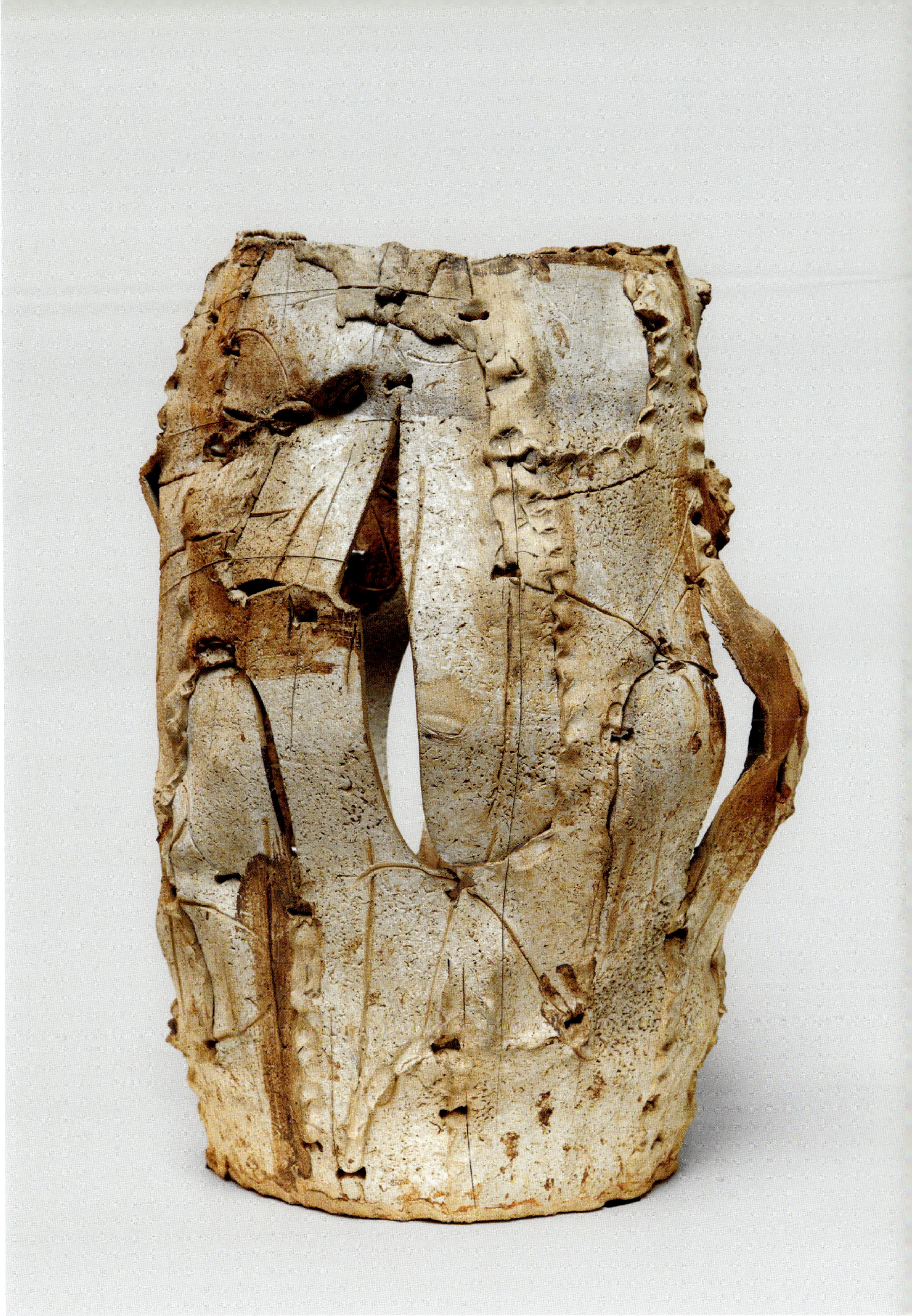

Cat. 35

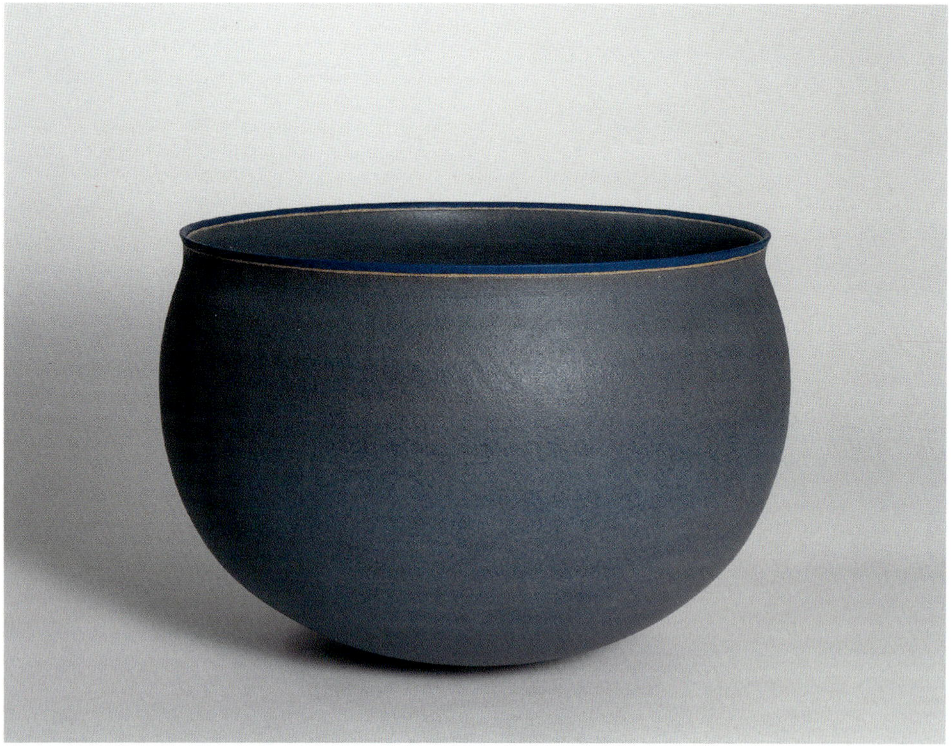

Cat. 5

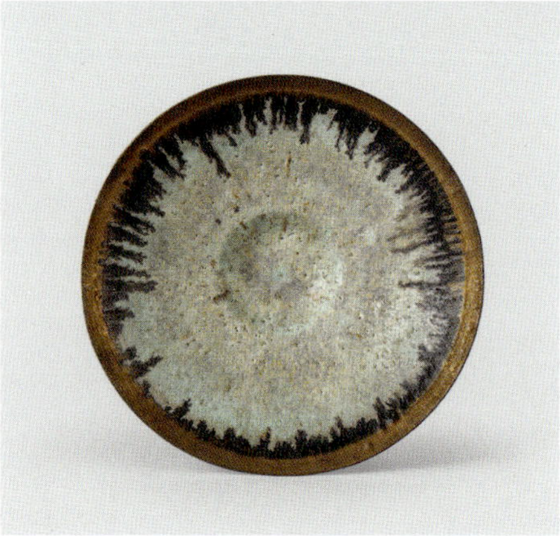

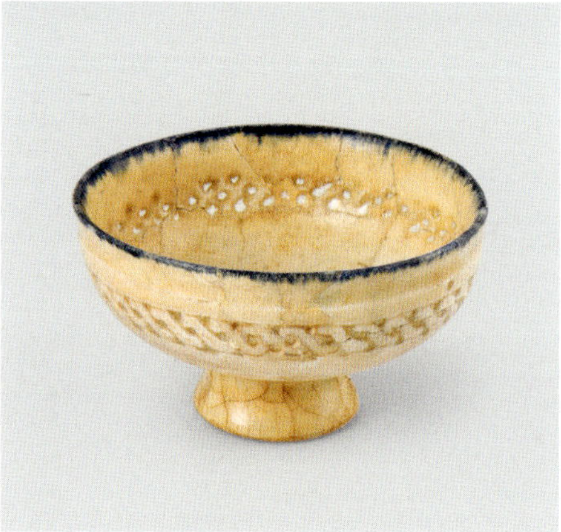

Cat. 49
Cat. 38

Cat. 5 Alev Ebüzziya Siesbye, *Sans titre*, 2003-2011, collection de l'artiste
Cat. 49 Lucie Rie, *Coupe*, vers 1980, Sèvres – Manufacture et musée nationaux, France
Cat. 38 Anonyme (Caucase, Monde iranien), *Coupe entière*, XIIe-XIIIe siècle, musée du Louvre, Paris, France
Cat. 48 Clément Massier, *Plat*, 1890-1895, musée d'Orsay, Paris, France

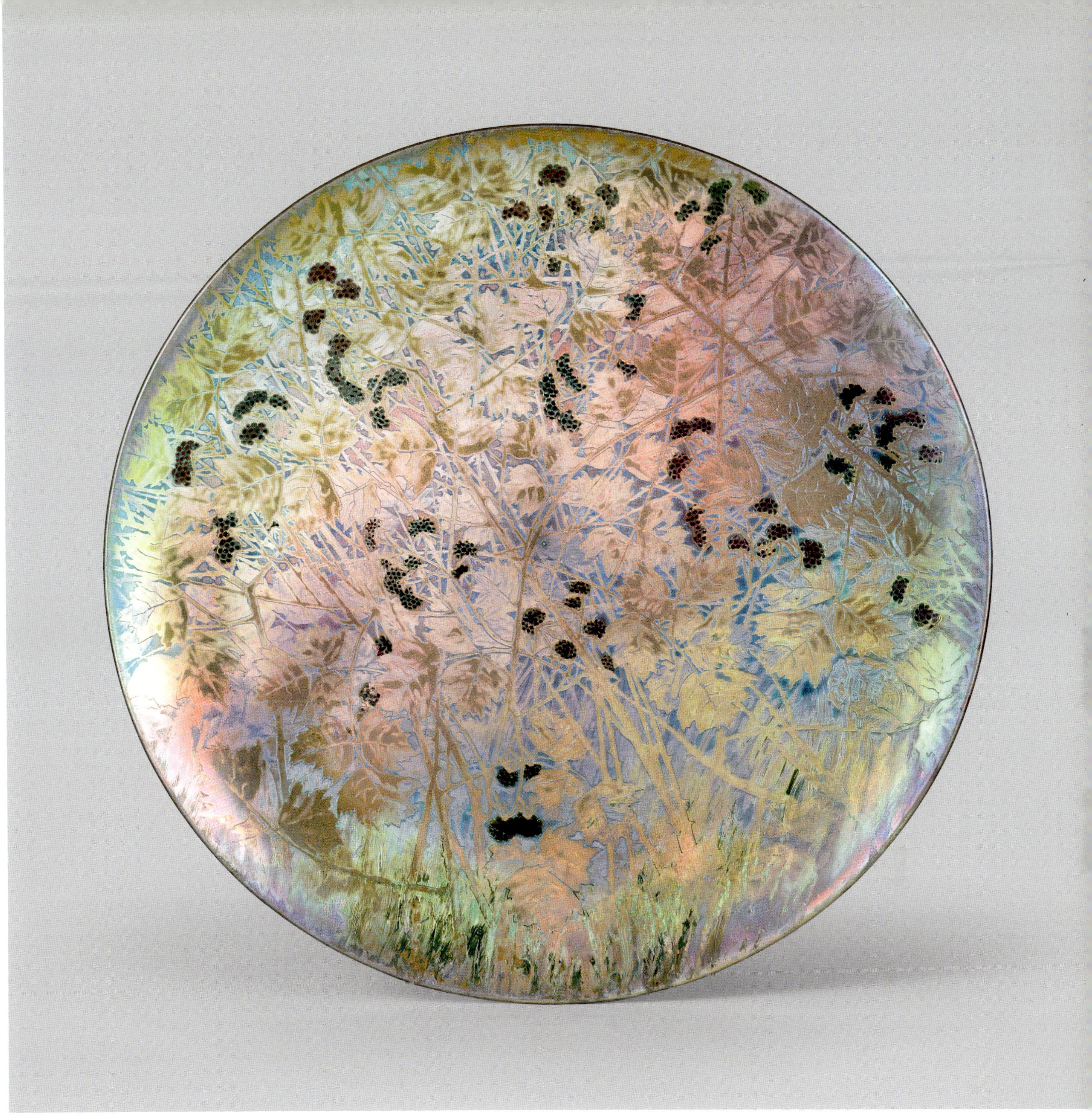

Cat. 48

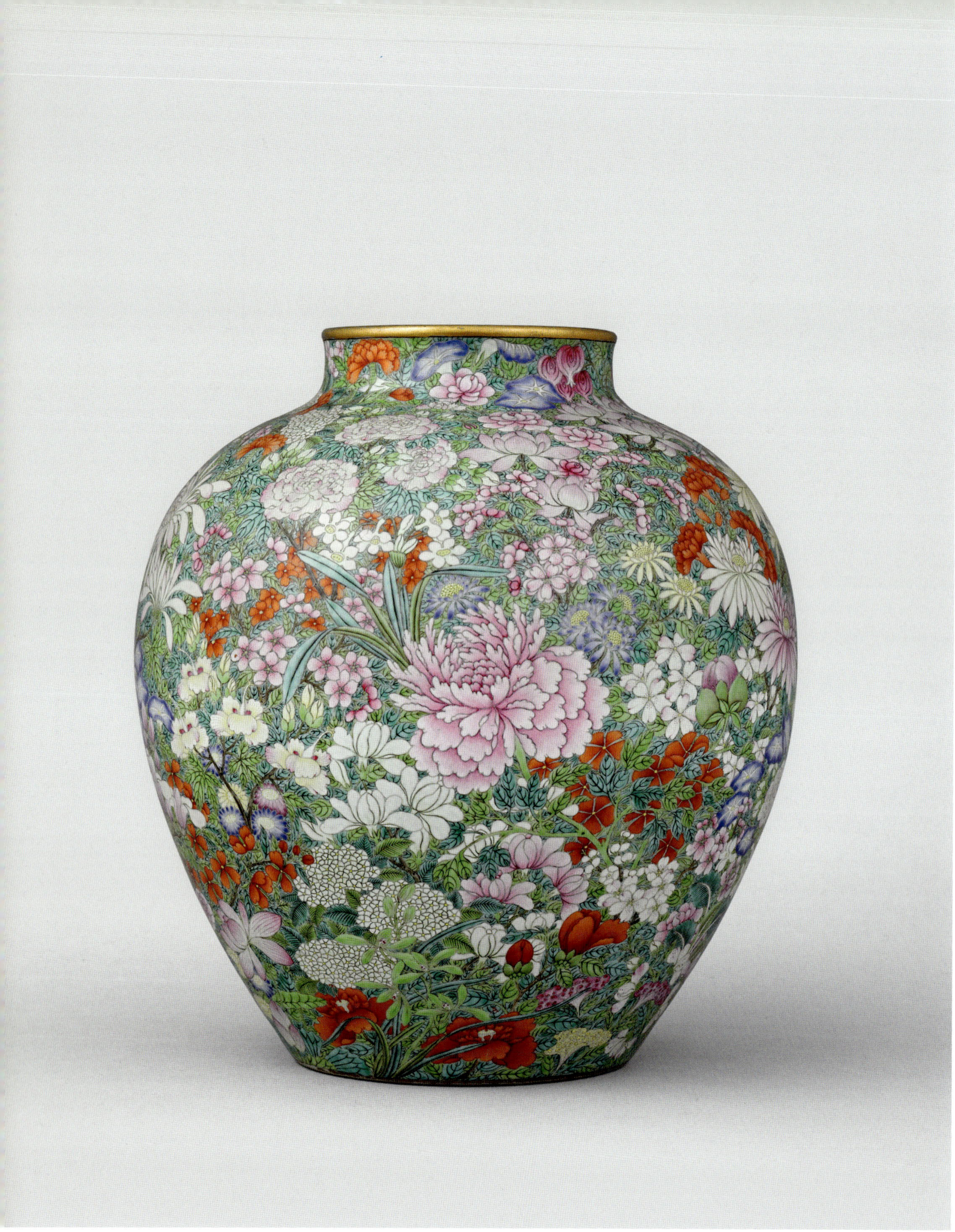

Cat. 45 Anonyme (Jingdezhen, Chine), *Jarre « 1 000 fleurs »*, dynastie Qing (1644-1911), règne de Qianlong (1736-1795), Musée national des arts asiatiques – Guimet, Paris, France

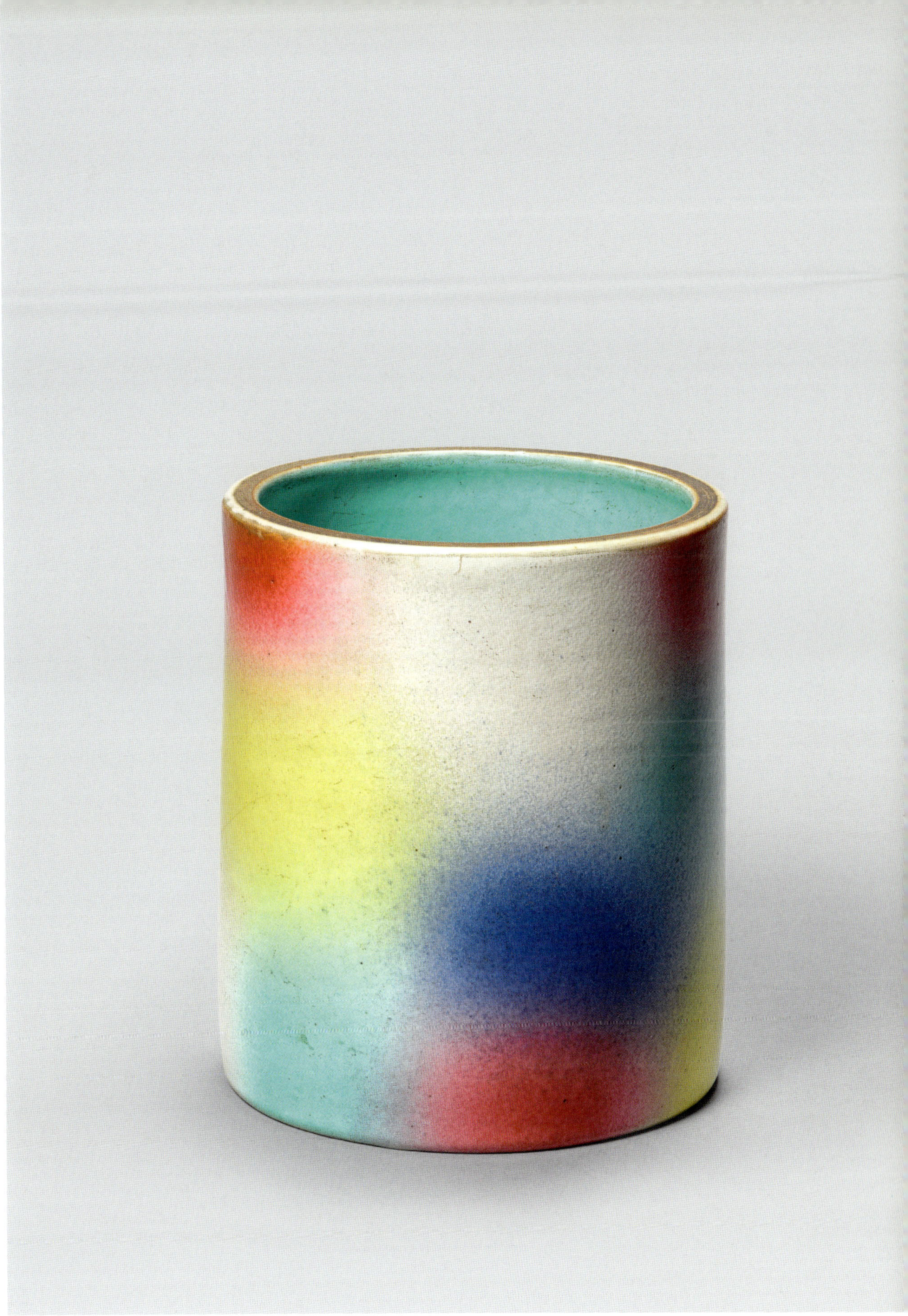

Cat. 44 Anonyme (Jingdezhen, Chine), *Pot à pinceaux (Pitong)*, dynastie Qing (1644-1911), fin XVIIIe ou XIXe siècle, Musée national des arts asiatiques – Guimet, Paris, France

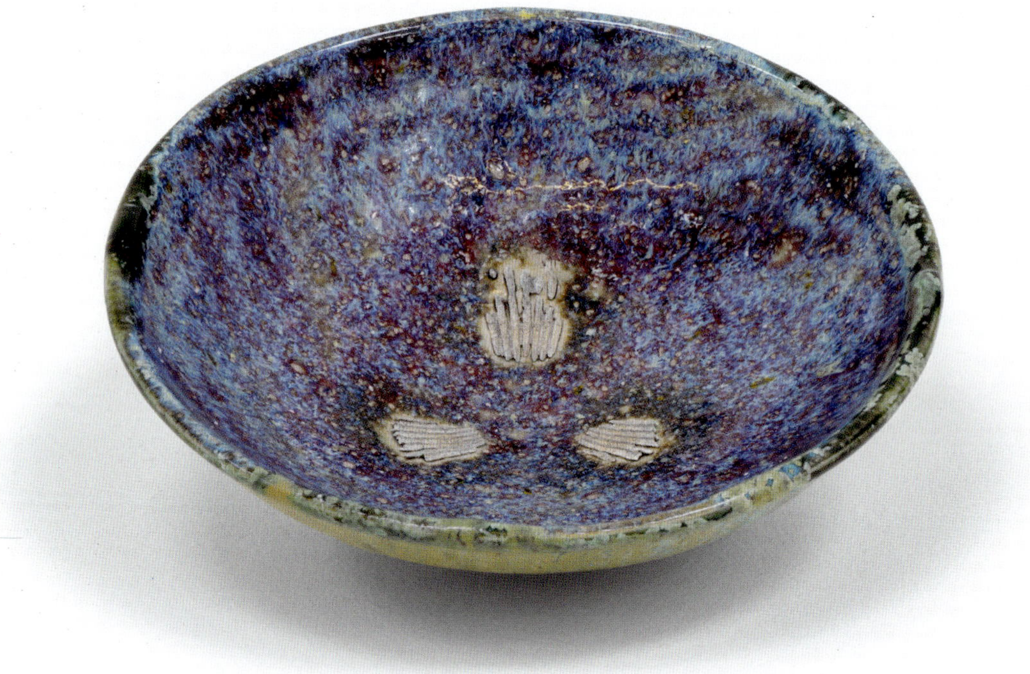

Cat. 43

Cat. 43 Navid Nuur, *Post-Paris*, 2019, galerie Max Hetzler, Paris, France
Cat. 51 Félix Massoul, *Vase globuleux à décor de disques bleu nuit rehaussés de dorure sur fond bleu turquoise*, avant 1937, musée d'Art moderne de Paris, France

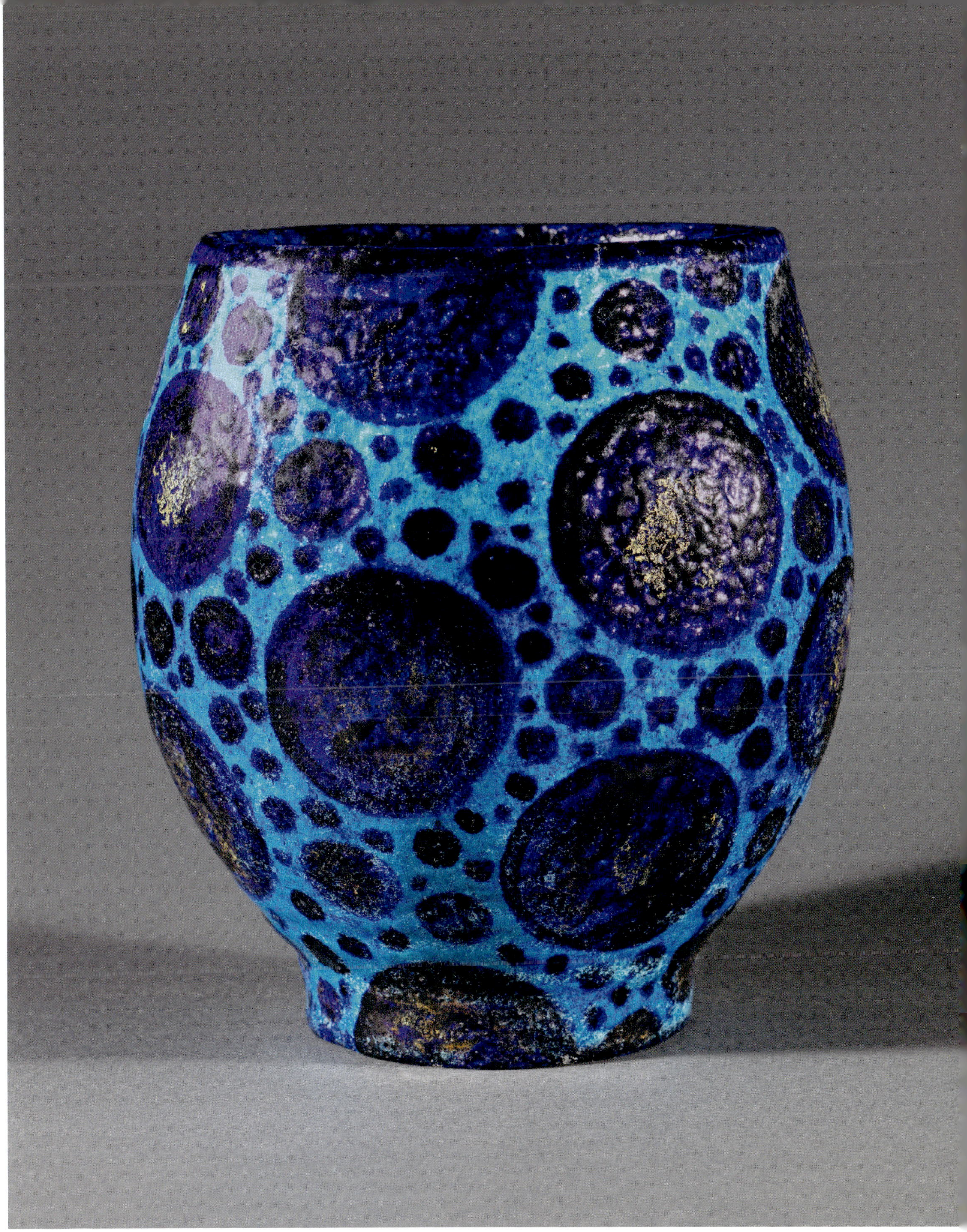

Cat. 51

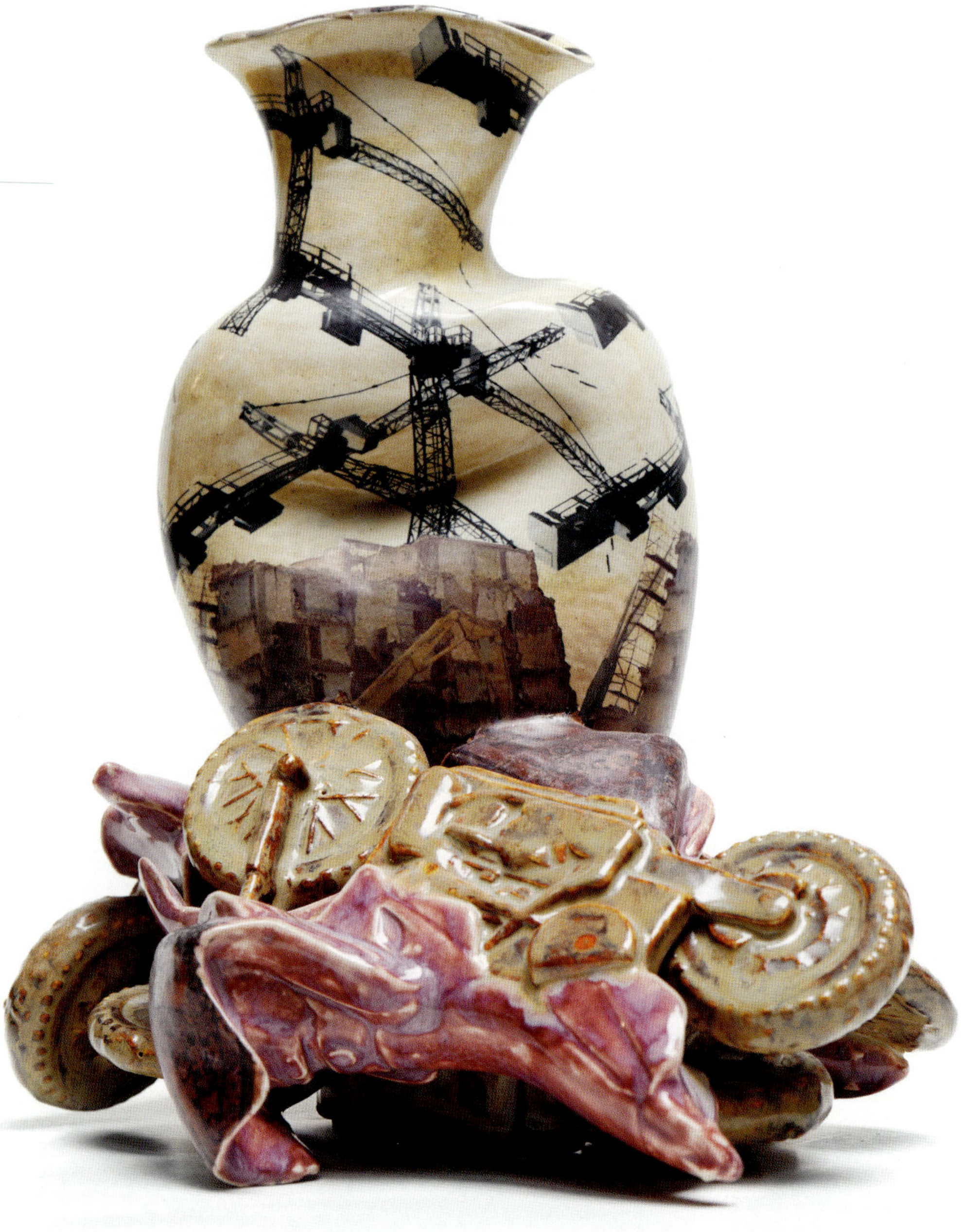

Cat. 52 Carol McNicoll, *Pile up*, 2018, collection Helen Aziza, Paris, France

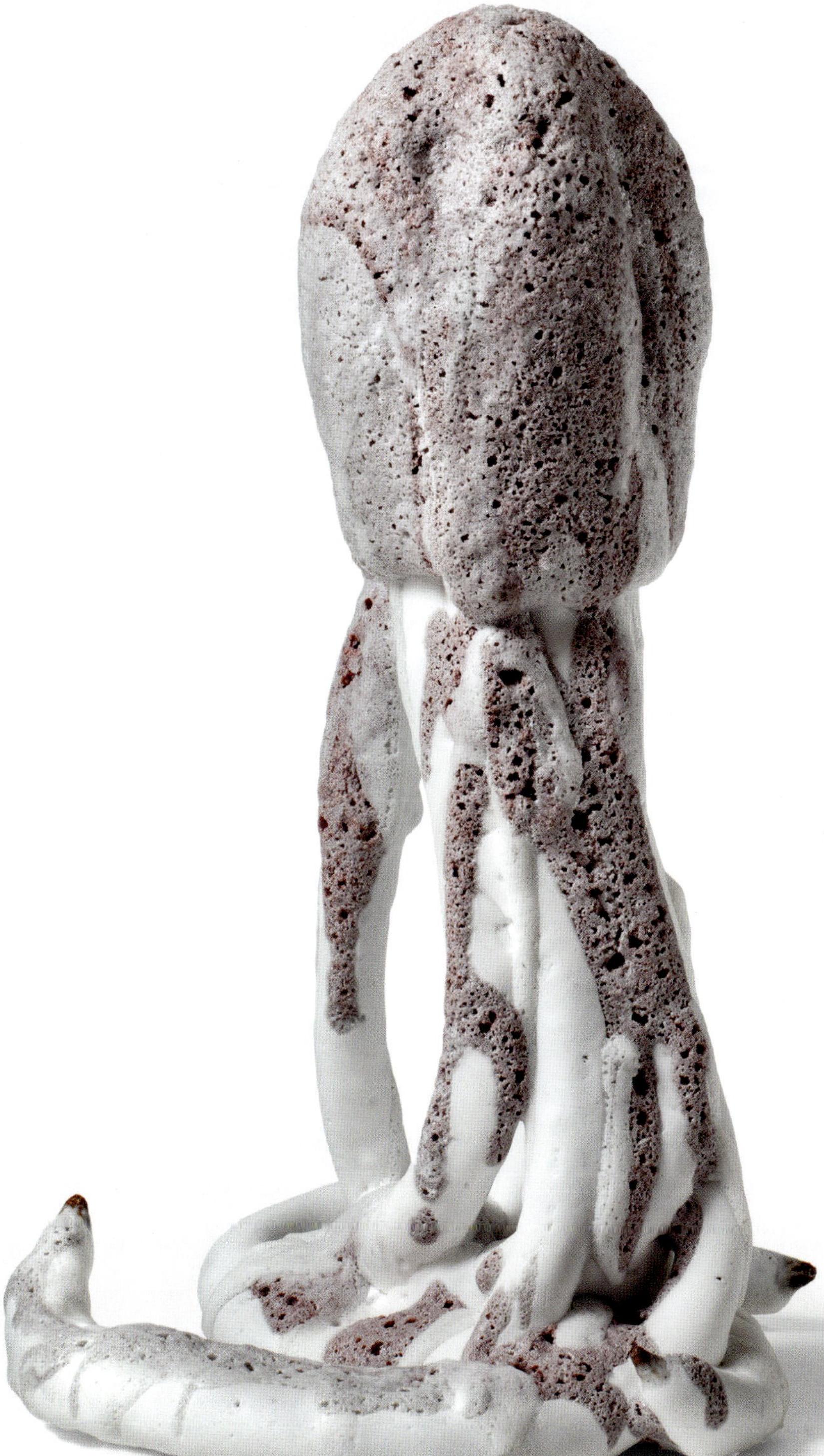

Cat. 37 Bente Skjøttgaard,
Mnemiopsis Leidyi n° 1825, 2018,
galerie Maria Lund, Paris, France

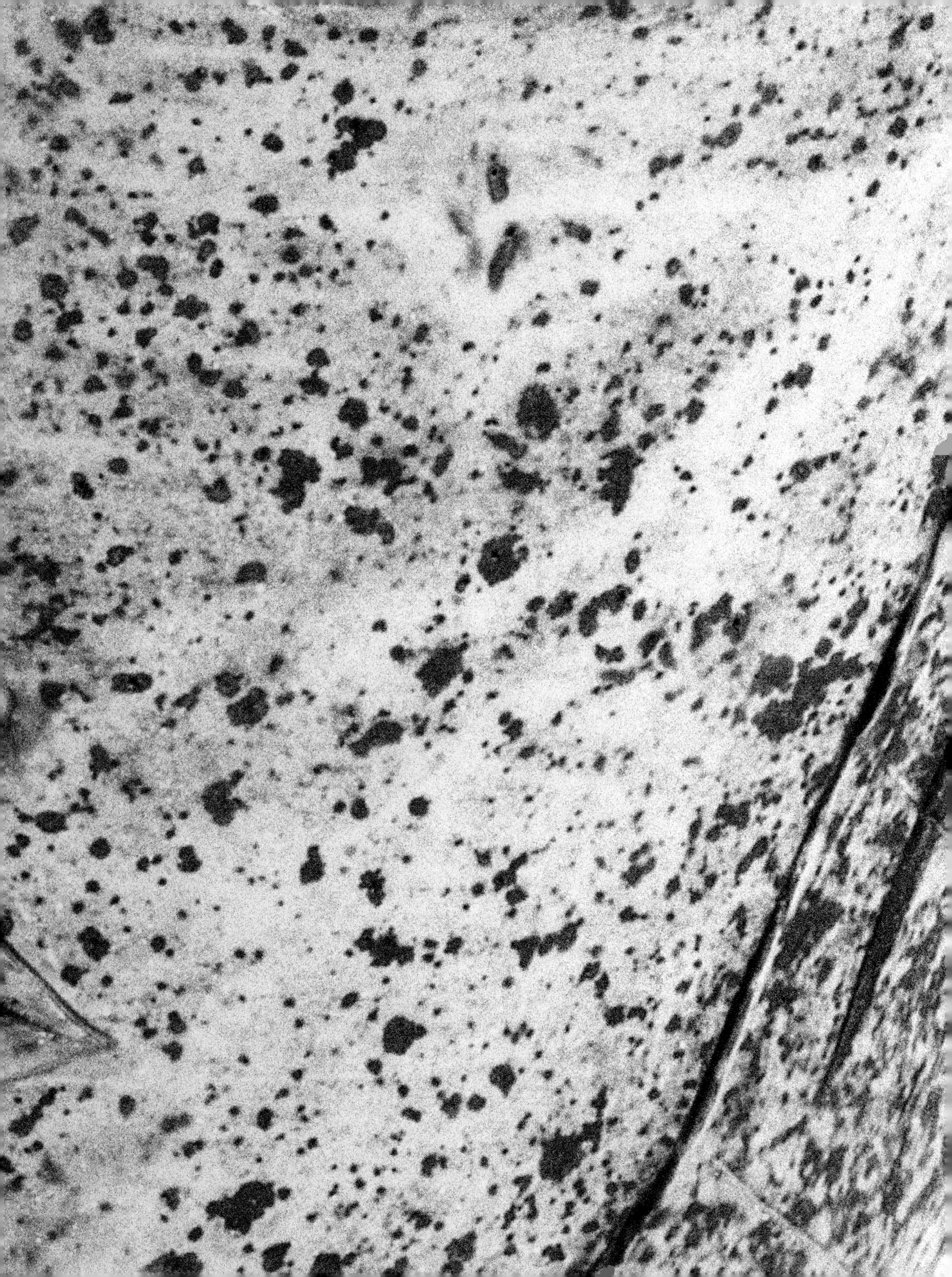

II. **FAIRE FAIRE**

Pages suivantes →
Cat. 92 Miquel Barceló, *Paret seca*, 2021, courtesy de l'artiste et galerie Almine Rech, Paris, France/Bruxelles, Belgique/Londres, Royaume-Uni/ New York, États-Unis/Shanghai, Chine
Cat. 84 Anonyme (Girsu, Irak), *Tablette*, dynastie Ur III (IIIe millénaire avant notre ère), musée du Louvre, Paris, France
Cat. 72 Marguerite Wildenhain, *Face vase* (et détail p. 50), années 1970, Arizona State University Art Museum, Tempe, États-Unis
Cat. 106 Magdalene Odundo, *Untitled*, 2013, courtesy Pierre Marie Giraud, Bruxelles, Belgique

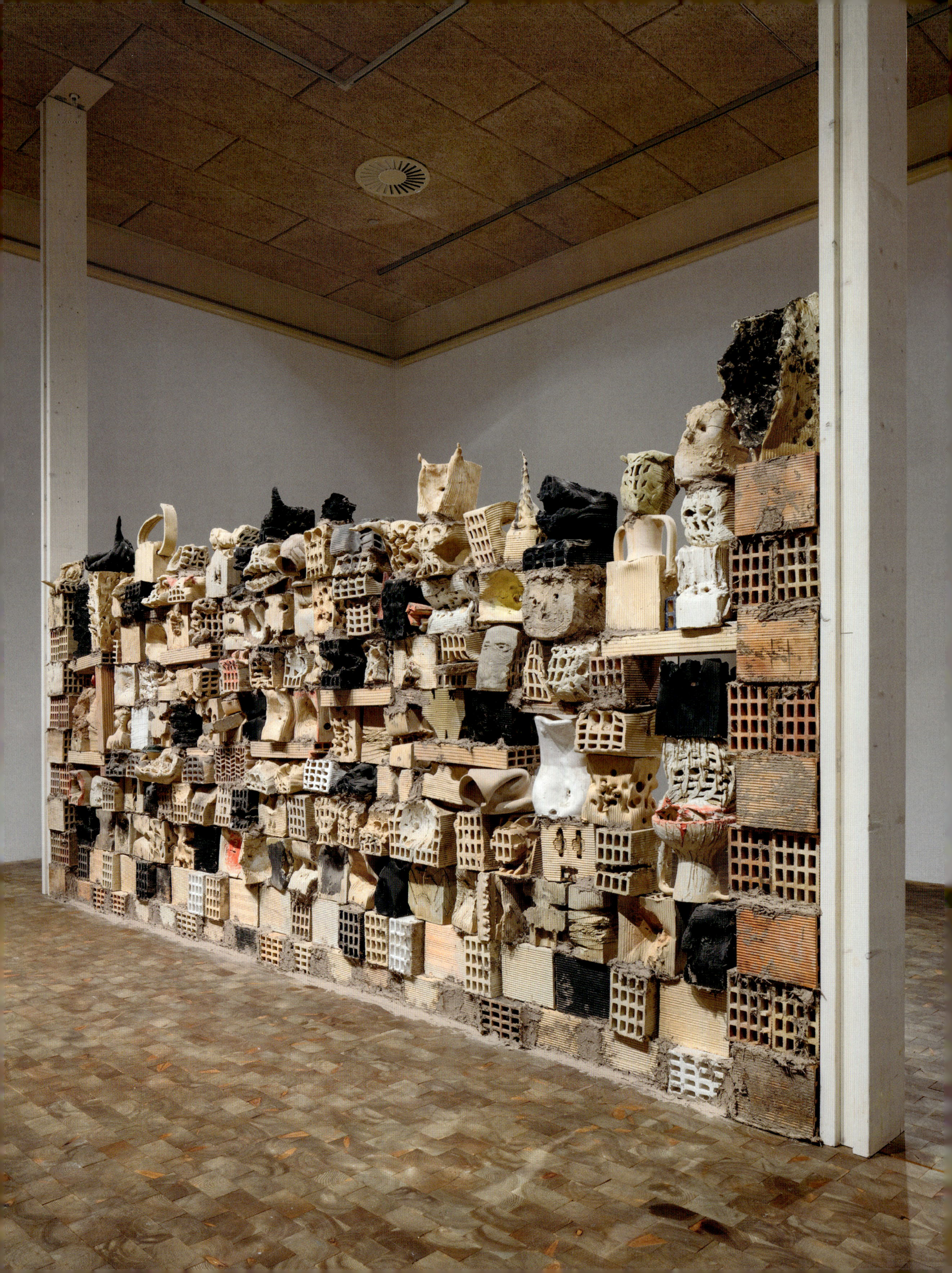

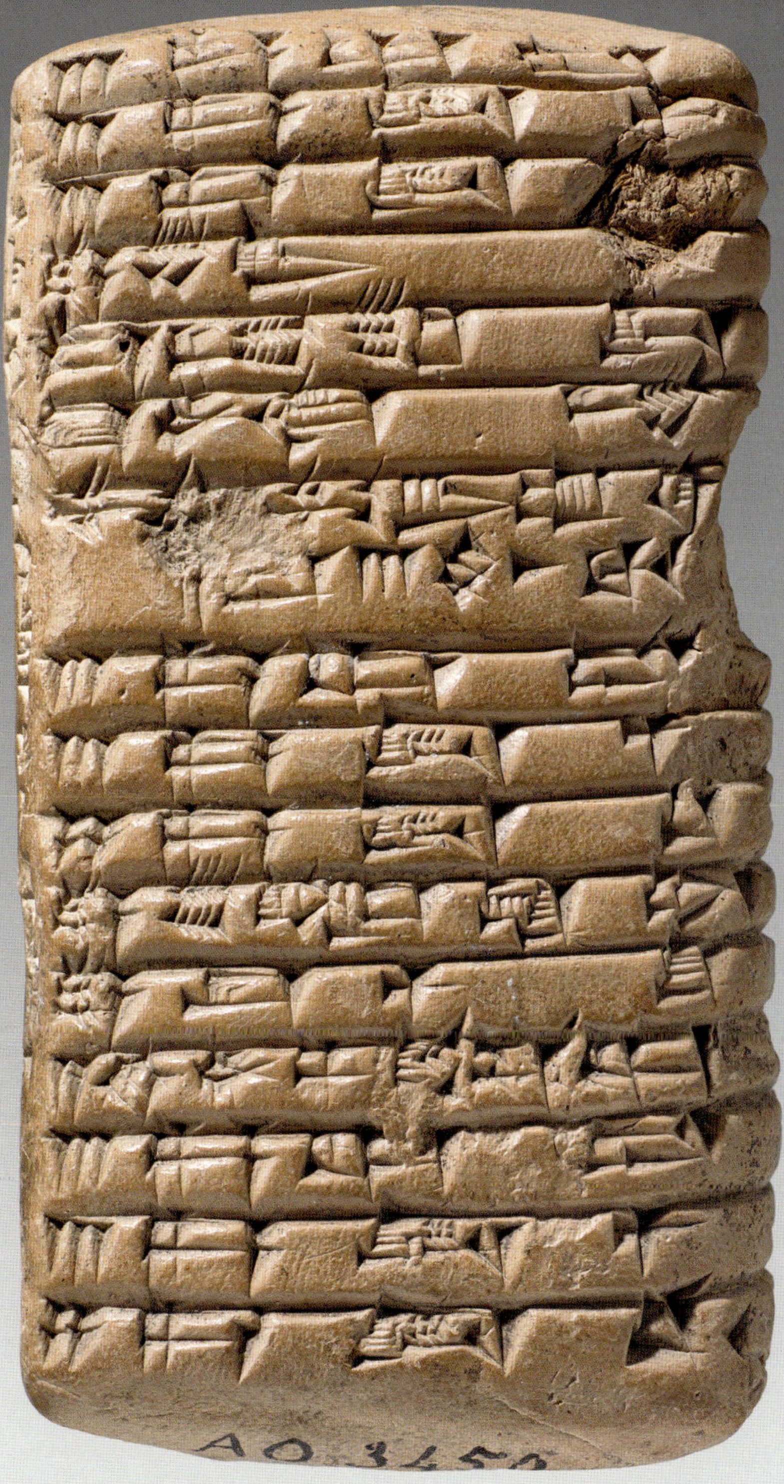

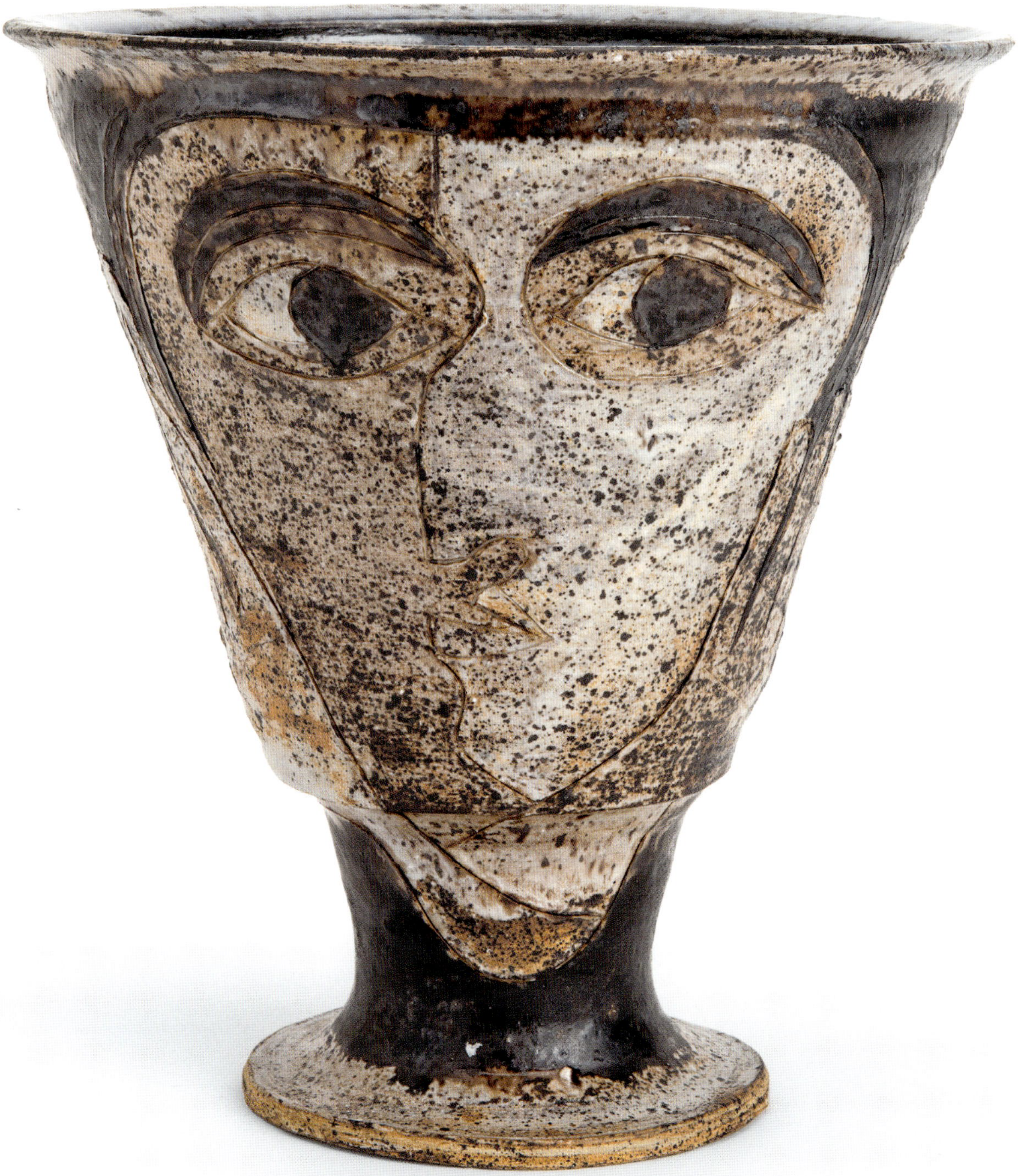

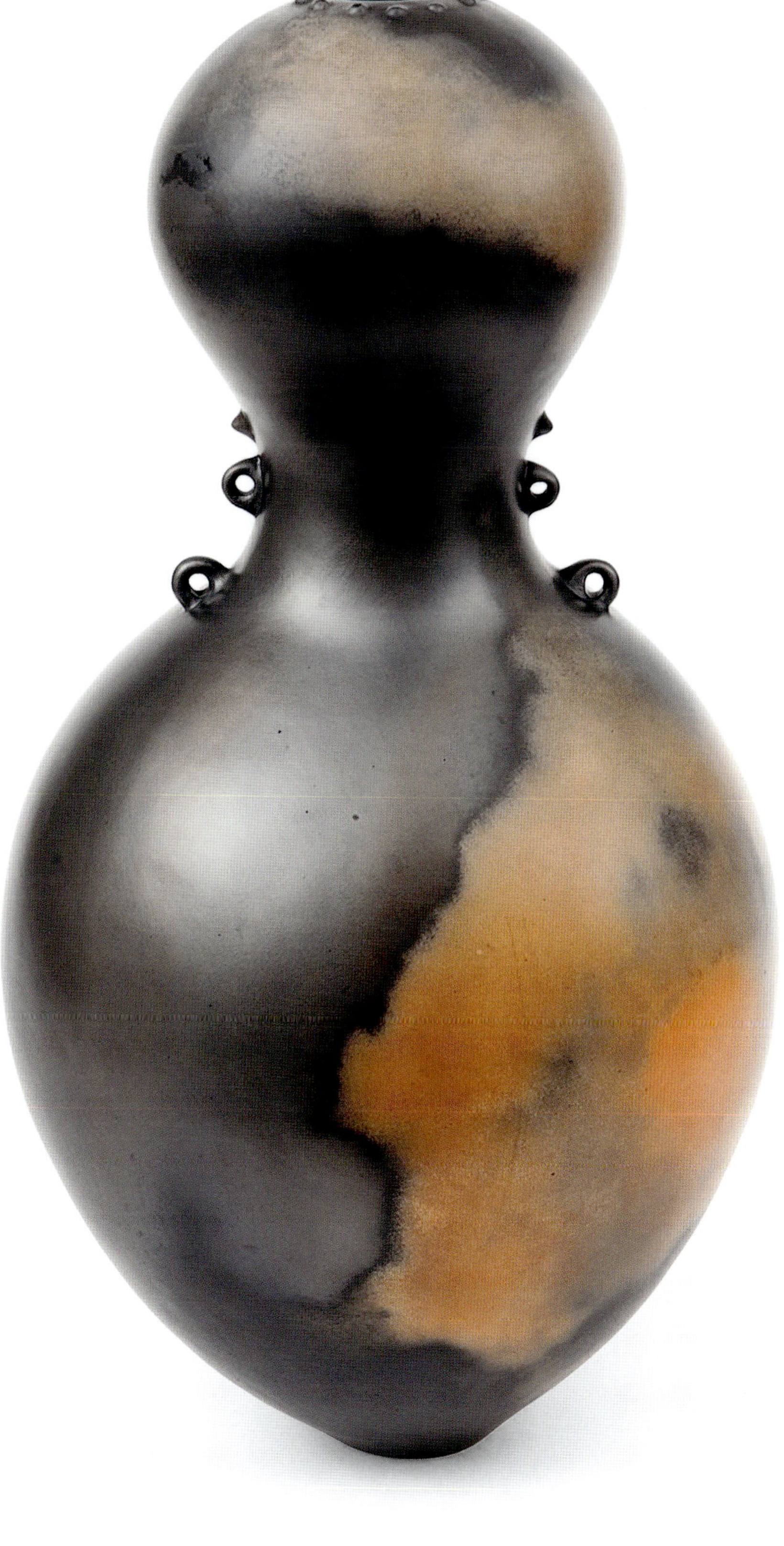

FAIRE CORPS AVEC LA TERRE

La vie sociale de la céramique

Thomas Golsenne

Vous buvez sans doute votre café dans une petite tasse en céramique blanche. Mais les Italiens sont partagés entre ceux qui le boivent dans la petite tasse en céramique, et ceux qui le boivent dans un petit verre. En Italie, le café change littéralement de goût en fonction du contenant. Les arguments que s'échangent les deux camps portent souvent sur des aspects physiques (la céramique/le verre retient mieux la chaleur, donne à la mousse un aspect plus onctueux...). Selon son camp, on attribue les meilleures propriétés à son matériau préféré. C'est donc une question de goût avant d'être une question de physique. Mais le goût, on le sait depuis Pierre Bourdieu[1], est moins affaire de sensibilité personnelle que de milieu social. Le même vin n'a pas le même goût s'il est bu dans un verre à pied ou dans un gobelet en plastique. Notre perception du contenu est modifiée par la qualité sociale du contenant. Porcelaine et verre sont des matériaux à connotation bourgeoise, tandis que carton et plastique renvoient à un milieu plus modeste.

Ces simples exemples rappellent que, comme l'avait indiqué le sociologue Arjun Appadurai dans les années 1980, les objets ont « une vie sociale[2] ». Non pas qu'ils fassent société de leur côté, comme les jouets de *Toy Story*. C'est plutôt qu'ils composent avec nous, les humains, des collectifs hybrides : nous interagissons avec les objets, nous les fabriquons, mais ils nous affectent, ils nous font agir, ils modifient nos perceptions, ils nous relient indirectement à d'autres humains, ils nous représentent, ils fabriquent matériellement notre culture. On pourrait ainsi dire que la culture italienne investit plus de valeur dans le café que la culture française, parce que les matériaux qui servent à faire, les objets qui servent à boire le café sont l'objet d'un investissement social plus important : il est à la fois boisson, rituel, sujet de débats, marqueur de l'identité nationale et des identités subjectives. Boire son café dans un verre ou une tasse n'est pas une question qui se pose en France, parce que nous n'avons pas le même amour de la culture du café.

Vers 1500, quand ils consommaient du thé, les Japonais de l'élite se retrouvaient face à un choix similaire aux Italiens d'aujourd'hui. La cérémonie du thé était un rituel d'origine bouddhiste et chinoise, transmise cinq cents ans auparavant au Japon, et qui connaissait alors un important bouleversement. Deux conceptions du rituel s'affrontaient, à une époque marquée par des conflits incessants entre chefs de guerre rivaux. La première, à la mode au XVe siècle, en faisait une occasion de démonstration de puissance et de richesse. La salle de thé était garnie de meubles où les plus belles céramiques chinoises étaient exposées pour susciter admiration et envie des convives. La seconde, plus récente, était conçue comme un moment de recueillement et de retrait pour fuir les désordres du monde. Cette approche ascétique de la cérémonie du thé fut initiée au XVe siècle par Murata Jukō, un moine bouddhiste zen, qui cherchait le tao (la voie, le vide) par le dépouillement, une esthétique de la simplicité (*wabi*). On raconte qu'il abandonna tous les précieux vases Song dont s'encombraient les autres maîtres du thé et se contenta de bols de riz en grès local pour boire le précieux breuvage. Le caractère frustre, souvent même irrégulier (*soso*) de cette vaisselle populaire constituait, aux yeux

1 Pierre Bourdieu, *La Distinction. Critique sociale du jugement*, Paris, Les Éditions de Minuit, 1979.

2 Arjun Appadurai (dir.), *The Social Life of Things. Commodities in Cultural Perspective*, Cambridge, New York, Cambridge University Press, 1986.

des amateurs de poterie chinoise, un crime esthétique, un scandale politique (le refus de s'impliquer dans les affaires mondaines) ; et c'est pour cette raison qu'il était recherché par Jukō et ses adeptes.

À la fin du siècle suivant, Sen no Rikyū, un autre moine qui travaillait pour le chef de guerre Oda Nobunaga, développa la cérémonie du thé austère (*wabichan*) en favorisant la production d'un nouveau type de céramique, dont la technique et le style étaient spécialement adaptés à l'esprit de sobriété qui devait régner pendant la cérémonie du thé : le *raku*. Il collabora avec un fabricant de tuiles, Chōjirō, qui mit au point cette nouvelle technique de glaçure produite pendant la cuisson à basse température de la pièce dans le four, un choc thermique lui donnant une apparence tantôt rougeoyante, tantôt noire. De plus, pour conserver l'aspect irrégulier qui convenait aux bols à thé du *wabichan*, il modelait à la main et sans tour les bols et autres récipients pour l'eau et le thé. Rikyū allait imposer l'esthétique du *wabichan* et du *raku* comme le premier style vraiment japonais[3].

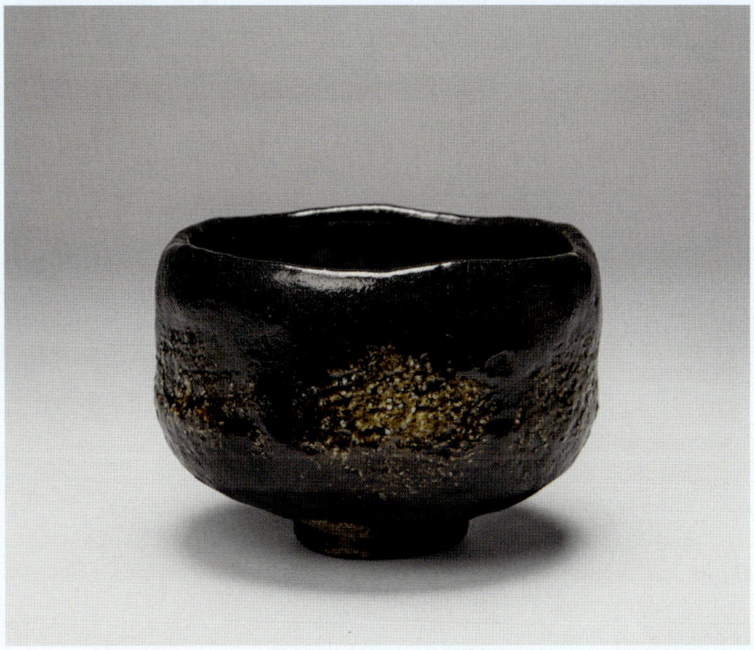

Cat. 142 Raku Kichizaemon XI,
Bol chawan pour la cérémonie du thé, 1885,
collection Bernard Bachelier, Paris, France

L'histoire de la naissance du *raku* nous montre les multiples connexions qui associent les humains et les objets dans une culture particulière : les innovations techniques, les changements de goût, les rituels religieux, les questions politiques se croisent et s'incarnent dans des objets, dont l'usage et la valeur – c'est-à-dire la « vie sociale » – dépendent. Le bol n'est pas plein que de thé, il contient aussi toute l'histoire du Japon moderne ; mieux, il fabrique le Japon moderne. Le *raku* « fait corps » avec l'identité japonaise : la signification sociale de la céramique repose sur le choix des techniques employées, sur ses usages et ses formes, sur son style ou son ornementation. La culture matérielle n'est pas un reflet de la culture, elle y participe au même titre que les mythes ou la philosophie.

Les objets ne sont pas seulement les résultats d'opérations techniques sur la matière, répondant à certaines intentions et remplissant certaines fonctions. Ils sont, comme l'écrit Bruno Latour, « le point aveugle où la société et la matière s'échangent leurs propriétés[4] ». Pour produire un pot en terre cuite, il faut déjà une équipe, un collectif comprenant humains, éléments, matériaux et outils, c'est-à-dire une version miniature de la société – ce qui rend particulièrement inopérant le modèle moderne de l'artiste seul face à la matière (lire l'essai de Glenn Adamson dans le présent catalogue). Mieux, les bols japonais, comme tous les objets chargés de culture et de mémoire, sont plus que des objets, presque des personnes[5]. Certains potiers athéniens signaient leurs vases à la troisième personne, comme si les vases prenaient vie, du type : « Exechias m'a fait. » (Lire l'essai de François Lissarrague dans le présent catalogue.) Cette façon de penser heurte quelque peu nos habitudes, nous qui concevons la technique comme une action efficace sur la matière : une conception moderne, européenne, renforcée par

3 Miyeko Murase (dir.), *Turning Point. Oribe and the Arts of Sixteenth-Century Japan*, cat. exp., New York, The Metropolitan Museum of Art, New Haven, Londres, Yale University Press, 2003.

4 Bruno Latour, « On Technical Mediation », in *Common Knowledge*, vol. 3, n° 2, 1994, p. 29-64 (41).

5 Tandis que réciproquement, comme me le suggère Anne Dressen, ceux qui les fabriquent sont considérés comme des trésors nationaux.

l'industrialisation, du geste technique. Elle implique une opposition entre les humains actifs et les non-humains (matériaux, objets, outils, animaux…) passifs, et une dichotomie entre la culture et la nature – la nature dont, nous avait dit Descartes, nous sommes « maîtres et possesseurs ».

Claude Lévi-Strauss est tout à fait tributaire de cette vision moderne et européenne de la technique quand il écrit, dans *La Potière jalouse* : « Tout art impose une forme à une matière. Mais parmi les arts dits de la civilisation, la poterie est probablement celui où le passage s'accomplit de la façon la plus directe, avec le moins d'étapes intermédiaires entre la matière première et le produit, sorti déjà formé des mains de l'artisan avant même d'être soumis à la cuisson[6]. » Grâce à la poterie des femmes amazoniennes qu'il étudie, les humains font cuire leur nourriture dans une terre elle-même cuite qui « culturalise » les « substances végétales et animales encore à l'état de nature[7] ». Autrement dit, la poterie serait un moyen de passer de l'informe à la forme, du cru au cuit, de la nature à la culture.

Lévi-Strauss ne voit cependant qu'une partie du processus ; il ne dit pas comment la poterie modèle les humains. Les femmes amazoniennes sont ainsi comparées à des pots, et, quand ils font l'amour, les Amazoniens de la région de l'Uaupès disent qu'ils « font cuire » les femmes. On retrouve cette association un peu partout dans le monde, mais elle n'a pas le même sens. On la lit, par exemple, chez des auteurs italiens du XVIe siècle, où elle sert de comparaison formelle (pour qualifier la beauté du corps des femmes) et exprime une conception sexiste de la femme comme simple réceptacle de l'intention masculine[8]. De même, « porcelaine » vient de l'italien *porcellana*, qui signifie vulve de truie (un plat très apprécié des anciens Romains) et désigne aussi un coquillage, le cauri, par analogie formelle – Marco Polo l'a appliqué aux céramiques chinoises parce qu'il croyait qu'elles étaient fabriquées à partir des cauris réduits en poudre[9].

La persistance de l'imaginaire sexuel et masculin dans la céramique européenne est liée au fait que les hommes y ont toujours dominé la production. Chez les Amazoniens, au contraire, la métaphore de la femme-pot indique plutôt une conception cyclique de la technique comme façon de donner la vie. Selon le mythe jivaro, la terre argileuse est née des excréments de la femme primordiale, ou de sa chute accidentelle depuis le ciel : elle a donné la terre aux potières, qui donnent elles-mêmes la vie. Ainsi la terre-excrément n'est-elle pas une matière passive, pas plus que le pot n'est un instrument à « culturaliser » les produits de la « nature » : la terre et le pot sont deux phases d'un aller-retour permanent entre les humains et les non-humains.

Ce n'est pas tout. Le mythe jivaro de l'origine de la poterie y voit un accident (une chute). Mettre l'accident au cœur de la technique, les potier·ères et les céramistes savent bien, malgré l'orthodoxie du métier et l'impératif d'efficacité de la société moderne, tout le profit créatif qu'ils·elles peuvent en tirer. Claude Champy le dit très clairement : « L'idée de me servir de l'argile et du feu, pour moi, c'est accepter par avance qu'une partie du résultat final puisse m'échapper (en négatif ou en positif). Je me sens plus au service, à l'écoute de la terre et du feu que le contraire[10]. »

Selon Bruno Latour, la véritable nature de la technique se comprend mieux si on la considère comme un « détour », qui est une autre façon de dire l'accident[11]. Entreprendre une opération technique signifie toujours contourner un obstacle (comment faire bouillir de la nourriture ? Comment mélanger deux liquides ? Comment soigner un corps, réparer un objet ?). Le détour entrepris permet d'arriver à ses fins plus rapidement, plus efficacement (je boirai plus à ma soif avec un bol qu'avec le creux de mes mains). L'anthropologue Alfred Gell résume : « Les moyens techniques sont des moyens détournés d'atteindre le résultat désiré. Le degré de technicité est proportionnel au nombre et à la complexité des étapes qui relient les données initiales au but final qu'il s'agit d'atteindre[12]. »

Si le détour est imprévu, il y a accident. Si le détour ou l'accident mènent l'artisan à un autre but, il y a invention. L'évolution technique s'explique ainsi comme une succession de détours, qui ont permis de répondre à des problèmes qui ne se posaient pas encore. L'histoire de l'origine des céladons des Song du Sud, en Chine, les *Ge Yao* craquelés, telle qu'elle est présentée par l'artiste Jean Girel, l'illustre bien[13]. Au XIIe siècle, deux frères potiers avaient une fortune inégale : l'aîné était un potier réputé, le cadet le jalousait. Une nuit, ce dernier pénétra dans le four où les vases de son frère étaient en train de cuire, et y jeta de l'eau pour ruiner la fournée. La couverte se craquela, mais les vases ne rompirent pas. Le lendemain, voyant le résultat de ce qu'il prenait pour un accident, l'aîné eut l'idée de remplir les craquelures avec une autre couverte, fit recuire les vases et les vendit sur le marché. Ses vases craquelés eurent encore plus de succès que les précédents. Un nouveau style était né à la suite d'un détour imprévu et heureux.

6 Claude Lévi-Strauss, *La Potière jalouse* (1re édition 1985), in *idem*, *Œuvres*, Paris, Gallimard (Bibliothèque de la Pléiade), 2008, p. 1 052-1 262 (1 207).

7 *Ibid.*, p. 1 208.

8 Agnolo Firenzuola, *Delle bellezze delle donne – Des beautés des dames*, trad. M.-F. Piéjus, Paris, Les Belles Lettres, 2018, p. 62-65.

9 Marco Polo, *Le Livre de Marco Polo*, trad. M. G. Pauthier, Paris, Firmin Didot, 1865, livre II, 117, p. 389 ; livre II, 156, p. 533.

10 Claude Champy, in Arnaud de l'Épine (dir.), *8 artistes et la terre [Claude Champy, Bernard Dejonghe, Philippe Godderidge, Jacqueline Lerat, Michel Muraour, Setsuko Nagasawa, Daniel Pontoreau et Camille Virot]*, La Rochegiron, Argile éditions, 2009. Cité par Elisa Ullauri Lloré, « Présentations et représentations des nouvelles esthétiques de la céramique », in T. Golsenne et P. Ribault (dir.), *Essais de bricologie. Ethnologie de l'art et du design contemporains*, *Techniques&Culture* n° 64, 2015, https://journals.openedition.org/tc/7593. Consulté le 12/04/2019.

11 Bruno Latour, « Le détour de la médiation technique », in *idem*, *L'Espoir de Pandore. Pour une version réaliste de l'activité scientifique* (1re édition 1999), trad. D. Gille, Paris, Éd. La Découverte, 2007, p. 183-227.

12 Alfred Gell, « Technology and Magics », in *Anthropology Today*, vol. 4, n° 2, 1988, p. 6-9 (6).

13 Jean Girel, *Une brève histoire de la céramique*, Paris, Éd. J.-C. Béhar, 2014, p. 59-60.

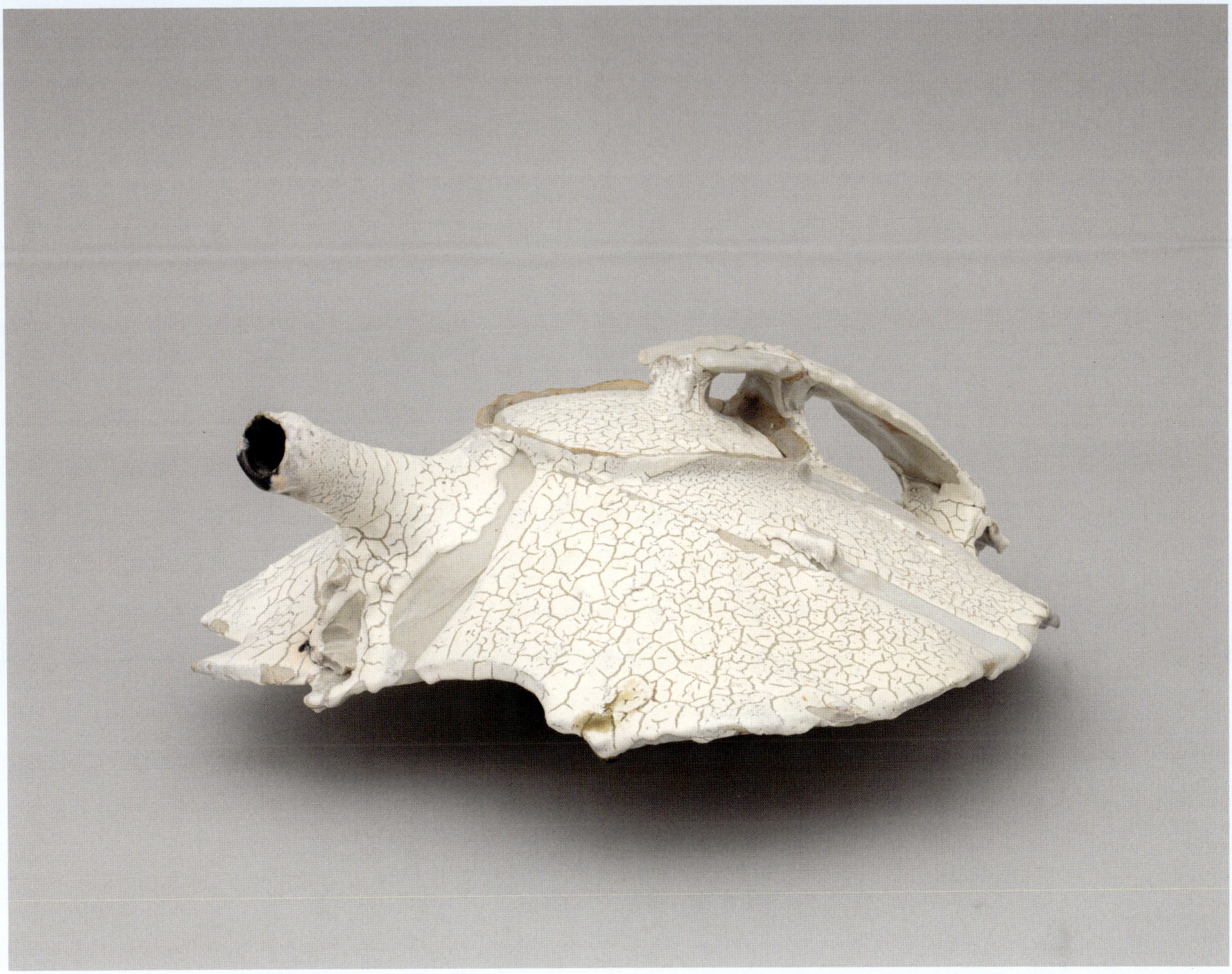

Cat. 161 Claude Champy, *Théière*, 2013, musée des Beaux-Arts, Lyon, France

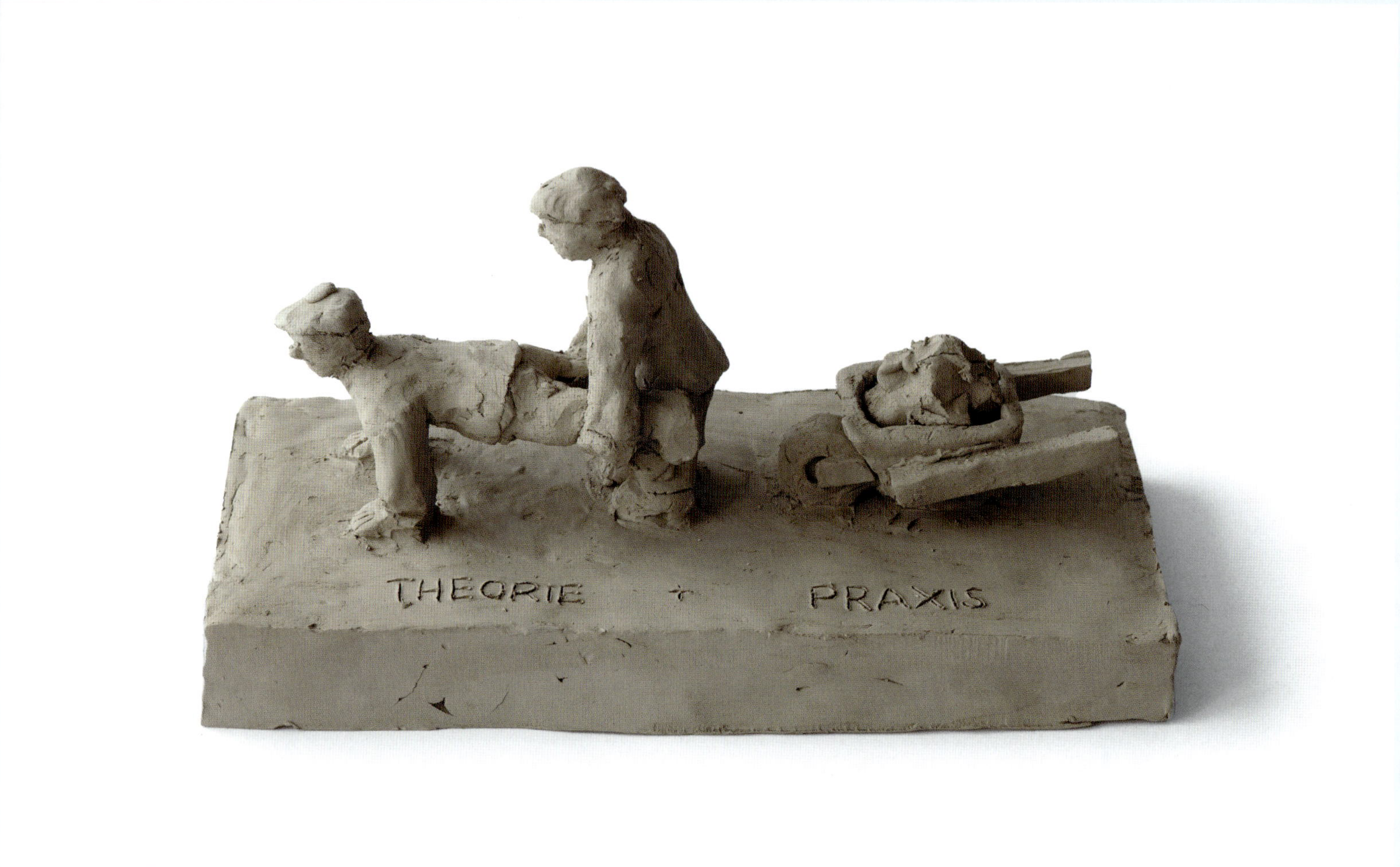

Cat. 6 Peter Fischli et David Weiss,
Popular opposites: theorie + praxis,
série « Suddenly this overview », 1981-2012,
courtesy Sprüth Magers

Ce n'est sans doute pas un hasard si cette histoire a plu à Jean Girel. L'art est, en effet, la forme ultime du détour technique. L'art est le détour qui se prend lui-même pour fin. Ainsi Bernard Palissy a-t-il fait de son savoir-faire un art (c'est-à-dire, dans l'esprit du XVIe siècle, une expérimentation sur la magie de la nature) quand il a commencé à produire des plats que les hauts-reliefs de serpents, de lézards et de homards rendaient impropres à la fonction de service. Ses œuvres pouvaient dès lors être considérées comme des « merveilles », mi-naturelles mi-culturelles, à ranger dans les cabinets de curiosité, au même titre que les cornes de licorne et les automates. Le détour technique par lequel passait Palissy pour mettre au point ses moulages de bestioles était devenu un but en soi.

Dans l'Europe moderne, le détour technique et le détour artistique n'ont cessé de mettre en scène leur divorce ou de chercher à se réconcilier. Au cours des XVIIe et XVIIIe siècles, la distinction grandissante des modes de production d'une céramique commune, plus tard industrielle, et d'une céramique à forte valeur artistique, produite dans les manufactures puis par les maîtres d'art (artisans d'élite), correspond aussi à l'opposition entre une classe bourgeoise et une classe populaire réifiées dans leurs cultures matérielles et leurs goûts respectifs.

Au XIXe siècle, la muséification des poteries antiques, ou des pièces de service de l'âge d'or des manufactures, est une autre manifestation de cette antinomie. Mis sous vitrines, des objets autrefois utilitaires, voire rituels (et qui néanmoins pouvaient aussi être appréciés pour leurs qualités artistiques) deviennent des œuvres à contempler comme des tableaux de chevalet (lire les essais de Marie-Charlotte Calafat et de James Clifford dans le présent catalogue). *Fountain* de Marcel Duchamp, le ready-made scandaleux de 1917, est un objet fonctionnel en porcelaine *absolument détourné* de sa fonction par le détour de l'art : c'est devenu une sculpture (lire l'essai d'Ezra Shales dans le présent catalogue). *Fountain* est elle-même ensuite détournée par le design moderniste, qui a tenté de remarier la forme et la fonction, le beau et l'utile, avant d'être rattrapé par la logique de la distinction socio-économique et de se diviser en design d'objet (luxueux) et design industriel (quelconque).

La céramique d'art, qui apparaît en Europe dans les années 1930 et se développe dans les années 1950, est une autre tentative de rapprocher l'art et la technique. Réfutant le design et la production industrielle de la céramique, qui connaissait une crise durant cette période du fait de la concurrence grandissante des ustensiles en métal (aluminium, fonte, inox...) et en plastique, les céramistes d'art entendent retrouver l'esprit de l'artisan·e pré-moderne, qui ne distinguait pas encore le fonctionnel et l'esthétique[14]. Ils s'inspirent beaucoup de la céramique asiatique – où la distinction entre art et artisanat n'a pas de pertinence –, de la céramique populaire traditionnelle, de la céramique précolombienne, et ils explorent sans relâche la forme la plus utilitaire qui soit : le pot. En Grande-Bretagne, Bernard Leach incarne cette céramique d'art, qui lorgne vers le Japon, pour y trouver l'expression du désir nostalgique d'un âge d'or pré-industriel[15] (lire l'essai de Sōetsu Yanagi dans le présent catalogue). Leach se faisait l'héritier de William Morris, l'artiste entrepreneur militant socialiste, ennemi juré du monde industriel, qui, dans les années 1890, appelait de ses vœux une société où tout travail serait art et plaisir[16].

Sans doute aujourd'hui le slogan « more clay, less plastic » (« plus d'argile, moins de plastique »), du groupe éponyme de céramistes, est-il héritier de cette position. Dans le contexte actuel, il manifeste toutes les intentions écologiques, économiques, sociales, que peuvent revêtir le choix de l'argile et la céramique manuelle au détriment du plastique et de la production industrielle (lire l'essai de Garth Clark dans le présent catalogue). Parallèlement, peintres et sculpteur·trices s'intéressent aussi à la céramique, comme Picasso et les potier·ères de Vallauris, cherchant à dépasser l'opposition entre arts décoratifs et beaux-arts. Plus récemment, les artistes se sont mis à pratiquer la céramique de manière beaucoup plus large. Son succès dans l'art contemporain indique probablement un attrait pour le caractère primordial, tactile et vivant du médium, et, au-delà, le désir d'explorer un rapport qui ne soit pas d'exploitation, mais de composition, avec notre planète. Faire de la céramique aujourd'hui, c'est plus que jamais faire corps avec la terre que nous risquons de détruire, si nous nous croyons encore trop longtemps son maître et possesseur.

14 Flora Bajard, *Les Céramistes d'art en France. Sens du travail et styles de vie*, Rennes, Presses universitaires de Rennes, 2018.

15 Bernard Leach, « A Potter's Outlook » (1re édition 1928), in C. Hogben (dir.), *The Art of Bernard Leach*, New York, Watson-Guptill Publ., 1978, p. 189-191.

16 William Morris, *L'Âge de l'ersatz et autres textes contre la civilisation moderne*, trad. O. Barancy, Paris, Éd. de l'Encyclopédie des nuisances, 1996.

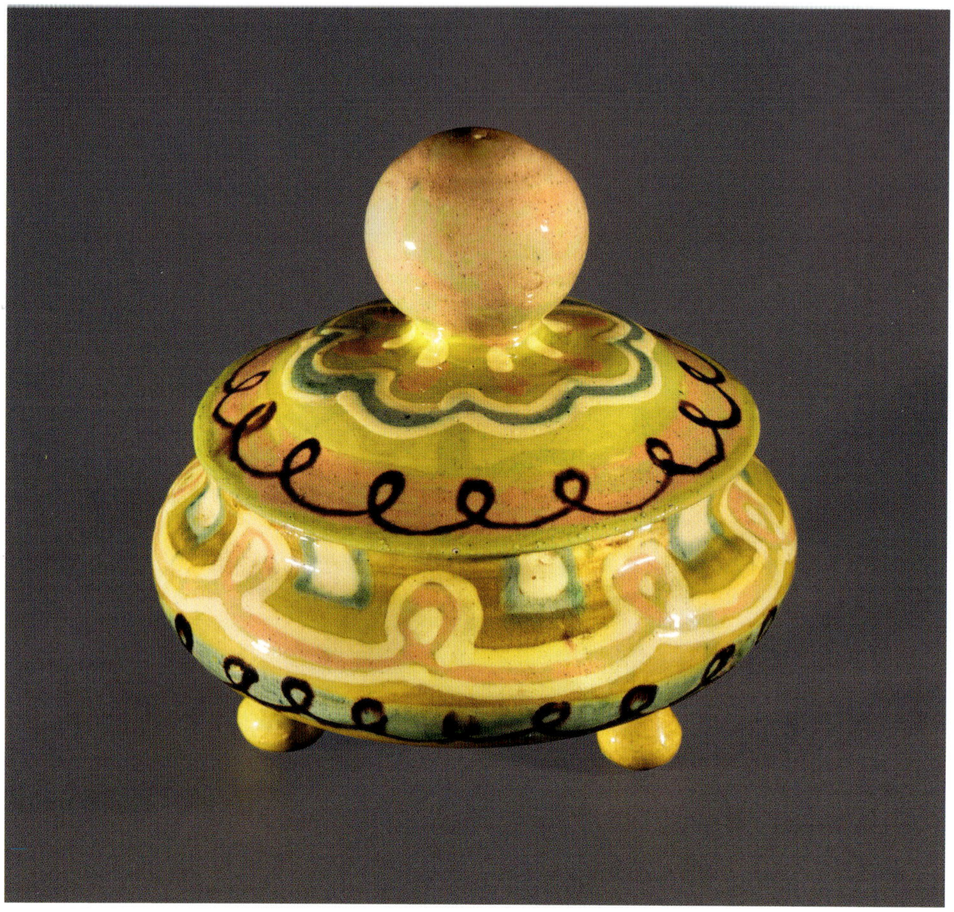

Cat. 59

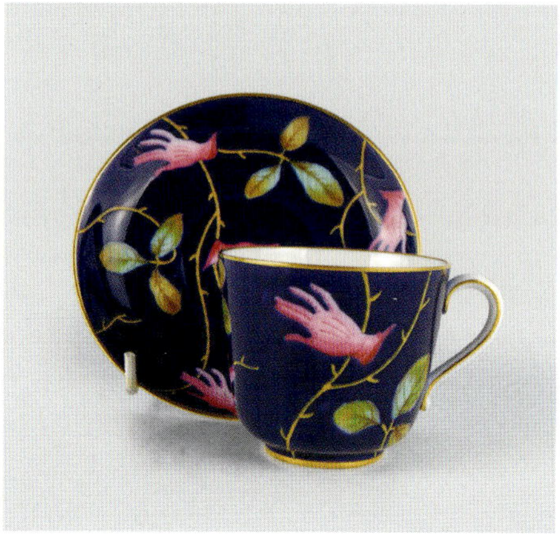

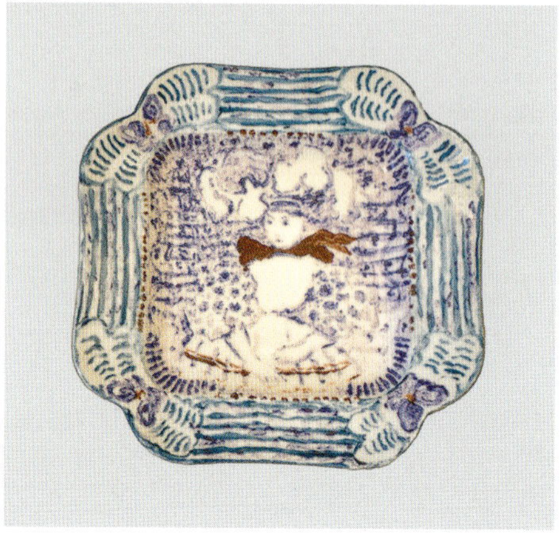

Cat. 47
Cat. 55

Cat. 59 Anne Dangar, *Légumier*, vers 1938, musée d'Art moderne de Paris, France
Cat. 47 Salvador Dalí et manufacture Royal Crown Derby (Derby, Royaume-Uni), *Tasse et soucoupe*, 1938-1939, The Royal Crown Derby Museum Charitable Trust, Derby, Royaume-Uni
Cat. 55 Édouard Vuillard et manufacture Haviland (Limoges, France), *Service « Schopfer », compotier, service de table à décor de figures féminines*, 1895, collection Larock-Granoff, Paris, France
Cat. 69 Anonyme (Viêtnam), *Pot à chaux à poignée en forme de chimère ou de tigre*, XIVe siècle, Musée national des arts asiatiques – Guimet, Paris, France

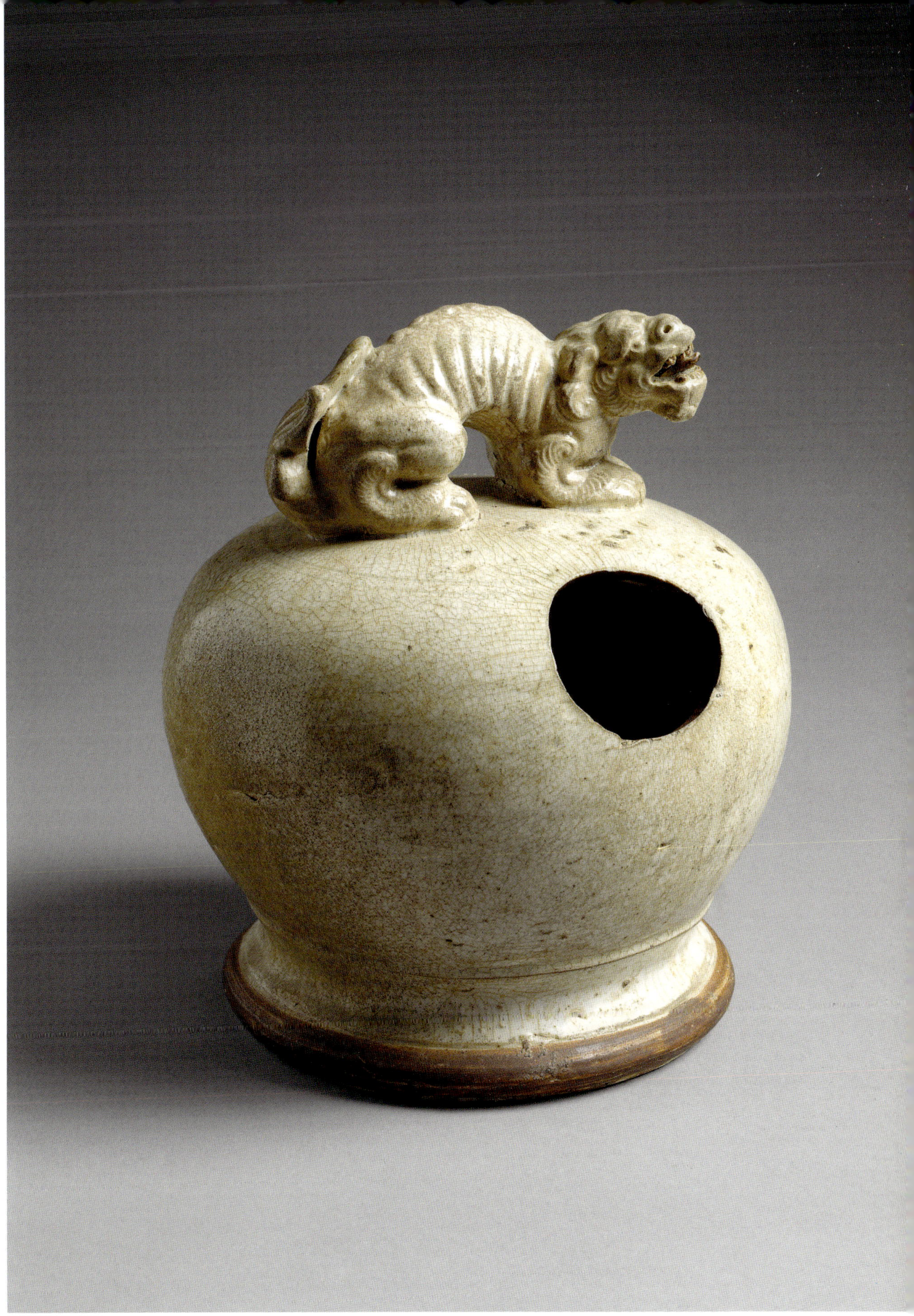

Cat. 69

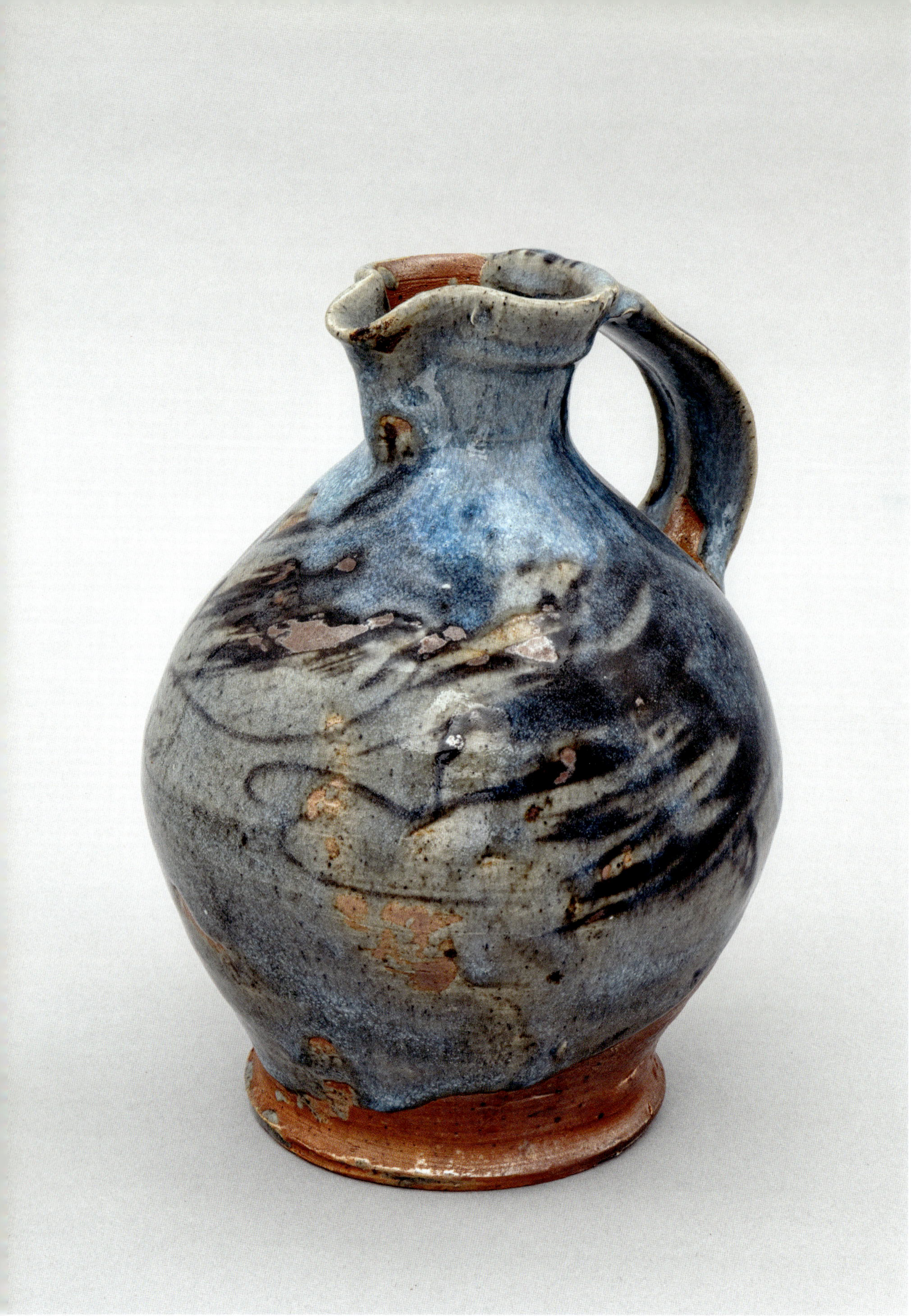

Cat. 66

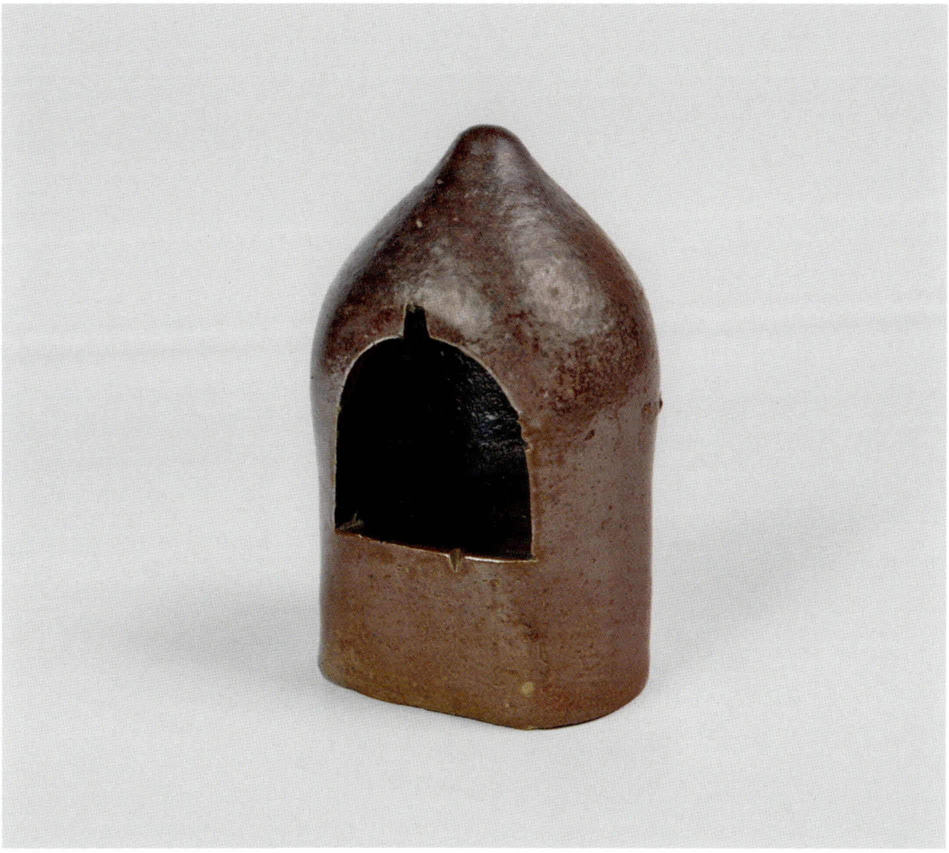

Cat. 64

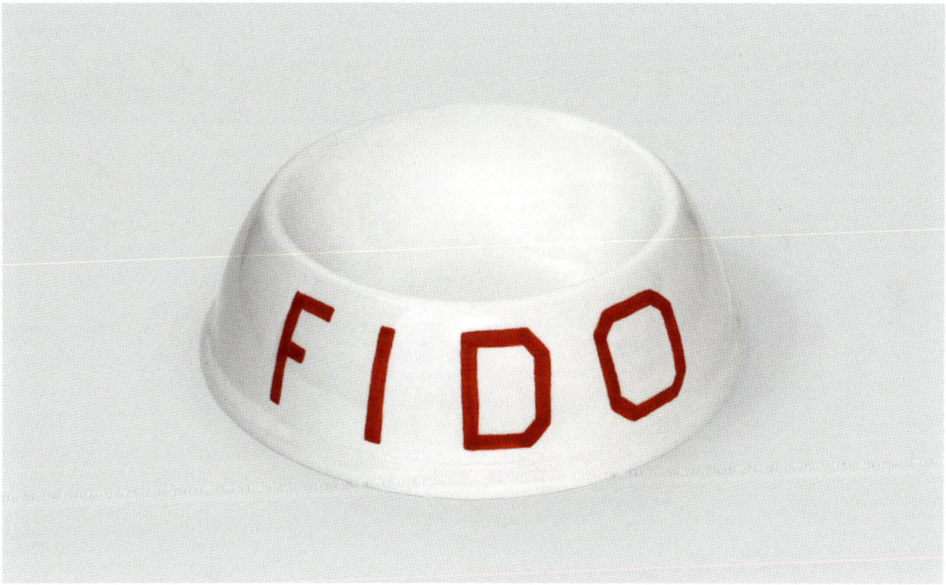

Cat. 67

Cat. 66 Anne Kjærsgaard, *Pichet*, avant 1987, musée des Beaux-Arts, Lyon, France
Cat. 64 Atelier Lempereur (Sars-Poteries, France), *Mangeoire à pigeon*, fin XIXe-début XXe siècle, musée des Civilisations de l'Europe et de la Méditerranée, Marseille, France
Cat. 67 Ed Ruscha, *Fido*, 2010, collection David et Marcel Fleiss, Paris, France

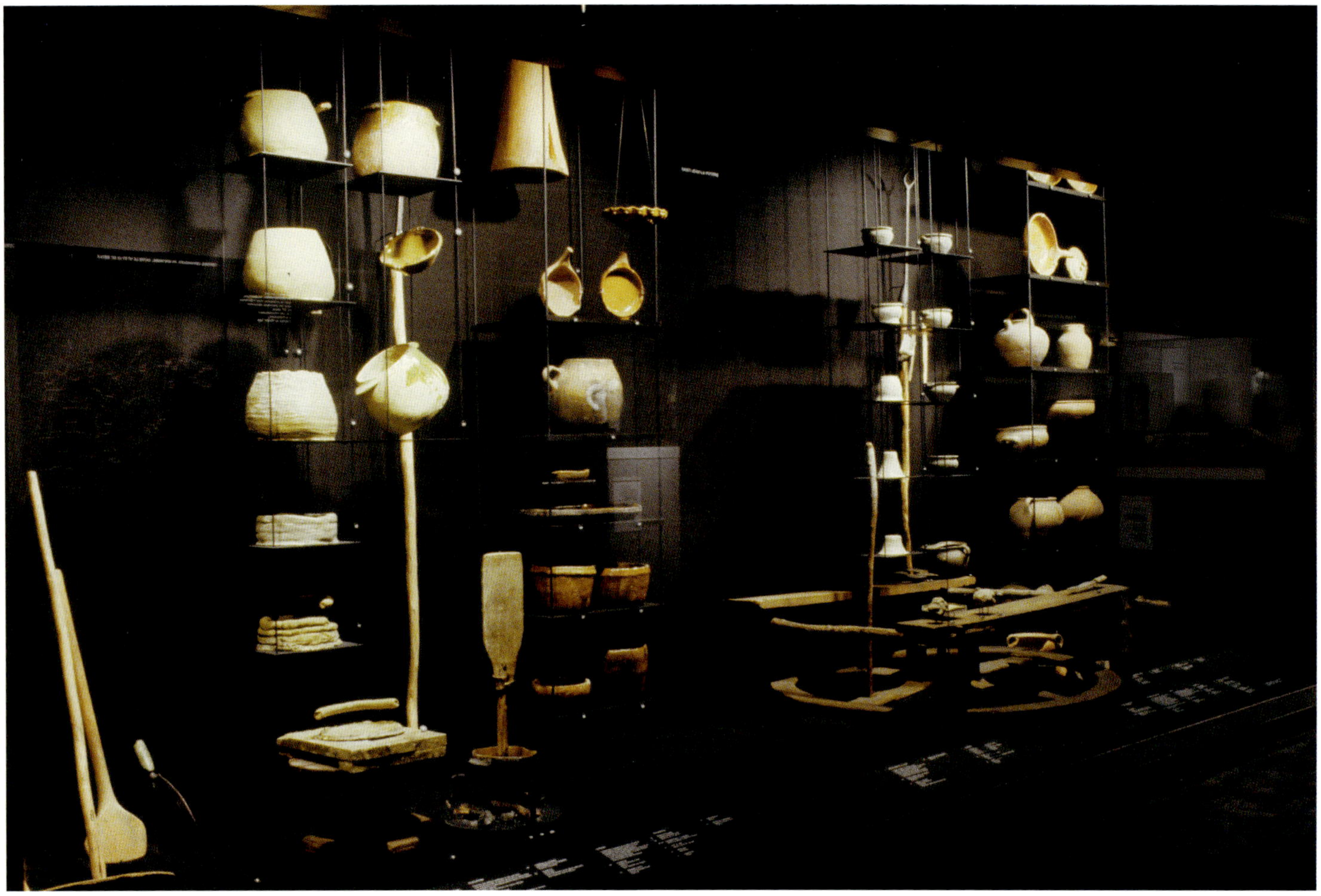

Fig. 2 *Vitrine « De la terre au pot » pensée par Georges Henri Rivière en 1975 pour l'ancien accrochage des collections du Musée national des arts et traditions populaires*, musée des Civilisations de l'Europe et de la Méditerranée, Marseille, France

François Mathey et Georges Henri Rivière Deux conservateurs précurseurs qui veillent et qui réveillent[1]

Marie-Charlotte Calafat

François Mathey (1917-1993) et Georges Henri Rivière (1897-1985), dit GHR, partagent une même histoire professionnelle ayant été tous deux des conservateurs de musée, métier qualifié d'« ingrat[2] » par le premier alors que le second était défini comme le « prince des conservateurs, le plus organisateur des anarchistes[3] ».

Né à Ronchamp, en Haute-Saône, et attaché à sa région natale, Mathey entre comme conservateur au musée des Arts décoratifs de Paris, pour lequel il organisera plus de trois cent cinquante expositions entre 1953 et 1985. Jean-Marie Lhôte le dépeint ainsi : « Dans l'aristocratie de l'art [...] où l'habit noir est de mise et l'érudition savante, ses vestes de contremaître, ses gilets de couleur et ses rubans surprenants en guise de cravate, sont le signe d'une liberté de pensée à défendre[4]. » Parisien mondain, sensible à la campagne picarde de sa mère, GHR, « grand homme à l'élégance dégingandée d'un lord anglais et l'œil malicieux du titi parisien[5] », intègre, quant à lui, le musée d'Ethnographie du Trocadéro en 1928 comme adjoint de Paul Rivet. À partir de 1937, il œuvre à la réalisation du Musée national des arts et traditions populaires (MNATP).

Heureux mélange de charisme et de bonhomie, les deux hommes se connaissent et s'apprécient. Mathey prône un musée pour tous les arts et GHR un musée pour donner la parole à celles et ceux qui ne l'ont pas. Deux combats qu'ils mènent parallèlement, contribuant ainsi à l'évolution des musées français du xxe siècle, dont ils bouleversent les frontières et les pratiques.

Mathey et GHR s'intéressent à l'expression des formes dans la vie quotidienne, à « la beauté de l'intime[6] », ou à « l'objet avec un grand O[7] ». Ils étudient et exposent l'art et la technique par le biais de ces témoins précieux qui relèvent de l'artisanat, de la mode, de l'histoire des mœurs[8]. Premier à avoir mesuré l'intérêt de constituer un musée du folklore français, Rivière a eu le génie, selon Claude Lévi-Strauss, de « bloquer pendant quelques années la machine du temps, et [...] découvrir au fond de quelques vallées, dans des villages délaissés par l'agitation moderne ou dans la mémoire des anciens, ce qui semblait à jamais disparu et qu'il a ramené au jour[9] ». Le dénominateur commun aux deux conservateurs est leur passion des collections, y compris celles qui s'ignorent, qu'ils transmettent dans leurs écrits mais aussi dans leurs réalisations muséographiques, avec un sens aigu de l'exposition. Celle réalisée par Rivière et l'équipe du musée lors de la création du MNATP s'intitule « Potiers et imagiers de France[10] ». GHR met alors en place la méthode de collecte sur le terrain des étapes matérielles d'un objet en cours de création, qu'il traduit ensuite en vitrine sous la forme de séquences de fabrication. L'objet ne doit pas être « considéré comme une simple curiosité ou une valeur purement esthétique, mais comme le signe matériel de quelque chose de vivant[11] ». Pour ce faire, sur le terrain, GHR conjugue l'étude et la collecte : il note, enregistre, photographie, filme, observe, écoute. Il pousse ensuite cette réflexion sur le plan muséographique avec des reconstitutions d'espaces de vie réelle au sein du musée, tels un atelier de tourneur sur bois ou un intérieur breton. C'est ce qu'il appelle « l'unité écologique », véritable successeur du diorama : un spectacle « son et lumière » à la fois théâtral et pédagogique. Hormis ces dispositifs, au MNATP les vitrines sont généralement sobres, toujours sur fond noir, mettant en valeur l'objet, qui est quelquefois suspendu par des fils de nylon pour en faire mieux comprendre l'usage. Mathey défend également l'intérêt de ne pas isoler l'art appliqué des autres créations réputées majeures de l'art. Les réflexions que lui-même et GHR déploient sur la muséographie, comme sur les sujets traités, sont résolument innovantes en ce qu'elles donnent une place nouvelle aux savoir-faire sans hiérarchie de genre.

Au-delà du sens de l'objet, de la mémoire et des coutumes, de l'héritage et du sacré, Mathey et Rivière défendent les artistes vivants, et font du musée un « agitateur culturel ». Ils déjouent les codes habituels et déplacent les lignes. Ils réussissent ainsi à valoriser les traditions sans tomber dans le traditionalisme, à défendre le patrimoine régional, comme leurs contemporains, sans participer aux possibles dérives et aux réappropriations politiques[12]. C'est ce que traduit le numéro de la revue *Museum* sur les musées d'art contemporain en Occident écrit par GHR avec, entre autres, Pontus Hulten, Harald Szeemann, Willem Sandberg, François Mathey et Eddy de Wilde[13].

Tandis que, grâce à Mathey, le public français découvre *Guernica* lors de l'exposition de 1955 « Picasso : peintures 1900-1955 »[14], GHR va côtoyer, sa vie durant, les artistes et pousser mécènes et ami·es à les soutenir. Il dispose dans la galerie culturelle du MNATP un pichet de Picasso[15], acquis une dizaine de jours avant son inauguration en 1975, à proximité de la vitrine « De la terre au pot », véritable interrogation sur le chef-d'œuvre et sur la nature de l'artiste – sujet sur lequel se penchera Mathey en 1977 dans l'exposition « Artiste – Artisan ? », qu'il dédicacera à GHR et dans laquelle il montrera aussi bien de la poterie d'anonymes que des vases et pots de Gallé, Lalique ou Gauguin. Au MNATP, dans la vitrine sur la céramique d'art populaire, constituée essentiellement des collectes sur le terrain et des dons d'ami·es de GHR[16], on ne pouvait qu'être subjugué par la diversité de formes et d'usages, de provenances et de tailles.

Vouant leur vie aux musées, à l'affût des hors champ de l'art, Mathey et GHR nous ont ainsi transmis avec générosité leurs passions et leurs réflexions. Georges Henri Rivière a contribué de manière décisive à l'invention du musée moderne tel qu'il s'est imposé en France en 1977 avec la création du Centre Pompidou, à la naissance duquel a contribué François Mathey[17]. Les collections du Mucem (musée des Civilisations de l'Europe et de la Méditerranée) traduisent, quant à elles, le rôle de Rivière dans l'émergence des arts populaires au sein des musées français, mais aussi celui de Mathey, donateur d'imagerie populaire, ainsi que celui d'artistes et collectionneur·euses de leur entourage qu'ils exposaient, telle Lydia Delectorskaya[18]. Fervents adeptes de la modernité, défenseurs mais aussi animateurs du patrimoine, ils se sont révélés, pour reprendre les mots de Mathey, comme « celui qui veille et celui qui réveille, autant dire la cloche à fromage et la cloche du carillon[19] ».

1 En référence à une citation de François Mathey, voir note 19.
2 François Mathey, « Propos d'un conservateur », in *Écrits*, Paris, RMN, 1993, p. 87.
3 Suzanne Roger, André Beaudin, Élie Lascaux, préface de G. H. Rivière, *Les Miauletous et leurs amis*, cat. exp., Limoges, Musée municipal, 1958.
4 Jean-Marie Lhôte, « Préface », in F. Mathey, *op. cit.*
5 Philippe Demenet, interview de Georges Henri Rivière, *La Vie*, nº 22, 28 mai 1980. Archives nationales de Pierrefitte-sur-Seine, archives privées de GHR, 690AP127.
6 Sōetsu Yanagi, « L'artiste méconnu », reproduction in *Artiste – Artisan ?*, cat. exp., Paris, musée des Arts décoratifs, 1977, p. 39.
7 François Mathey en collaboration avec Yolande Amic, *L'Objet – Visite à l'atelier*, cat. exp., Paris, musée des Arts décoratifs, 1962, p. 39-40.
8 Voir François Mathey, « Préface », in *Ils collectionnent*, cat. exp., Paris, musée des Arts décoratifs, 1977.
9 Allocution prononcée le 10 juin 1975, à l'occasion de l'inauguration de la galerie culturelle du MNATP.
10 « Potiers et imagiers de France », décembre 1937-janvier 1938, Paris, musée des Arts décoratifs.
11 Georges Henri Rivière, « Les musées de folklore à l'étranger et le futur "Musée français des arts et traditions populaires" », in *Revue de folklore français et de folklore colonial*, nº 3, mai-juin 1936, p. 11-12.
12 Voir « Ambiguïtés et paradoxes », in Marie-Charlotte Calafat et Jean-Marie Gallais (dir.), *Folklore*, cat. exp., Centre Pompidou-Metz/Mucem/Paris, La Découverte, 2020.
13 « Problèmes du musée d'art contemporain en Occident », in *Museum*, vol. XXIV, nº 1, 1972.
14 Citons également les expositions Léger en 1956, Chagall en 1959, Dubuffet en 1960, Matisse en 1961.
15 Acquis par l'intermédiaire de Michel et Zette Leiris auprès de Daniel-Henry Kahnweiler.
16 Tels David David-Weill, Charles Ratton ou Georges Salles.
17 Voir *Georges Henri Rivière. Voir, c'est comprendre*, cat. exp., Marseille/Paris, Mucem/RMN, 2018.
18 La collection de Lydia Delectorskaya, modèle de Matisse, est constituée de sifflets et jouets en terre cuite de la ville de Viatka (Kirov aujourd'hui). Elle fut présentée dans l'exposition « Ils collectionnent » en 1974, puis donnée au musée de l'Homme en 1995, avant d'être déposée au Mucem en 2005.
19 François Mathey, « Propos d'un conservateur », in *Cahiers de l'UCAD*, nº 1, 2e semestre 1978, p. 87.

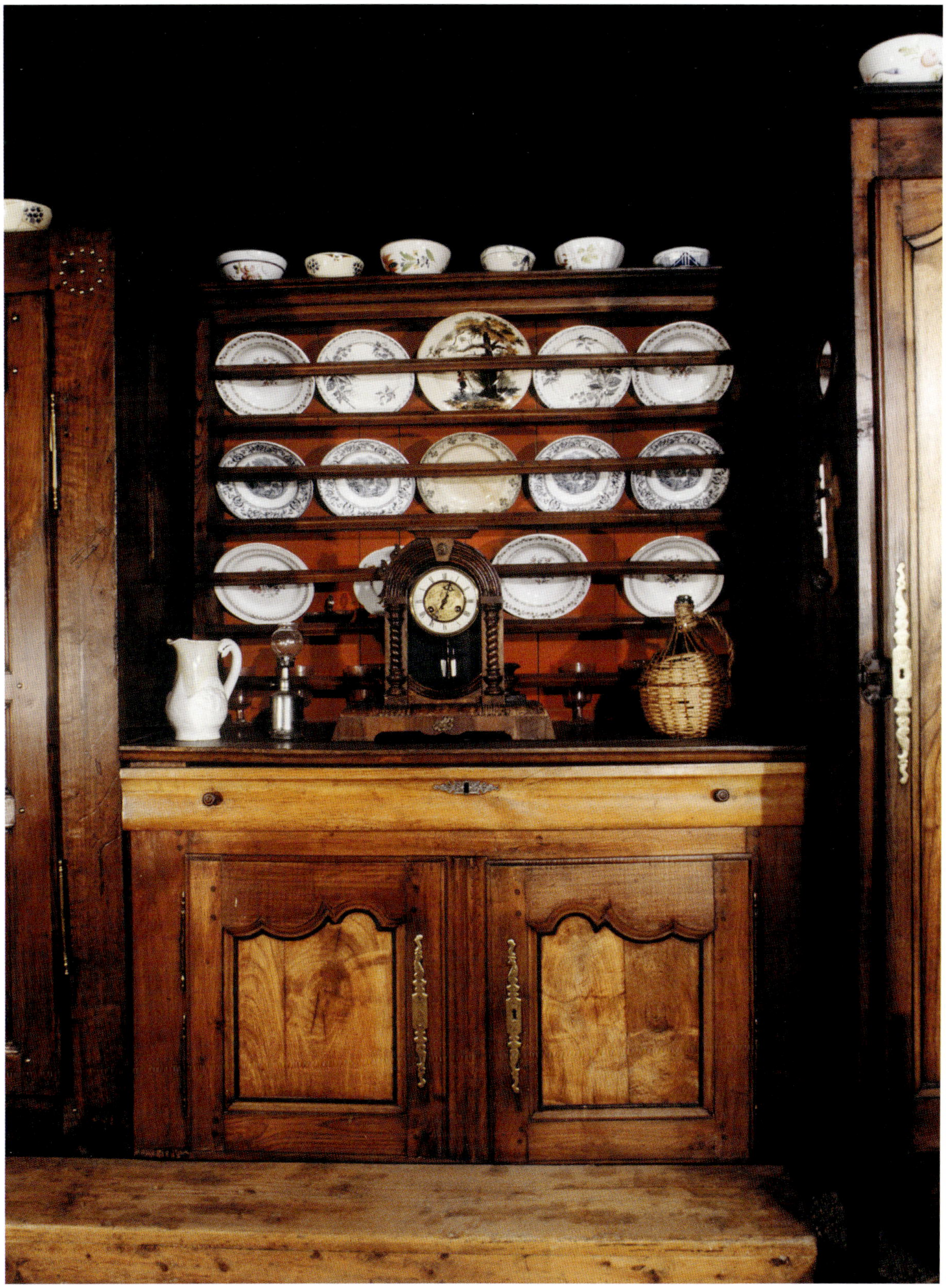

Cat. 53 *Photographie du vaisselier de la maison des Deuffic à Goulien (France)*, sans date, musée des Civilisations de l'Europe et de la Méditerranée, Marseille, France

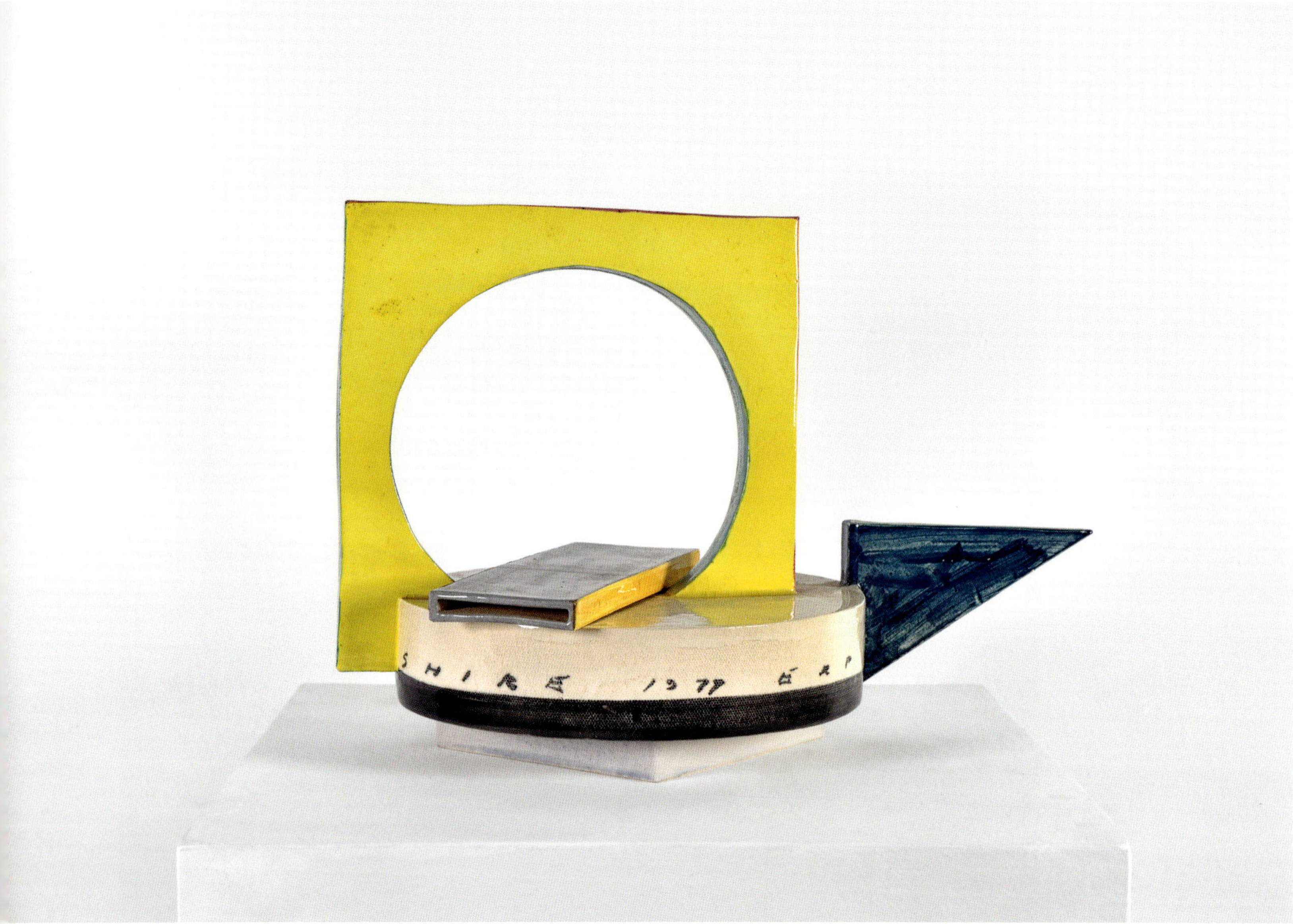

Cat. 61 Peter Shire, *Untitled (Teapot)*, 1977, collection particulière

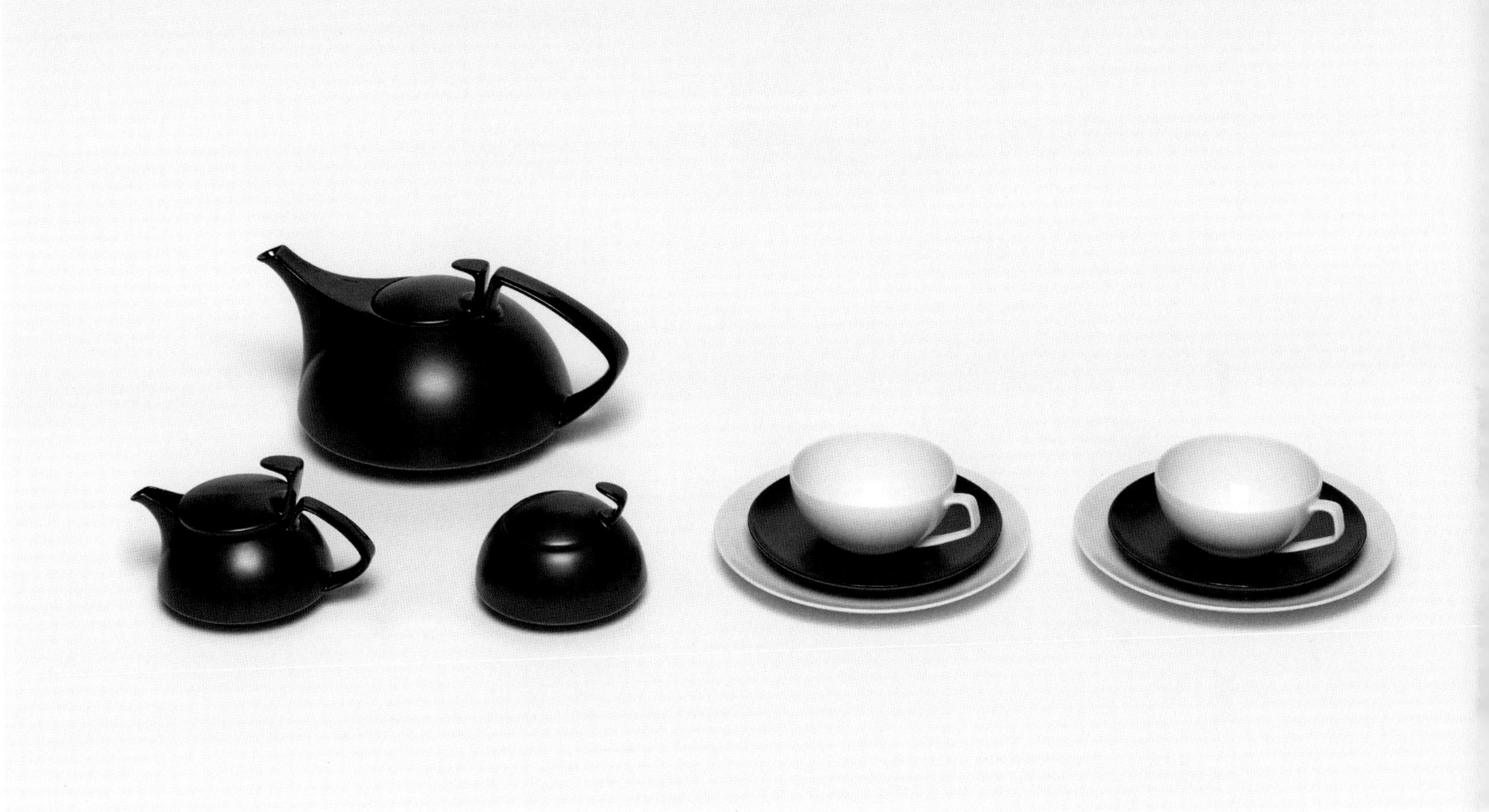

Cat. 62 Walter Gropius
et manufacture de Rosenthal
(Paris, France), *Service « Tac I »*, 1969,
Centre Pompidou – Musée national
d'art moderne – Centre de création
industrielle, Paris, France

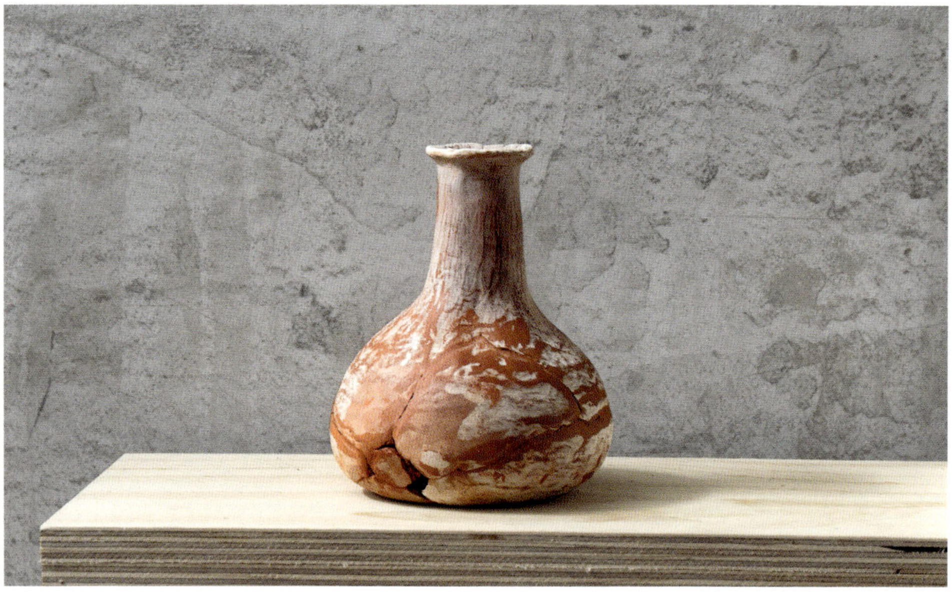

Cat. 98

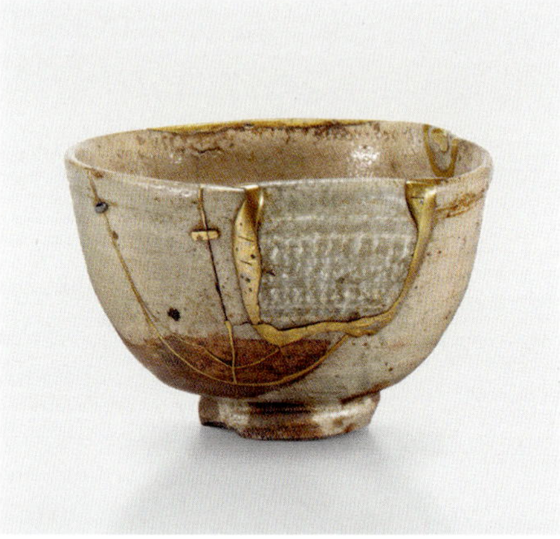

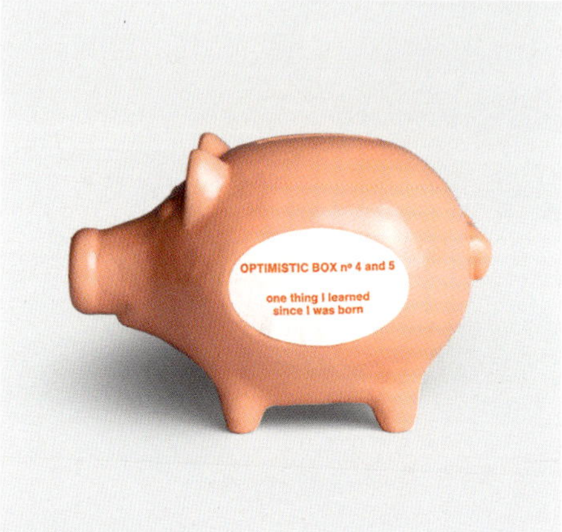

Cat. 96
Cat. 99

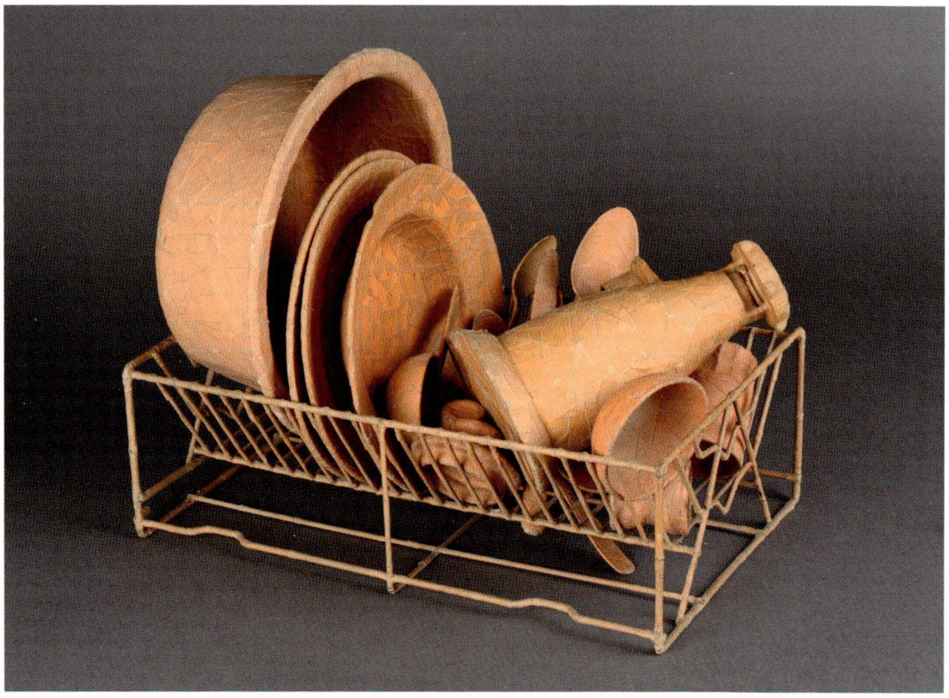

Cat. 97

Cat. 98 Trevor Yeung, *Pre-broken vase (Tainan M)*, 2019, collection Céline et Olivier Diaz, Paris, France
Cat. 96 Anonyme (Karatsu, Japon), *Bol à thé chawan, réparé à la technique kintsugi*, période Edo (1603-1868), galerie Mingei, Paris, France
Cat. 99 Robert Filliou et éditions Vice-Versand (Remscheid, Allemagne), *Optimistic box nº 4 and 5*, 1981, Centre Pompidou – Musée national d'art moderne – Centre de création industrielle, Paris, France
Cat. 97 Erik Dietman, *Quelques mètres et centimètres d'Albuplast*, 1963, musée des Beaux-Arts, Lyon, France
Cat. 95 Kader Attia, *Separated together*, 2019, collection particulière, Suisse, courtesy Regen Projects, Los Angeles, États-Unis

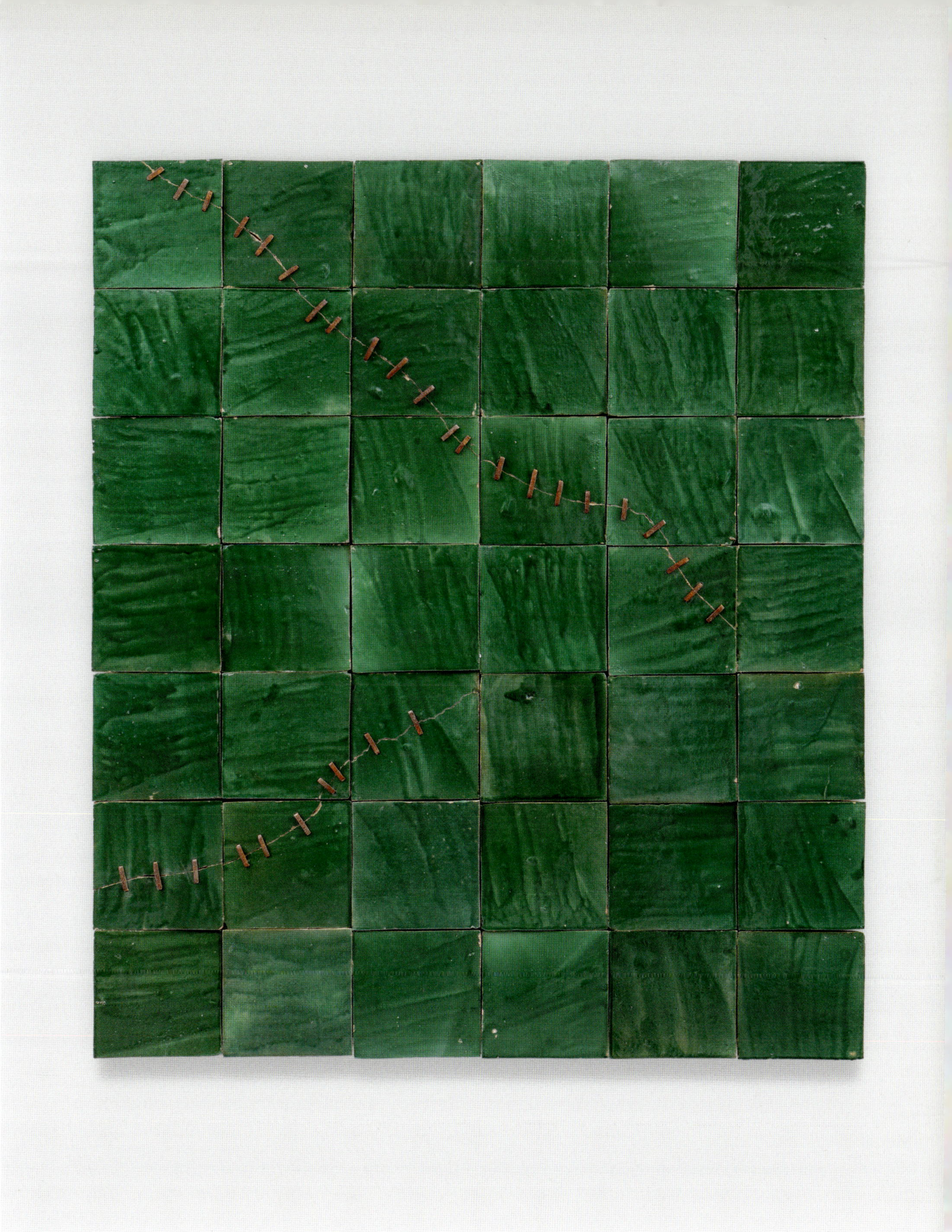

Cat. 95

Une œuvre à plusieurs mains
Glenn Adamson

Traduit de l'anglais par Jeanne Bouniort

Les céramiques furent les premiers objets fabriqués à la chaîne. À Jingdezhen, capitale légendaire de la poterie et de la porcelaine, un même vase pouvait passer entre les mains de plus de vingt personnes avant d'être achevé. Il y avait des ouvriers spécialisés dans la préparation de l'argile, le tournage, l'ébarbage, la décoration, l'émaillage, l'enfournement, la cuisson. Chacune de ces opérations exigeait de multiples compétences. Si les aspects plus « artistiques » retiennent davantage notre attention aujourd'hui, la fonction la plus importante était sans nul doute celle de maître de four, car une erreur de cuisson pouvait réduire à néant plusieurs semaines de travail. De nos jours encore, les fabricants s'estiment heureux s'ils obtiennent soixante-dix pour cent de réussite, les trente pour cent restant finissant au rebut ou comme articles de second choix. Ce n'est pas pour rien que les potier·e·s traditionnel·le·s façonnent souvent des « gardiens de four », petites figurines veillant de l'intérieur sur le four.

Ce long travail à plusieurs mains humaines, voire divines, est une donnée fondamentale de la céramique. Il va à l'encontre de certaines idées reçues sur la discipline. Peut-être en raison de l'anthropomorphisme implicite des vases, ou parce que l'argile garde si bien l'empreinte de son façonneur, nous avons tendance à sentimentaliser la relation entre le·la fabricant·e et l'objet. Il est tentant de confondre le moment où la forme monte sur le tour, où le pinceau touche la surface, avec l'individualisme dont l'art et l'artisanat peuvent être porteurs. En fait, l'intention créatrice irrigue la céramique par des voies tortueuses, contourne et traverse les objets d'une manière qui peut ou non laisser une trace évidente.

C'est dans ce contexte qu'il convient d'envisager les collaborations entre artistes et artisan·es, dont le rôle est essentiel dans la céramique moderne. Certes, ce n'est pas l'apanage de cette discipline. Dans la tapisserie, le verre, la sculpture en métal et bien d'autres domaines, la division du travail est monnaie courante. Mais il n'est pas exagéré de dire que, lorsqu'un·e artiste travaille avec un potier, il abandonne une part importante de la maîtrise du résultat. C'est une des raisons pour lesquelles des artistes tels que Gauguin, Picasso ou Miró se sont tournés vers l'argile. Elle leur procurait des situations imprévisibles, où se conjuguaient leur intuition, celle de leurs partenaires artisan·es ainsi que la force du matériau. Quelquefois, la collaboration ne s'établissait pas exactement sur un pied d'égalité : par exemple, Gauguin crée ses premières céramiques avec l'aide du grand Ernest Chaplet, avant de poursuivre seul dès qu'il peut s'en passer. Mais il arrive plus souvent que des artisan·es deviennent célèbres grâce à leur association avec des artistes. Ainsi en est-il pour André Metthey, dont les œuvres issues de sa collaboration avec les principaux peintres fauves figuraient au Salon d'automne de 1907. Ou pour Josep Llorens Artigas et Suzanne Ramié, qui ont accédé à la notoriété en travaillant, l'un avec Miró, l'autre avec Picasso.

Si Picasso pose son pinceau sur une assiette ou un vase façonné par une autre personne, est-ce vraiment « son » œuvre, au même titre que *Les Demoiselles d'Avignon* ? Ou devons-nous appréhender ce geste dans la continuité de son œuvre ? Peut-être faudrait-il considérer les poteries de peintres comme l'inverse de leur représentation, dans les natures mortes de Pierre Bonnard par exemple, où une théière et une tasse possèdent une individualité propre, à l'égal de n'importe quel récipient fait à la main. Dans ce cas, l'auteur·trice des objets (cette théière, cette tasse en particulier) reste complètement inconnu·e. Ceux-ci ont pourtant su chanter aux oreilles de Bonnard, qui nous a transmis leur musique.

Dans le même registre, la notion, largement répandue, de l'« artisan inconnu » est une idée forgée par Sōetsu Yanagi, le théoricien du mouvement Mingei japonais, et popularisée par son disciple anglais Bernard Leach [grâce à la traduction très libre des écrits de son maître, dans un nouveau brouillage de la figure de l'auteur]. Pour Yanagi, les céramiques les plus inspirantes sont les humbles objets fabriqués par des potier·ères installé·es à la campagne, sans prétention artistique. Selon lui, c'est précisément le caractère naturel, spontané, de ces objets qui en fait la valeur. En suivant ce raisonnement, apposer une signature ou un cachet sur une poterie semblerait déplacé : il faudrait, au contraire, aspirer à l'anonymat.

Il est assez paradoxal que les céramiques, qui sont souvent les témoignages les plus probants d'une culture ancienne aux yeux des archéologues, soient aussi insaisissables pour nous. Les poteries dignes d'intérêt ont presque toujours un rapport ambigu avec l'intention des personnes qui les ont fabriquées. Cela peut soulever des questions, tout en rendant encore plus pertinente l'histoire de l'art en ces temps complexes d'interdépendances. Toujours est-il que les céramiques restent sereinement à l'écart de ces préoccupations. Nous, les humains, nous leur donnons vie, avec nos doutes et nos efforts. Ensuite, elles prennent leur indépendance.

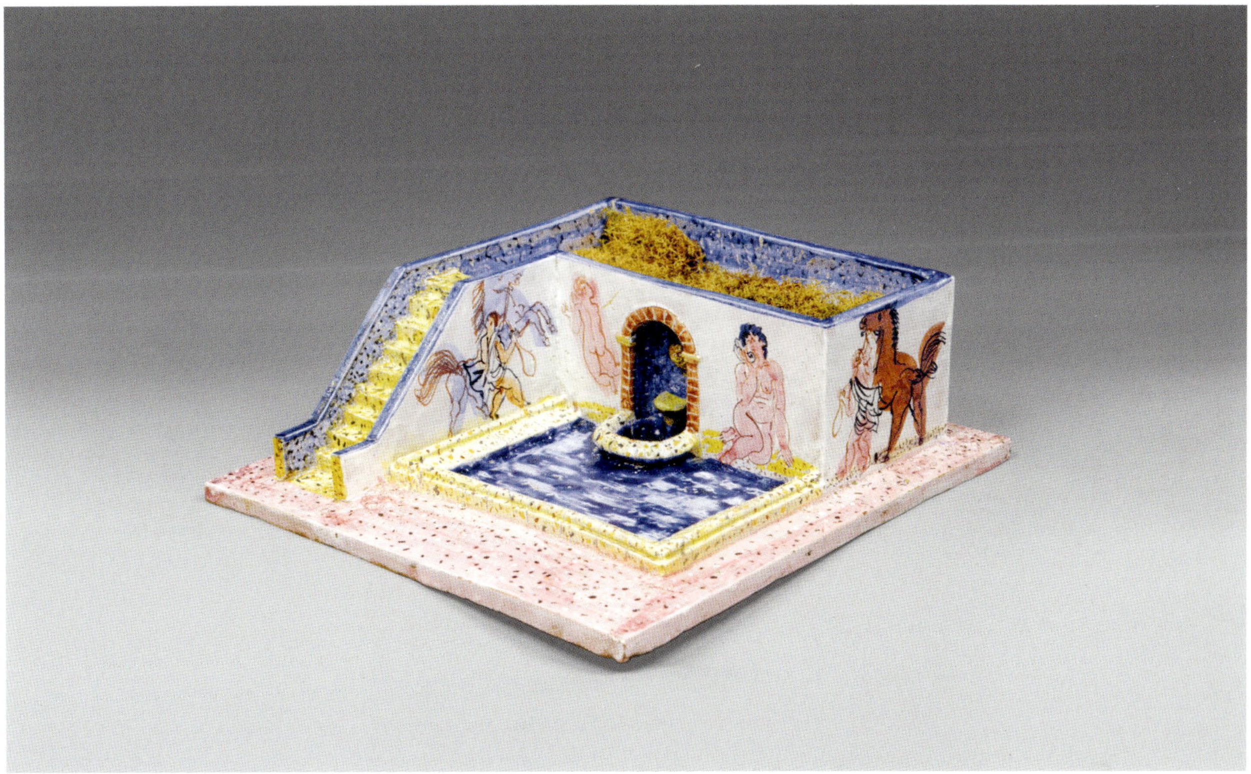

Cat. 76

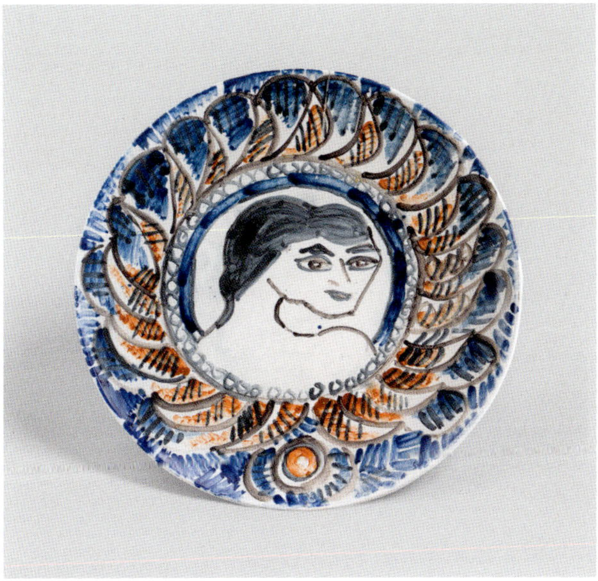

Cat. 57

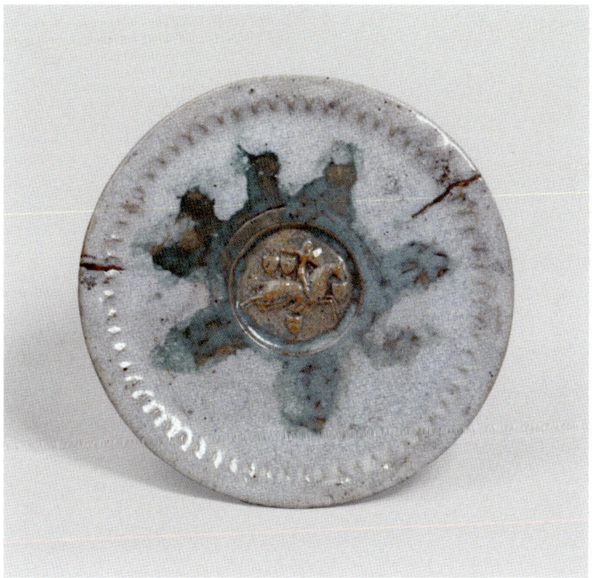

Cat. 56

Cat. 76 Josep Llorens Artigas et Raoul Dufy, *Jardin d'appartement*, 1927 (d'après l'architecture de Nicolás Mariá Rubió, 1891-1981), collection Larock-Granoff, Paris, France

Cat. 57 André Metthey et Maurice de Vlaminck, *Assiette*, 1907-1909, musée d'Art moderne de Paris, France
Cat. 56 André Metthey, *Plat*, vers 1900, Petit Palais – Musée des Beaux-Arts de la Ville de Paris, France

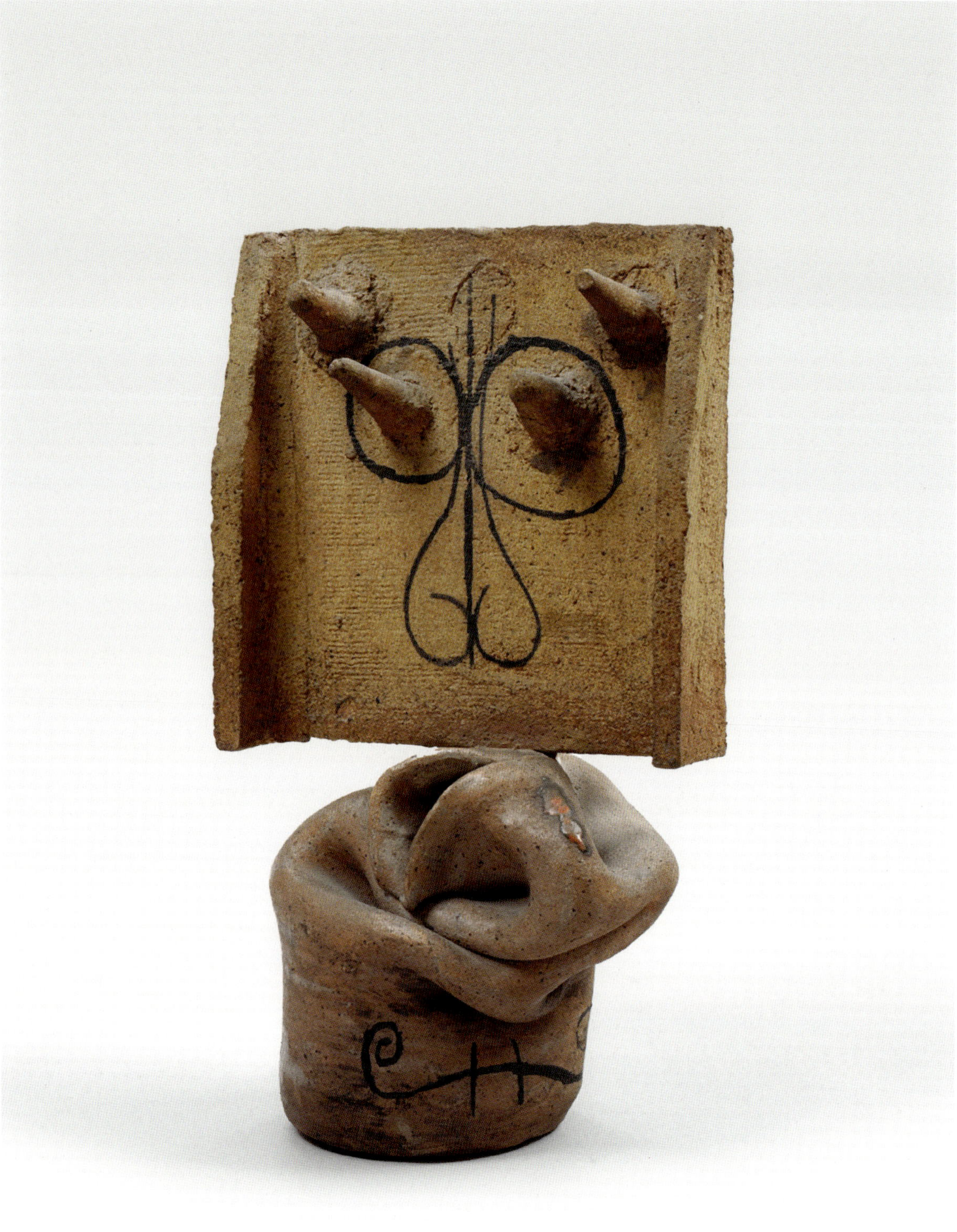

Cat. 176 Josep Llorens Artigas et Joan Miró, *Personnage*, 1956, collection Larock-Granoff, Paris, France

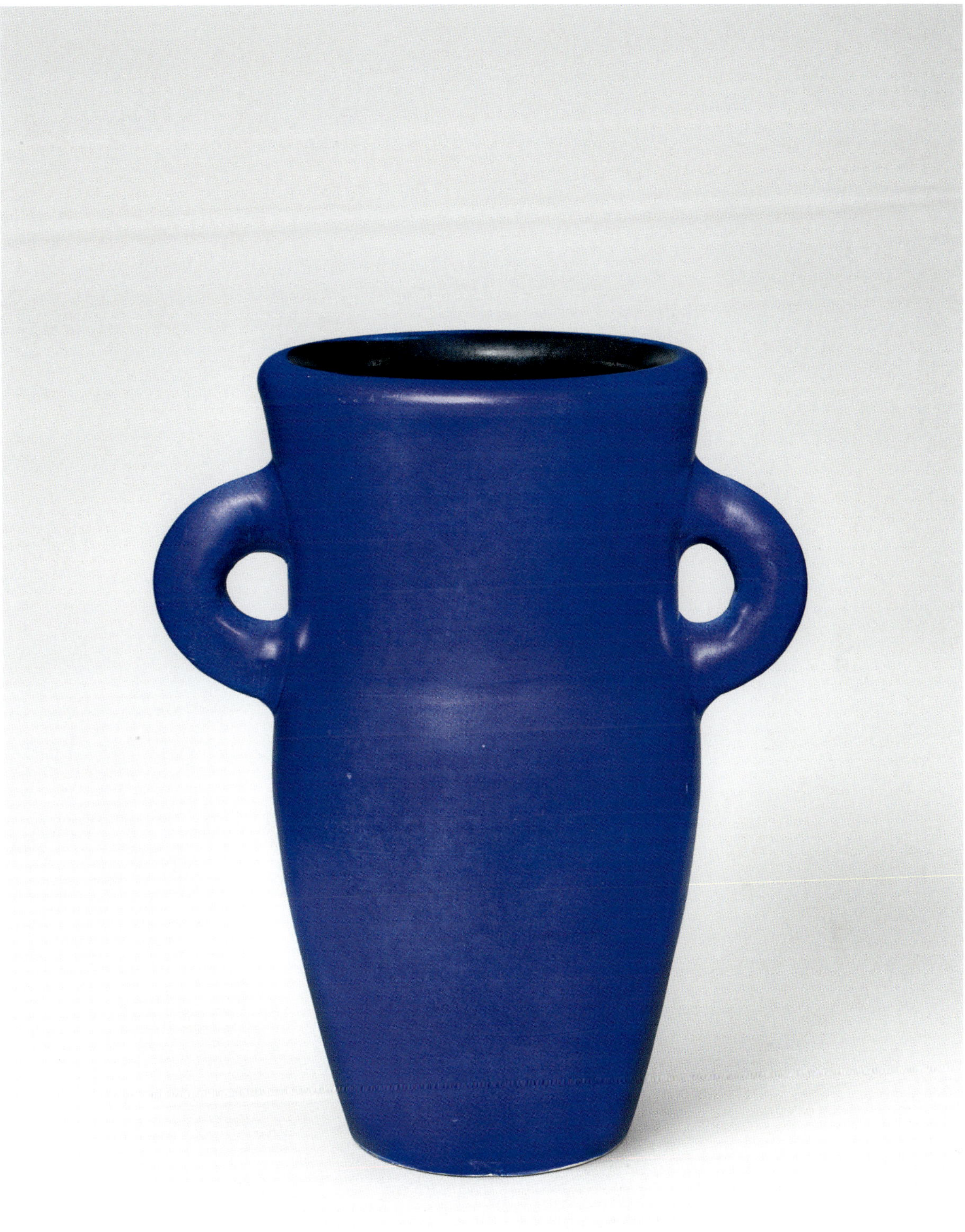

Cat. 73 Suzanne Ramié et atelier Madoura (Vallauris, France), *Vase oreilles (Grand modèle)*, 1955, galerie Thomas Fritsch Artrium, Paris, France

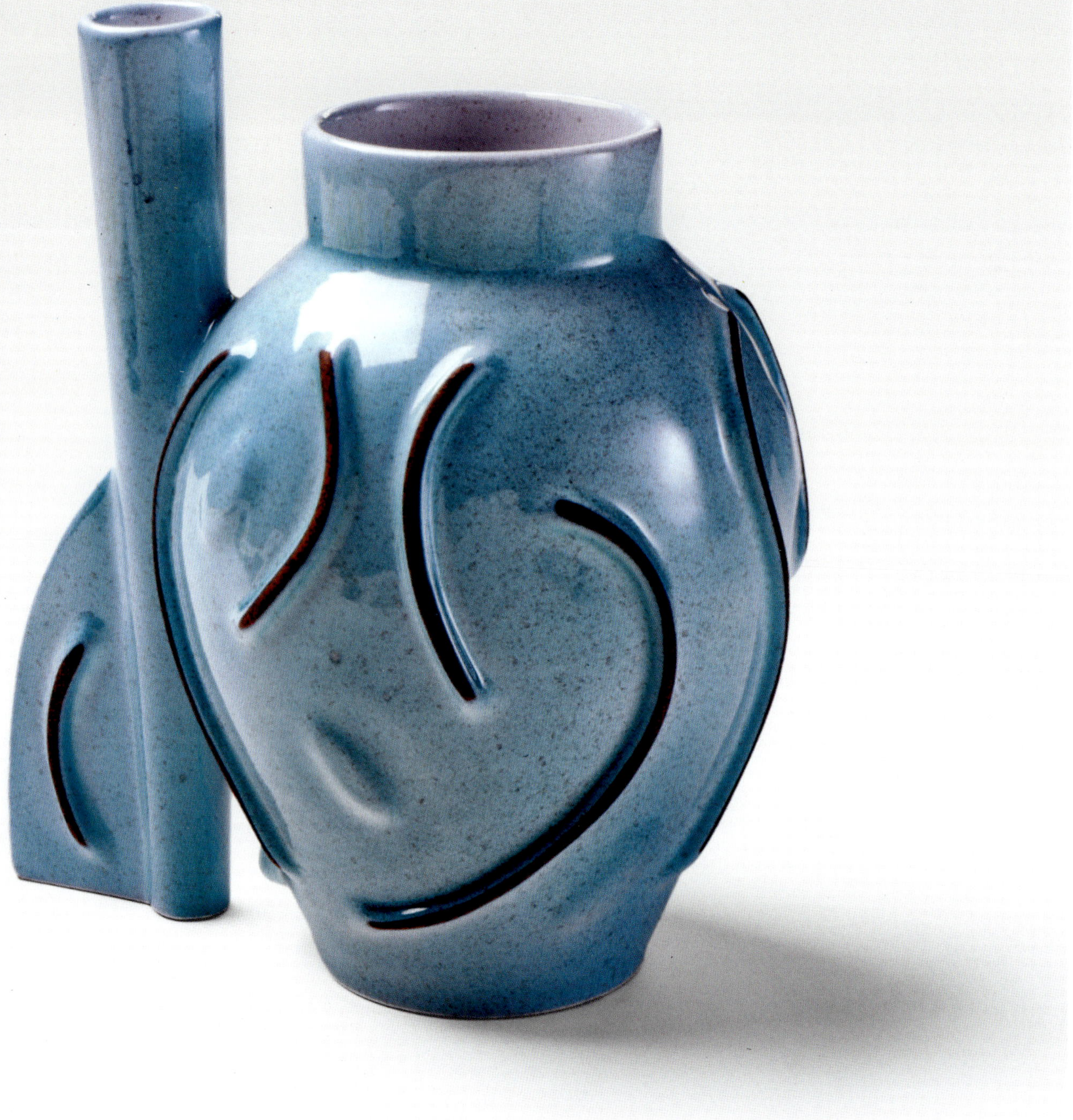

Cat. 74 Marc Camille Chaimowicz, *Vase*, 1989-1990, Centre national des arts plastiques, La Défense, France

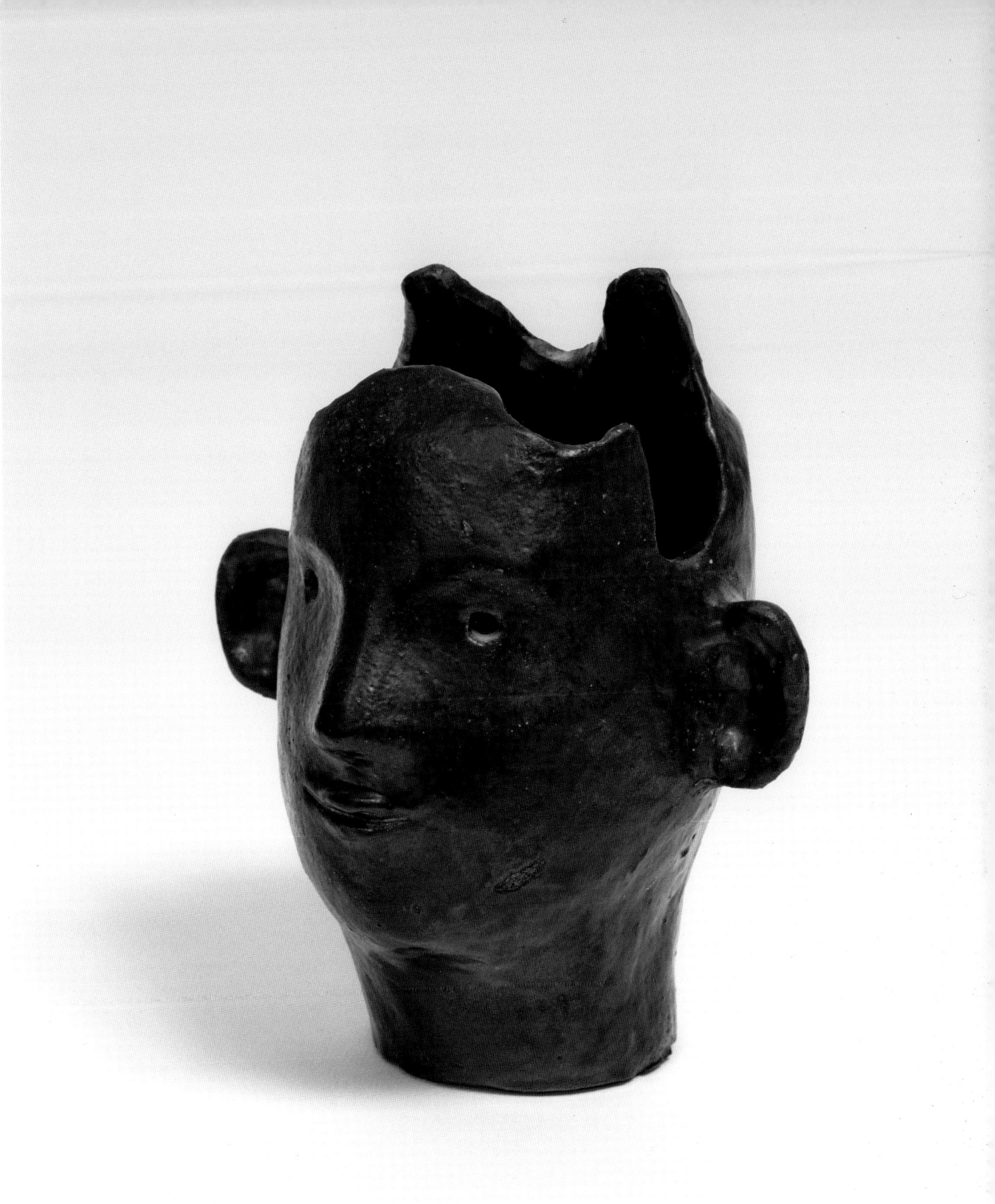

Cat. 77 Alina Szapocznikow,
Pot V (Garçon aux grandes oreilles),
1956-1957, courtesy des ayants droit
de l'artiste, Piotr Stanislawski,
galeries Loevenbruck (Paris, France)
et Hauser & Wirth (Zurich, Suisse)

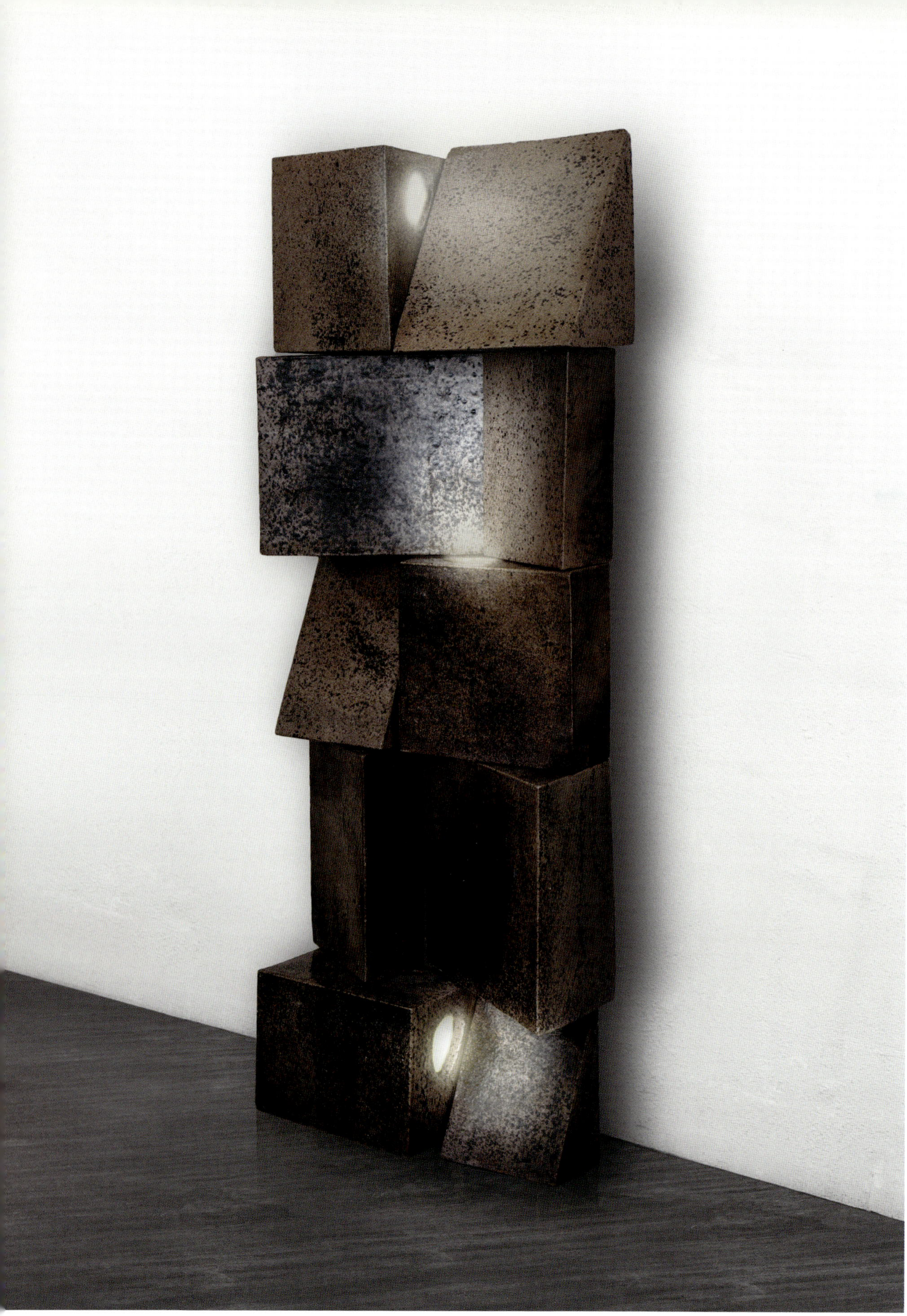

Cat. 88

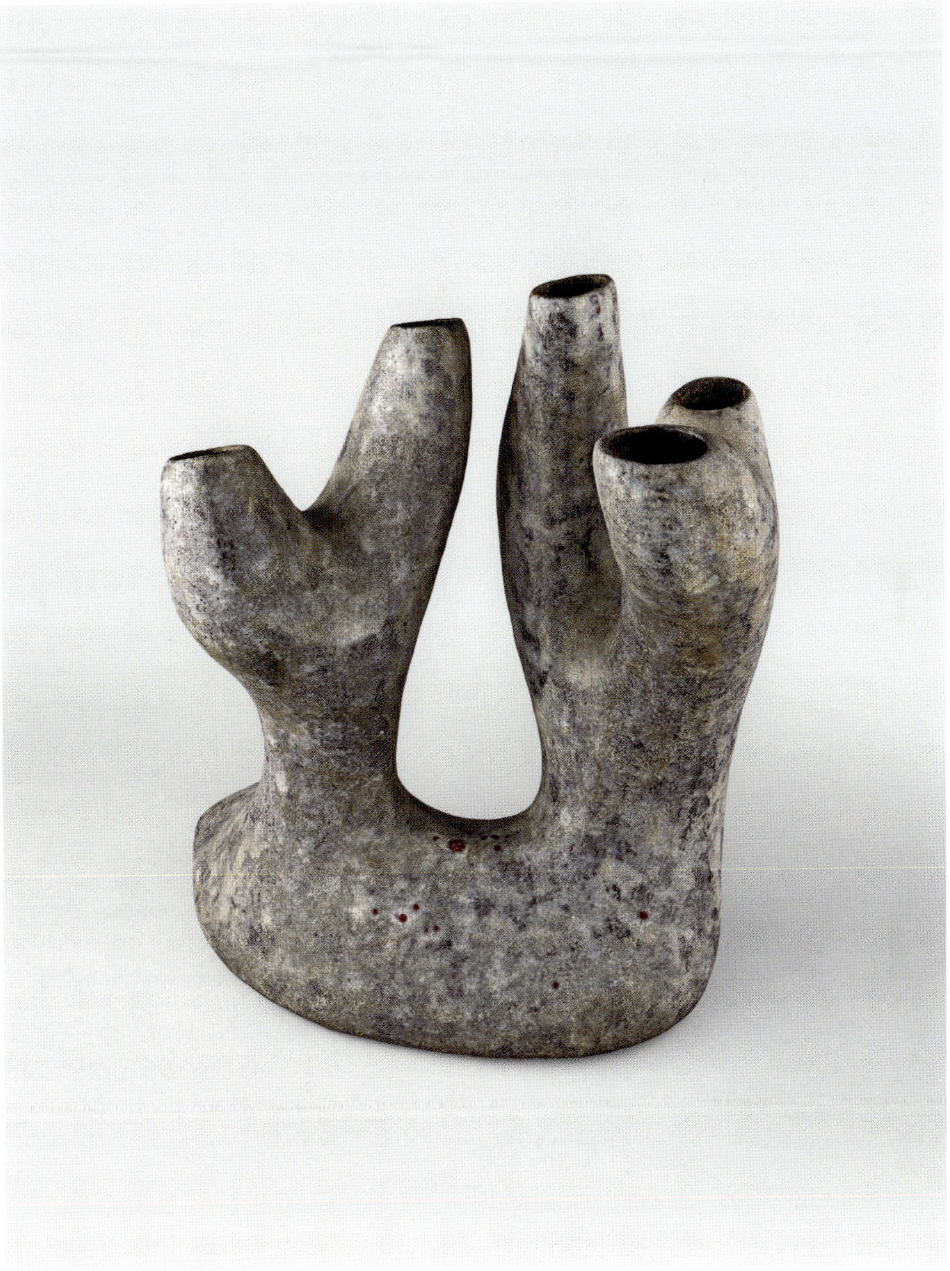

Cat. 75

Cat. 88 Andrée Hirlet et Michel Hirlet, *Sculpture murale avec éclairage intégré*, 1969, collection Hirlet, Paris, France
Cat. 75 Valentine Schlegel, *Vase arbre*, vers 1960, Sèvres – Manufacture et musée nationaux, France

L'artisan méconnu
Sōetsu Yanagi

Ce texte, écrit en 1927, est extrait d'*Artisan et inconnu. La beauté dans l'esthétique japonaise*, adapté du japonais à l'anglais par Bernard Leach et traduit de l'anglais par Mathilde Scalbert-Bellaigue, Paris, L'Asiathèque, 1992, rééd. 2020.

Qu'est-ce que les objets artisanaux ?

Les objets que l'on emploie quotidiennement, tels que les vêtements et le mobilier. Quelque chose de différent des beaux-arts, d'un tableau par exemple.

Quelle est la beauté particulière de ces objets artisanaux ?

Une beauté qui s'identifie à l'usage. C'est la beauté qui naît de l'usage. Hors de l'usage, il n'y a pas de beauté de ces objets. C'est pourquoi on ne peut s'attendre à trouver cette beauté dans des objets qui ne peuvent être utilisés ou qui ignorent cette sorte de beauté.

Quelle est la qualité spéciale de la beauté des objets artisanaux ?

C'est la beauté de l'intimité. Puisqu'il faut vivre chaque jour avec ces objets, cette qualité d'intimité est une nécessité particulière. Cette beauté détermine un univers de grâce et de sensibilité. Il est significatif qu'on parle des objets usuels avec des termes tels que saveur et style. La beauté de ces objets n'est pas tant de noblesse, de grandeur, de sublimité, que de chaleur et de familiarité. Là on touche à une différence frappante entre l'artisanat et l'art. Les gens accrochent leurs tableaux haut sur le mur, mais ils placent leurs objets d'usage quotidien à leur portée et les prennent dans leurs mains.

Qu'est-ce qui contient la plus grande beauté ? l'artisanat populaire ou l'artisanat d'art ?

Si on les place côte à côte, assez étrangement on ne peut dire que les objets artistiques sont meilleurs, car ils dépendent de la personnalité de l'artiste plus que du caractère de l'objet. Si on ne connaissait pas le nom de l'artiste, ces objets soutiendraient-ils la comparaison ? Il y a des gens qui achètent le nom du créateur plus que la qualité. Quant aux objets des manufactures d'art, eux aussi s'écartent du courant par excès de technique et de raffinement. Il est vraiment étrange que les objets d'artisanat populaire soient meilleurs que les œuvres d'artistes en quête de beauté. Les œuvres des artisans-artistes ont moins pour but d'être seulement des bons pots que de démontrer la finesse de sensibilité ou la force de personnalité de leur créateur ; c'est une émanation de lui-même plus que de l'humanité, or c'est un parfum d'humanité qu'exhale l'artisanat populaire.

Pourquoi le produit de l'artisanat d'art est-il inférieur à celui de l'artisanat populaire ?

J'aimerais répondre en disant que la « beauté individualiste » se situe à un niveau moins élevé que la beauté qui transcende l'individu. L'art populaire appartient à cette dernière catégorie, alors que l'artiste individuel est souvent tellement enfermé en lui-même et dans l'expression de soi qu'il va contre les lois de la nature. Cela s'explique aussi par le fait que le pouvoir de l'individu est moins fort que celui de la tradition. Si grande soit-elle, la personnalité n'est rien comparée à la nature. Il est surprenant de voir que l'histoire de l'art regorge d'exemples où les objets d'humbles artisans sont beaucoup plus beaux que l'œuvre née de l'intelligence d'individus, et cela parce que le travail des premiers ne contient pas trace d'égocentrisme. C'est comme une quête de la foi dans un monde centré sur lui-même. C'est seulement quand diminue l'égocentrisme qu'apparaît la vraie foi. De même qu'on trouve rarement un homme sincère parmi les Pharisiens, de même on trouve rarement une belle œuvre parmi des objets signés. Quel sculpteur sur bois a jamais produit un travail comparable au gothique ? S'il nous fallait choisir cent exemples des plus beaux objets artisanaux du passé et du présent, quatre-vingt-dix-neuf pour cent, sinon cent pour cent, ne porteraient pas de signature.

Niez-vous l'importance de la personnalité dans les artisanats ?

Nier la personnalité est une erreur. Par contre, se satisfaire de la personnalité est une erreur plus grande encore. Il se dégage une beauté de l'art individuel, mais ce n'est pas la plus pure. Chez un très grand artiste, la grandeur est dans son pouvoir à dépasser son individualité. La raison pour laquelle les produits des artisans-artistes sont défaillants du point de vue esthétique tient au fait qu'ils s'élèvent rarement au-dessus de leur individualité. De plus, les objets très marqués par une individualité conviennent rarement à l'usage quotidien. L'affirmation d'une individualité se heurtera presque sûrement à une autre individualité. Il est rare de trouver une qualité paisible dans la beauté très individualisée. Si un objet devient de la sorte incompatible avec son usage quotidien, il manque son but. L'artisanat ne doit pas être entravé par l'individualisme.

L'accent porté sur l'individualisme est totalement indésirable ; d'autre part, où trouver la beauté libre d'individualisme ? Il ne faut pas confondre le fait de n'avoir aucune individualité et celui de la transcender.

La force des objets d'art populaire, c'est qu'on n'y sent pas l'écran de la personnalité. C'est l'objet qui brille et non son créateur.

N'est-il pas possible à l'artisan-artiste de faire de belles choses ?

Je ne dis pas que ce soit absolument impossible, mais il faut réaliser que le sentier solitaire de l'artisan-artiste est plein de difficultés. Tant qu'il s'attarde au stade de l'individualisme, il ne parviendra jamais à la beauté de « la non-pensée » de l'art populaire. [...] Seul quelque rare génie est capable de produire quelque chose d'extraordinaire. Aujourd'hui, nous avons une foison d'artisans individuels. Mais qui pourrait proclamer qu'ils sont des génies ? Il apparaît peut-être un génie par génération. Ce monde est déjà submergé de travaux d'artisans sans talent.

Alors quelle est la valeur de l'artisan-artiste ?

Si une œuvre vise l'expression de la beauté individualiste, alors reconnaissons que la voie de l'artisanat est limitée et celle des beaux-arts plus appropriée. Ce qui est limité à l'individualité ne s'accorde pas avec la nature de l'artisanat. En ces temps où se perd l'art du peuple, personne d'autre que l'artisan-artiste ne peut offrir des critères de beauté. Aujourd'hui, à notre manière, nous avons besoin d'hommes capables de nous guider dans l'appréciation juste de la beauté d'une œuvre. Dans le monde des artisans, nous en avons soif. Si l'artisan-artiste ne s'élève pas à cette tâche, notre horizon s'assombrira. C'est ce qui est demandé à cette époque d'intelligence consciente. La présence de l'artisan-artiste doit servir de pont entre cette période et la prochaine floraison de l'art populaire. Sa valeur est plus dans sa capacité à comprendre la beauté que dans sa propre aptitude à l'exprimer. En conséquence, son œuvre prend la signification d'un don au monde de la pensée. Malheureusement peu connaissent véritablement le but à atteindre, et le nombre de ceux qui ont le génie d'exprimer la vraie beauté dans leur travail est infiniment limité. Trop nombreux plutôt sont ceux qui empoisonnent l'artisanat.

En vérité, le rôle de l'artisan-artiste, plutôt que de créer, est d'indiquer la direction, un peu comme une boussole.

Que faut-il surtout attendre de l'artisan-artiste ?

Espérons qu'il prendra conscience de son obligation vis-à-vis de la communauté de contribuer à la beauté. Aujourd'hui, là est son plus grand échec. Actuellement, quoi qu'il fasse, c'est avec l'idée de beauté en tête. Mais l'artiste de l'avenir doit avoir conscience des besoins des gens autour de lui. C'est la mesure de sa contribution à la société qui détermine sa valeur. Tandis qu'il se tient à l'écart, abandonnant les autres à leur destin, l'horrible obscurité demeure, sans bienfait ni pour lui ni pour la société, et ainsi de suite. Il est bien plus important de se sauver avec les autres que seul. L'évolution sociale a tendance à nous faire anticiper sur le temps où les artisans-artistes, eux aussi, commenceront à se considérer comme appartenant à un ensemble. Un temps viendra où ils ne se satisferont plus de la poursuite de la beauté pour elle-même et cesseront de jeter un regard indifférent sur l'art populaire.

Que manque-t-il à l'artisan-artiste ?

Ses produits sont tellement peu nombreux et si coûteux. Ils sont plus décoratifs qu'utiles. Même s'ils sont destinés à l'usage, ils sont chers et donc ne s'emploient pas quotidiennement ; ainsi deviennent-ils des articles de luxe. À l'origine, ils sont faits pour des collectionneurs d'art et perdent toute relation avec la vie du peuple. Le seul bénéficiaire est l'acheteur favorisé. L'artisan-artiste se coupe des besoins, et se sépare donc des gens qui l'entourent. Cela n'est-il pas un coup mortel pour l'artisanat ? En dehors de l'usage et du peuple, l'artisanat ni la beauté n'ont de sens. Si l'artisan-artiste continue à s'isoler de la société, il doit admettre avec humilité (de par son expérience) que son attitude d'expression personnelle est en fait un état d'insuffisance. Pour la réussite des arts populaires, il faut que l'artisan-artiste tienne son intérêt en éveil et prépare le chemin d'une expression renouvelée de la force collective. Quand son œuvre cessera d'être individuelle et qu'il rejoindra les rangs des autres hommes, qu'il place son travail à côté de ce qu'il faisait jusqu'alors. Peut-être verra-t-il ainsi la vérité pour la première fois, car son travail ancien ne tiendra ni pour l'usage, ni pour la beauté.

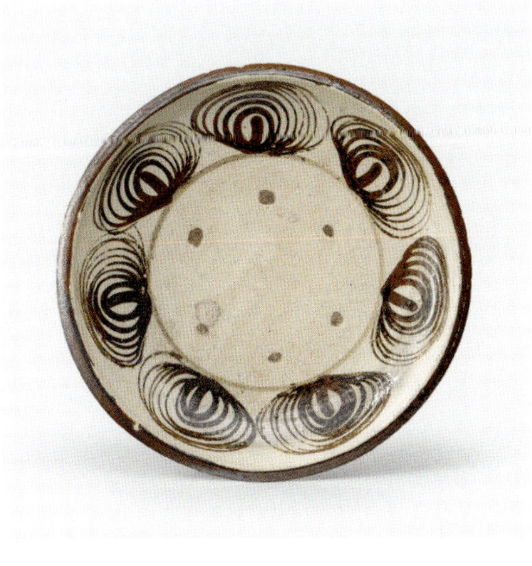

Fig. 3 Anonyme (Japon), *Plat à décor umanome (Yeux de cheval)*, période Edo (1603-1868), courtesy Sokyo Gallery et Contemporary Art Cultural Foundation, Kyoto, Japon

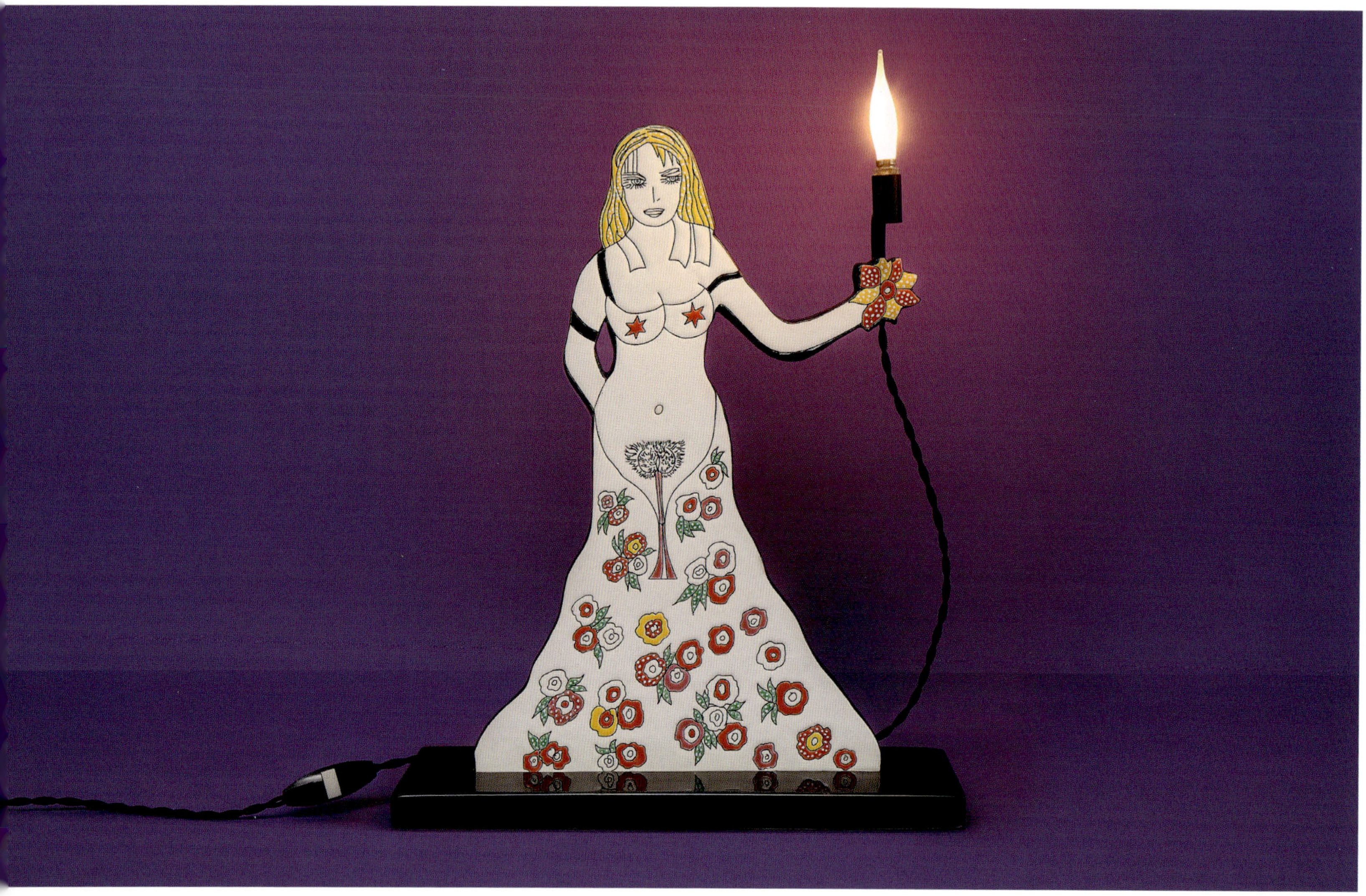

Cat. 87 Dorothy Iannone et We Do Not Work Alone (Paris, France), *Lampe Forever true*, 2019, courtesy We Do Not Work Alone, Paris, France

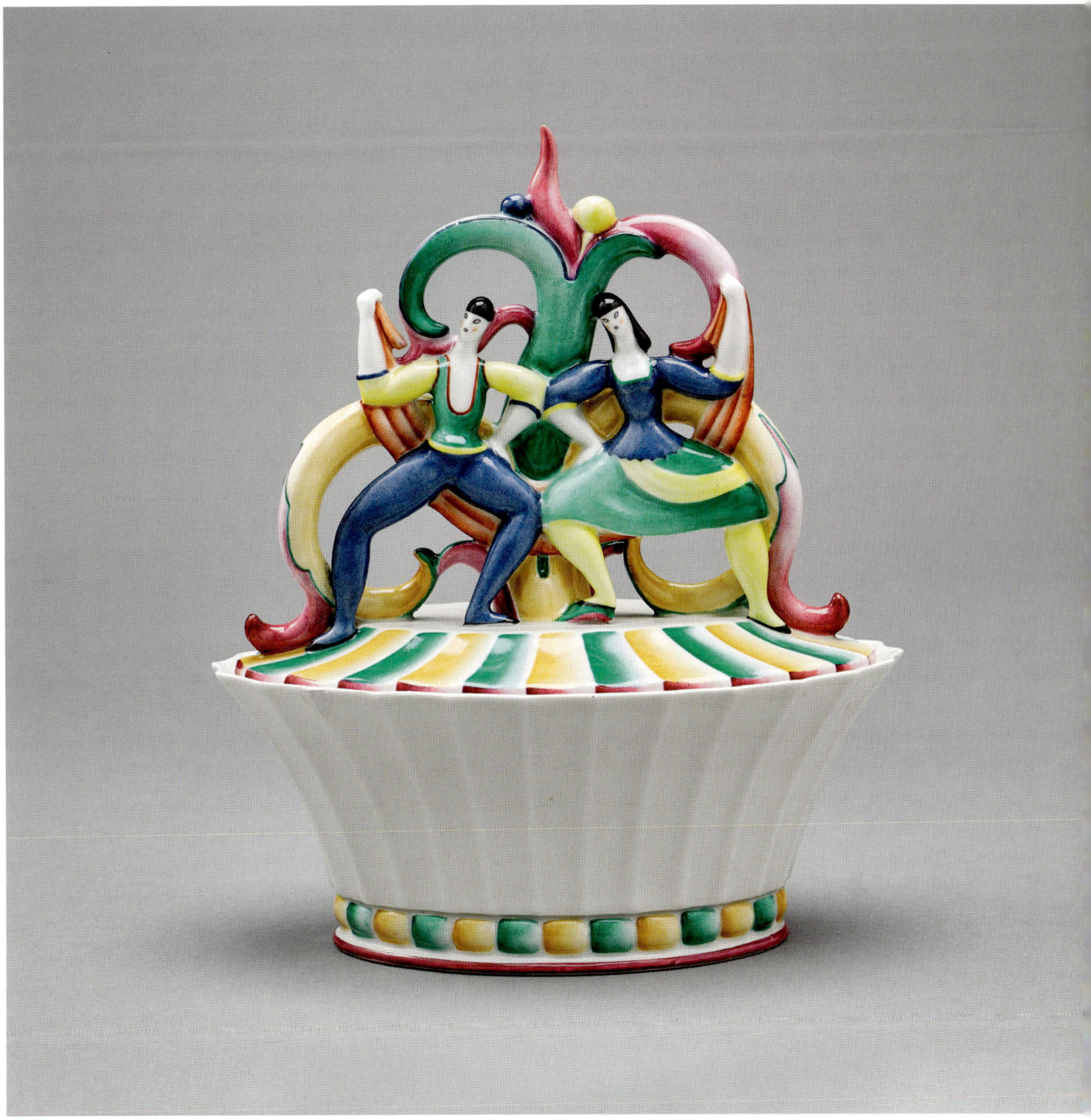

Cat. 68 Gio Ponti et manufacture Richard Ginori (Doccia, Italie), *Bonbonnière « Le Ballet »*, 1925, Sèvres – Manufacture et musée nationaux, France

Cat. 71

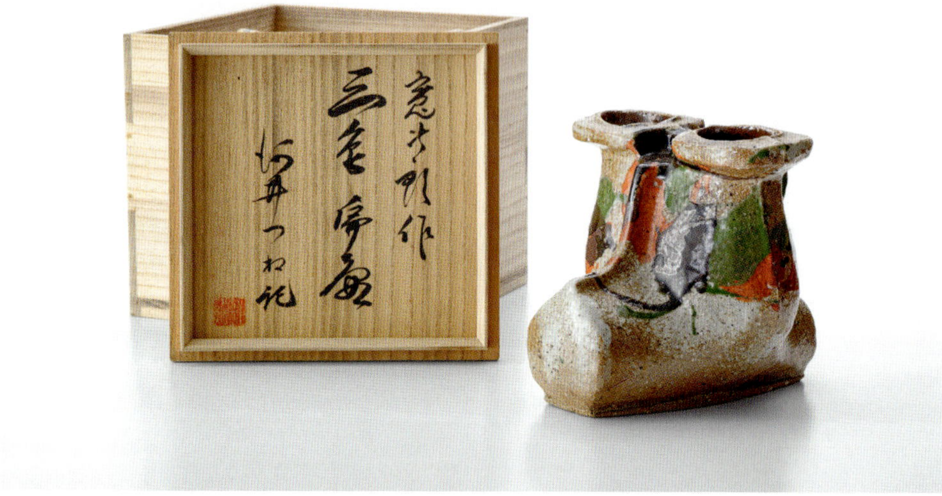

Cat. 86

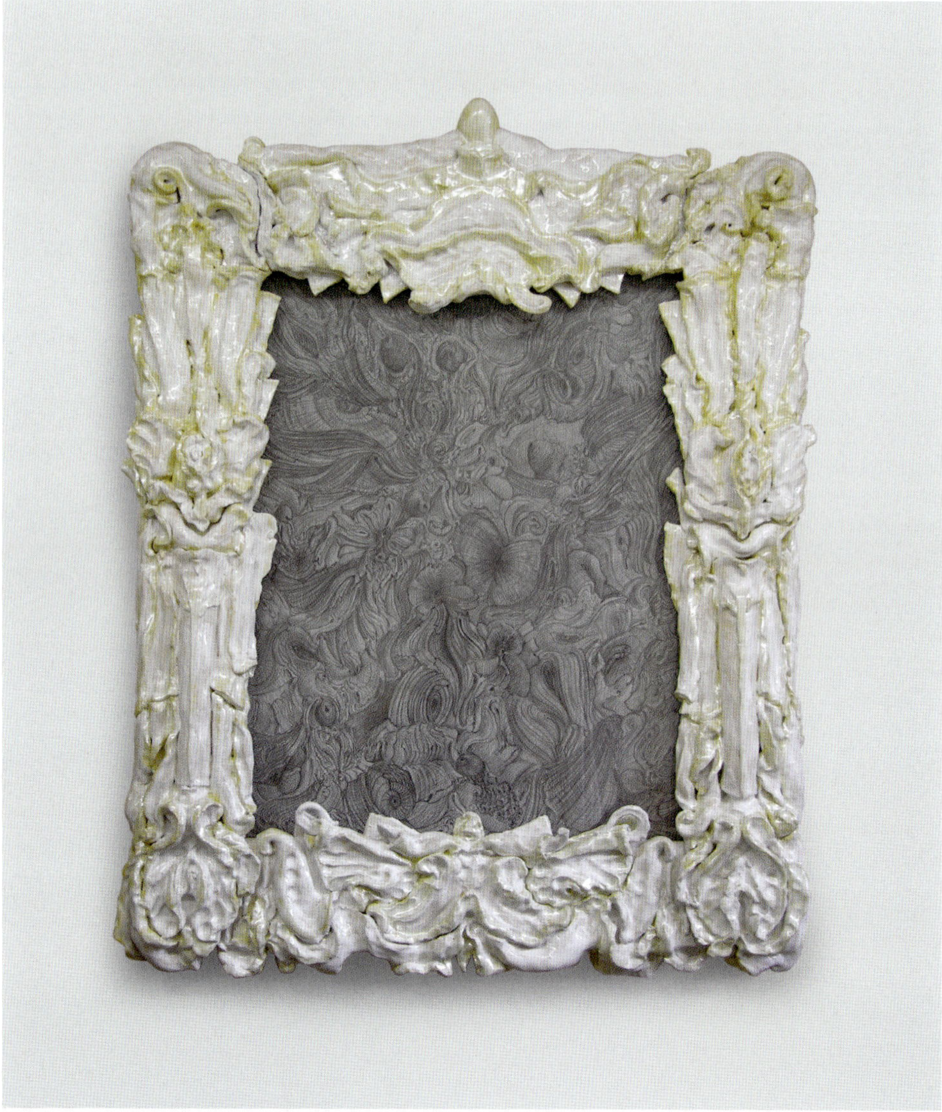

Cat. 71 Kanjirō Kawai, *Vasque aux émaux tricolores*, vers 1960, Sokyo Gallery et Contemporary Art Cultural Foundation, Kyoto, Japon
Cat. 86 Elmar Trenkwalder, *WVZ 90 B TRE 10 – Dessin cadre*, 2010, collection Sophie Lefèvre, Paris, France, courtesy galerie Bernard Jordan, Paris, France
Cat. 70 Kazuya Sugita, *Keito, Goya, Paprika, Rendai (Composition ikebana)*, 2009, photographie d'une céramique de Mutsuo Yanagihara, courtesy de l'artiste

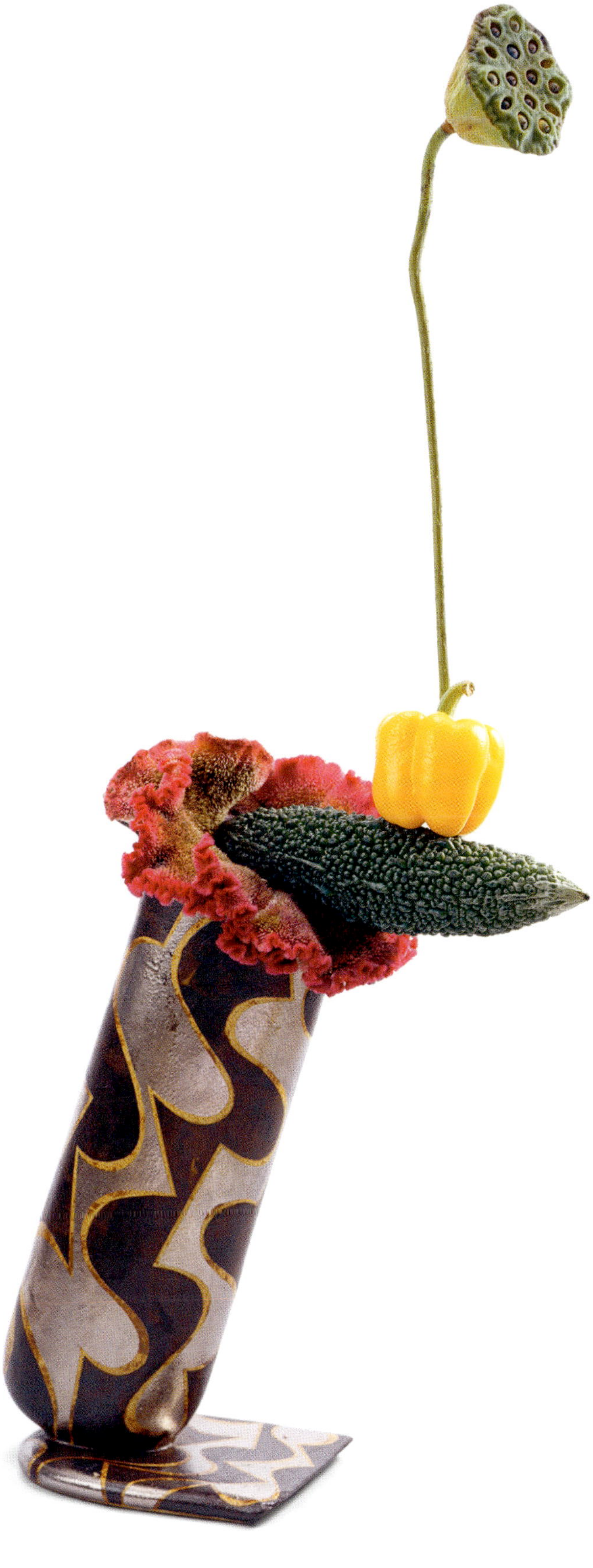

Cat. 70

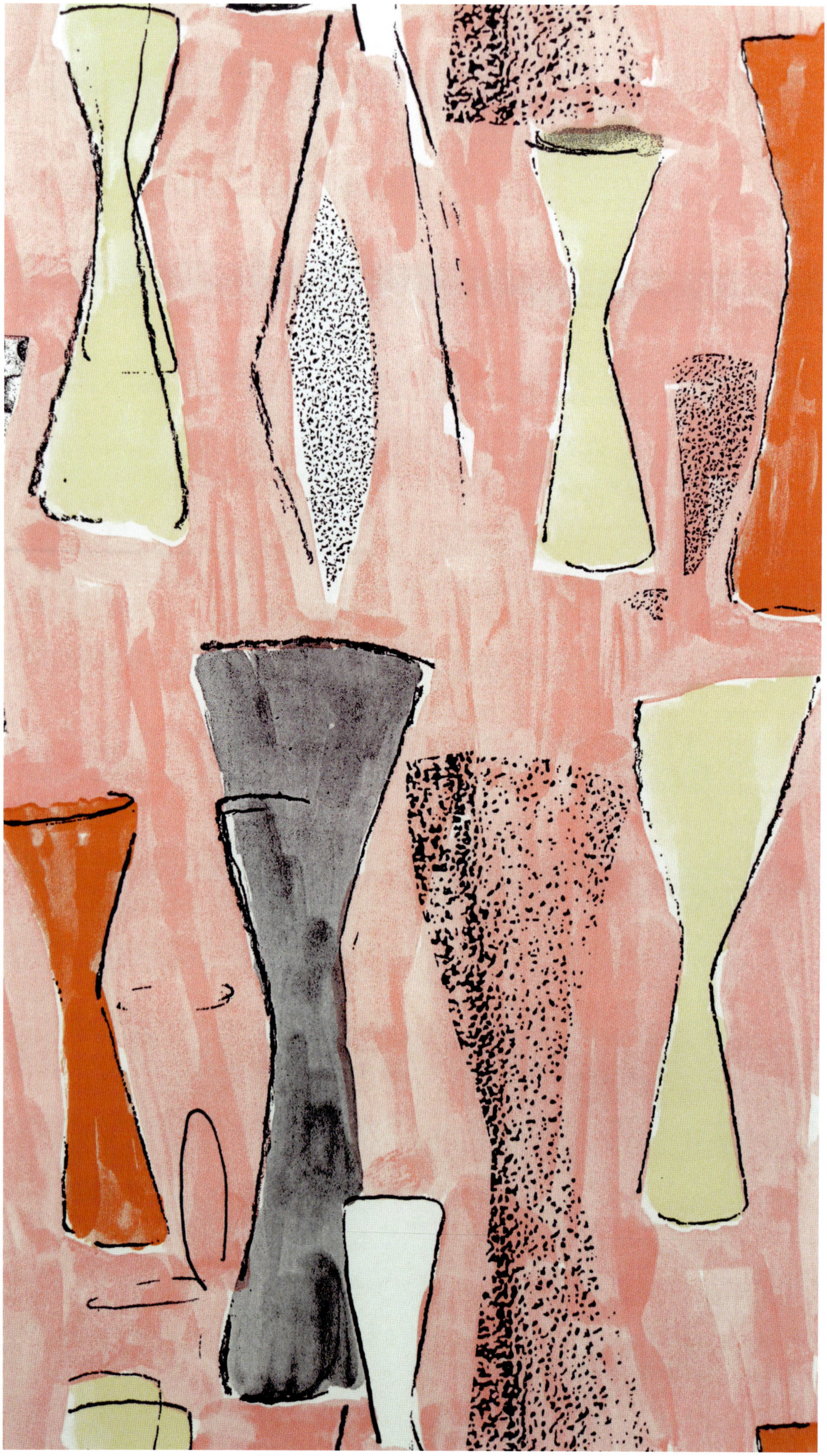

Cat. 78 Marc Camille Chaimowicz, *Vase (red orange)*, 2005, courtesy de l'artiste, The Art of Wallpaper, Norfolk, Royaume-Uni et Cabinet, Londres, Royaume-Uni

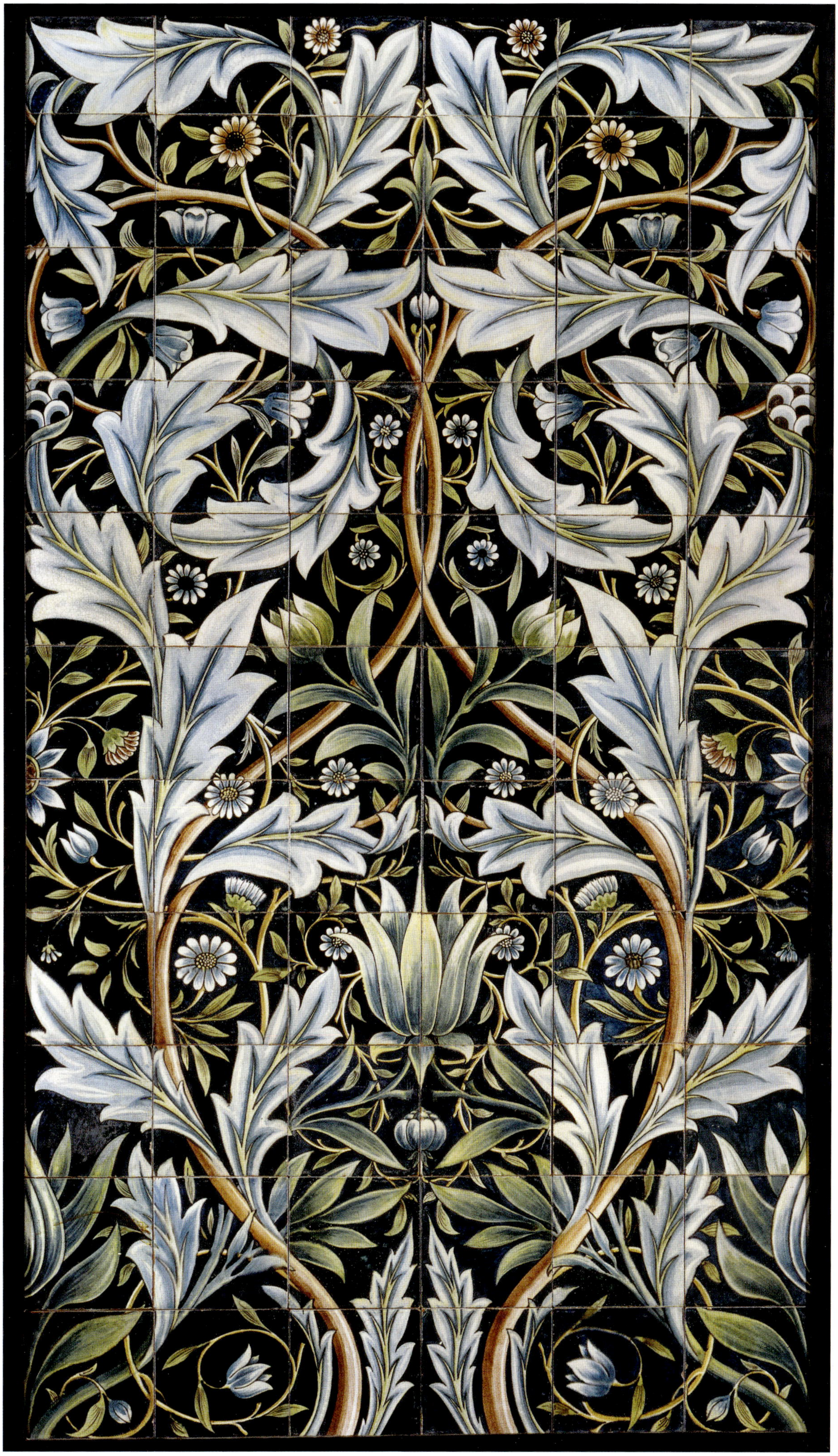

Cat. 91 William Frend de Morgan et William Morris, *Panneau de revêtement mural*, 1876-1877, musée d'Orsay, Paris, France

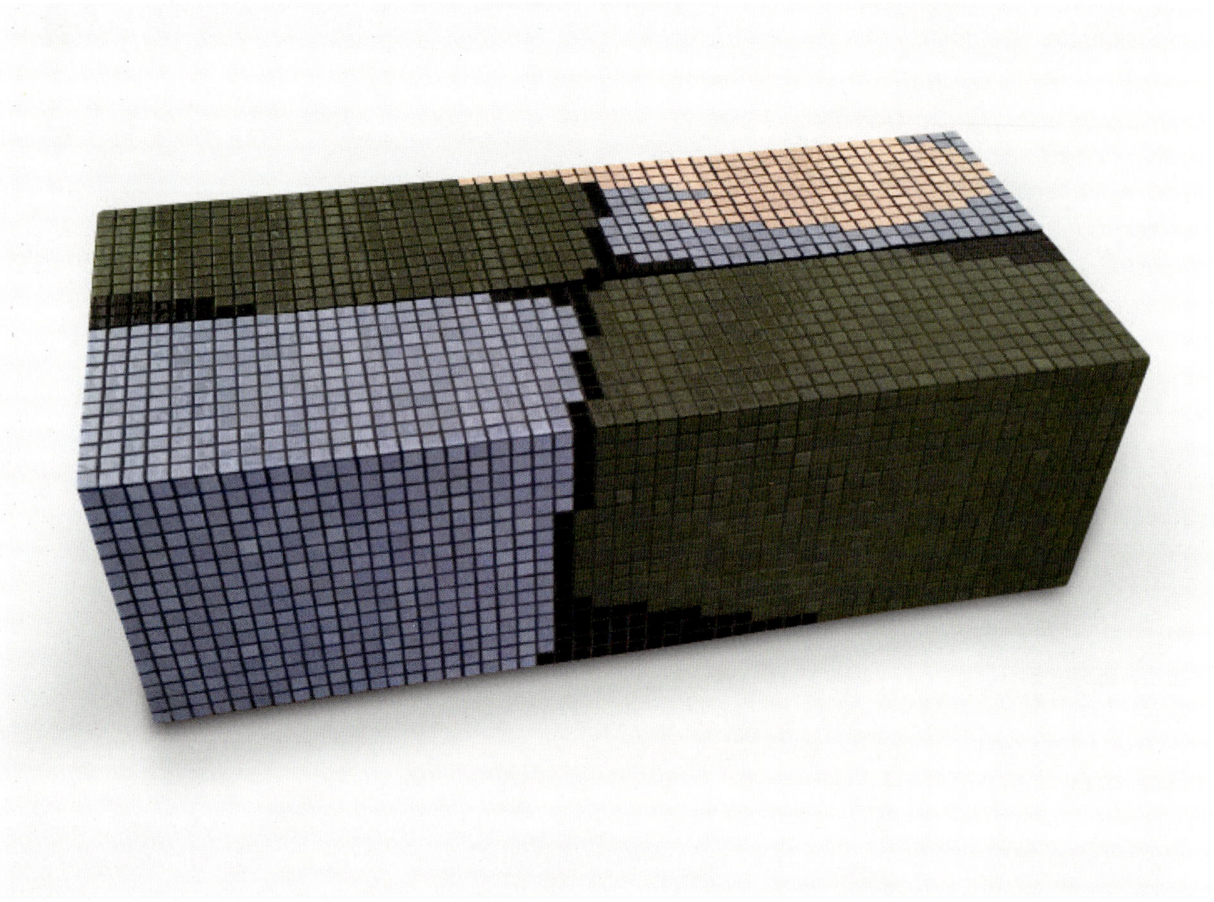

Cat. 3 Laëtitia Badaut Haussmann, *DB_S no 15*, 2016, galerie Allen, Paris, France

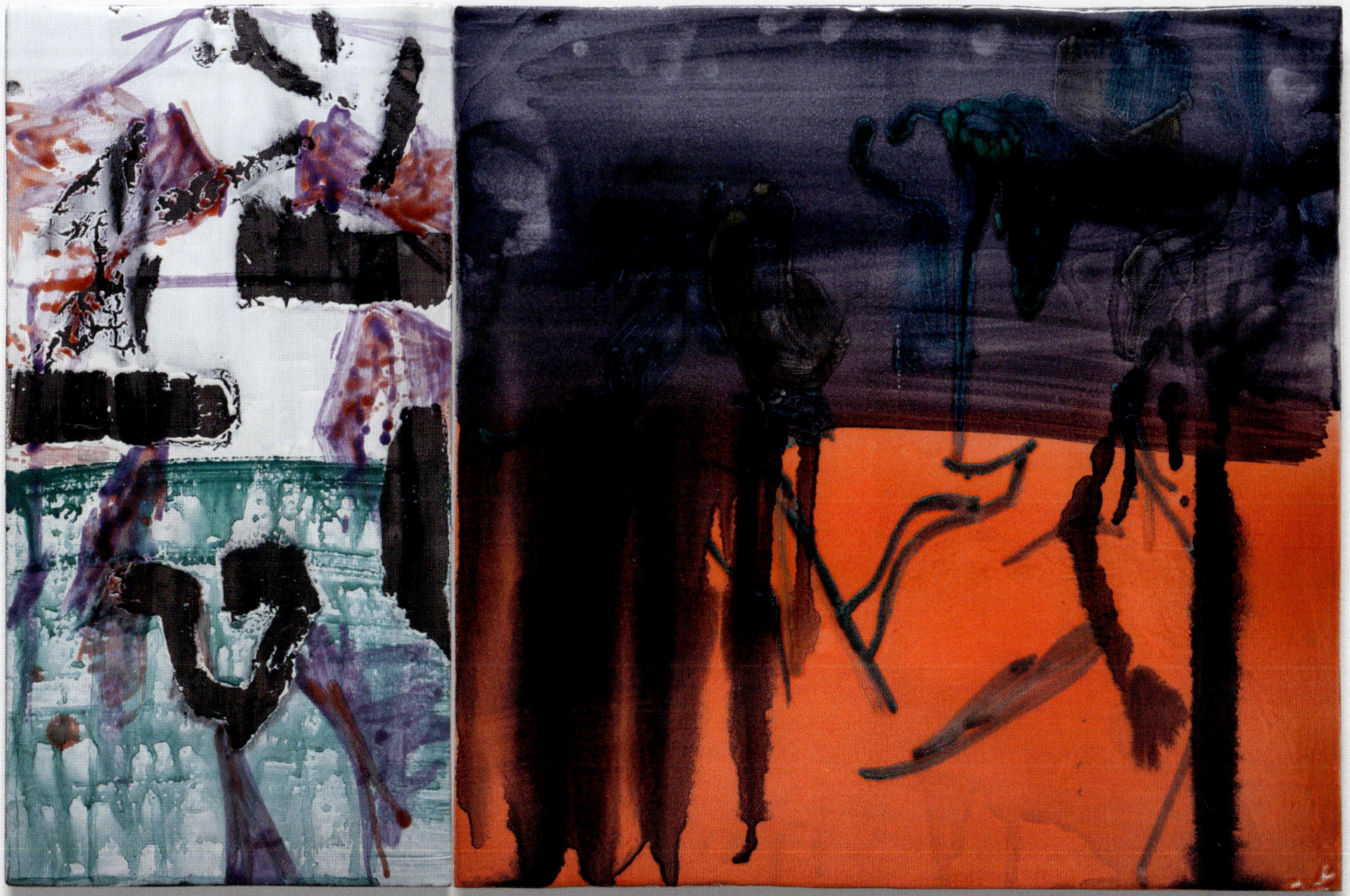

Cat. 89 Nick Mauss, *Untitled 1*, 2017, collection particulière, courtesy Campoli Presti, Londres, Royaume-Uni/Paris, France

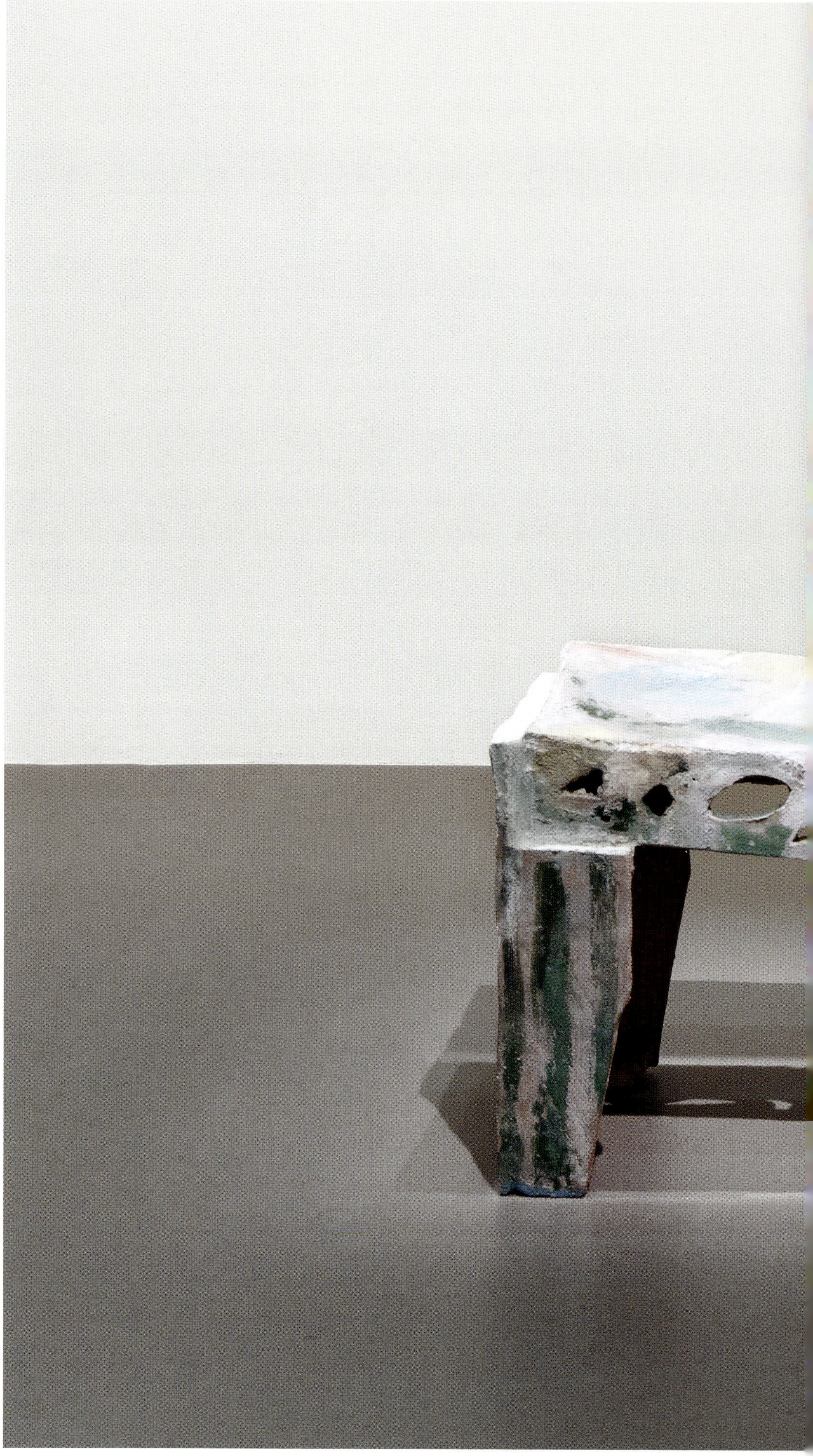

Cat. 238 Natsuko Uchino,
Vanitas bench, 2018, musée d'Art
moderne de Paris, France

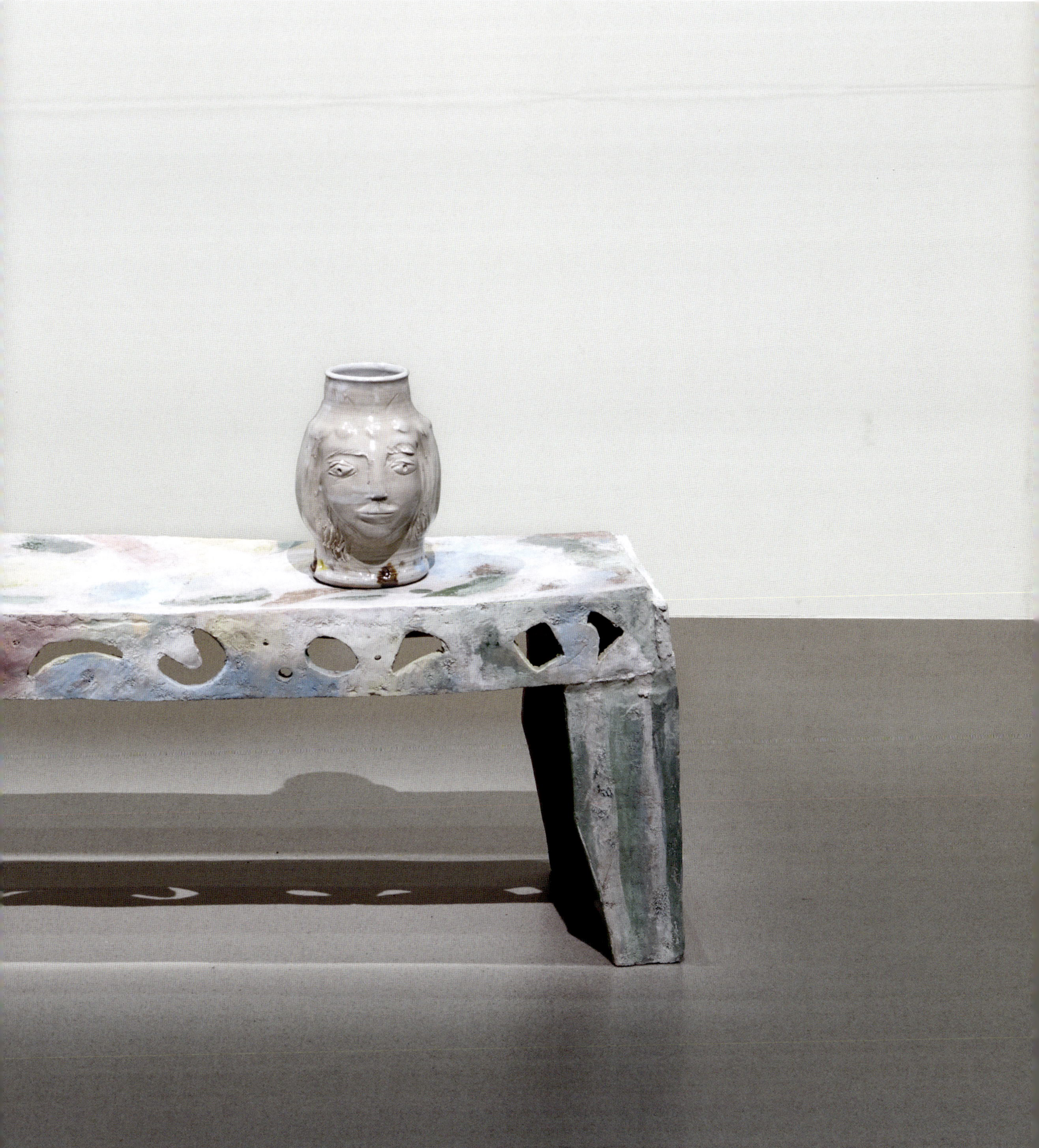

Malaise dans la culture

James Clifford

Ce texte est extrait de *Malaise dans la culture. L'ethnographie, la littérature et l'art au xxe siècle*, traduit de l'anglais par Marie-Anne Sichère, Paris, Ensb-a, 1996.

Une histoire de l'anthropologie et de l'art moderne implique une double conception de la collection : une forme de subjectivité occidentale et un ensemble mouvant de pratiques institutionnelles fortes. L'histoire des collections (sans la limiter aux musées) est fondamentale si on veut comprendre comment ces groupes sociaux qui ont inventé l'anthropologie et l'art moderne se sont *approprié* les objets, les faits et les significations exotiques. (*S'approprier* : « faire sien », du latin *proprius,* « propre », « propriété ») Il importe de voir comment les puissantes discriminations, qui se font à certains moments, constituent le système général des objets à l'intérieur duquel les artefacts cotés circulent et font sens. Cela soulève des questions de fond.

Quels critères valident un produit culturel ou artistique authentique ? Quelles valeurs différentielles accorde-t-on aux créations anciennes et nouvelles ? Quels critères moraux et politiques justifient les « bonnes » pratiques de collection, responsables et systématiques ? Pourquoi, par exemple, les acquisitions massives d'objets africains par Leo Frobenius, au début du siècle, semblent-elles aujourd'hui excessives ? (Voir aussi Cole, 1985 ; Pye, 1987) Comment définit-on une collection « complète » ? Quel est le juste équilibre entre l'analyse scientifique et l'exposition publique ? (À Santa Fe, une superbe collection d'art amérindien est hébergée à la School of American Research, dans un bâtiment construit littéralement comme une chambre forte, et dont l'accès est soigneusement contrôlé. Le musée de l'Homme expose moins d'un dixième de ses collections ; le reste est entreposé dans des cantines en fer ou entassé un peu partout dans l'immense sous-sol.) Pourquoi a-t-il semblé évident, jusqu'à une date récente, que les objets non-occidentaux devaient être conservés dans les musées européens, ce qui entraîne qu'aucun spécimen de qualité n'est visible dans son pays d'origine ? Comment fait-on la différence entre « antiquités », « curiosités », « art », « souvenirs », « monuments » et « artefacts ethnographiques » – en fonction des moments historiques et des conditions particulières du marché ? Pourquoi de nombreux musées anthropologiques ont-ils récemment commencé à présenter certains de leurs objets comme des « chefs-d'œuvre » ? Pourquoi les anthropologues n'ont-ils prêté sérieusement attention à l'art pour les touristes que récemment ? (Voir Graburn, 1976 ; Jules-Rosette, 1984) Quelle a été la variation de réciprocité entre la collection naturaliste et la sélection des artefacts anthropologiques à exposer et à analyser ? On pourrait continuer la liste.

L'histoire critique de la collection s'intéresse à ce que des groupes et des individus spécifiques ont choisi de conserver, de coter et d'échanger, du monde matériel. Bien que cette histoire complexe, qui doit remonter au moins au temps des découvertes, reste encore à écrire, [Jean] Baudrillard propose une première grille pour le déploiement des objets dans l'Occident capitaliste récent. Il pose comme une évidence que toutes les catégories d'objets significatifs – y compris ceux qui sont connotés comme témoins scientifiques ou grand art – fonctionnent à l'intérieur d'un système ramifié de symboles et de valeurs.

Pour ne prendre qu'un exemple : le *New York Times* du 8 décembre 1984 signalait le pillage à grande échelle des sites archéologiques anasazi dans le Sud-Ouest américain. Des pots et des urnes peints, déterrés en bon état, pouvaient rapporter près de trente mille dollars sur le marché. Un autre article, dans le même numéro, comportait la photographie de pots et de cruches de l'âge du bronze, récupérés par des archéologues à bord d'un vaisseau phénicien naufragé au large de la Turquie. Un commentaire décrivait la collecte clandestine pour le profit, l'autre la collecte scientifique pour le savoir. Les jugements moraux des deux formes de récupération étaient diamétralement opposés, mais les pots qui avaient été trouvés étaient tous significatifs, beaux et vieux. Dans les deux cas, la valeur commerciale, esthétique et scientifique présupposait un système de valeur donné. Ce système trouve un intérêt intrinsèque et de la beauté dans les objets du passé et il suppose que collectionner des objets de la vie quotidienne des civilisations anciennes (de préférence disparues) sera plus *gratifiant* que de collectionner, disons, les thermos décorés de la Chine moderne ou les T-shirts sur commande en provenance d'Océanie. Les vieux objets sont dotés de l'idée de « profondeur » par les collectionneurs tournés vers l'histoire. La temporalité est réifiée et sauvegardée en tant qu'origine, beauté et savoir.

Ce système archaïsant n'a pas toujours dominé la collection occidentale. Les curiosités du Nouveau Monde réunies et appréciées au xvie siècle n'avaient pas nécessairement la valeur d'antiquités, produits de civilisations primitives ou « passées ». Elles appartenaient souvent à la catégorie du merveilleux, d'un âge d'or au présent (Honour, 1975 ; Mullaney, 1983 ; Rabasa, 1985). Plus récemment, le penchant rétrospectif des appropriations occidentales des cultures mondiales a fait l'objet d'un examen critique (Fabian, 1983 ; Clifford, 1986).

L'« authenticité » culturelle ou artistique est autant liée à un présent inventif qu'à un passé, son objectivation, sa conservation ou son renouveau.

Depuis le début du siècle, les objets collectionnés à partir de sources non-occidentales ont été classés en deux catégories principales : comme artefacts culturels (scientifiques) ou comme œuvres d'art (esthétiques). Les autres objets de collection – les articles produits en série, « l'art pour les touristes », les curiosités, etc. – n'ont pas été cotés de façon aussi systématique ; au mieux ils trouvent une place dans les expositions de technologie » ou de « folklore ». On ne peut visualiser ainsi que d'autres lieux au sein de ce que l'on pourrait appeler le « système art-culture moderne », à l'aide d'un schéma (un peu à la Procuste).

[...]

Si on commence par la première opposition, quatre termes sont générés par un processus de négation. Ceci établit les axes verticaux et horizontaux, et entre eux quatre zones sémantiques : 1) la zone des chefs-d'œuvre authentiques, 2) la zone des artefacts authentiques, 3) la zone des chefs-d'œuvre inauthentiques, 4) la zone des artefacts inauthentiques. La plupart des objets – anciens et modernes, rares et courants, familiers et exotiques – peuvent être situés dans l'une de ces zones ou de façon ambiguë, en circulation, entre deux zones.

Le système classe les objets et leur assigne une valeur relative. Il établit les « contextes » dont ils font partie et où ils circulent. La progression normale vers la valeur positive se fait de bas en haut et de droite à gauche. Ces déplacements sélectionnent des artefacts d'une valeur ou d'une rareté durable, leur valeur étant normalement garantie par un statut culturel « en voie de disparition » ou par la sélection et les mécanismes de fixation des prix propres au marché de l'art. La valeur de l'artisanat Shaker est justifiée par la disparition de la société Shaker : le stock est limité. Dans le monde de l'art, l'œuvre est reconnue comme « importante » par les amateurs et les collectionneurs selon des critères qui dépassent la simple esthétique (Becker, 1982). En fait, la définition courante de ce qui est « beau » ou « intéressant » change parfois très rapidement.

Le système art-culture
Une machine à fabriquer de l'authenticité

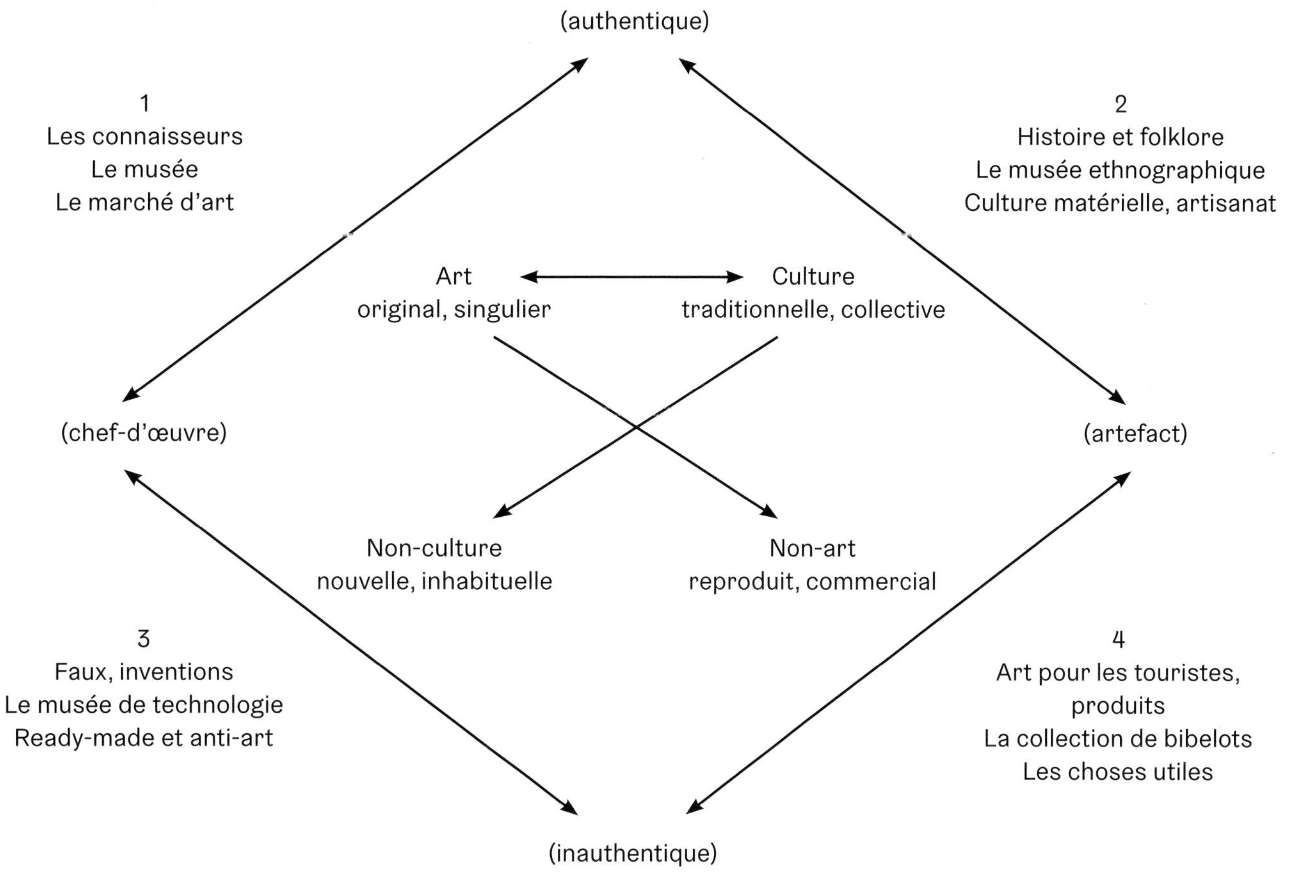

Cat. 109

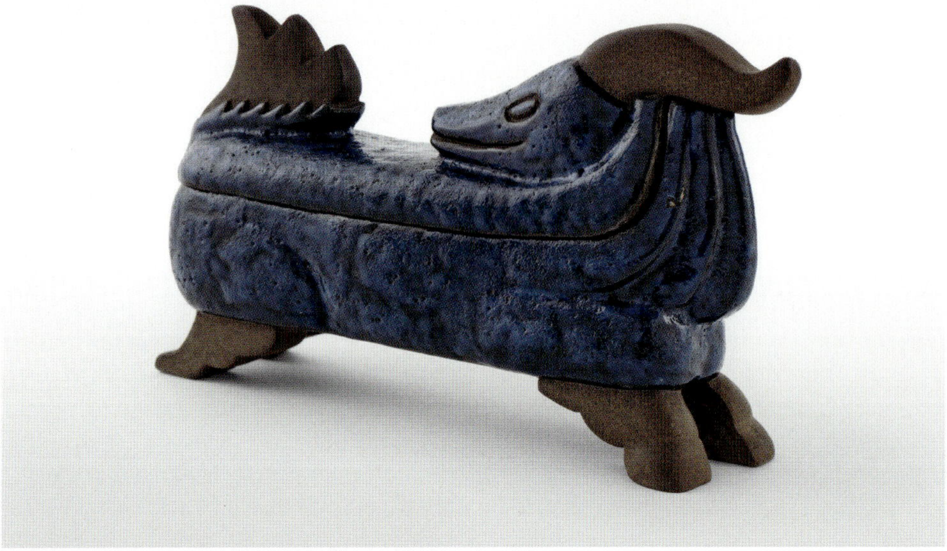

Cat. 104
Cat. 105

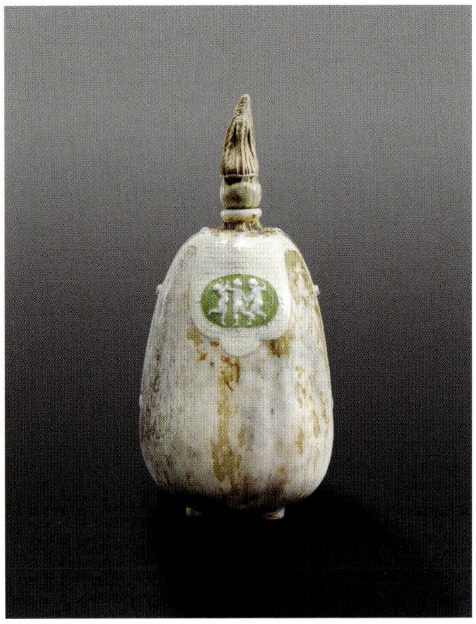

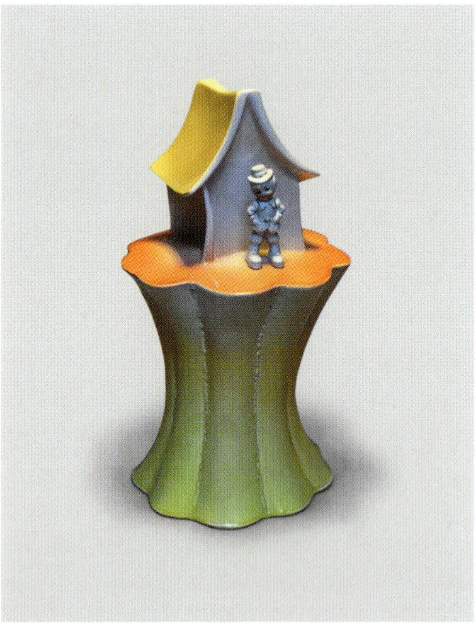

Cat. 100

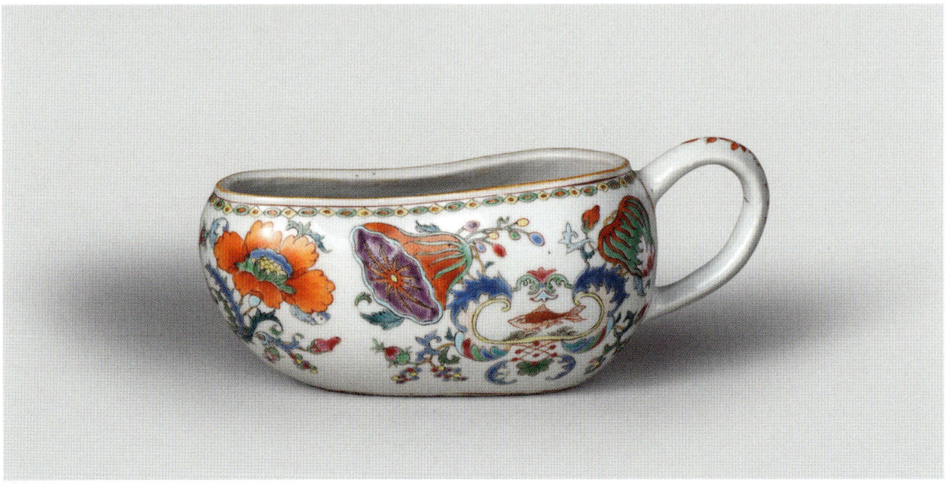

Cat. 109 Séraphin Soudbinine, *Vide-poche*, vers 1930, musée d'Art moderne de Paris, France
Cat. 104 Taxile Doat, *Coloquinte*, 1903, galerie Oscar Graf, Paris, France
Cat. 105 Richard Slee, *Boy and hut*, 1997, collection Helen Aziza, Paris, France
Cat. 100 Anonyme (Jingdezhen, Chine), *Bourdaloue à « décor Pompadour »*, 1750, Sèvres – Manufacture et musée nationaux, France
Cat. 118 Lucile Littot, *Les hasards heureux de l'escarpolette*, 2017, courtesy de l'artiste et New Galerie, Paris, France

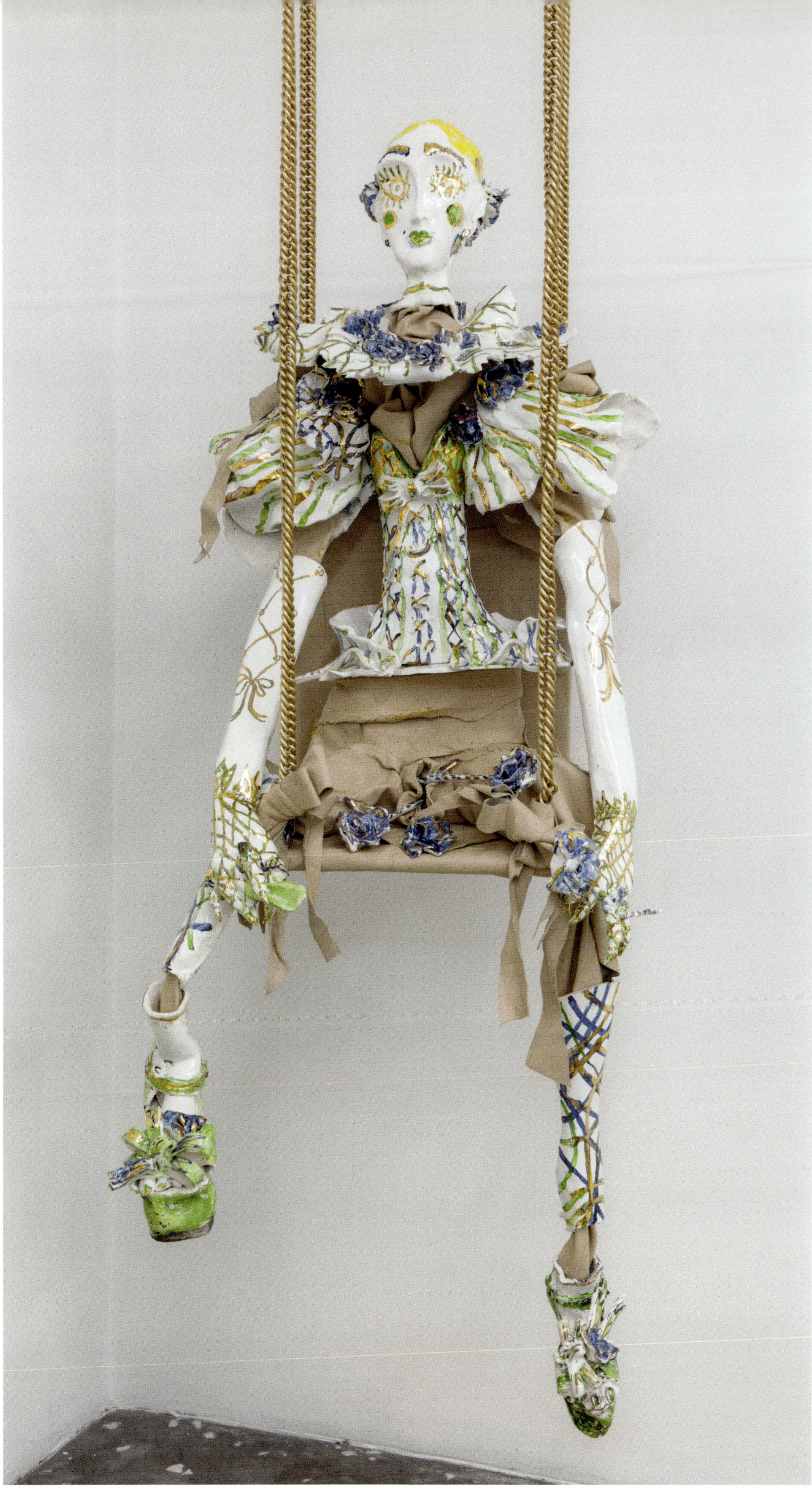
Cat. 118

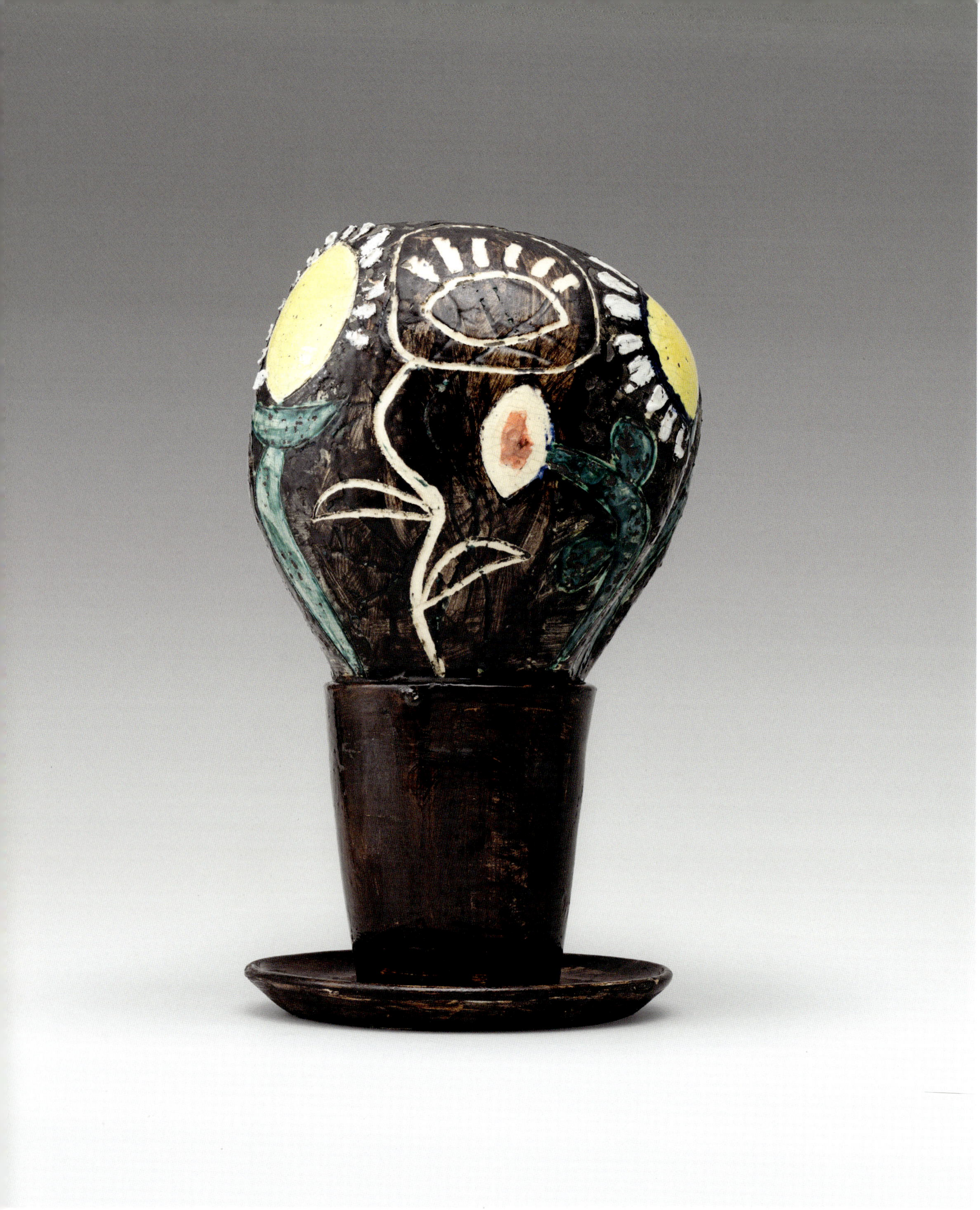

Cat. 108

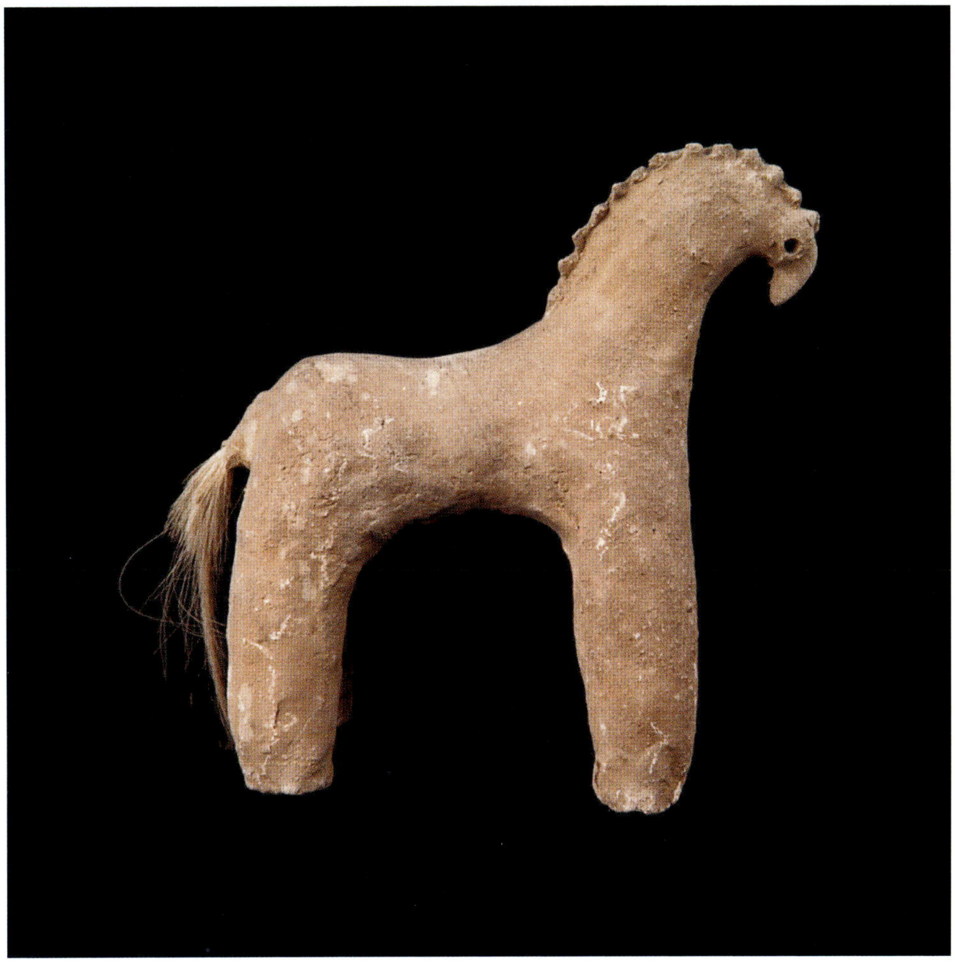

Cat. 81

Cat. 108 Pablo Picasso,
Fleurs dans un vase, 1948,
Musée national Picasso, Paris, France
Cat. 81 Anonyme (Garoua,
Cameroun), *Jouet en forme de cheval*,
vers 1936, musée du quai Branly –
Jacques Chirac, Paris, France

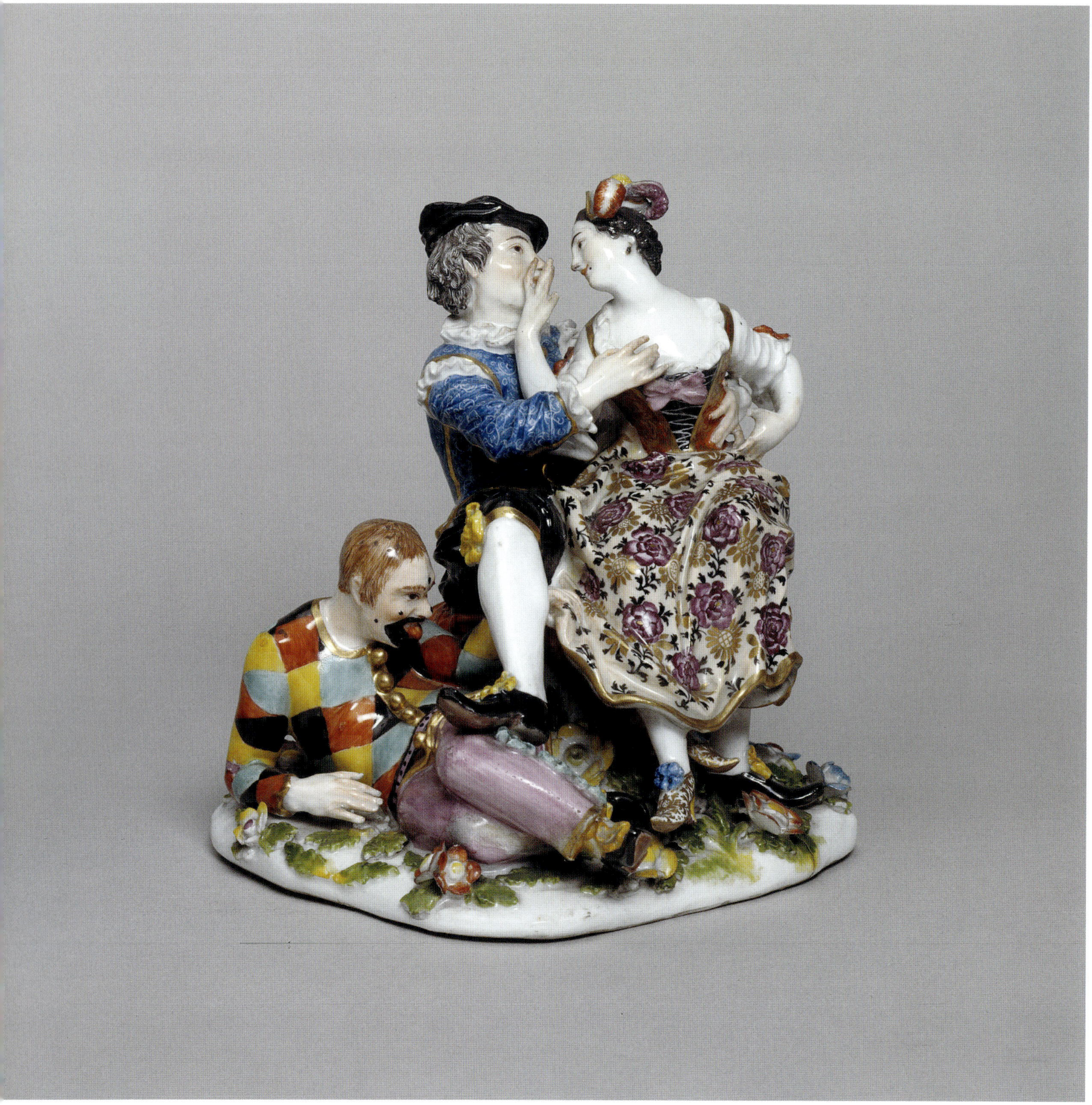

Cat. 103 Manufacture de Meissen (Allemagne), *L'arlequin indiscret*, vers 1740-1750, Petit Palais – Musée des Beaux-Arts de la Ville de Paris, France

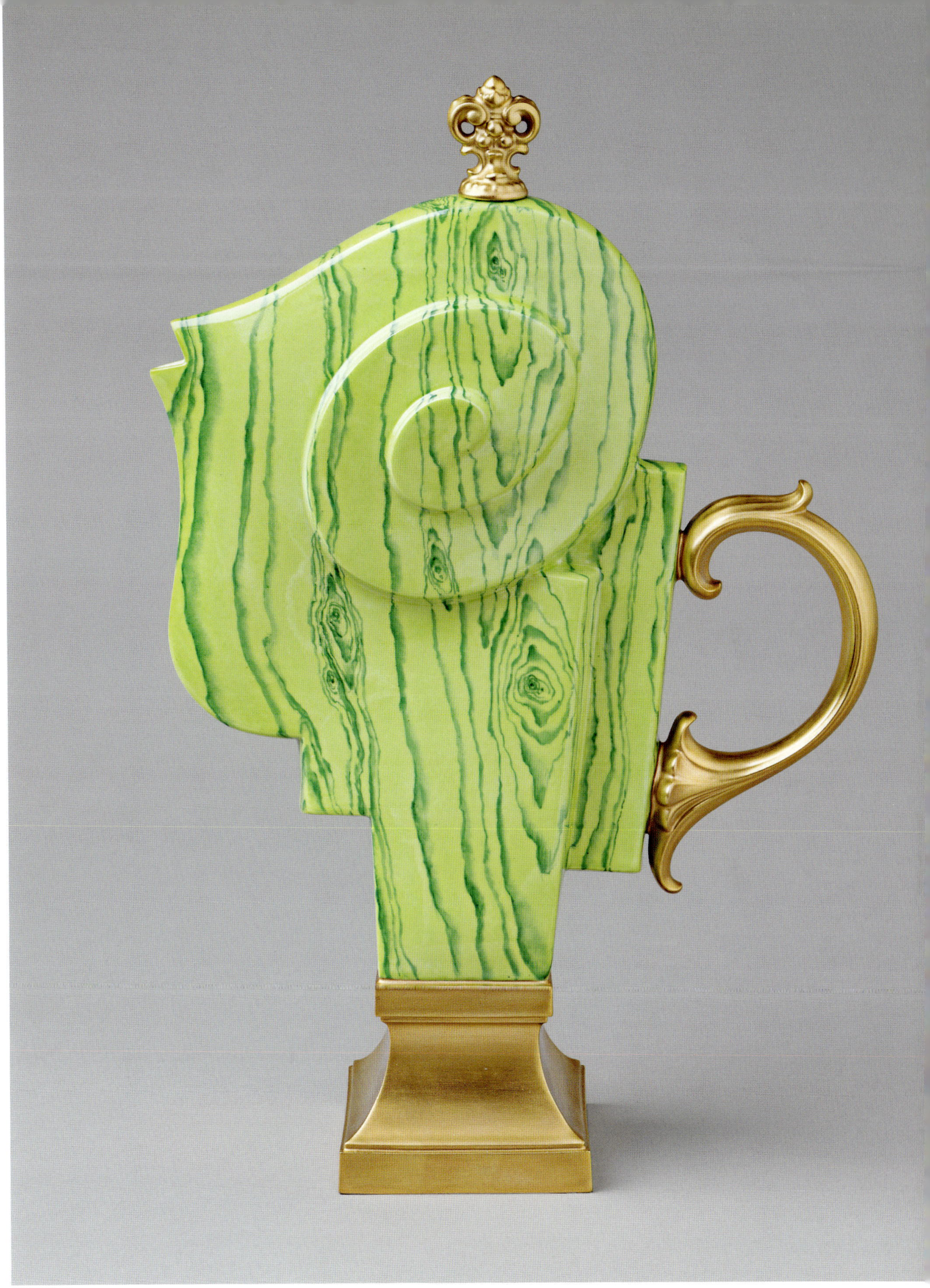

Cat. 107 Adrian Saxe et manufacture de Sèvres (France), *Théière 2 CV*, 1984, Sèvres – Manufacture et musée nationaux, France

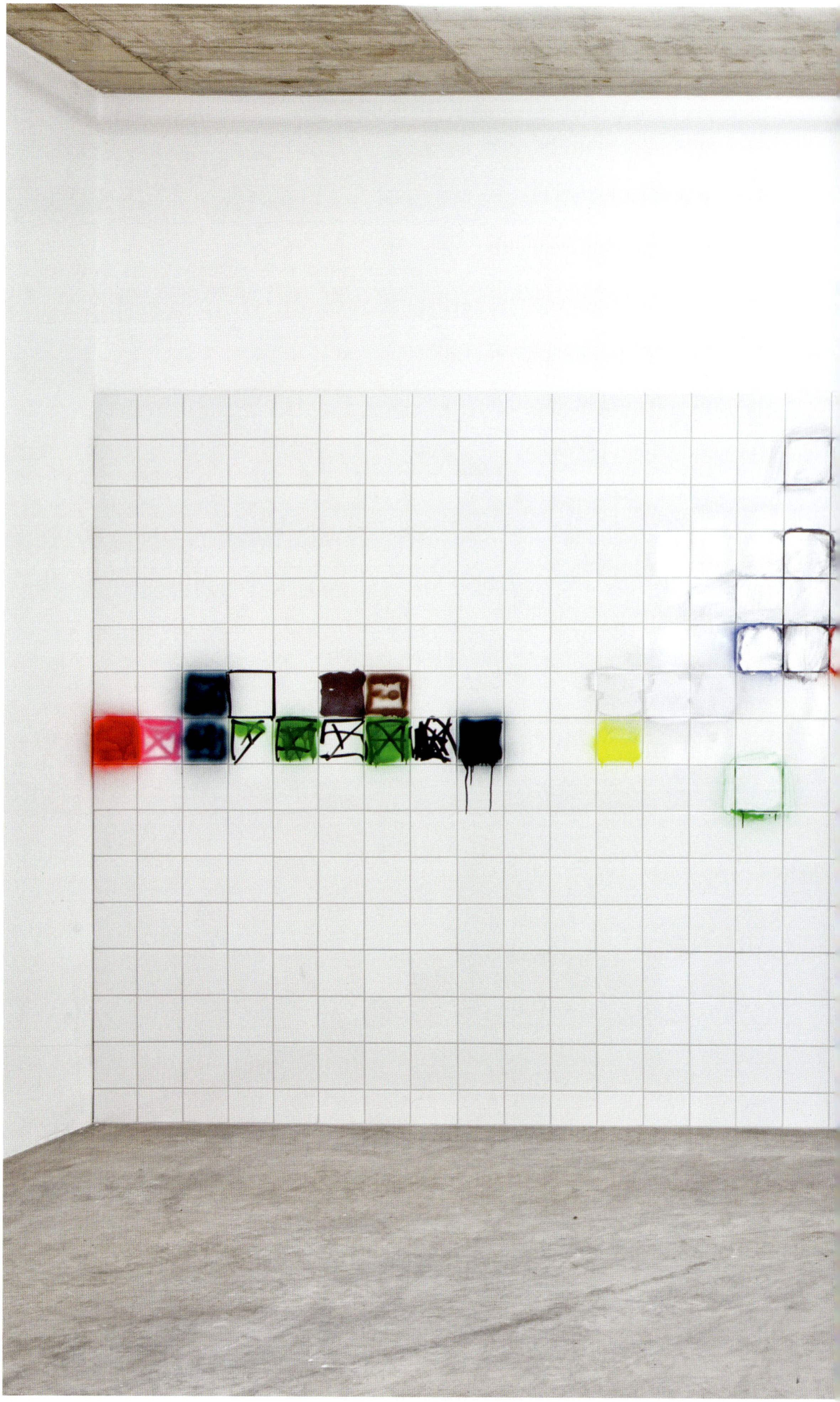

Fig. 3 Matias Faldbakken, *Remainder XI*, 2010, courtesy de l'artiste et Eva Presenhuber, Zurich, Suisse

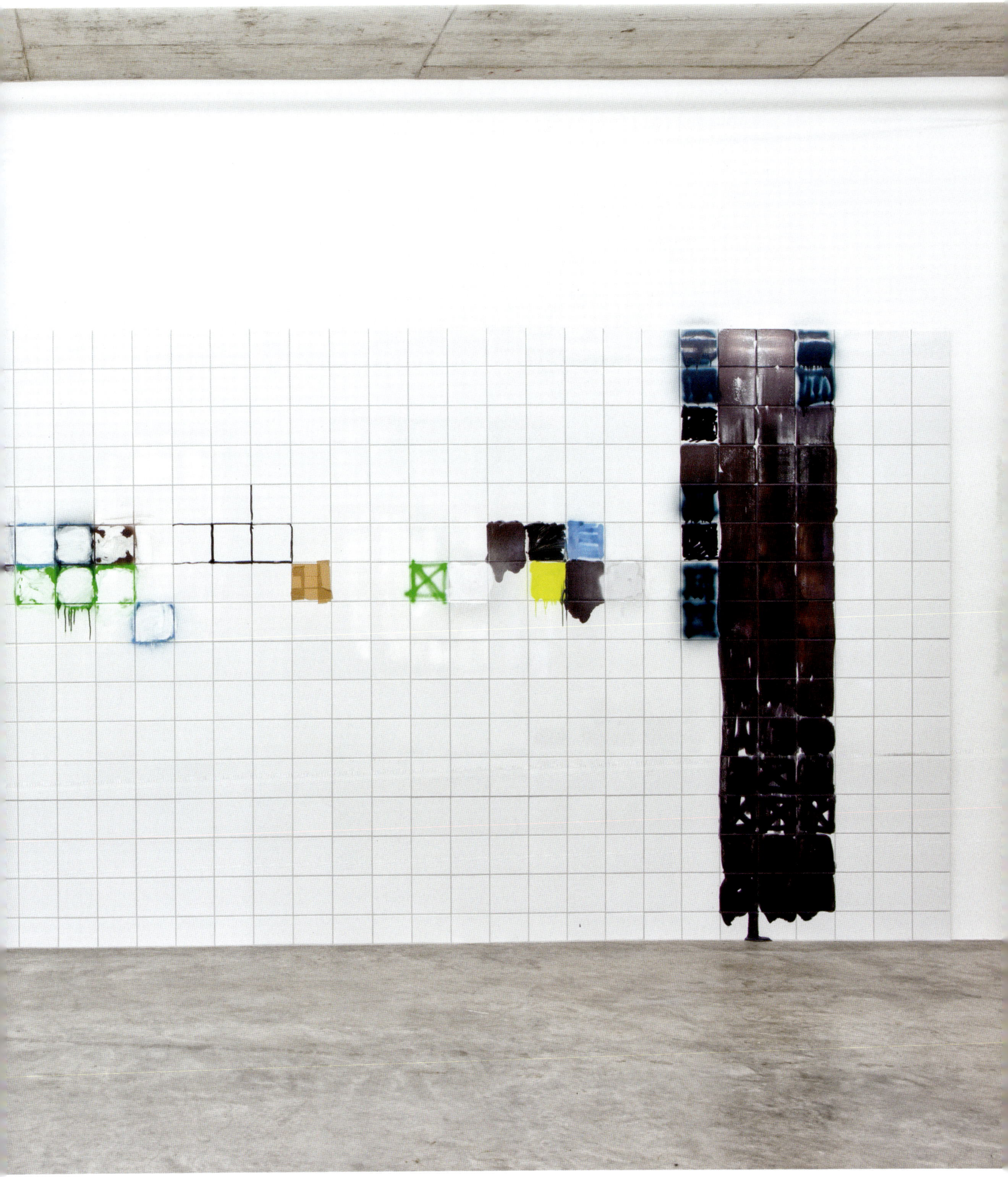

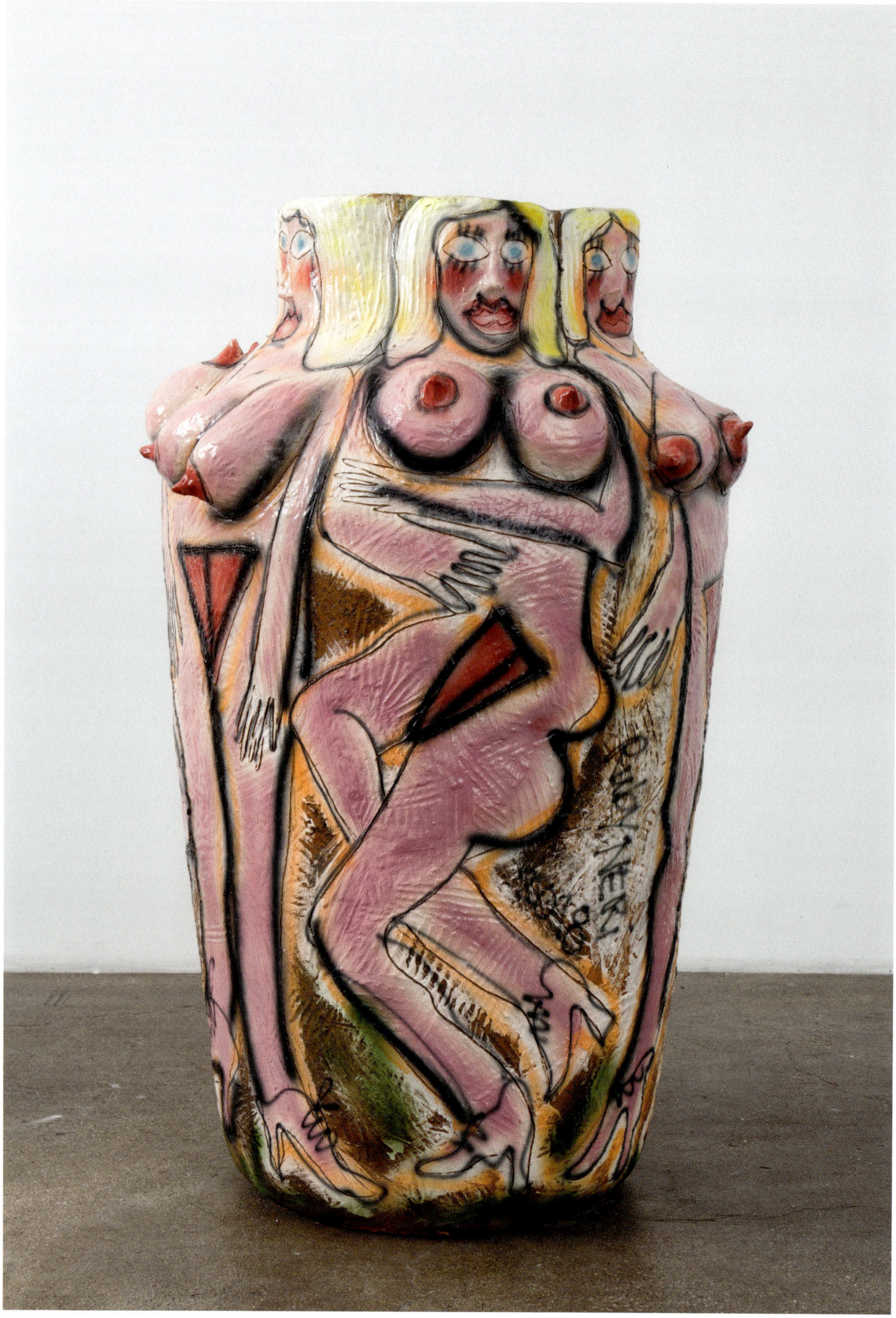

Cat. 113

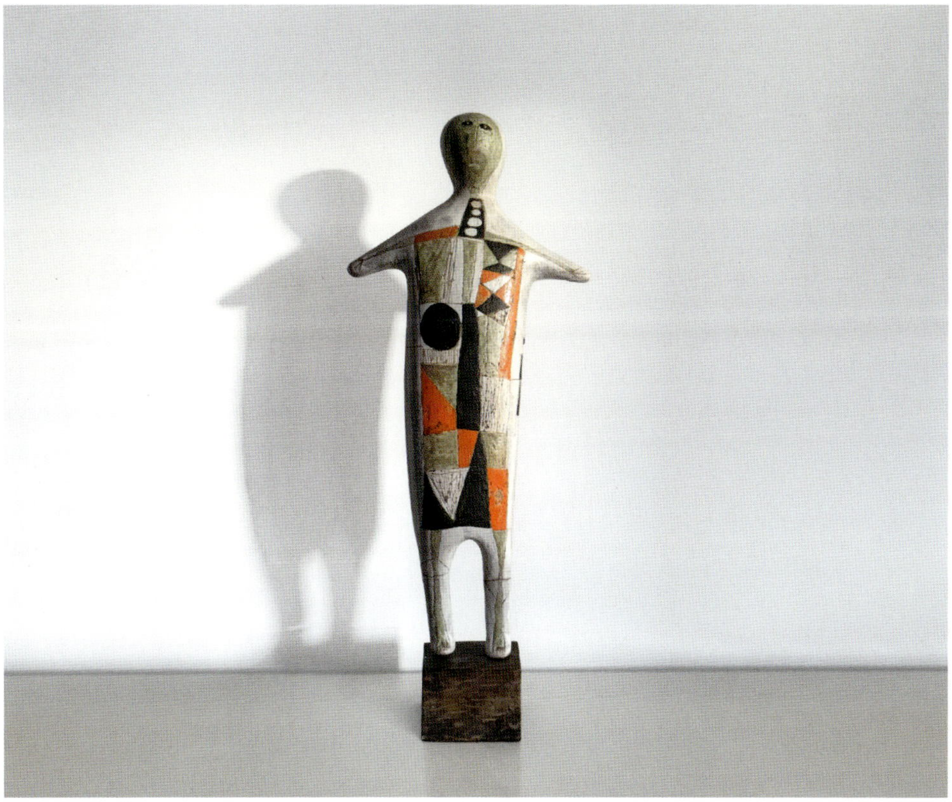

Cat. 121

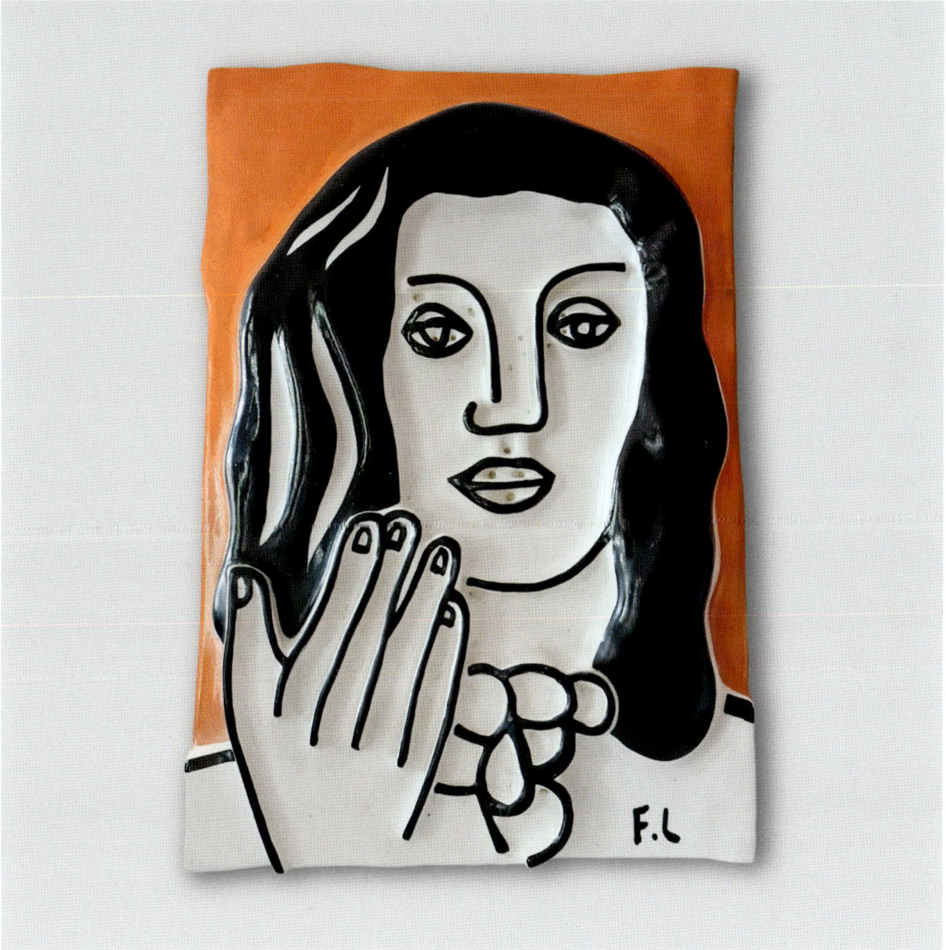

Cat. 124

Cat. 113 Ruby Neri, *In the field*, 2020, galerie Salon 94, New York, États-Unis
Cat. 121 Vera Székely, *Vivi*, 1952, collection Maria Székely Conchard et Martin Szekely, Paris, France
Cat. 124 Fernand Léger, *Visage à une main sur fond ocre*, 1953, collection particulière

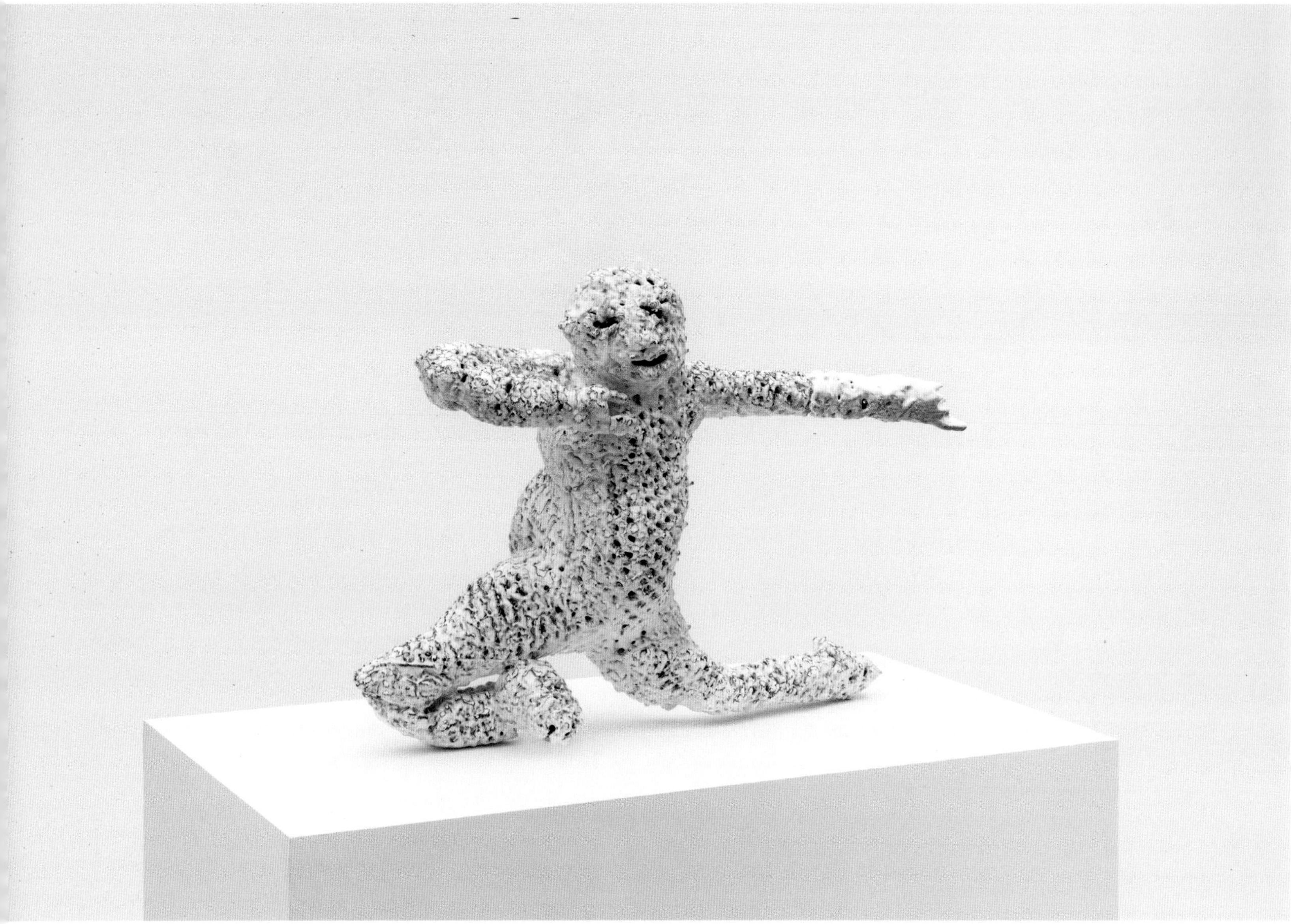

Cat. 133 Christian Holstad, *Stag leap (dancer)*, 2020, courtesy de l'artiste et MASSIMODECARLO, Milan, Italie

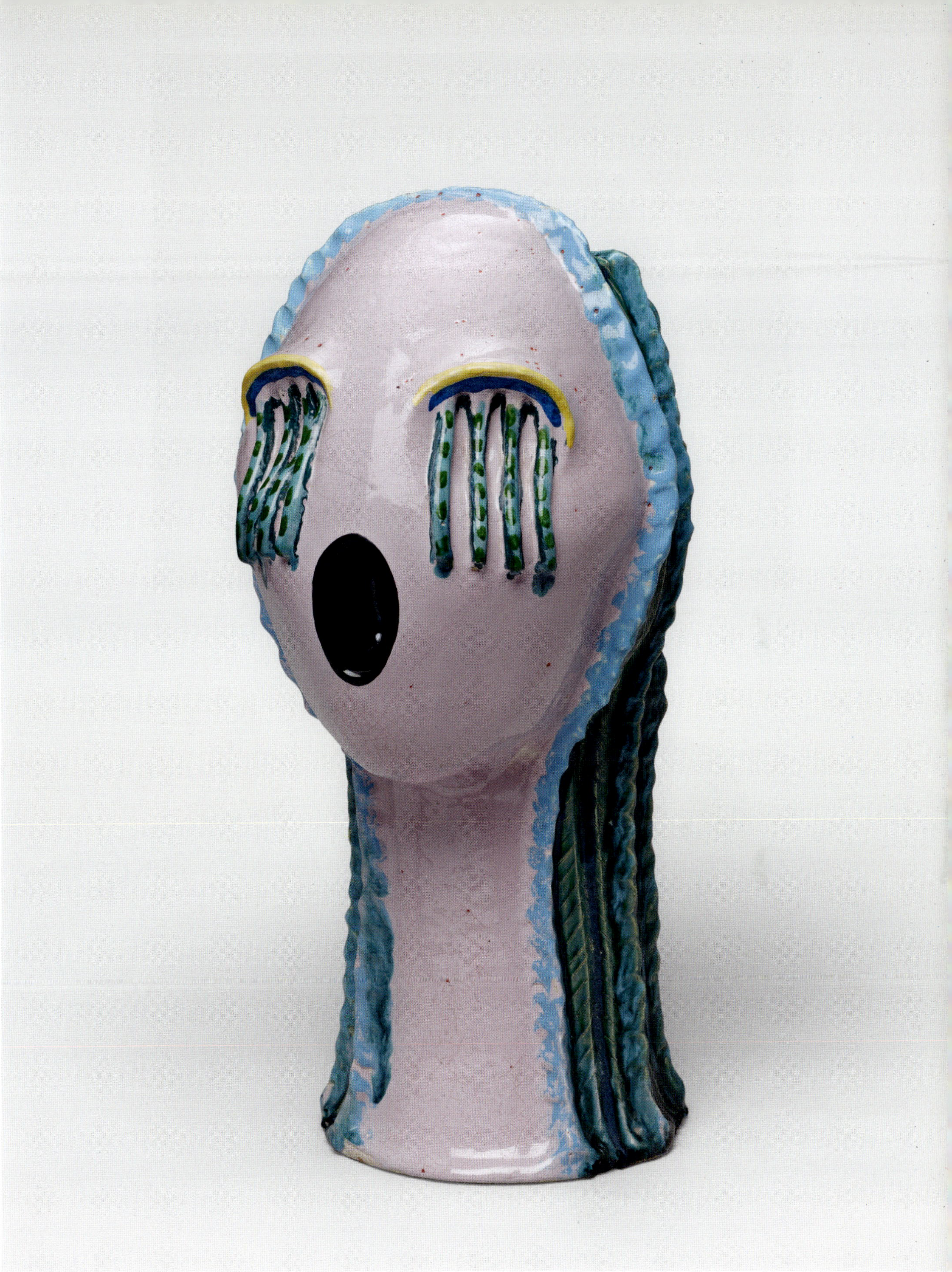

Cat. 120 Kiki Kogelnik, *Sleepy head*, 1974, Kiki Kogelnik Foundation, New York, États-Unis

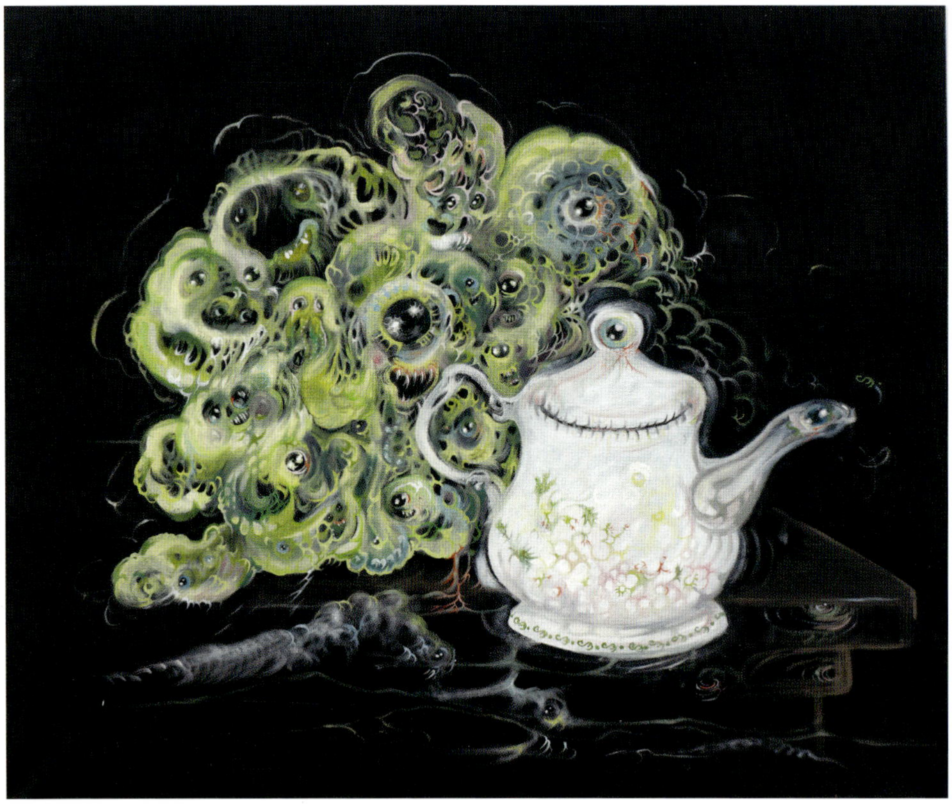

Cat. 2

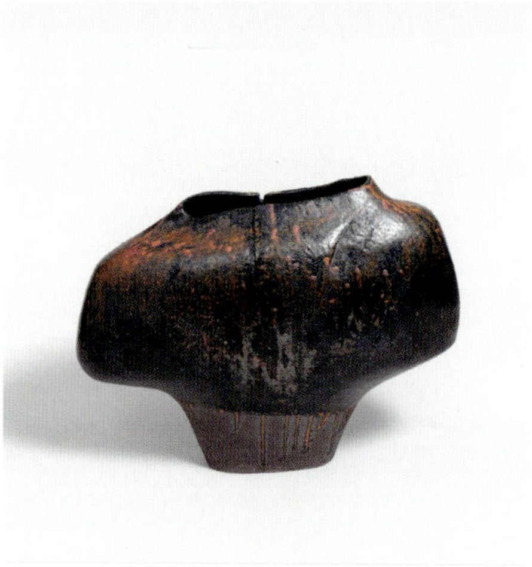

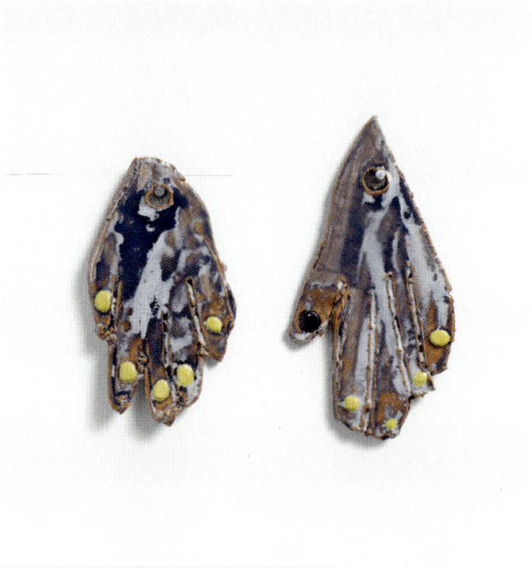

Cat. 126
Cat. 125

Cat. 2 Vidya Gastaldon, *Teapot, salad, poltergeist*, 2012, galerie Art : Concept, Paris, France
Cat. 126 Claire Debril, *Vase torse ou anthropomorphe*, 1997, collection Mardochée Franco, Paris, France (ancienne collection Pierre Staudenmeyer)
Cat. 125 Polly Apfelbaum, *My hands 11*, 2017, courtesy de l'artiste et Frith Street Gallery, Londres, Royaume-Uni
Cat. 119 Margrit Linck, *Femme bleue*, 1951, courtesy des ayants droit de Margrit et Walter Linck

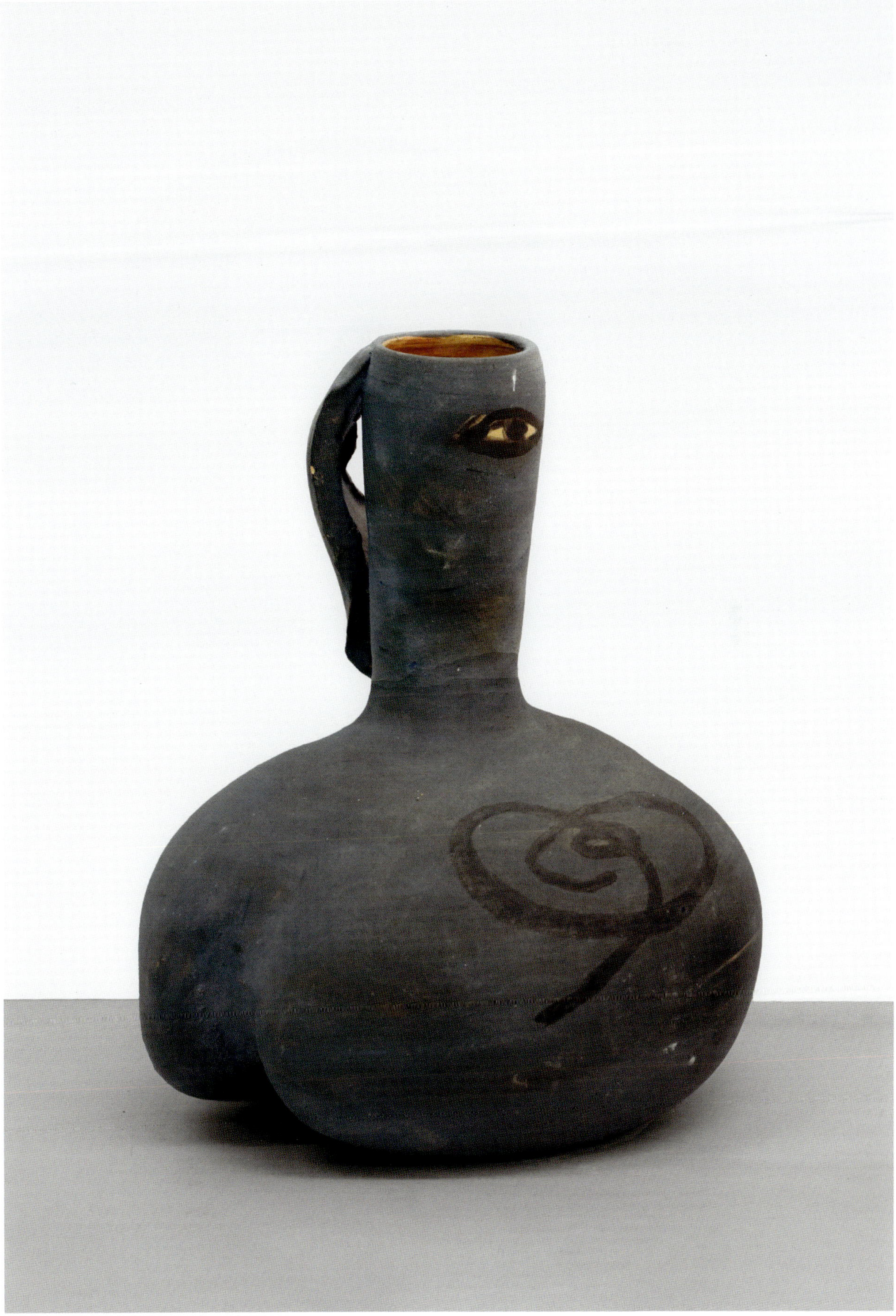

Cat. 119

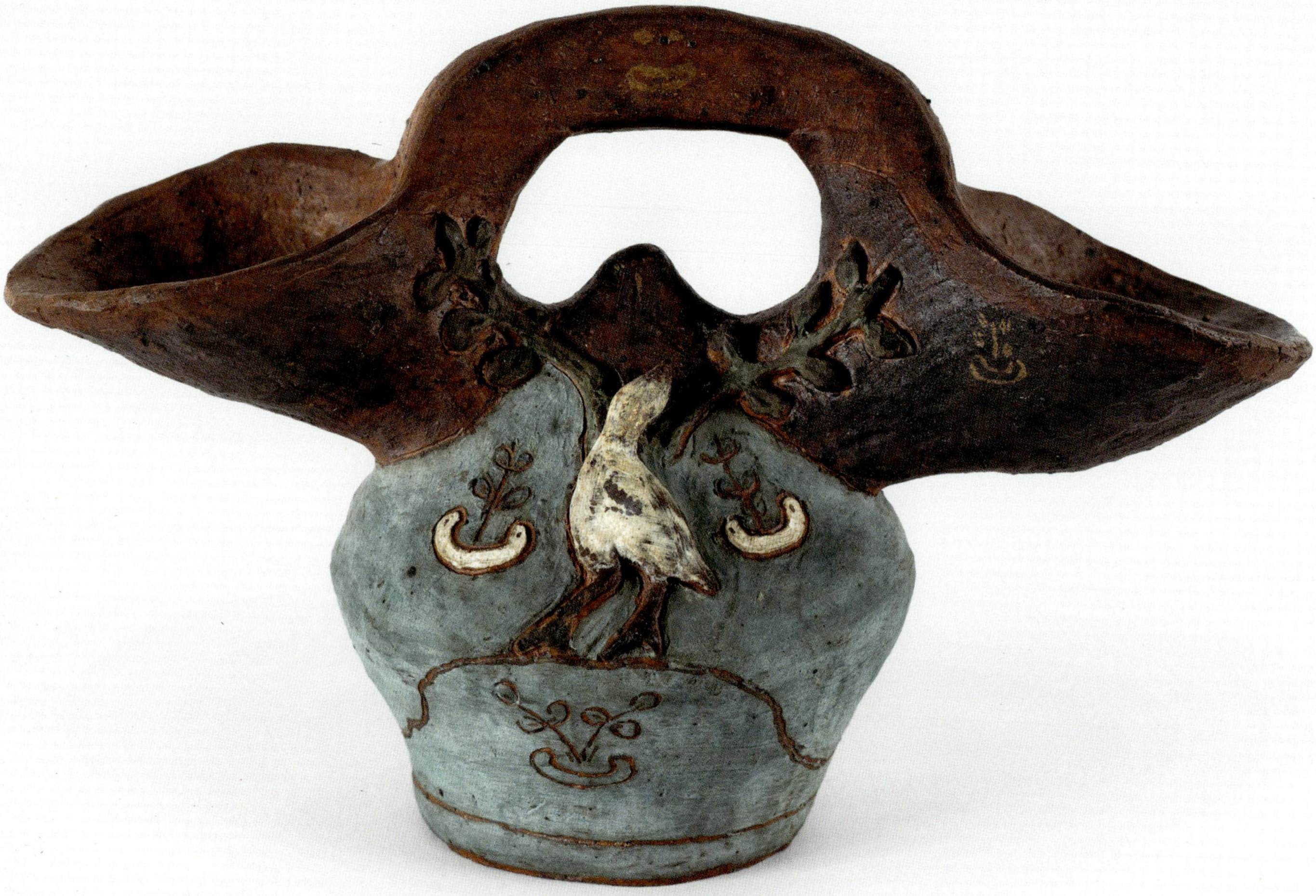

Cat. 123 Paul Gauguin, *Vase à deux embouchures*, 1887-1888, Petit Palais – Musée des Beaux-Arts de la Ville de Paris, France

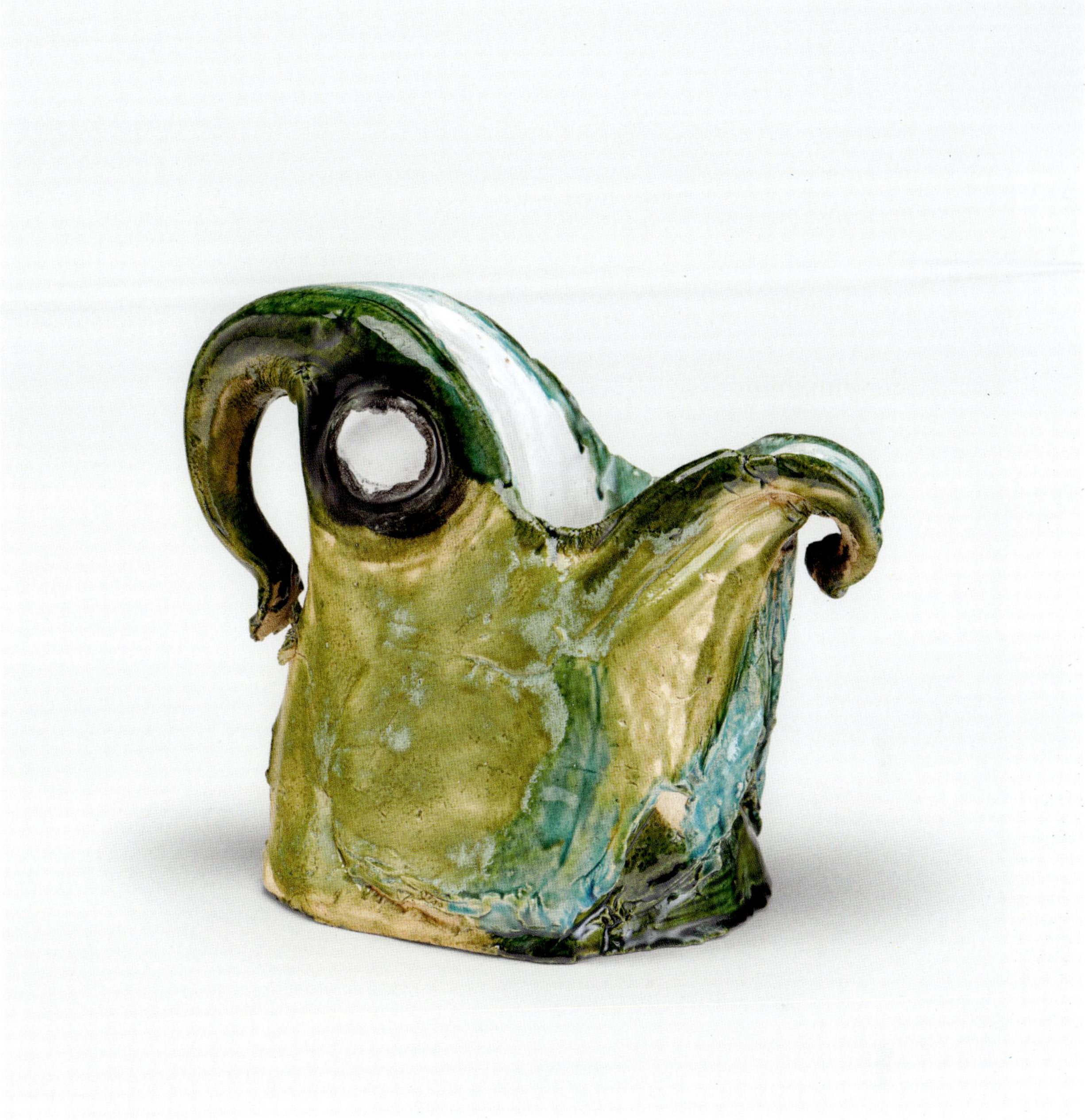

Cat. 122 Rosemarie Trockel, *Opening*, 2008, galerie Max Hetzler, Paris, France

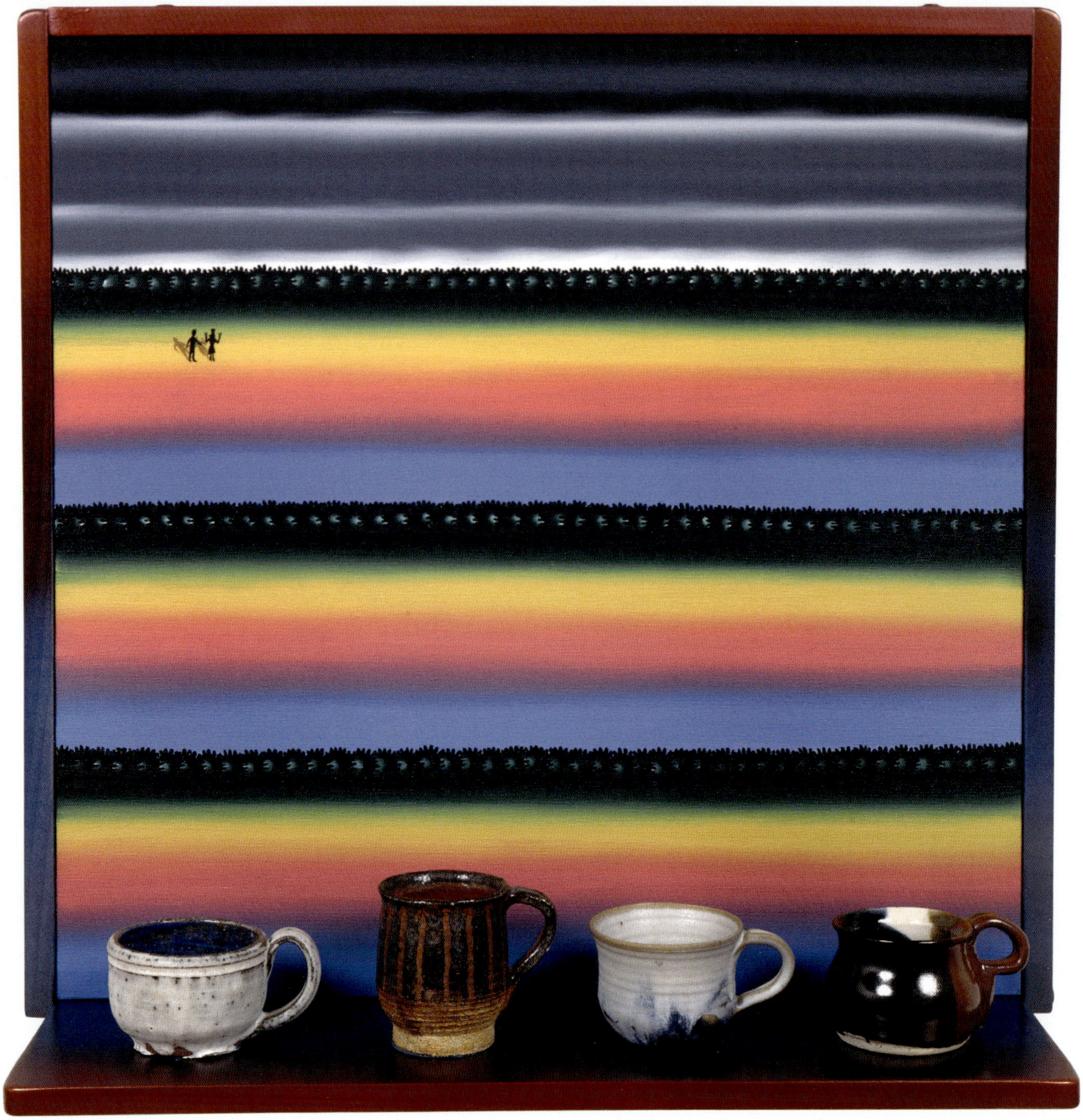

Cat. 117 Roger Brown, *Virtual still life #17 – Cups with handles and desert landscape*, 1995, The School of the Art Institute of Chicago, États-Unis, courtesy Brown Family et Kavi Gupta

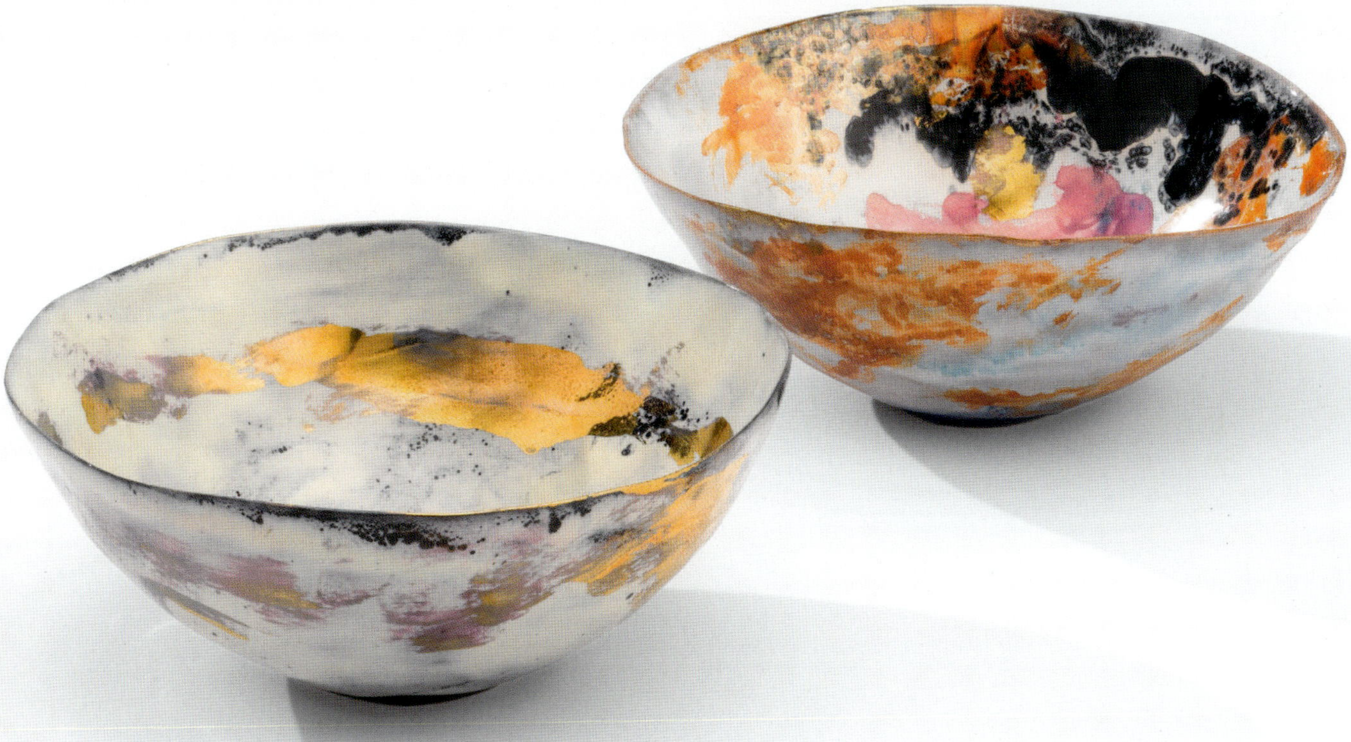

Cat. 65 Fausto Melotti, *Coupes*, 1960, collection Karsten Greve, Paris, France

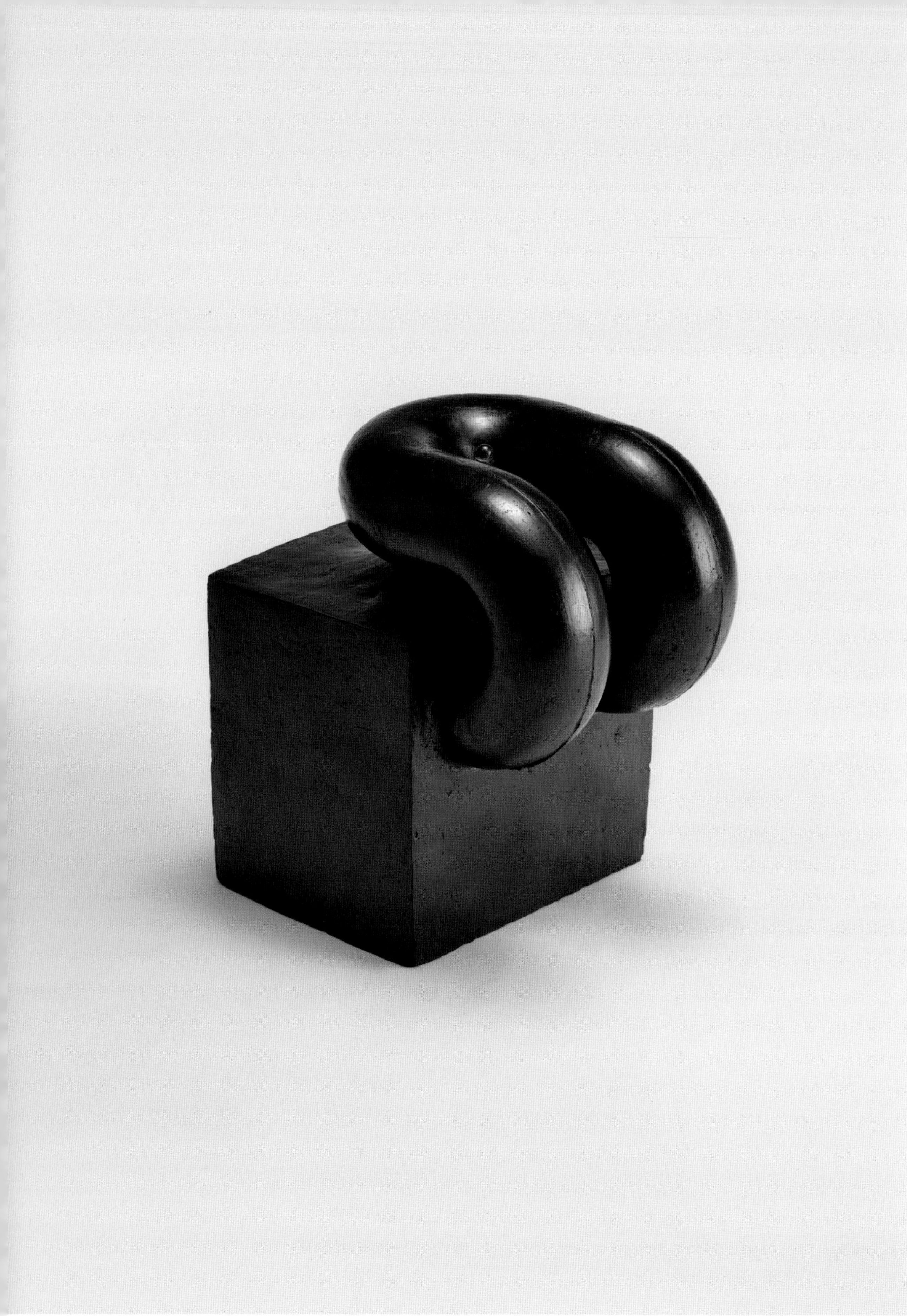

Cat. 129 Yagi Kazuo, *Une chaise pour une dame*, 1967, Sokyo Gallery et Contemporary Art Cultural Foundation, Kyoto, Japon

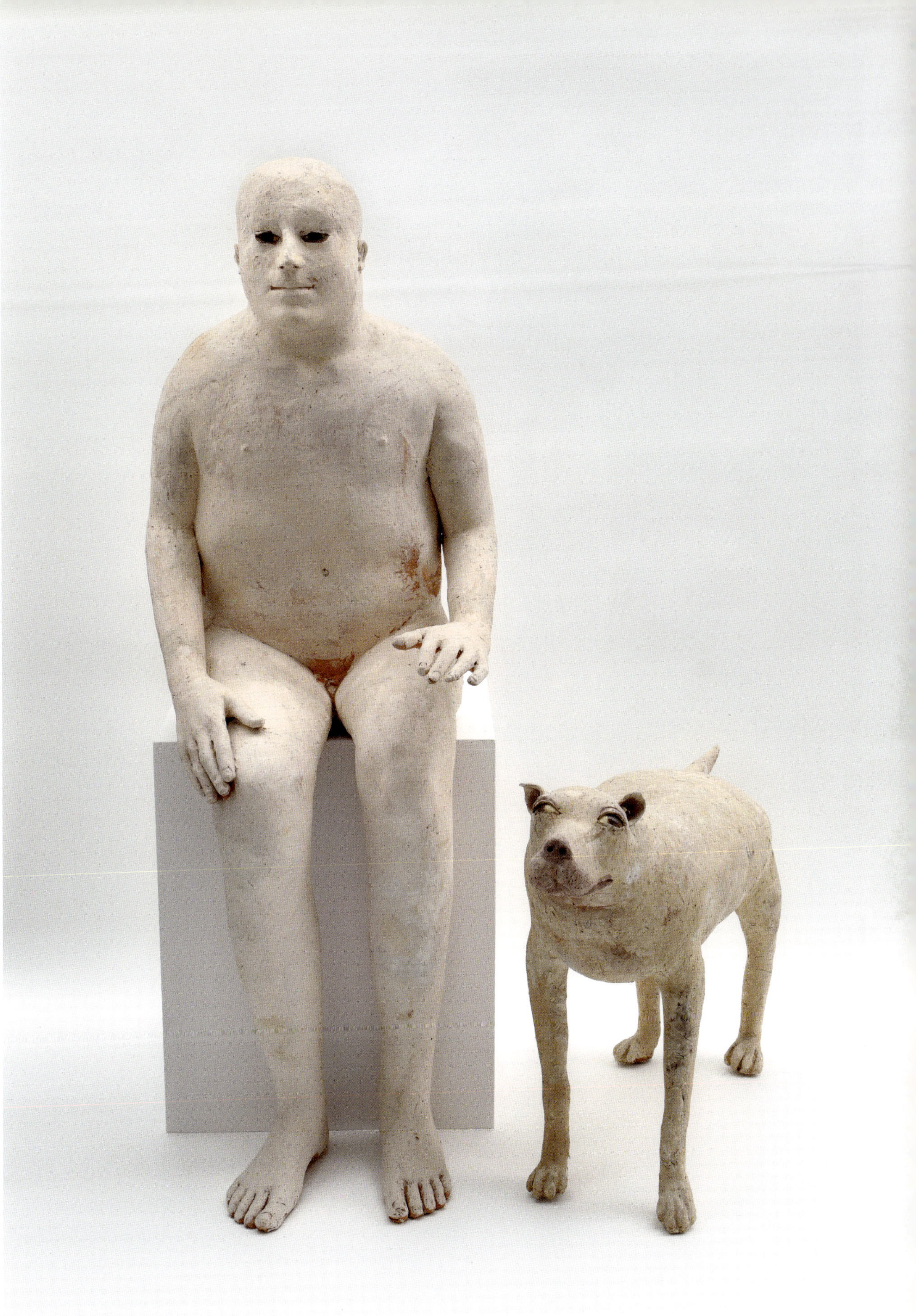

Cat. 115 José Vermeersch,
Personnage assis et son chien, 1984,
collection famille José Vermeersch

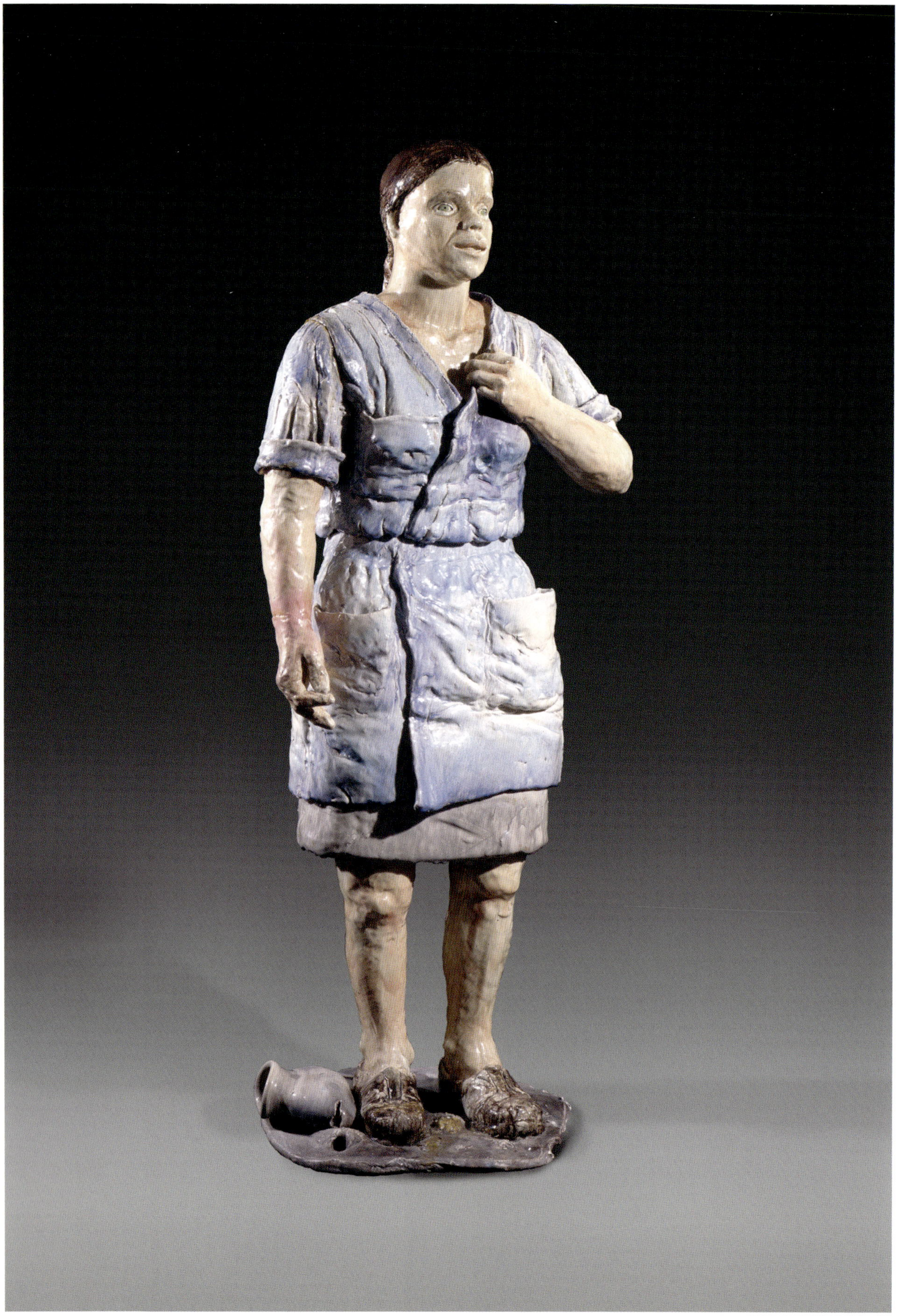

Cat. 112 Viola Frey, *Self-portrait*, 1974, en cours de donation par l'Artists' Legacy Foundation, Oakland, États-Unis, au musée d'Art moderne de Paris, France

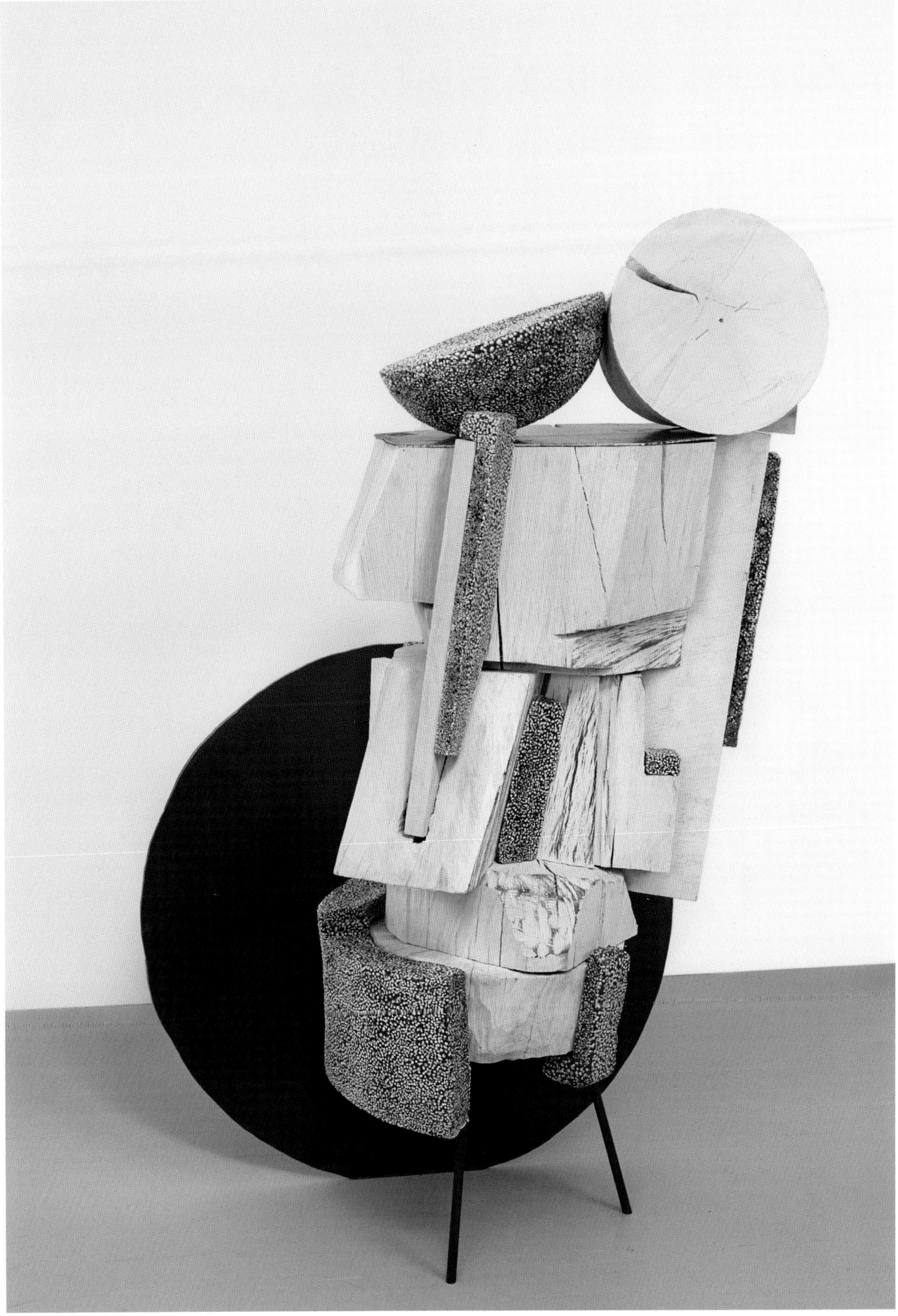

Cat. 114 Arlène Shechet,
Now playing, 2015, Centre Pompidou
Musée national d'art moderne –
Centre de création industrielle,
Paris, France

La fabrication en série comme fantasme universitaire

Ezra Shales

Ce texte est extrait de « Mass Production as an Academic Imaginary », in *Journal of Modern Craft*, vol. 6, n° 3, novembre 2013, p. 267-274.
Traduit de l'anglais par Jeanne Bouniort

Les toilettes intriguent parce qu'elles incarnent la téléologie capitaliste mondiale et démontrent combien l'assignation d'une identité nationale est chose délicate depuis au moins un siècle. Elles se sont affirmées en parangon de l'hygiène dans la culture commerciale à l'ère victorienne. Les sanitaires sont peut-être la meilleure preuve d'une continuité avec la sensibilité victorienne. Nous sommes persuadés que : a) s'asseoir sur un trône blanc brillant est un droit démocratique, quitte à ce que ce soit une épreuve pour notre corps ; b) l'eau n'est pas chère ; c) les eaux usées n'usent rien. Bruno Latour a raison d'écrire que nous n'avons jamais été modernes[1]. Gageons que nous sommes, pour la plupart, encore largement victoriens.

Quand j'enseigne l'histoire de la céramique, je suis toujours frappé de voir des étudiants ou des chercheurs peiner à considérer les toilettes (autres que celles de [Marcel] Duchamp) comme des objets d'art. L'incapacité générale à apprécier la beauté de ce que l'on pourrait appeler la « vaisselle post-dînatoire » procède-t-elle d'une condescendance de classe ? Traduit-elle une absence totale d'expertise ? Ou signale-t-elle le triomphe du bon goût dans la hippitude du ready-made commercial ? La fabrication d'articles sanitaires livre une image disqualifiée et disqualifiante. Cette perpétuation de l'« aliénation » ne fait que perpétuer elle-même l'ancienne pseudo-psychologie marxiste (et ruskinienne) victorienne. Allons visiter une usine pour voir si nous y percevons, à notre tour, une « aliénation » ou une « fabrication en série de céramiques ».

[...]

Peu importe le prix des machines, l'argile sait quand elle n'est pas maniée avec expertise. Contrairement aux êtres humains, elle a toujours une mémoire. [...] Alors, nos récits de « production en série » imaginaire trouvent-ils leur origine dans notre éloignement de l'usine ?

Quand, en 1917, Duchamp est entré chez un vendeur d'appareils sanitaires à Manhattan, il a peut-être aperçu un lavabo à colonne posé sur un tapis oriental, des urinoirs en porcelaine alignés contre le mur et ornés de plantes vertes, ou des réclames pour ces articles assimilés à de l'artisanat de luxe. Dans les années 1910, les toilettes en céramique blanche étaient une nouveauté. Elles n'avaient rien d'habituel, même à New York. La mention « sanitaires modernes » était aussi attractive qu'« art moderne » dans un cursus universitaire. Les fabricants empruntaient à la rhétorique des Arts and Crafts pour revendiquer un statut plus prestigieux. La Trenton Potteries Company vendait un modèle d'urinoir baptisé « L'Artisan ». Elle se targuait de proposer de la « porcelaine vitrifiée », même si tout porte à croire qu'il s'agissait de faïence émaillée blanche.

La restitution de ce contexte commercial autorise de nouvelles interprétations de l'urinoir de Duchamp, permettant à la fois de mieux apprécier le tour de passe-passe de l'artiste et de procéder à une évaluation auto-ethnographique de notre attitude à l'égard de l'hygiène et du décorum entourant l'excrétion et la miction. Les équipements sanitaires en céramique n'étaient accessibles qu'à une faible partie (à peine vingt pour cent) de la population[2]. Objets d'émerveillement dans les vitrines des magasins, ils signifiaient la séparation des classes sociales, le nouvel idéal d'hygiène et de design. Les toilettes étaient un marqueur de la modernisation et un révélateur du fossé économique. Elles n'avaient rien de « trivial » en soi. En fait, dans le numéro de la revue de Duchamp, *The Blind Man*, consacré à sa *Fontaine* photographiée par Alfred Stieglitz et paru en 1917, Louise Norton évoque les « porcelaines de plombiers décadentes », laissant entendre que l'artiste joue sur cette idée même du produit sanitaire comme un produit artisanal luxueux. Dans son texte intitulé « Le Bouddha de la salle de bains[3] », elle insiste sur la nouveauté d'un article devenu banal aujourd'hui.

[...]

Les études consacrées à Duchamp semblent paralysées par une incapacité (ou une réticence) à interpréter ses œuvres dans le contexte commercial et par l'idée fausse que l'industrie céramique pratique la fabrication en série sur le modèle fordiste. Je crains que la raison en soit la peur. Les chercheurs ont peur des usines, les artistes ont peur du design, les artisans ont peur de l'art et les artistes ont peur des chercheurs.

[...]

Les musées ainsi que la majorité des historiens de l'art et des artistes oublient peut-être que la *Fontaine* est en céramique, mais, comme je l'ai déjà dit, l'argile aura toujours une mémoire[4]. Fantasmer autour de la matière céramique n'est pas digne d'une vraie recherche scientifique. Tant que l'histoire de l'art n'entrera pas dans les spécificités matérielles de la culture des biens de consommation, elle traînera ses faiblesses de discipline indisciplinée.

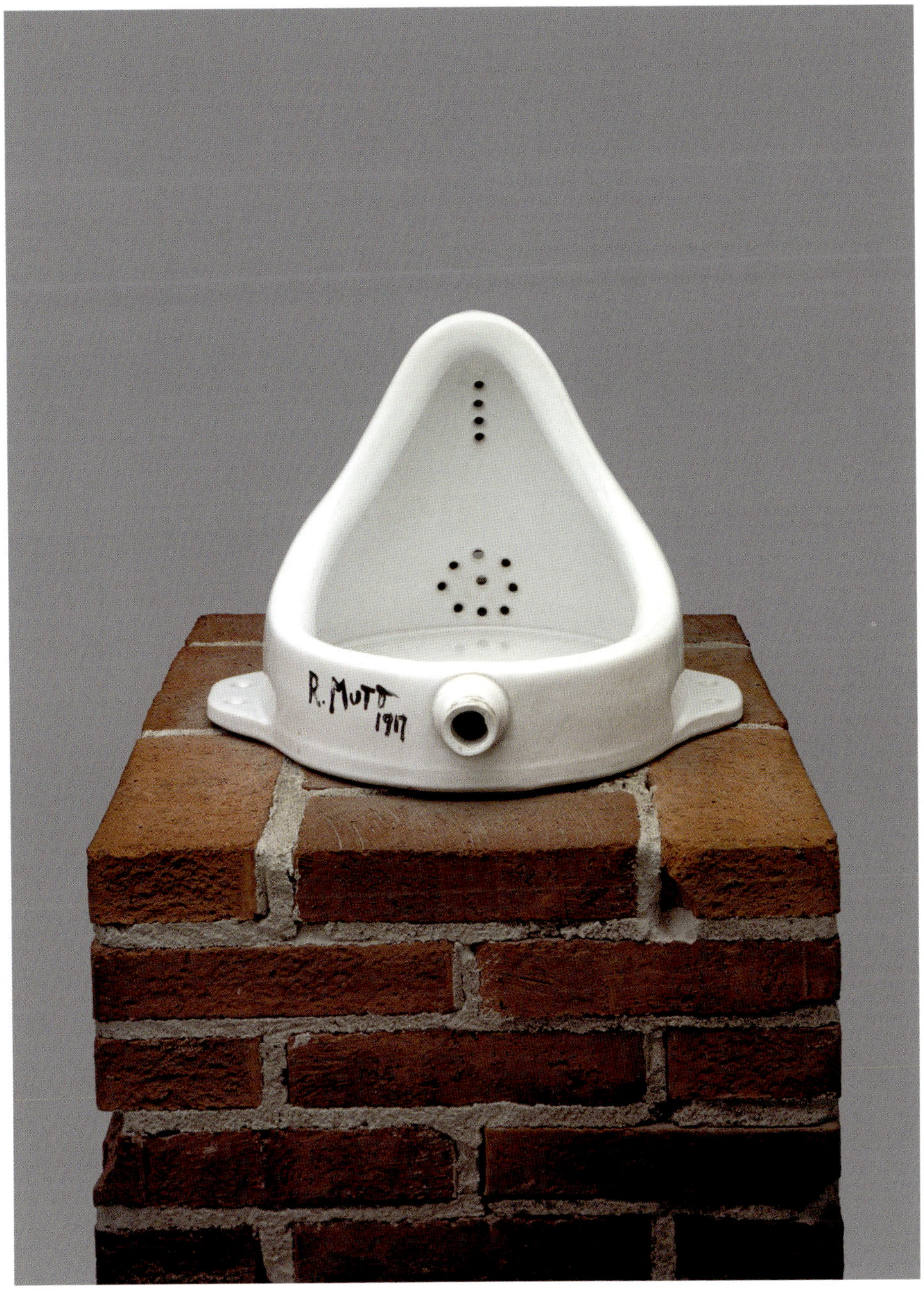

1 Bruno Latour, *Nous n'avons jamais été modernes*, Paris, La Découverte, 1991.

2 H. L. Miller, « A Social History of the American », mémoire de maîtrise, Cornell University, 1967, p. 167. Voir également Ruth Schwarz Cowan, « The "Industrial Revolution" in the home. Household Technology and Social Change in the 20th Century », in *Technology and Culture*, vol. 17, n° 1, janvier 1976, p. 1-26.

3 Louise Norton, « Buddha of the Bathroom », in *The Blind Man* n° 2, mai 1917, cité par William A. Camfield, *Marcel Duchamp. Fountain*, Houston, Menil Collection, 1989, p. 40.

4 Entretien de l'auteur avec Paul Roehrig, 4 juin 2013. Entretien de l'auteur avec Kevin Millward, 16 mars 2013 : « L'argile a toujours une mémoire, c'est un matériau pyroclastique. » Ce dernier, en tant que potier tourneur, est un artisan héroïque, méconnu des historiens de la céramique, dont les créations ornent les couvertures de nombreux livres et catalogues alors que d'autres noms figurent sur les premières pages.

Cat. 102 Marcel Duchamp et Ulf Linde, *Fountain*, 1963 (réplique de l'œuvre de 1917), Moderna Museet, Stockholm, Suède

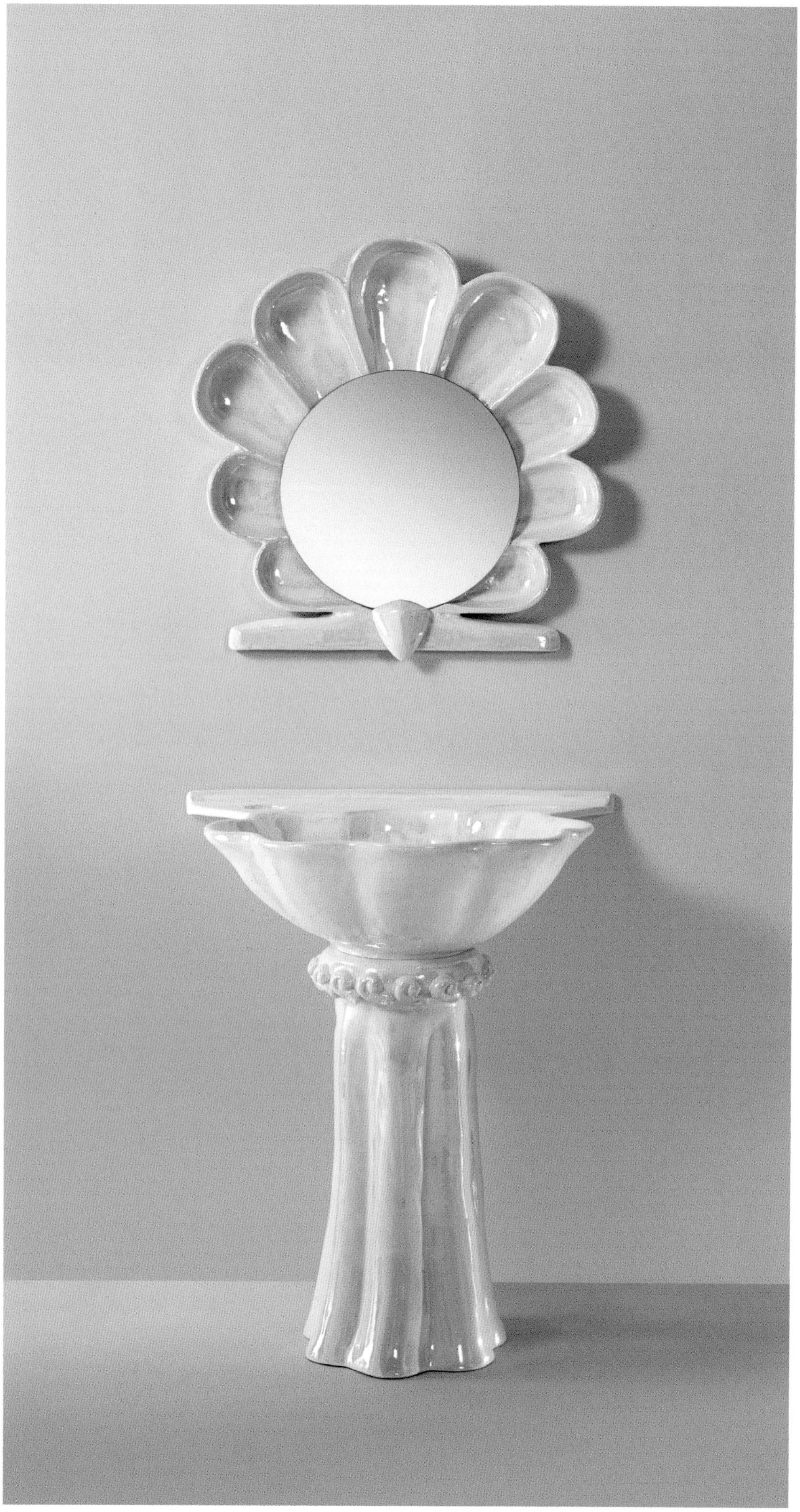

Cat. 101 Betony Vernon, *Glam clam*, 2021, collection de l'artiste, Paris, France

Cat. 135 Johan Creten, *Présentoir d'orange*, 1988-2017, courtesy de l'artiste et galerie Emmanuel Perrotin, Paris, France/Bruxelles, Belgique/ Londres, Royaume-Uni/New York, États-Unis/Shanghai, Chine

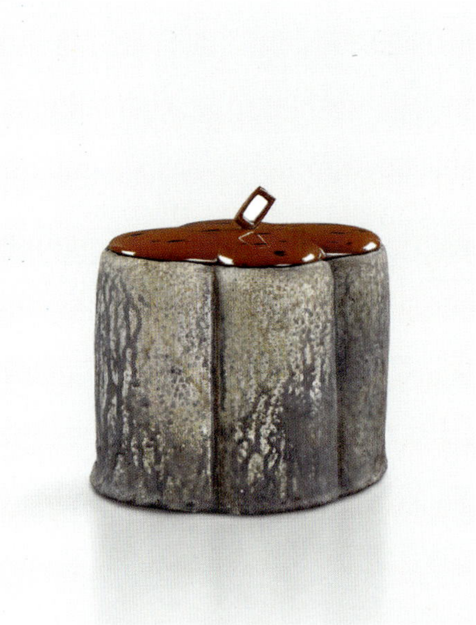

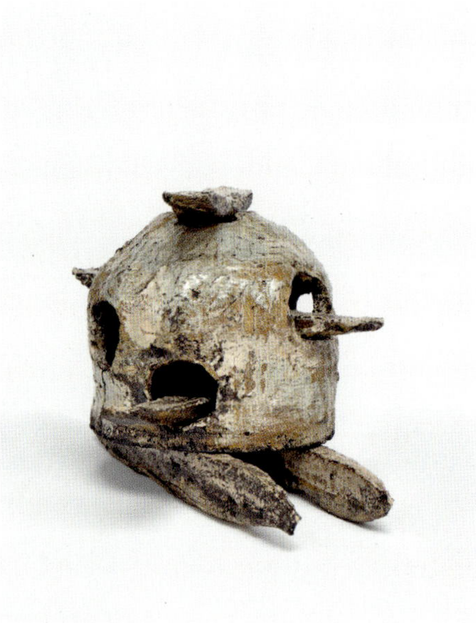

Cat. 54
Cat. 131

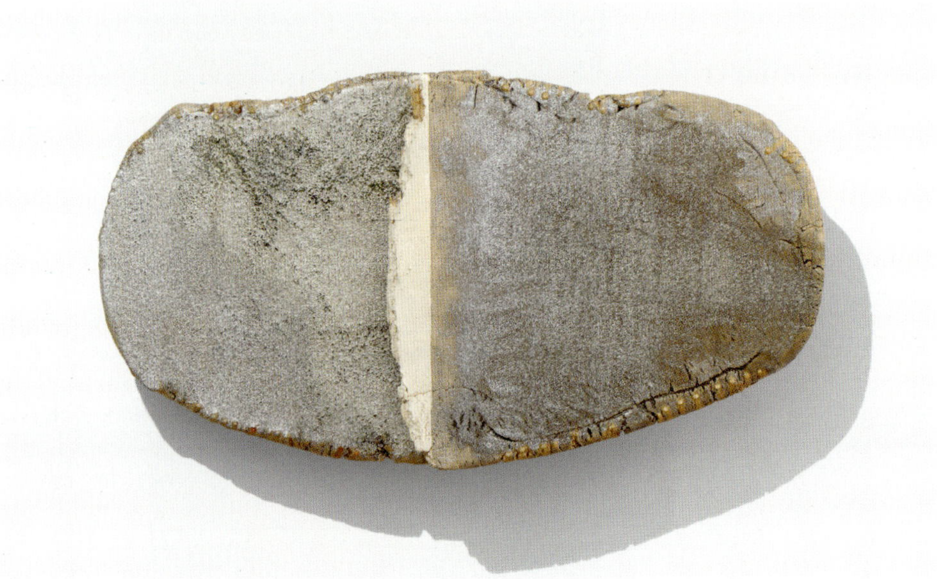

Cat. 127

Cat. 54 Ichino Masahiko, *Mizusashi (Contenant à eau fraîche pour la cérémonie du thé)*, 2012, collection particulière, courtesy galerie Mingei, Paris, France
Cat. 131 Jesse Wine, *Old Peter*, 2014, galerie Hussenot, Paris, France
Cat. 127 Liz Larner, *vii (subduction)*, 2015, galerie Max Hetzler, Paris, France, courtesy Regen Projects, Los Angeles, États-Unis
Cat. 116 Marisa Merz, *Sans titre*, sans date, courtesy de l'artiste, Gladstone Gallery (New York, États-Unis) et Thomas Dane Gallery (Londres, Royaume-Uni)

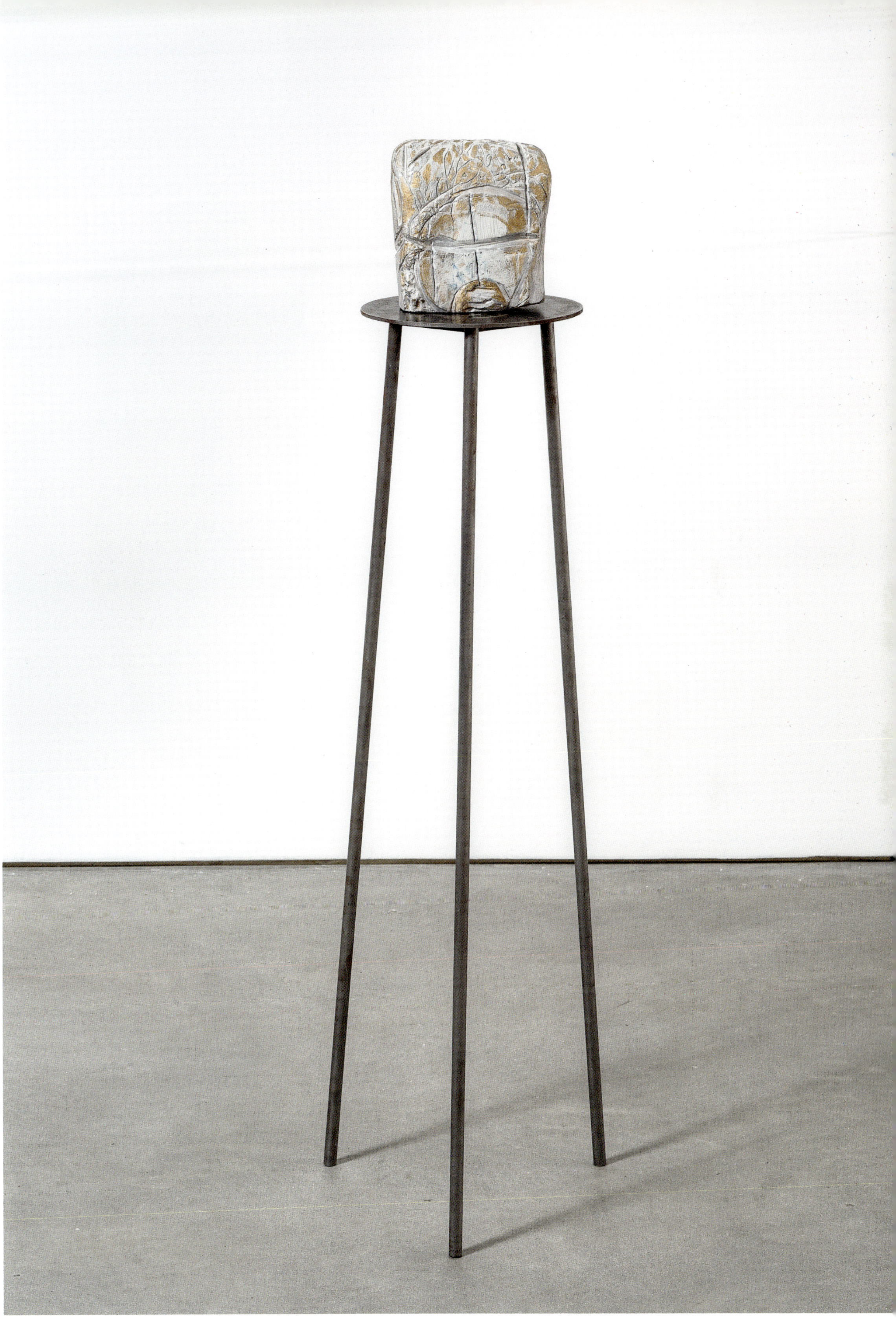

Cat. 116

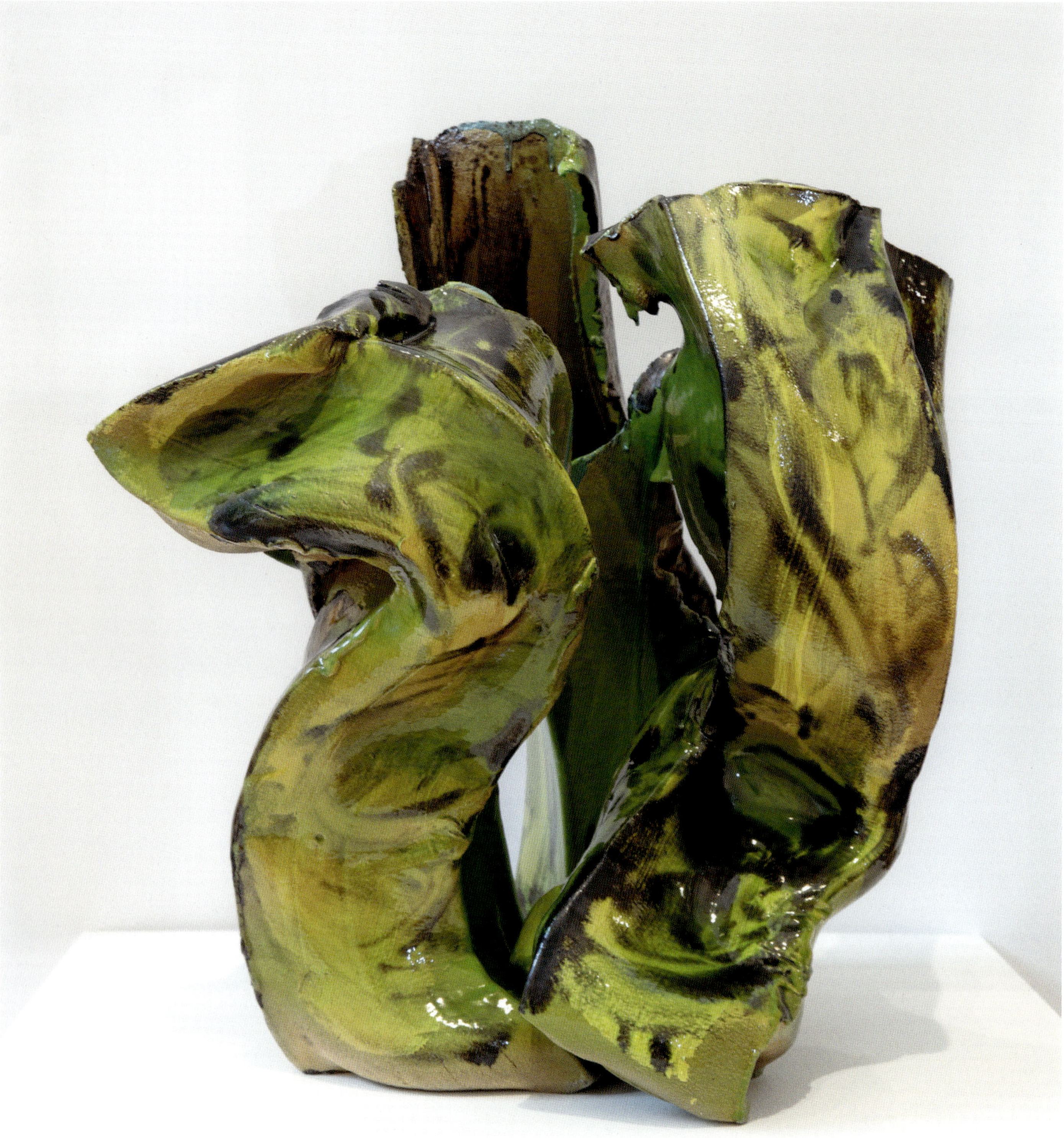

Cat. 128 Lynda Benglis, *Metal force*, 1993, courtesy de l'artiste, Pace Gallery (Londres, Royaume-Uni), et Thomas Dane Gallery (Londres, Royaume-Uni)

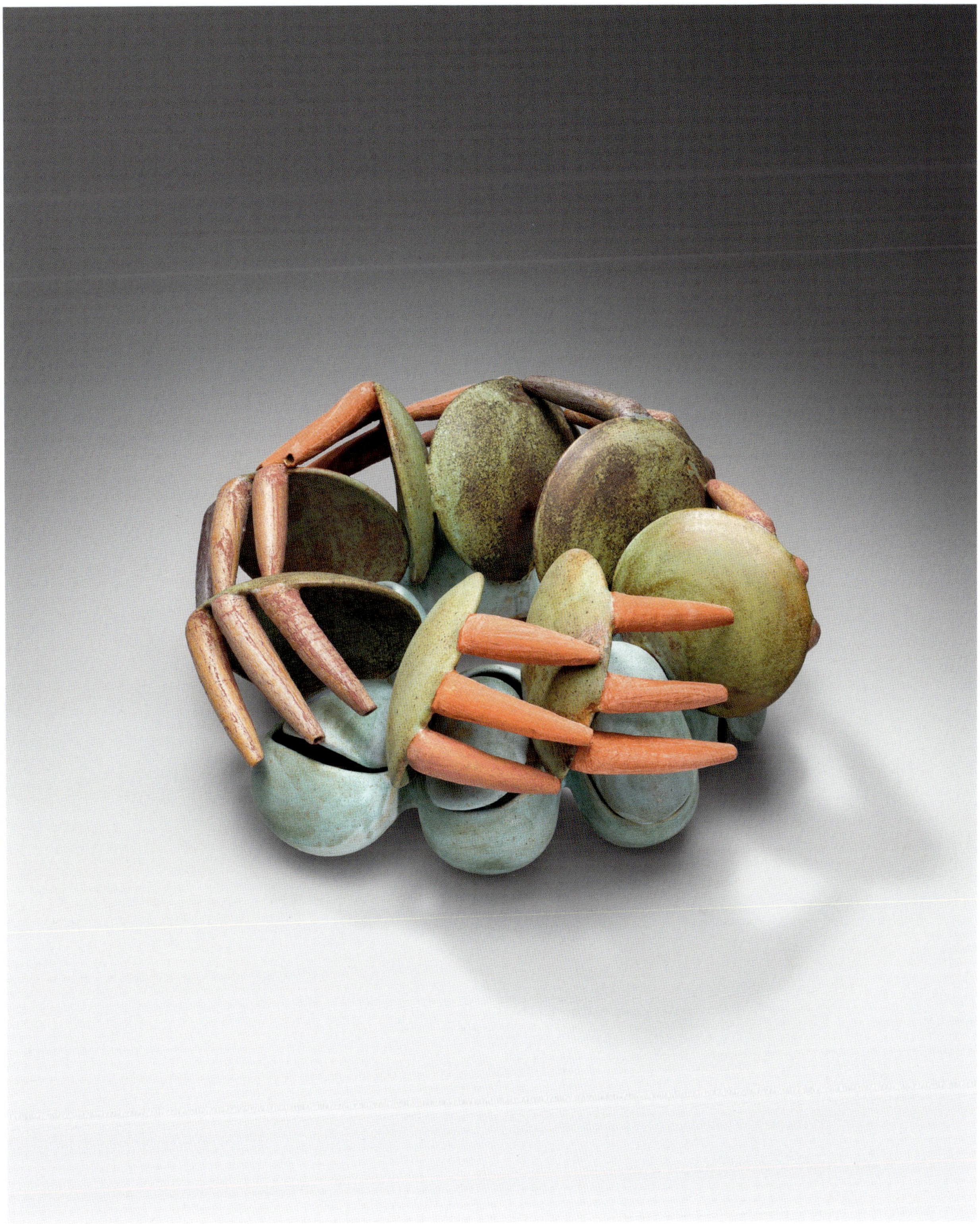

Cat. 130 Beate Kuhn, *Sculpture*, 2008, musée Ariana, Genève, Suisse

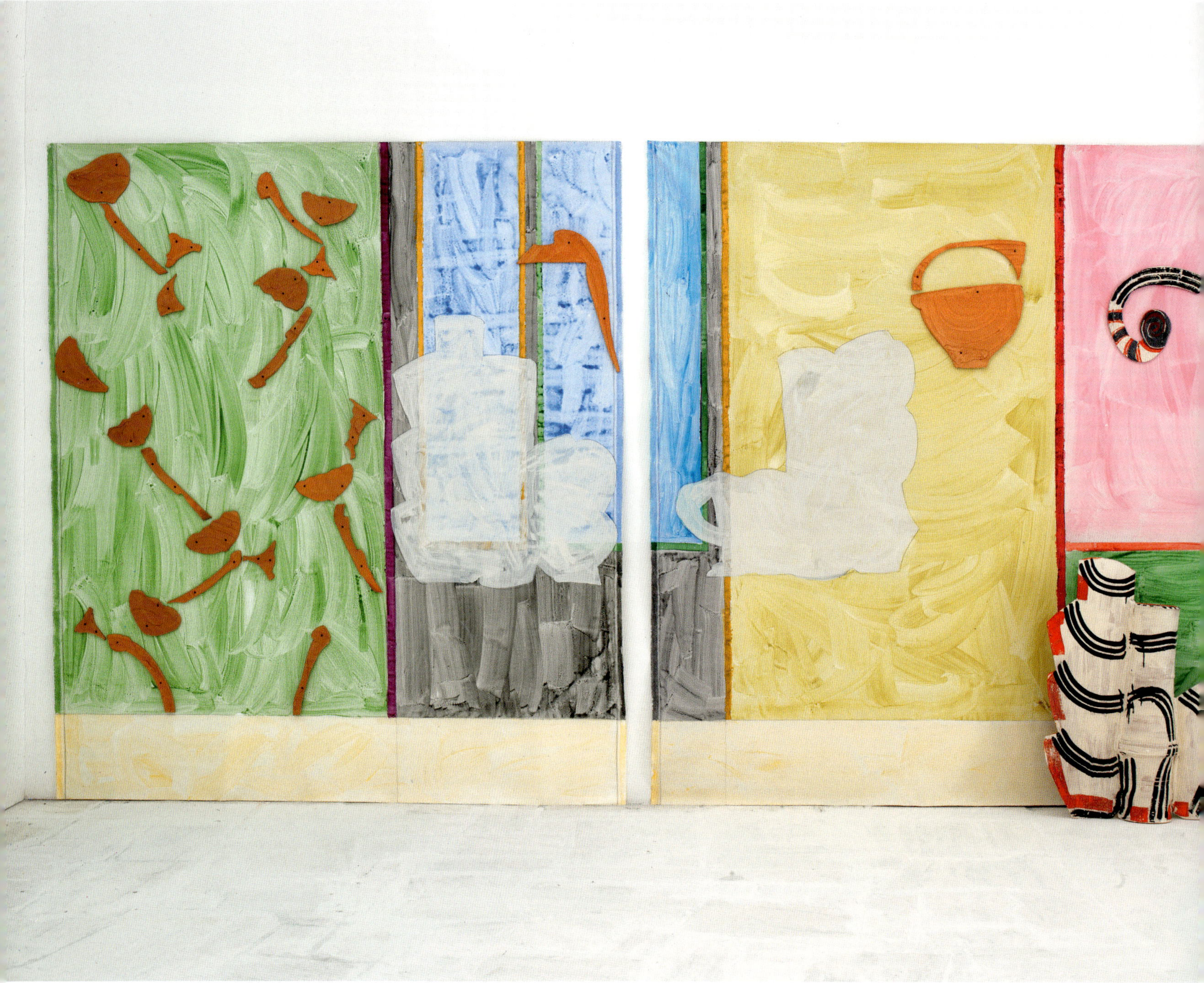

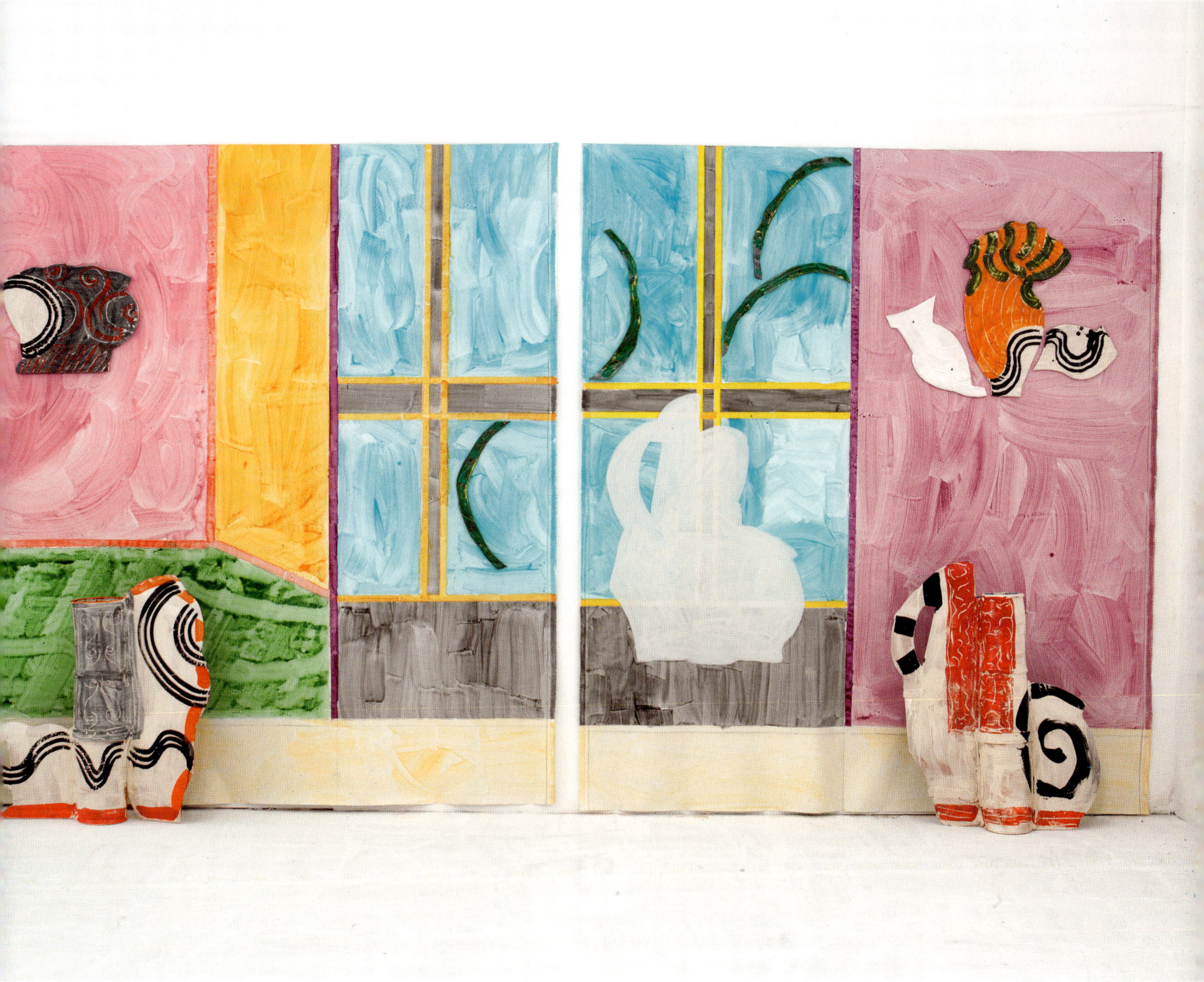

Cat. 134 Betty Woodman, *Alessandro's Room*, 2011, courtesy The Woodman Family Foundation (New York, États-Unis), Salon 94 (New York, États-Unis) et David Kordansky Gallery (Los Angeles, États-Unis)

Cat. 141
Cat. 140

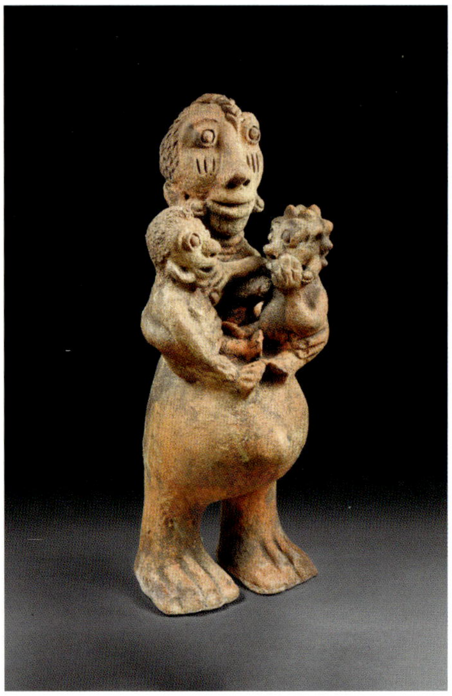

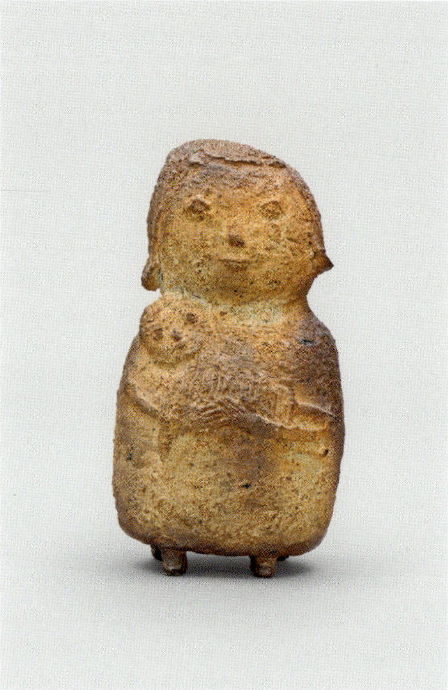

Cat. 136
Fig. 5

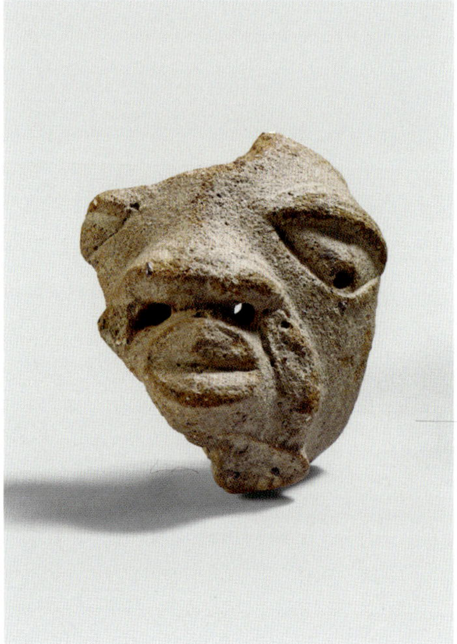

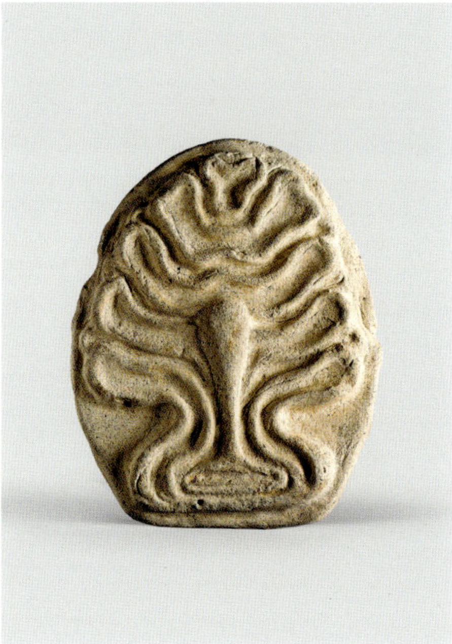

Cat. 141 Seyni Awa Camara, *Sans titre*, avant 1980, collection particulière
Cat. 140 Jacqueline Lerat, *Femme à l'enfant*, 1961, collection Lerat
Cat. 136 Anonyme (plateau de Jos, Nigeria), *Tête anthropomorphe*, 500-200 avant notre ère, musée du quai Branly – Jacques Chirac, Paris, France
Fig. 5 Anonyme (Italie, Pré-Romaine), Figurine utérus, IVe-IIe siècle avant notre ère, musée du Louvre, Paris
Cat. 139 Anonyme (Ocumicho, Mexique), *Arbre de vie*, 2004, musée des Civilisations de l'Europe et de la Méditerranée, Marseille, France

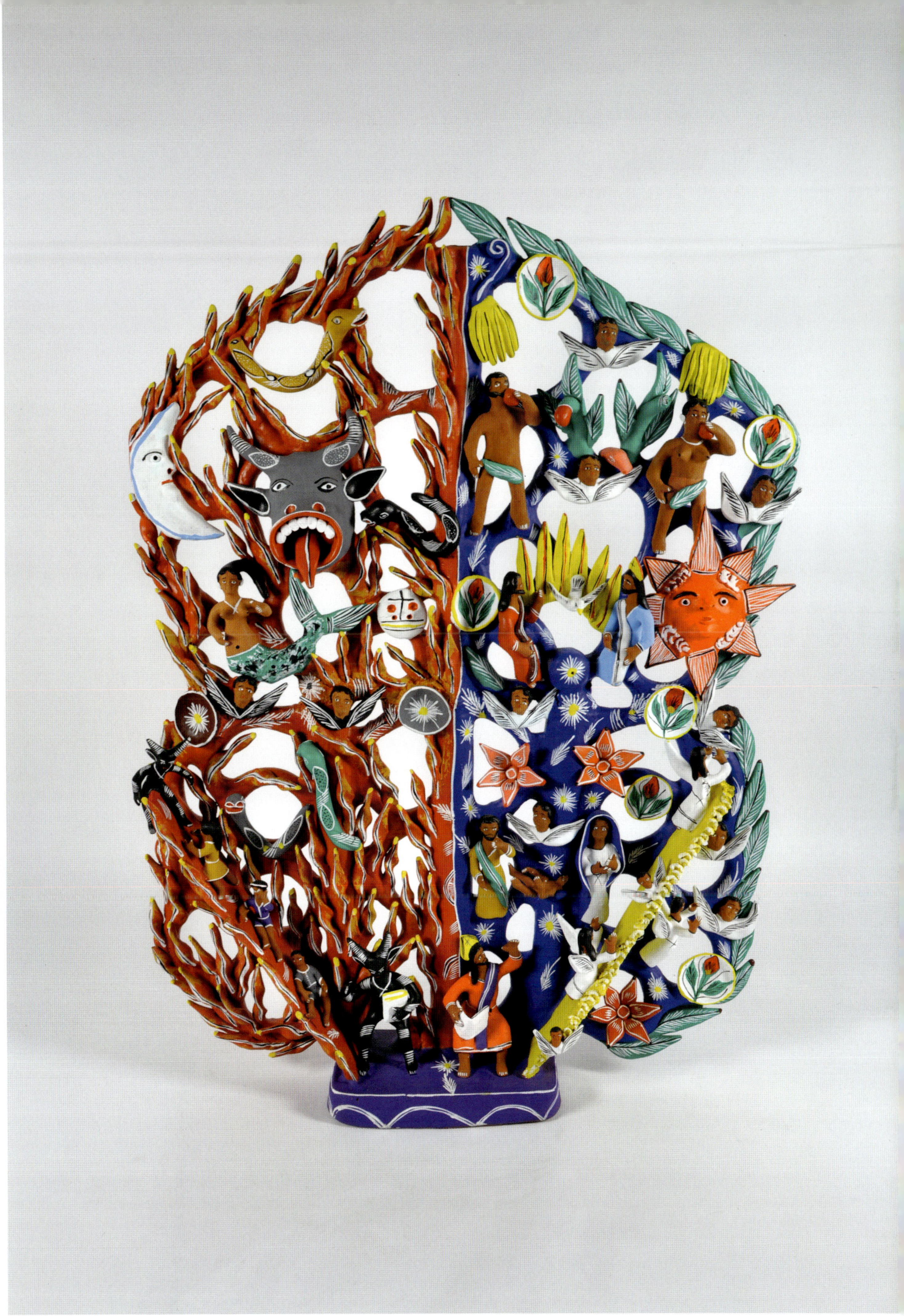

Cat. 139

La poterie dangereuse
Garth Clark

Traduit de l'anglais par Jeanne Bouniort

Le titre choisi ici renvoie à *La Potière jalouse*[1], le livre emblématique de Claude Lévi-Strauss sur la Terre mère, l'argile, la poterie, la potière et les mythes de la création dans les communautés indigènes sud-américaines, mais aussi, plus succinctement, nord-américaines.

Dangereuse, la poterie ? La juxtaposition de ces deux termes peut sembler contradictoire. La poterie, technique vingt fois millénaire, est le symbole pratique de la conservation et de la cuisson des aliments, au centre du foyer. Mais la vérité est bien plus compliquée.

Le danger vient de la déesse de la Terre et de son pouvoir effrayant. La plus ancienne céramique connue, la Vénus de Dolni Vestonice dont l'aspect évoque un objet rituel, laisse entrevoir ce que pourrait être la Terre mère. Elle a l'air en effet bien féconde. Dans une version truculente du mythe de la création, elle grimpe sur une liane d'où elle défèque. Les excréments deviennent de l'argile, que les potières (presque toujours des femmes ou, exceptionnellement, des travestis et des bispirituels) utilisent pour façonner des objets. N'oublions pas que l'arrivée de la poterie marque un stade important du développement social. Elle signale la transition fondamentale des chasseurs-cueilleurs à la société agraire.

La Terre mère transmet une partie du pouvoir de l'argile aux potières. Ainsi dotées, elles étaient, autrefois, quasiment perçues comme des sorcières, étroitement surveillées pour limiter leur nuisance et soumises à des règles qu'elles enfreignaient, soit par omission (oubliant d'y obéir), soit par commission (dans le but de nuire)[2].

La première étape était le ramassage de l'argile, qui devait être soigneux, lent et respectueux. Le silence était primordial. L'instant était risqué pour la potière. L'ethnologue Vera Penteado Coelho a entendu dire que le moindre bruit « est dangereux, oui, très dangereux. Un bruit, et le serpent vient vous dévorer[3] ». Certains, tels les Yuracaré et les Indiens Guyanos étudiés en 1840-1844 par l'anthropologue Richard Schomburgk, ne recueillaient l'argile que la première nuit de pleine lune et attendaient le lever du soleil pour la rapporter chez eux (afin de contenter à la fois la lune et le soleil). Les récipients fabriqués dans de l'argile extraite à tout autre moment risquaient de « donner diverses maladies à ceux qui mangent dedans[4] ».

Les femmes enceintes ou en période de menstruation devaient « se tenir à l'écart » de la potière au travail. Celle-ci ne devait pas manger, ni boire, ni se laver tant qu'elle n'avait pas terminé son travail. Elle devait aussi s'abstenir de rapports sexuels et, pour une raison ou une autre, « attacher ses cheveux de manière qu'aucun ne tombe dans l'argile ». Il lui était interdit d'enjamber un récipient en cours de fabrication et de rouler des colombins en ayant des pensées malveillantes envers quelqu'un.

Je vis à Santa Fe, au Nouveau-Mexique, où se perpétue une tradition artisanale vieille de deux mille ans, qui emploie toujours les mêmes argiles et les mêmes additifs, en reproduisant les formes ancestrales. Le colombin demeure le principal mode de façonnage, parce que les potiers des temps anciens ne connaissaient pas le tour.

En 1880, la poterie était en voie de disparition. De nombreux Pueblos n'en faisaient plus du tout. L'arrivée du chemin de fer Atchison-Topeka-Santa Fe l'a relancée avec l'éclosion d'un nouveau marché. Les céramiques pour touristes se vendaient aux arrêts du train et dans les boutiques des hôtels *Harvey House* le long de la voie ferrée. Dans la région, il y avait une agriculture de rente qui générait assez d'argent pour alimenter le commerce. Alors que les céramiques destinées aux touristes n'avaient plus aucune fonction rituelle, l'argile restait sacrée. Aujourd'hui encore, il est courant de dire des prières et de faire des offrandes pendant son extraction.

Est-ce la fin de l'histoire ? Les potières dangereuses sont-elles rentrées dans le rang ? En fait, le danger est revenu sous de nouveaux habits. Il est passé de l'argile aux poteries elles-mêmes. Des potières avant-gardistes peignent leur message sur les récipients, les convertissant ainsi en creusets de la contestation. Elles protestent contre le mode de gouvernement réactionnaire des Pueblos, par des conseils tribaux entièrement masculins, et dénoncent les injustices soigneusement cachées au monde Anglo. Anglo est le terme employé par les Indiens du Sud-Ouest américain pour désigner les personnes blanches d'origine européenne.

Jody Folwell, du pueblo de Santa Clara, est l'une des premières potières activistes. Depuis les années 1960, elle peint des motifs qui fâchent les communautés pueblos. Non pas qu'ils soient mensongers, mais, en étant montrés dans tout le pays, ils dévoilent la réalité aux Anglos. Une céramique de Jody Folwell est particulièrement honnie, car elle met en lumière le scandale des très nombreux viols (de femmes et d'enfants) qui restent impunis.

Susan Folwell marche dans les pas de sa mère en s'attaquant aux anciens qui gouvernent son pueblo au sein du conseil tribal. Sur un plat, elle les a représentés avec un cube en guise de tête pour signifier leur aveuglement à la vie moderne. L'insolence de cette illustration littérale du mot *blockhead* (crétin) a choqué, mais elle a eu un effet libérateur.

Diego Romero, de père indien Cochiti et de mère Anglo, mélange les motifs stylisés des Mimbres, les décors de poteries de l'Antiquité grecque et les héros des albums de bande dessinée (qu'il collectionne assidûment) pour créer des céramiques pueblo-pop singulières. Son *Chongo à la Maison-Blanche*, où l'on voit un Indien assis derrière le « Resolute Desk » présidentiel, souligne avec éloquence l'invisibilité politique des populations indigènes. Malgré l'humour qui sert d'exutoire à la colère, le ton est on ne peut plus sérieux.

Virgil Ortiz s'est engagé contre le colonialisme. Depuis quelques années déjà, il crée des installations monumentales, dans les musées, sur la révolte des Pueblos qui avaient (provisoirement) chassé les Espagnols du Nouveau-Mexique en 1680. Son art commémore moins le passé qu'il ne retourne le couteau dans la plaie toujours ouverte des manquements et des violences envers le premier peuple de l'Amérique.

La poterie, entre les mains d'activistes indigènes comme les Folwell mère et fille, Romero, Ortiz et d'autres[5], reste porteuse de messages séditieux. Le danger persiste.

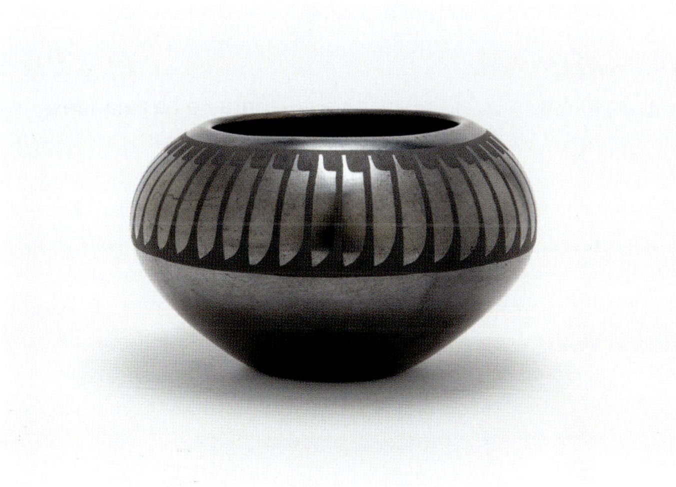

Cat. 110

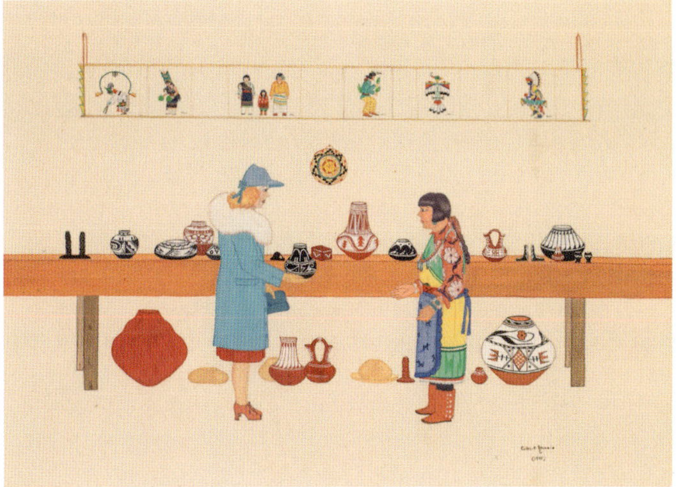

Cat. 111

Cat. 110 Maria Poveka Martinez, *Bol au décor de plumes noires sur fond noir*, 1943-1956, Arizona State University Art Museum, Tempe, États-Unis
Cat. 111 Gilbert Wah Peen Atencio, *Maria et une touriste blonde observant des poteries*, 1945, Museum of Indian Arts and Culture, Santa Fe, États-Unis

1 Claude Lévi-Strauss, *La Potière jalouse*, Paris, Plon, 1985.
2 Richard Schomburgk, *Richard Schomburgk's Travels in British Guiana. 1840-1844*, trad. Walter E. Roth, 2 tomes, Georgetown (Guyana), *Daily Chronicle* Office, 1922-1923, tome I, 1922, p. 203.
3 Vera Penteado Coelho, *Die Waurá. Mythen und Zeichnungen eines brasilianischen Indianerstammes*, Leipzig, Gustav Kiepenheuer, 1986, p. 40.
4 *Ibid.*
5 Voir Garth Clark, *Free Spirit. The New Native American Potter*, Bois-le-Duc, Stedelijk Museum, 2006. C'est l'un des seuls livres sur la céramique d'avant-garde au Nouveau-Mexique.

Manipulations
François Lissarrague

Ce texte est extrait d'Un flot d'images. Une esthétique du banquet grec, Paris, Adam Biro, 1987.

De même que notre vocabulaire parle de la poterie en termes anatomiques – on dit le col, la panse, l'épaule, le pied, la lèvre d'un vase – de même le grec parle des oreilles (*ôta*) pour désigner les anses, de la tête d'un vase (*képhalé*), de son visage (*prosopon*) ou de ses lèvres (*cheilè*) ; les *phiales* pour les libations ont un nombril (*omphalos*)[1]. Ces virtualités anatomiques font parfois l'objet d'une exécution plastique qui actualise cette possibilité verbale. Ainsi connaît-on quelques exemples de vases en forme de pied ou de sexe[2] ; ou encore, le pied d'une coupe est remplacé par un phallus[3]. Il devient alors difficile de manier un tel objet comme un simple récipient; la fonction utilitaire du vase est dépassée par l'illusion anatomique qu'il provoque, et en le portant à ses lèvres, le buveur est impliqué dans un jeu érotique manifeste. Et puisqu'un dessin vaut mieux qu'un discours, il suffira pour confirmer cette analyse de regarder une coupe[4] où tel vase est manipulé par une femme nue en position de banqueteuse.

Ainsi le jeu métaphorique paraît exploité dans toutes ses dimensions; de même que le corps est un vase, le vase est un corps. L'homologie entre buveur et vase se prolonge encore dans une autre direction. On aura remarqué que le vase pourvu d'un sexe est décoré d'yeux, entre lesquels s'étale le masque d'un satyre aux oreilles pointues. Le traitement du satyre comme un visage frontal n'est pas rare en imagerie et produit un effet de fascination – par la confrontation avec le regard du buveur – qui est une des caractéristiques de l'univers dionysiaque[5]. Cet effet est ici redoublé par la présence d'une paire d'yeux encadrant la face du satyre qui font du revers de la coupe un masque couvrant le visage du buveur. Le vase est alors, en même temps, un récipient et une protection contre le mauvais œil.

L'exploration des possibilités anatomiques du vase à boire se prolonge encore au-delà. Il existe une importante série de vases plastiques en forme de tête, animale ou humaine. Lion, aigle, cerf, sanglier, chien, âne, tout le registre de la zoologie familière aux Grecs, animaux chassés ou domestiques, est convoqué dans la série animale[6]. Du côté humain, les choix paraissent significatifs : ce ne sont jamais des portraits, mais des types génériques, et, mis à part Dionysos et Héraclès, il n'y a pas de figures divines, mais exclusivement des femmes, des Noirs (hommes et femmes), des Orientaux, des satyres. Ces vases sont le plus souvent faits d'une seule tête[7] ou de deux, accolées dos à dos, et contrastant entre elles, comme ce couple[8] femme blanche-femme noire. De ce système, un seul absent, l'homme blanc « normal » ; comme si cette anthropologie des vases plastiques visait à définir en négatif la personne du buveur grec et à le confronter à toutes les figures qui ne seraient pas lui-même. L'expérience du vin, on l'a vu, est aussi expérimentation de l'altérité ; il semble que cette série de vases confirme une telle perspective et reprenne à sa manière le propos que l'on attribue au philosophe Thalès :

« Il disait souvent qu'il avait trois raisons de remercier le Destin : "d'abord parce que de naissance je suis humain et non animal, ensuite parce que je suis homme et non femme ; enfin parce que je suis grec et non barbare"[9]. »

Une telle anthropologie, qui procède par éliminations successives, est typiquement grecque[10]. On la retrouve mise en scène au banquet à travers la vaisselle de table : la rencontre du buveur et du vase est productrice de sens.

Le jeu interactif entre le buveur et le vase se construit également à partir du dialogue que permet l'usage de l'écriture sur le vase. On a déjà eu l'occasion de commenter certaines inscriptions qui accompagnent le décor figuré. Parfois hors contexte, comme les acclamations de type *kalos* ou les signatures d'artistes, elles sont le plus souvent en rapport direct avec les figures qu'elles nomment ou qu'elles complètent. Il arrive que soient aussi transcrits les propos des personnages représentés[11].

[...]

Mais le peintre est clairement conscient du fait que le vase est autant support d'écriture que vecteur d'image : sur le vase que tient le buveur on lit le début de l'inscription *kalias ka (los),* « Kallias est beau ». On voit donc coexister, sur cet exemple, une inscription marginale, hors image, *neokleides kalos*, et une inscription de même type, *kalias kalos*, intégrée à la figuration. Image et écriture se combinent de manière très sophistiquée sur ce vase, qui passe très habilement d'un plan à un autre.

Si l'on a hésité sur le statut à donner à l'inscription *khaire kai pie*, ce n'est pas pour le plaisir de compliquer les choses, mais bien parce que les deux solutions, propos dans l'image, propos du vase, se rencontrent. La seconde formule, une adresse du vase au buveur est même la plus fréquente[12]. Au-dessous d'une scène animale où deux lions dévorent un taureau, suivant le schéma archaïque qui sert dans l'épopée à dire la vaillance d'un héros, on peut lire *khaire kai piei tende*, « réjouis-toi et bois-moi[13] ». Le démonstratif *tende* est à la première personne et désigne le vase, émetteur du salut. Les verbes à l'impératif sont à la seconde personne, ils s'adressent au buveur. Par ces marques linguistiques, une situation d'énonciation est créée, qui met en position d'interlocuteurs le buveur et son vase[14].

De telles formules ne sont pas rares sur les coupes dites des petits maîtres, dans la seconde moitié du VIe siècle. Ce sont des coupes très élégantes, dont la lèvre supérieure est séparée de la vasque par une ligne noire[15]. Au registre supérieur, le décor est réduit au minimum : un ou deux animaux, un personnage ou même un simple buste. Au registre inférieur, une ligne d'écriture, en lettres régulièrement espacées, pour saluer le buveur ou nommer le potier. L'écriture a une valeur ornementale évidente et fonctionne comme un décor, à tel point que dans certains cas le vase n'est plus porteur que d'écriture, comme sur cette coupe[16] où l'on lit : *su khaire kai piei,* « toi, réjouis-toi et bois ». L'adresse au buveur est renforcée par le pronom en tête de phrase, *su,* « toi » ; plus d'image, la lettre se suffit à elle-même.

[...]

Le jeu dialogué entre vase et buveur met l'objet en situation et le fait fonctionner dans son contexte, celui du *symposion*. Il arrive que le peintre choisisse de se placer dans un autre contexte, à un moment antérieur de l'histoire du vase. Sur une coupe couronnée de lierre[17] on lit ainsi : *khaire kai prio men*, « salut et achète-moi » – nous sommes encore dans l'échoppe du potier, en situation de client ; mais par son décor, la couronne de lierre, l'usage futur de la coupe est déjà évoqué.

Les possibilités linguistiques de ce type d'inscriptions sont multiples et variées ; les peintres ont su en exploiter la richesse, ouvrant la voie à une longue tradition de vases parlants. On trouvera, pour finir, un admirable exemple de ce raffinement graphique – au double sens du verbe grec *graphein*, qui signifie à la fois « écrire » et « dessiner », sur un fragment de cratère[18]. À côté d'un joueur de flûte se tenait un buveur dont seule subsiste la coupe tendue. Sur la coupe, ces lettres : *(kh)aire*, « réjouis-toi ». L'adresse de la coupe à son possesseur est ici retournée, du cratère, support de l'image, vers les convives. Image en abyme, comme au second degré, elle fonctionne à la fois dans l'espace figuratif, à la surface du vase, et dans l'espace convivial, autour du cratère, comme une véritable représentation, visuelle et verbale.

1 *Képhalès* : Aristophane, *Plutus*, 545 ; Alcée apud Athénée, X, 430d (= fr. Z 22 Lobel-Page). *Prosopon* : Athénée, XI, 501d. Sur ce point, voir W. Froehner, *Anatomie des vases antiques*, Paris, 1876, et J. Boardman, « A Curious Eye-Cup », *AA*, 1976, p. 281-290.

2 Voir J. Ducat, *Les Vases plastiques rhodiens*, Paris, 1966, p. 146 *sq*. Un exemplaire de Boston (13.105 ; Beazley, *ABV* 170/1) est dû au potier Priapos ; voir Boardman, *op. cit.*, p. 289, n. 28. Voir aussi A. Pasquier, « Deux objets laconiens méconnus au musée du Louvre », *BCH* 106, 1982, p. 281-306.

3 Coupe à figures noires ; Oxford, 1974.344 ; publiée par Boardman, *op. cit.*, qui donne une liste de vases analogues, p. 287. Ajouter une coupe à figures noires ; coll. D. J. ; Stähler, *Eine Sammlung griechischer Vasen*, 1983, n° 15, pl. 20. Voir également l'étrange stamnoïde à figures rouges ; Ferrare, T 128 VT ; non attribué ; S. Aurigemma, *La Necropoli di Spina in Valle Treba*, Rome, 1960, p. 46 *sq.*, pl. 37.

4 Coupe à figures rouges ; New York, 56.171.61 ; Beazley, *ARV* 50/192.

5 Voir F. Frontisi-Ducroux et J.-P. Vernant, « Figures du masque en Grèce ancienne », in J.-P. Vernant, P. Vidal-Naquet, *Mythe et tragédie deux*, Paris, 1986, p. 25-43.

6 H. Hoffmann, *Attic Red-figured Rhyta*, Mayence, 1962.

7 Canthare à figures rouges ; Naples, H 2948 ; Beazley, *ARV* 1547/4.

8 Canthare à fond blanc ; Boston, 98.926 ; Beazley, *ARV* 1534/9. L'ensemble de la série est regroupé par Beazley, *ARV* 1529-1552 et *Para* 501-5.

9 Thalès apud Diogène Laerce, I, 33 (= fr. 11 A1 DK).

10 Voir P. Vidal-Naquet, *Le Chasseur noir*, Paris, 1983, p. 21-35.

11 Voir F. Lissarrague, « Paroles d'images : remarques sur le fonctionnement de l'écriture dans l'imagerie attique », in Écritures II, A. M. Christin éd., Paris, 1985, p. 71-95.

12 Coupe à figures noires ; Rome, Vatican, 456 ; Beazley, *ABV* 235.

13 Coupe à figures noires ; Limassol ; *BCH*, 1961, p. 298, fig. 49. Pour la comparaison épique, voir *Iliade*, XV, 323-325, et A. Schnapp-Gourbeillon, *Lion, héros, masques*, Paris, 1981, p. 39-48. Pour ce type de motif, voir K. Schauenburg, « Zu attischen Kleinmeisterschalen », *AA*, 1974, p. 207.

14 E. Benveniste, « L'appareil formel de l'énonciation », in *Problèmes de linguistique générale*, 2, Paris, 1974, p. 79-88.

15 Coupe à figures noires ; Bruxelles, R 386 ; *CV A* 1, pl. 2 (15), 4. Sur ces coupes, voir Beazley, « Little-Master Cups », *JHS* 52, 1932, p. 167-204, en part. pour les inscriptions, p. 194-195 ; *id.*, « Two Inscriptions on Attic Vases », *CR* 57, 1943, p. 102-103 ; *id.*, « Ten Inscribed Vases », *Eph. Arch.* 1953-4, 1, p. 201-202.

16 Bâle, commerce ; M.u.M. *Auktion* 60, n° 18.

17 Oxford, 1965.120 ; Beazley, *ABV* 57/112. Pour cette formule, voir Beazley, *JHS* 52, 1932, p. 182 ; *id.*, *AJA*, 1935, p. 476 ; *id.*, *AJA*, 1950, p. 315-316 ; R. Blatter, *AA*, 1973, p. 67-72 et *id.*, *AA*, 1975, p. 350-351.

18 Cratères à figures rouges ; Copenhague, inv. 13 365 ; Beazley, *ARV* 185/32.

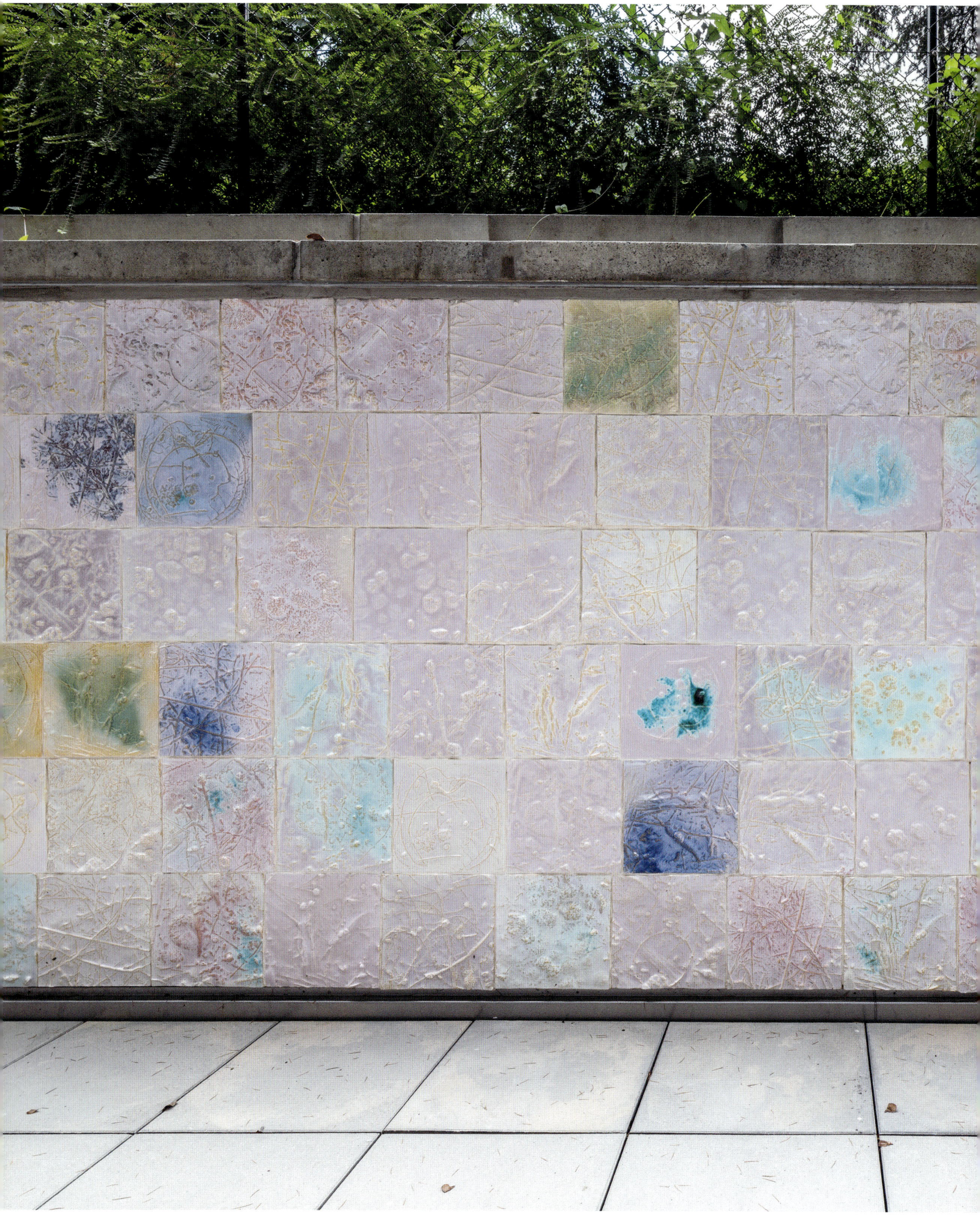

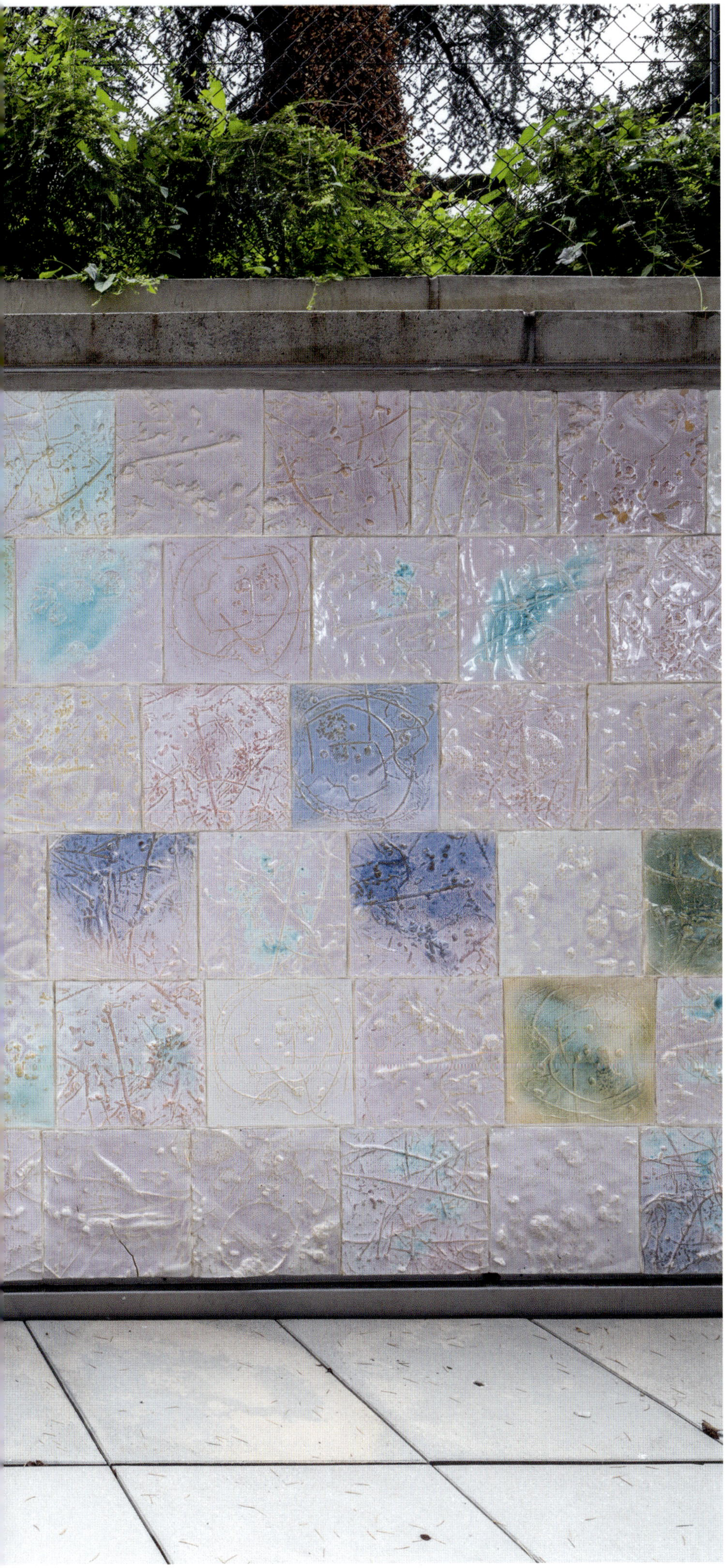

Cat. 143 Mimosa Echard
et Cercco-Head (Genève, Suisse),
Mauve dose, 2018 (carreaux pour les
murs de la maternité des HUG,
Genève, Suisse), courtesy de l'artiste

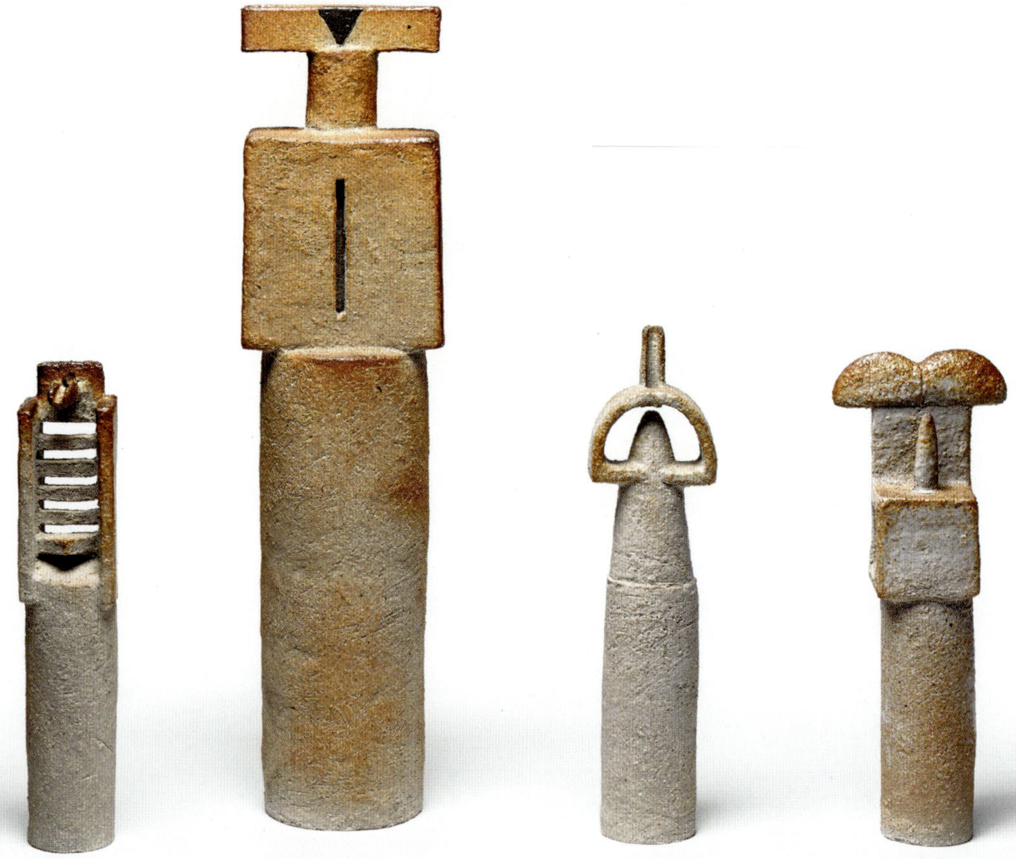

Cat. 145

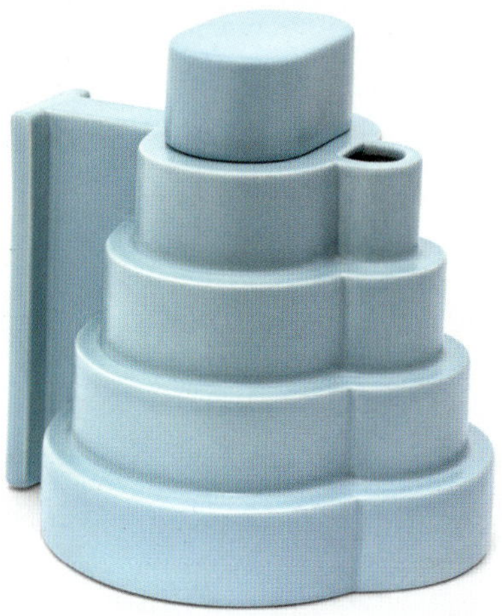

Cat. 144

Cat. 145 Claudine Monchaussé, *Totems*, 2019, collection R. R.
Cat. 144 Ettore Sottsass, *Théière Lapislazuli*, 1987, Centre national des arts plastiques, en dépôt au Musée national Adrien Dubouché, Limoges, France
Cat. 146 Matthew Lutz-Kinoy, *Dicembre*, 2017, collection Suzanne Koller

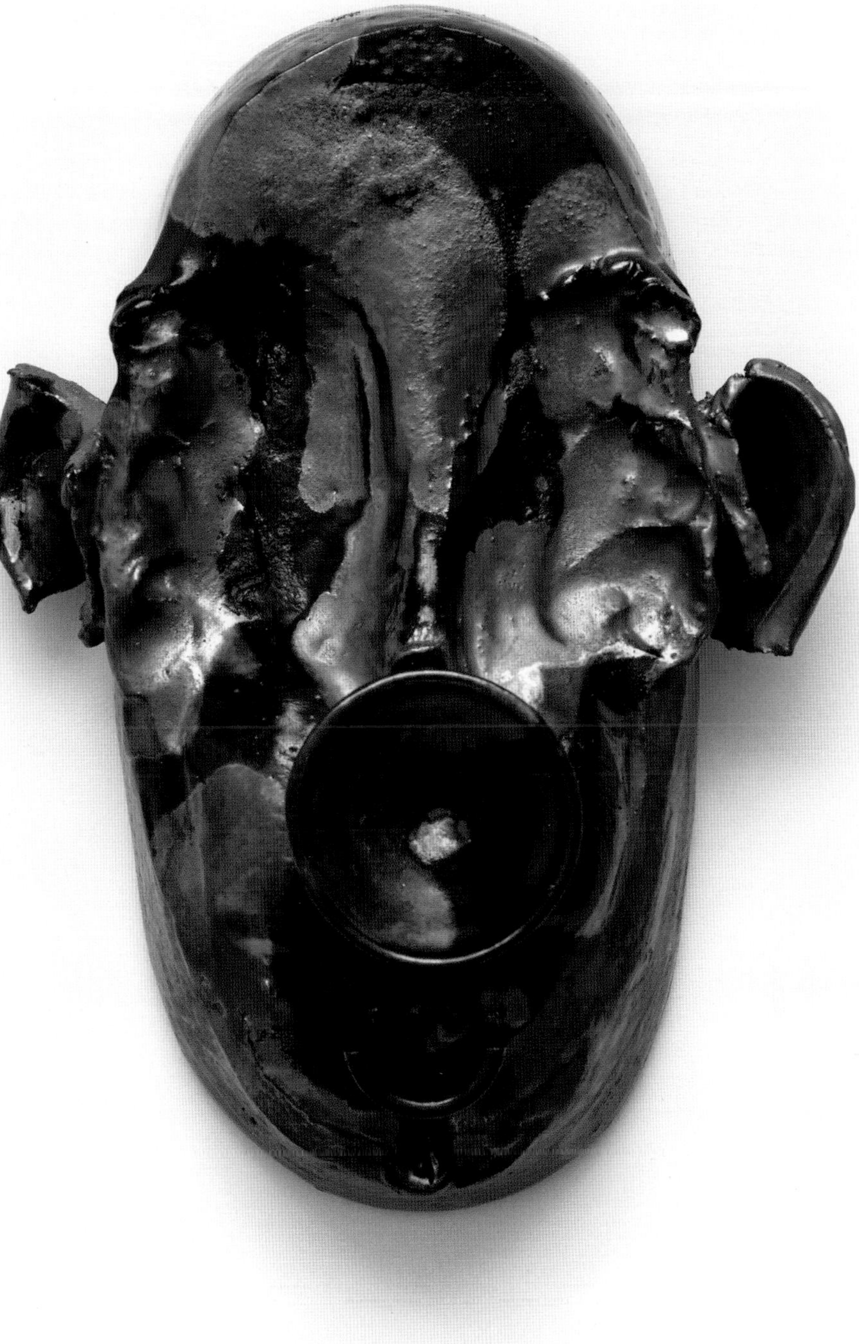

Cat. 146

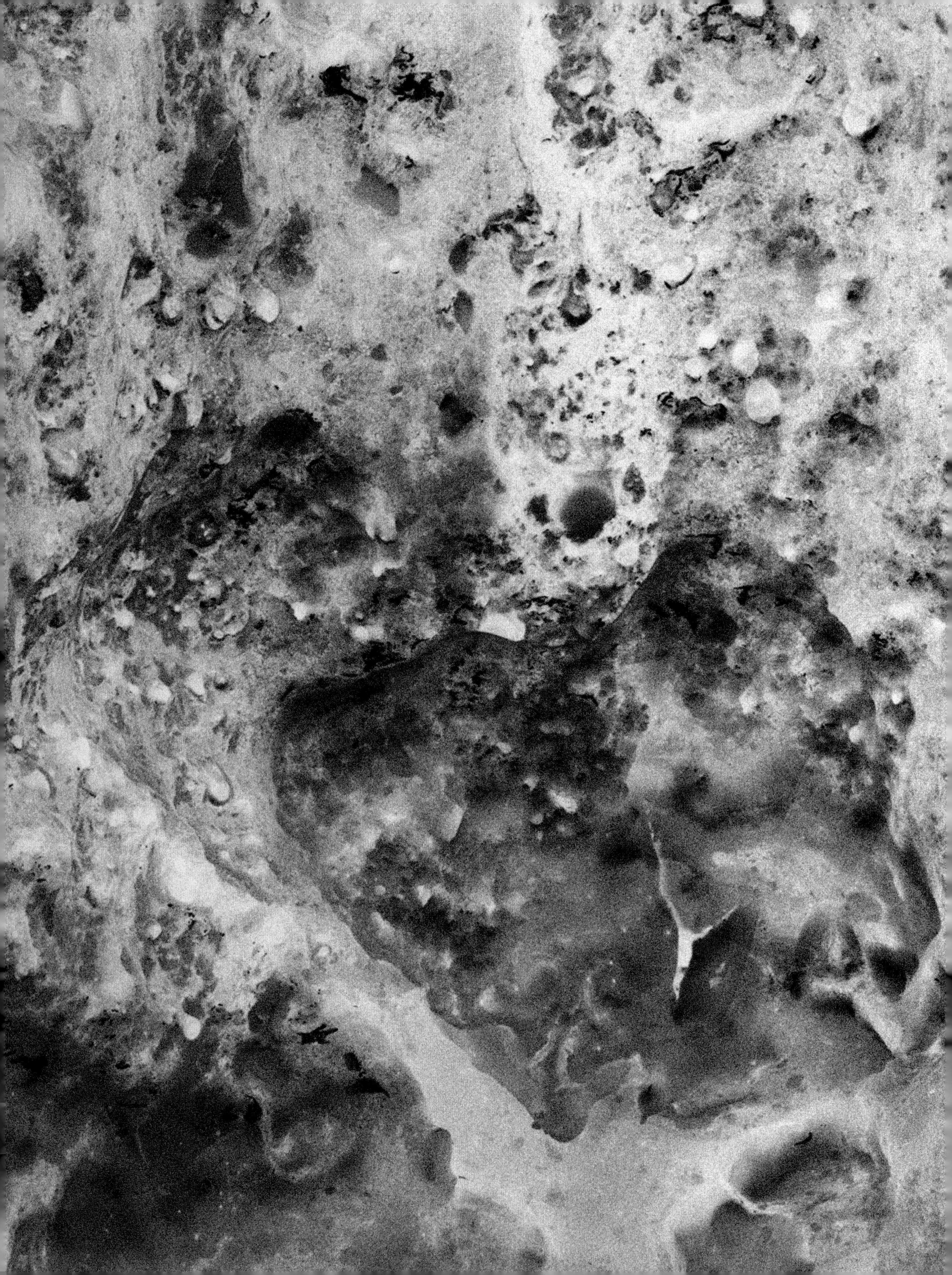

III. **FAIRE DIRE**

Pages suivantes →
Cat. 149 Claire Fontaine, *« Society of the Spectacle » Brickbat*, 2006, courtesy Claire Fontaine et Air de Paris, Romainville, France
Cat. 181 Tony Marsh, *Cauldron #3* (et détail p. 138), 2018, Sokyo Gallery et Contemporary Art Cultural Foundation, Kyoto, Japon
Cat. 148 Anonyme (Chine), *Brûle-parfum*, dynastie Qing (1644-1911), règne de Qianlong (1736-1795), Sèvres – Manufacture et musée nationaux, France
Cat. 199 Jean-Jacques Lagrenée le Jeune, Louis Simon Boizot et manufacture de Sèvres pour la laiterie de Rambouillet (France), *Jatte téton dite « bol sein » et son trépied*, 1787-1788, Sèvres – Manufacture et musée nationaux, France

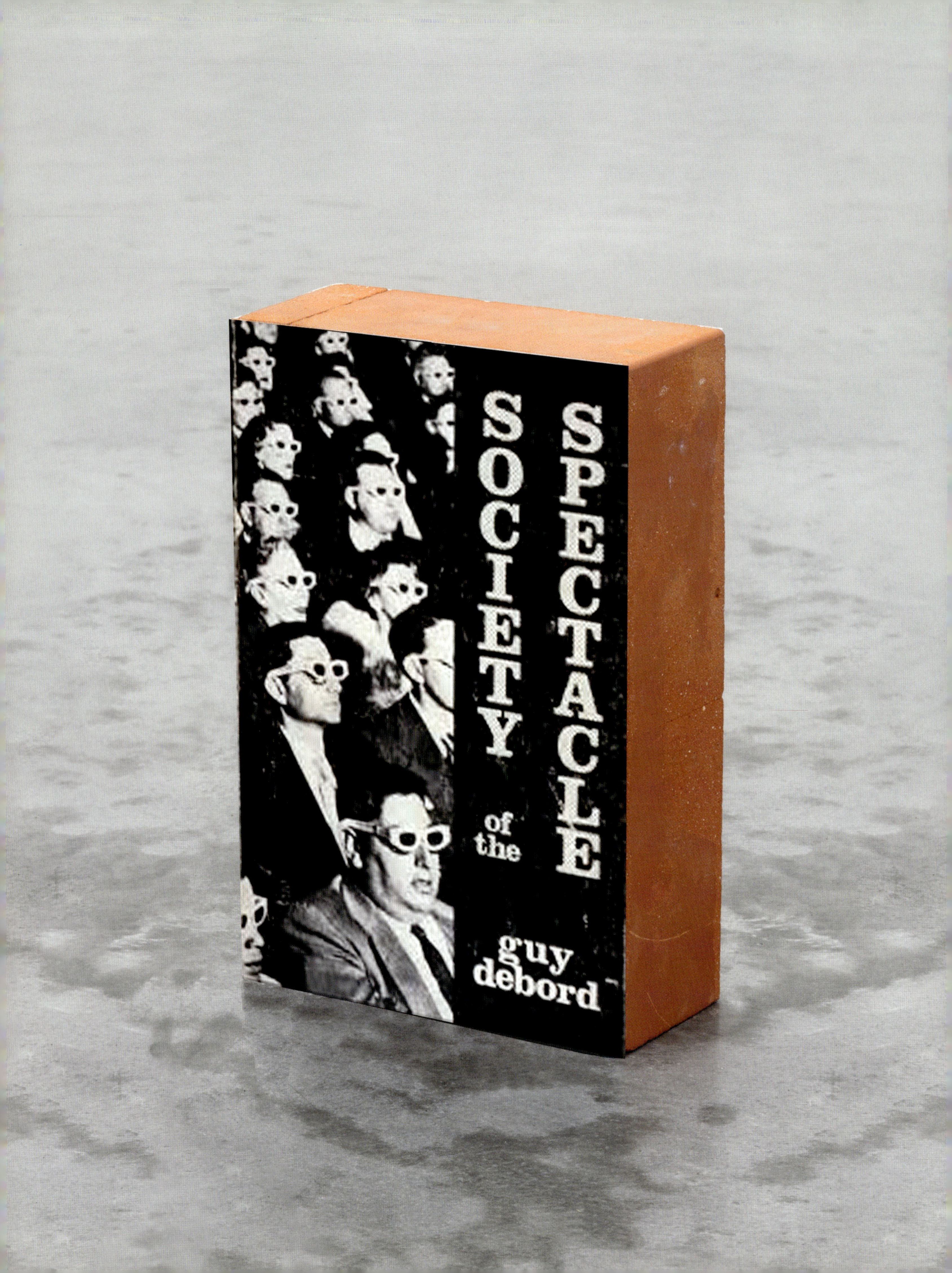
SOCIETY
of the
SPECTACLE
guy
debord

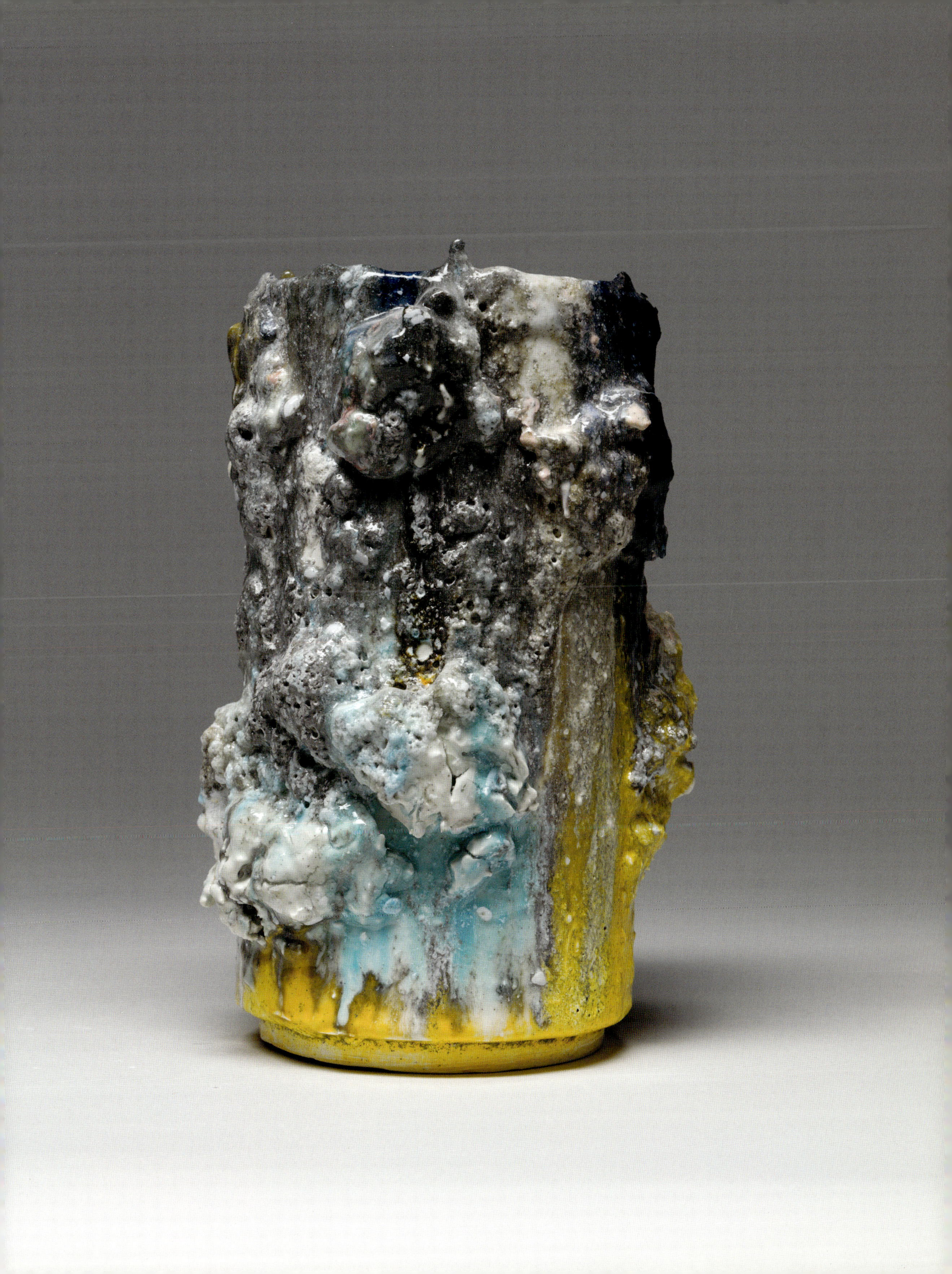

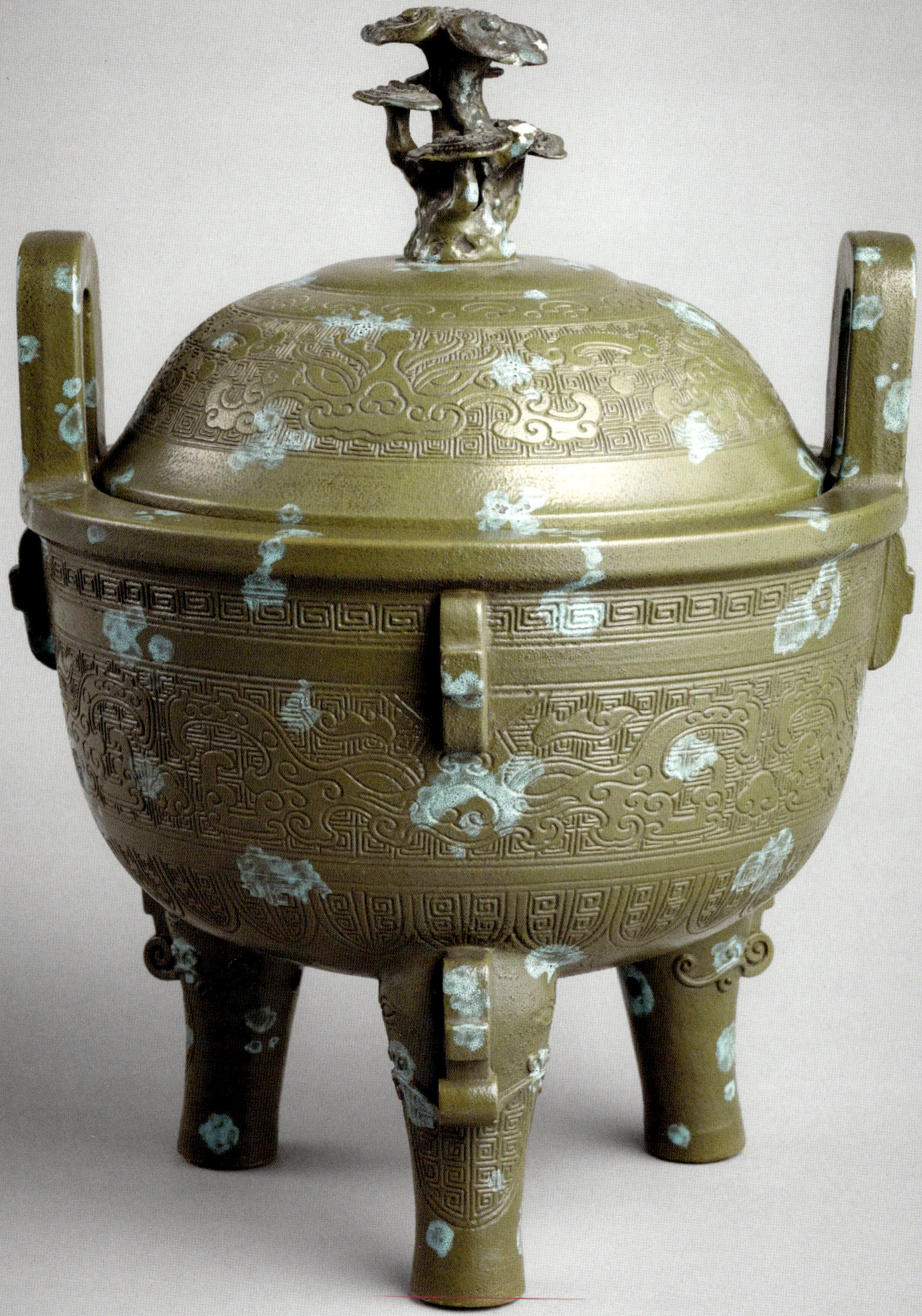

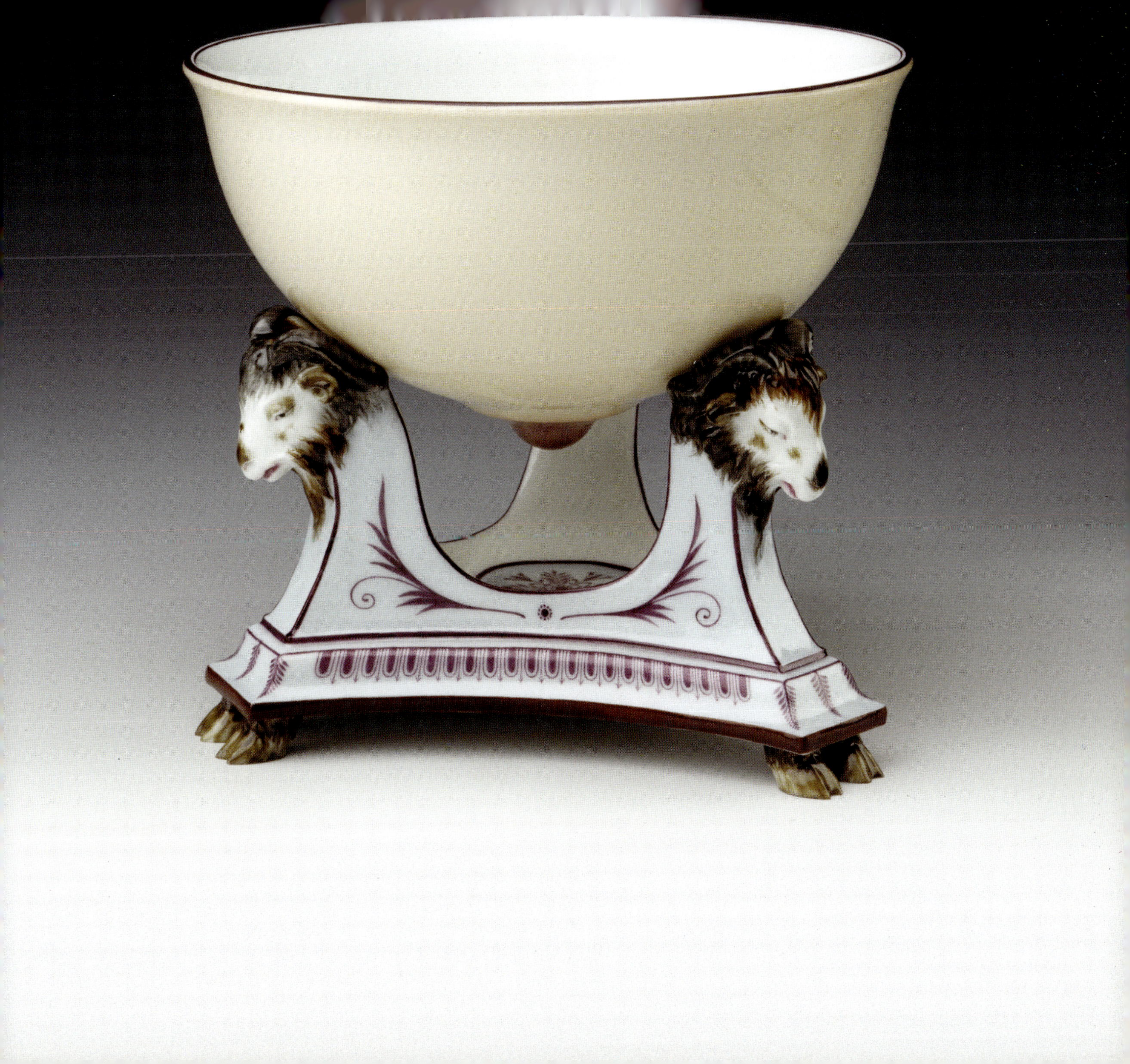

LA RÉVOLUTION PERMANENTE DE LA CÉRAMIQUE

Anne Dressen

« Un pot peut être utilitaire et esthétique ; il y a une longue généalogie que nous sommes censés connaître, mais nous restons, pour la majorité d'entre nous, ethnocentriques, sexistes et pleins de préjugés classistes. Un pot peut relever de l'art et de l'artisanat, de la sculpture et de la peinture, du masculin et du féminin[1]. »

La céramique peut permettre de dépasser le sempiternel débat opposant l'art et l'artisanat, mais aussi celui entre l'art et la vie. Si la céramique est si nécessaire, vitale même, c'est parce qu'elle est un objet collectif, culturel et signifiant : le signe matériel de quelque chose de vivant, qui, de par son origine terre, dépasse l'objet et touche au politique.

Alors qu'en 1961, pour définir le *craft*, Rose Slivka[2] stipulait quatre critères principaux – que l'objet soit possiblement fonctionnel (sans exclure la fonction décorative), que son auteur·trice se charge personnellement de son exécution, mais aussi de son esthétique, qu'il.elle ne laisse pas de place au hasard –, la céramique paraît aujourd'hui autrement plus complexe. Foncièrement technique, elle est aussi fondée sur l'aléatoire. La « plasticité », inhérente au médium (du moins avant la cuisson), lui confère une certaine transgressivité tout en l'ouvrant au conceptuel. Performative, la céramique change d'état, passant du cru au cuit. Et même devenue inerte, elle reste d'une « agentivité[3] » réelle. Dans l'hypothèse où le *craft* serait un verbe plus qu'un nom, on pourrait avancer qu'un objet *devient*, qu'il n'*est* rien en lui-même. Objet de fascination, de convoitise ou de simple partage, la céramique s'active constamment, bien que diversement ; même exposée, « artifiée » et arrachée à son usage premier, elle multiplie les sens et bouscule les idées reçues.

Si la poterie – cette technologie pionnière impliquant l'apprivoisement du feu – est objectivement aussi importante que l'utilisation du silex ou l'invention des armes de chasse, elle reste largement absente des lectures préhistoriques masculinistes. Sans pour autant souscrire à l'idée, discutable, d'un matriarcat primitif cantonnant les femmes aux tâches domestiques et les hommes à la chasse et à la guerre, il apparaît que la céramique possède un potentiel immense, dont l'amplitude, encore largement inexplorée, est à même de perturber et de contrarier les schémas et les hiérarchies en place. On serait ainsi tenté de rejoindre la féministe Elizabeth Fisher[4], qui s'étonne qu'il n'existe pas d'âge de la céramique. Comme le rappelle Ursula Le Guin, qui cite Fisher dans son ouvrage sur la « théorie de la fiction panier[5] », la céramique fait partie des impensés du modernisme, invisibilisés, victimes de préjugés racistes, sexistes et classistes émis à l'encontre du faiseur, du matériau et de l'intention supposée de l'objet, qu'il soit utilitaire, ethnique, populaire ou folklorique. Remy Saisselin souligne, à raison, qu'« on parle d'objet d'art pour un masque africain aussi bien que pour un vase[6] ».

1 John Perreault, « Fear of Clay », in *Artforum*, vol. 20, n° 8, avril 1982.
2 Rose Slivka, « The new ceramic presence », in *Craft Horizons*, vol. 21, n° 4, juillet-août 1961, p. 31-37.
3 Pour les penseurs contemporains de la mouvance du Nouveau Matérialisme, les objets sont des agents signifiants.
4 Elizabeth Fisher, *Women's Creation. Sexual Evolution and the Shaping of Society*, New York, McGraw-Hill Education, 1980.
5 Ursula K. Le Guin, *The Carrier Bag Theory of Fiction* (1986), in *idem*, *Dancing at the Edge of the World. Thoughts on Words, Women, Places*, New York, Grove Press, 1989.
6 Remy G. Saisselin, *The Bourgeois and the Bibelot*, New Brunswick, Rutgers University Press, 1984.

Un pouvoir confondant

Médium traversant les époques et les frontières, la céramique frappe par son habilité à simuler – ersatz, trompe-l'œil, effets en tous genres – et reflète l'histoire de la fascination exercée par la porcelaine en particulier[7]. Pendant des siècles, la recette coréenne puis chinoise a incarné un Graal inaccessible. Les Japonais kidnappaient les potiers coréens ; au Proche-Orient et en Europe, avant la découverte du kaolin, on inventait la faïence et la porcelaine tendre. La maîtrise des dosages de l'émail et de la terre a permis, quant à elle, de rivaliser avec d'autres matériaux précieux : les poteries japonaises de la période Jōmon imitaient des bronzes chinois plus anciens, le céladon imitait le jade ou la couleur des « choses de la nature », le lustre imitait le métal, le biscuit imitait le marbre. D'autres effets recherchés rappelaient la poussière de thé ou la fourrure de lièvre, sans oublier les aspects flammés ou volcaniques. Les *moon jars* coréennes évoquaient la lune, tandis que certains bols chinois de la dynastie Song cherchaient à reproduire et à contenir l'infini du ciel et du cosmos, l'extraterrestre.

L'imitation des styles est tout aussi importante. Dans sa quête d'une genèse perdue, Paul Gauguin n'était pas seulement fasciné par un Tahiti largement fantasmé : formé par Ernest Chaplet, il a aussi observé les pots précolombiens, lors des Expositions universelles de 1878 et 1889, et ceux du Pérou dont était originaire sa mère. Le fameux pot en forme d'autoportrait de l'artiste suçant son pouce témoigne d'une régression positive et volontaire que ce retour à la terre incarnait pour lui, même s'il qualifiait ses productions de « monstruosités[8] ».

Au tournant du XXe siècle, le Japon fascine alors tout particulièrement l'Europe. L'esthétique *mingei* impose l'idée, révolutionnaire pour l'Occident, qu'il n'y a « pas de beauté hors de l'usage », en plus de l'anonymat[9]. Cette influence se retrouve dans l'ensemble de la poterie d'atelier et sur les marchés de potiers du monde entier, qui regorgent encore aujourd'hui de bols *raku* et *chawan* archaïsants. Or, ce néo-japonisme, qui persiste depuis la Seconde Guerre mondiale, n'est pas encore étudié comme il le devrait[10], ne serait-ce qu'aux États-Unis alors même que certains potiers étaient d'anciens vétérans du Japon. James Young parle de « content appropriation[11] », typique de la postmodernité, sans pour autant problématiser ce concept à la lumière d'une pensée post ou décoloniale. La réalité des rapports de pouvoir et les histoires en jeu doivent être réinterrogées.

Une esthétique de la difformité

Si la céramique a autant attiré les artistes – citons les collections d'Auguste Rodin, de Johan Creten ou de Takashi Murakami –, c'est notamment pour les formes symptomatiques émanant de ses propriétés physiques. La manipulation de la terre glaise rappelle l'acte originel de la création ; dans le même temps, sa propension à l'accident et au difforme peut apparaître comme un contrepoint aux idéaux de la sculpture classique, triomphante et figurative. Là encore, le Japon et son esthétique effondrée, modelée en direct, asymétrique (comme dans l'art de l'*ikebana* ou dans la cérémonie du thé[12]) et irrégulière, ont été progressivement érigés en canon, à l'opposé de la perfection des manufactures royales ou nationales européennes et de leur goût lissé et officiel. De fait, les accidents de cuisson, quasi inévitables, sont souvent ceux qui ont donné naissance à des effets ensuite recherchés : fentes, gouttelettes, craquelures… En outre, on est frappé par la ressemblance, *a posteriori*, entre la dimension « flaccide », molle, revendiquée par l'art post-conceptuel ou post-minimal d'un Robert Morris, par exemple, et la céramique « sloppy[13] », négligée, qui, depuis une dizaine d'années, qualifie tout un courant de la céramique contemporaine, appelé aussi « bad ceramic » et jouant sur une esthétique amateure.

On peut aussi se demander si un certain dédain, de la part des adeptes du bon goût et du grand art, n'est pas lié aux effets viscéraux de la céramique, parfois nommés « porn glaze » et proches des sécrétions sexuelles[14] ou digestives. Pour comprendre le rejet de l'ornement par l'architecte moderniste Adolf Loos, qui défendait l'objet « indifférent » au début du XXe siècle, Jacques Soulillou avance que « le problème de l'ornement c'est le sexe[15] ». S'il y a un plaisir certain à manipuler l'argile, ce serait donc un plaisir coupable[16]. On pense aussi à l'impact de *Ghost*, film de Jerry Zucker sorti en 1990, qui a popularisé, de manière significative, la pratique de la céramique. Finalement, la malléabilité, qui rend la céramique si singulière et si populaire, serait aussi ce qui l'empêche – en partie – d'accéder au statut d'art.

7 L'artiste américaine Candice Lin ne cesse d'interroger les fantasmes de la blancheur et de la pureté associée à la porcelaine, appelée aussi « or blanc ». Couleur fétiche de l'architecture moderniste pour sa clarté et sa propreté, le blanc – la porcelaine blanche de surcroît – fascine davantage l'Europe, l'Amérique du Nord et l'Asie que le continent africain ou le sud de l'Amérique. Voir Namita Gupta Wiggers, « Navigating Whiteout Conditions », conférence donnée dans le cadre du congrès organisé par le NCECA (National Council on Education for the Ceramic Arts), à Houston, les 20-23 mars 2013.

8 Cité par Dario Gamboni, in *Gauguin l'alchimiste*, cat. exp., Paris, Grand Palais, RMN, 2017. Voir également note 26.

9 Shōji Hamada, par exemple, refusait de signer ses œuvres, mais non ses boîtes.

10 Voir Meghen Jones, « American Potters' Interventions with the Tea Bowl. Using Thing Theory to Problematize Cultural Appropriation », in *Back to the Future. The Future in the Past*, actes de colloque, Barcelone, Oriol Moret/Université de Barcelone, 2018, p. 111-115. Il faudrait aussi étudier l'influence des arts amérindiens anciens ou mexicains sur les artistes et céramistes nord-américains, qu'on peut déceler dans l'œuvre de Ken Price par exemple.

11 James O. Young, *Cultural appropriation and the arts*, Malden, Blackwell Publishing, 2008.

12 Voir « La symétrie décrite comme une "inutile répétition" », in Okakura Kakuzō, *Le Livre du thé*, trad. Aurélien Clause, Antony, Synchronique éditions, 2013 (éd. originale 1906), p. 103.

13 Le terme « sloppy » a été introduit par Anne Wilson lors d'une conversation avec Glenn Adamson au V&A Museum de Londres, dans le cadre du symposium « Fabrications. Craft in the 21st Century », le 23 novembre 2007.

14 Le terme même de porcelaine viendrait de la ressemblance avec la forme des cauris, évoquant des vulves de truie. Voir l'essai de Thomas Golsenne dans le présent catalogue.

15 Jacques Soulillou, in *Elmar Trenkwalder*, cat. exp., Châteauroux, Collège Marcel-Duchamp/Limoges, Frac Limousin, coéd. Collège Marcel-Duchamp/Frac Limousin, 1998, p. 14.

16 Voir l'ouvrage pionnier de Paul Mathieu, *Sex Pots. Eroticism in Ceramics*, New Brunswick, Rutgers University Press, 2003.

Agents doubles et politiques

La céramique est une fascinante expression de pouvoir ou de contre-pouvoir qui, de tout temps, a su incarner les biens les plus luxueux comme les plus ordinaires. Les grandes familles occidentales, royales et nobles, possédaient une vaisselle d'apparat, signe ostensible de leur richesse et de leur pouvoir d'influence, inspirée des cours impériales « exotiques », dont les objets étaient copiés, pillés ou encore échangés.

En France, pendant la Révolution, des assiettes en faïence « parlantes » permettaient de diffuser des messages ou des paroles de chansons populaires et politiques. Les contre-révolutionnaires y avaient pareillement recours. Lors de la Seconde Guerre mondiale, alors que la ville de Sèvres était occupée par les Allemands, les ouvriers porcelainiers ont dû produire vaisselles, médaillons et bustes à l'effigie du maréchal Pétain. Certains d'entre eux ont été accusés de sabotage, en ralentissant la cadence des machines, par exemple, provoquant l'impatience de Pétain lui-même[17]. Aujourd'hui, l'Élysée continue de commander vaisselles officielles et cadeaux diplomatiques à la manufacture de Sèvres.

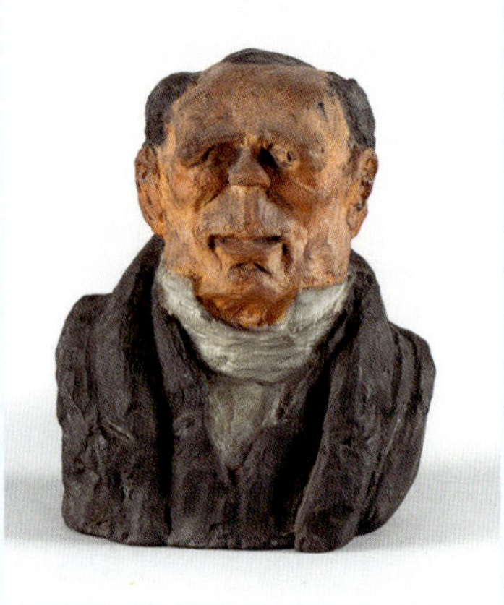

Cat. 215 Honoré Daumier, *Portrait-charge du baron Benjamin Delessert (1773-1848), industriel et député*, 1927 (édition originale, 1833), musée Carnavalet – Histoire de Paris, France

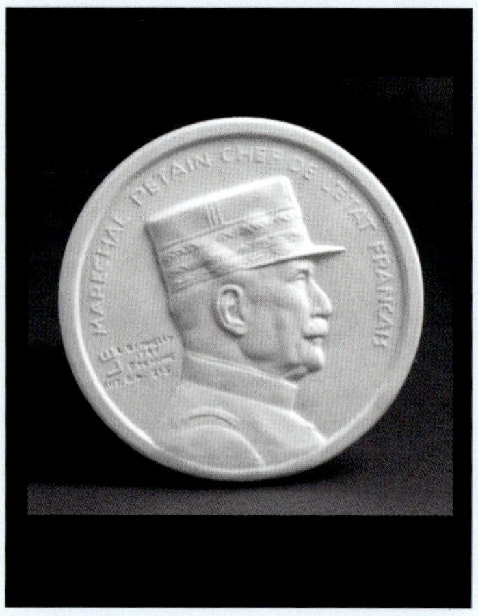

Cat. 207 Louis Marcel Botinelly et manufacture Camille Tharaud (Limoges, France), *Médaillon portrait de Pétain*, 1940, Musée national Adrien Dubouché, Limoges, France

Les qualités expressives et grotesques de la céramique, ainsi que son irrévérence ironique à l'égard de la virtuosité et de l'autorité, expliquent l'usage qu'en ont fait des caricaturistes tels qu'Honoré Daumier et Rafael Bordalo Pinheiro, au XIXe siècle, puis les céramistes funk[18] californiens. Ce va-et-vient, entre pratique révolutionnaire et réactionnaire, rareté et sérialité, traverse l'artisanat et les métiers d'art. À la fin du XIXe siècle, le mouvement Arts and Crafts né en Angleterre sous l'impulsion de William Morris, connu pour ses sympathies socialistes, s'empare de l'artisanat dans l'espoir de résister à l'aliénation par la machine, sans toutefois réussir à démocratiser ses productions qui restent coûteuses. Le constat est le même pour le Bauhaus, en Allemagne, même si son esthétique mi-artisanale mi-industrielle a révolutionné l'art et le design du XXe siècle.

Les bolcheviks, quant à eux, ont eu le génie de recycler les services de table du tsar en y apposant des faucilles et des marteaux, ou des portraits de Lénine. Et les futuristes italiens ont été les premiers à proposer des articles modernes et constructivistes, accordant la forme au contenu. En France, la céramique a aussi été explorée pour sa propension au multiple. Ainsi les artistes fauves ont-ils fait de la céramique par l'entremise du marchand d'art Ambroise Vollard, qui voyait en elle un art au fort potentiel de diffusion, à l'image de la sérigraphie. Dans les années 1930, certains conservateurs de musées français se sont intéressés, comme Georges Henri Rivière à Paris, à la poterie vernaculaire, appliquant des méthodes ethnographiques à un patrimoine national et régional alors menacé de disparaître. François Mathey a poursuivi cet engagement.

17 Voir Éric Moinet, « Manufacture de Sèvres », in *L'Art en guerre. France 1938-1947*, cat. exp., musée d'Art moderne de la Ville de Paris, Paris Musées, 2012, p. 380. Moins connu, un autre fait historique glaçant : les nazis avaient fondé une manufacture à Dachau, où ils faisaient réaliser, par des déportés, des figurines et des objets d'art pour leur plaisir ou pour en faire cadeau.

18 Ce mouvement renvoie à l'audace et à la « saleté crue » du genre musical funk dans les années 1970.

Le rappel de la terre

Les mouvements, cycliques, de retour à la terre sont souvent communautaires, qu'on pense à La Borne (Cher), dans les années 1930-1940, ou aux hippies et aux néo-ruraux contemporains en quête d'une simplicité rustique qui peut sembler, à certains égards, à contre-courant d'une certaine idée de la modernité. Oliver Watson parle d'« ethical pot[19] ». L'extraction de la terre, matière première de la céramique et de l'agriculture, peut garantir l'autarcie et, ainsi, la résistance. Produire localement, mieux, soi-même et pour longtemps, trouve un écho dans les mouvements anticapitalistes prônant la décélération[20] contre l'industrie polluante du plastique jetable. Albert Gleizes évoquait Moly-Sabata, la résidence d'artistes qu'il a fondée en Isère – gérée, à partir de 1930, par la peintre et céramiste australienne Anne Dangar –, comme « un centre de désintoxication de notre époque qui a perdu la mesure de l'homme[21] ». Et de la nature. Mais cette quête d'authenticité peut aussi prendre des accents nationalistes et localistes, conservateurs, rétrogrades, ou même fascistes. Il faut distinguer une différence de fond entre la célébration du terroir régional ou national exclusif et autoritaire[22], d'un côté, et la défense de la terre en tant que ressource planétaire commune à sauvegarder, de l'autre.

Aujourd'hui, le « green washing » (l'arrivisme écologique), rejoint par le « craft washing[23] » (la récupération de l'artisanat), devient le terrain d'actions néolibérales à peine dissimulées. La céramique n'est pas en soi écologiquement responsable, c'est un art de la combustion à l'empreinte carbone non négligeable. Néanmoins, elle apparaît comme l'antidote idéal – émotionnel et matériel – à la virtualisation globalisée des relations, ainsi qu'à la production en masse de produits impersonnels, symptomatiques de notre ère post-industrielle.

Identités alternatives

Même si cela peut surprendre au premier abord, on constate que les médiums historiquement *minorés* dans l'échelle des arts sont ceux que certaines *minorités* choisissent, et pour ces raisons mêmes, de se réapproprier. Dans les années 1970, les artistes féministes se sont ainsi intéressées au textile et à la céramique, contredisant le supposé apolitisme de ces pratiques, préfigurant le « craftivisme » (contraction de *craft* et d'activisme) : c'est alors davantage la dimension du passe-temps amateur et souvent anonyme longtemps réservé aux femmes d'intérieur[24] qui a poussé Judy Chicago à entreprendre son titanesque *Dinner Party*. On peut le rapprocher de deux autres hommages adressés à des femmes influentes, celui du service de table *The Famous Women Dinner Service* des membres du Bloomsbury Group, de Vanessa Bell (la sœur aînée de Virginia Woolf) et Duncan Grant au cours des années 1930 en Angleterre, et celui des médaillons de Jean et Jacqueline Lerat sur la façade d'un lycée de jeunes filles à Bourges, dans les années 1950 – deux œuvres qui apparaissent aujourd'hui comme précurseurs du projet, autrement plus reconnu, de Judy Chicago. Il a été par ailleurs reproché à cette dernière de ne pas avoir suffisamment valorisé les noms de ses collaboratrices, souvent volontaires et issues de communautés racisées.

L'affirmation ou la reconnaissance de l'identité, *via* le nom et la signature, sont pourtant cruciales en matière de politique identitaire et sociale. Certains tuiliers signaient leur production par exemple. Au XIXe siècle, on se souvient aussi de Marie Talbot, pionnière au village potier de La Borne en revendiquant fièrement ses femmes fontaines, alors que ses *alter ego* étaient systématiquement cantonnées au rôle d'anseuses. Dans le même temps, en Caroline du Sud, Dave the Potter, ancien esclave africain-américain, faisait aussi figure d'exception. Redécouverts dans les années 2000 grâce à l'artiste Theaster Gates, ses talents de potier et d'auteur de messages cryptés, parfois grinçants, constituent un témoignage capital d'une époque durant laquelle l'humanité d'hommes et de femmes était implacablement éradiquée.

Plus récemment, on ne peut que reconnaître le rôle fondamental qu'occupe la céramique au sein de la communauté LGBTQIA+. Sans la réduire au plaisir de la manipulation viscérale ou à ses vertus thérapeutiques, du fait des multiples repentirs qu'elle autorise, on peut néanmoins voir un lien entre la souplesse[25] du matériau et la construction, ou subjectivation, *in progress* d'une identité alternative. Un livre récent et passionnant de Zairong Xiang, qui étudie des figures mythologiques proto-*queer* bien antérieures au XXe siècle et issues de cultures non-occidentales[26], oblige à rectifier certaines croyances. On peut aussi arguer que l'ambiguïté et la *softness* (mollesse), apparente et parfois repoussante de certaines céramiques, constituent, en soi, une critique implicite aux canons, pourtant récents, de la céramique-sculpture des expressionnistes tels que Peter Voulkos, ou des artistes funk plus satiriques mais

19 Oliver Watson, *British Studio Pottery. The Victoria and Albert Museum Collection*, Londres, Phaidon Press, 1990.

20 Voir Glenn Adamson, *Fewer, Better Things. The Hidden Wisdom of Objects*, New York, Bloomsbury Publishing, 2018. Il convient de ne pas minimiser le rôle des nouveaux médias, très utilisés par la communauté de la céramique contemporaine.

21 Cette citation d'Albert Gleizes date de 1952. Voir *Zodiaque*, n° 25, avril 1955.

22 Le service de chasse commandé par Hermann Goering et produit entre 1943 et 1944 à Sèvres en est un exemple extrême.

23 Voir Kathleen Morris, « You Are Not a Lemming. The Imagined Resistance of Craft Citizenship », in *The Journal of Modern Craft*, vol. 9, n° 1, mars 2016, p. 5-14.

24 Voir les émissions pour la télévision américaine de la céramiste et professeure Susan Peterson, préfigurant d'une certaine manière la vidéo *Semiotics of the Kitchen* de Martha Rosler en 1975.

25 Souplesse qu'on peut rapprocher du *flow* développé en 1990 par le psychologue Mihaly Csikszentmihalyi, ou de la notion de *fluidité* entre les genres.

26 Zairong Xiang, *Queer Ancient Ways. A Decolonial Exploration*, Goleta, Punctum Books, 2018. L'auteur rappelle que les colons espagnols préféraient parler de « monstres » pour ne pas avoir à traduire le caractère proto-trans ou proto-*queer* de certains dieux précolombiens. Citons aussi le dernier livre de Paul B. Preciado, *Je suis un monstre qui vous parle*, Paris, Grasset, 2020.

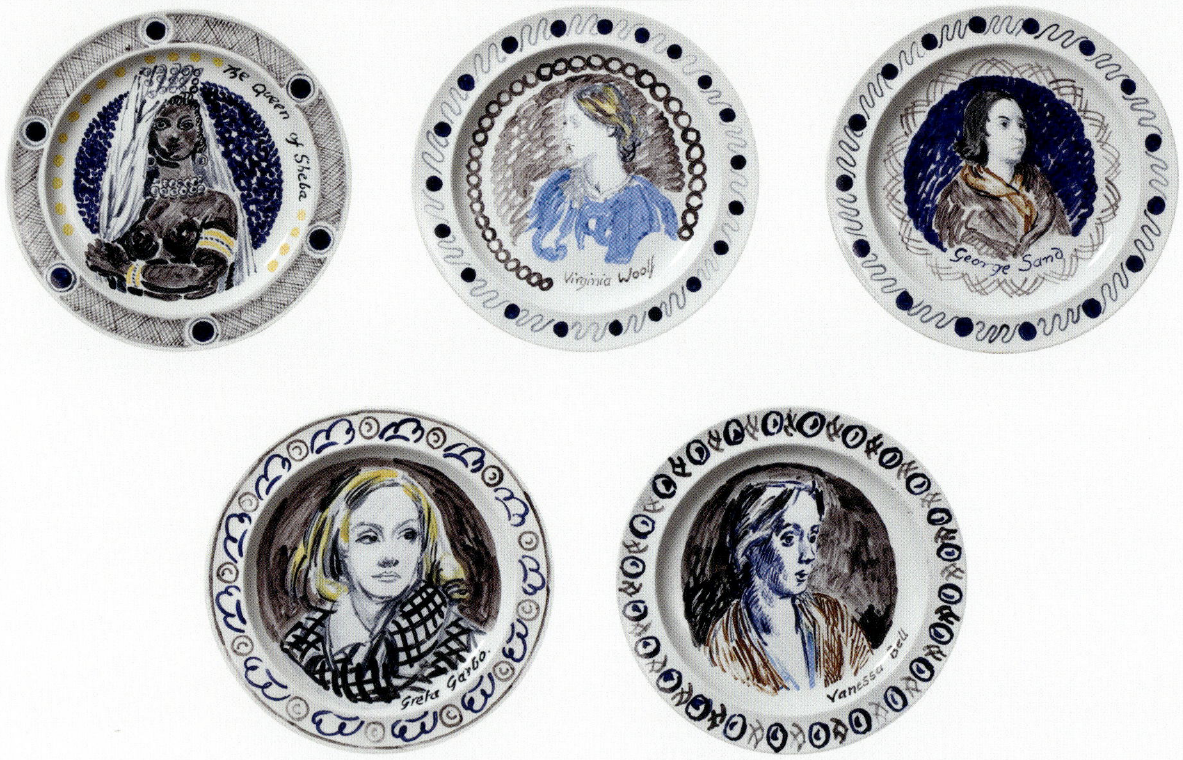

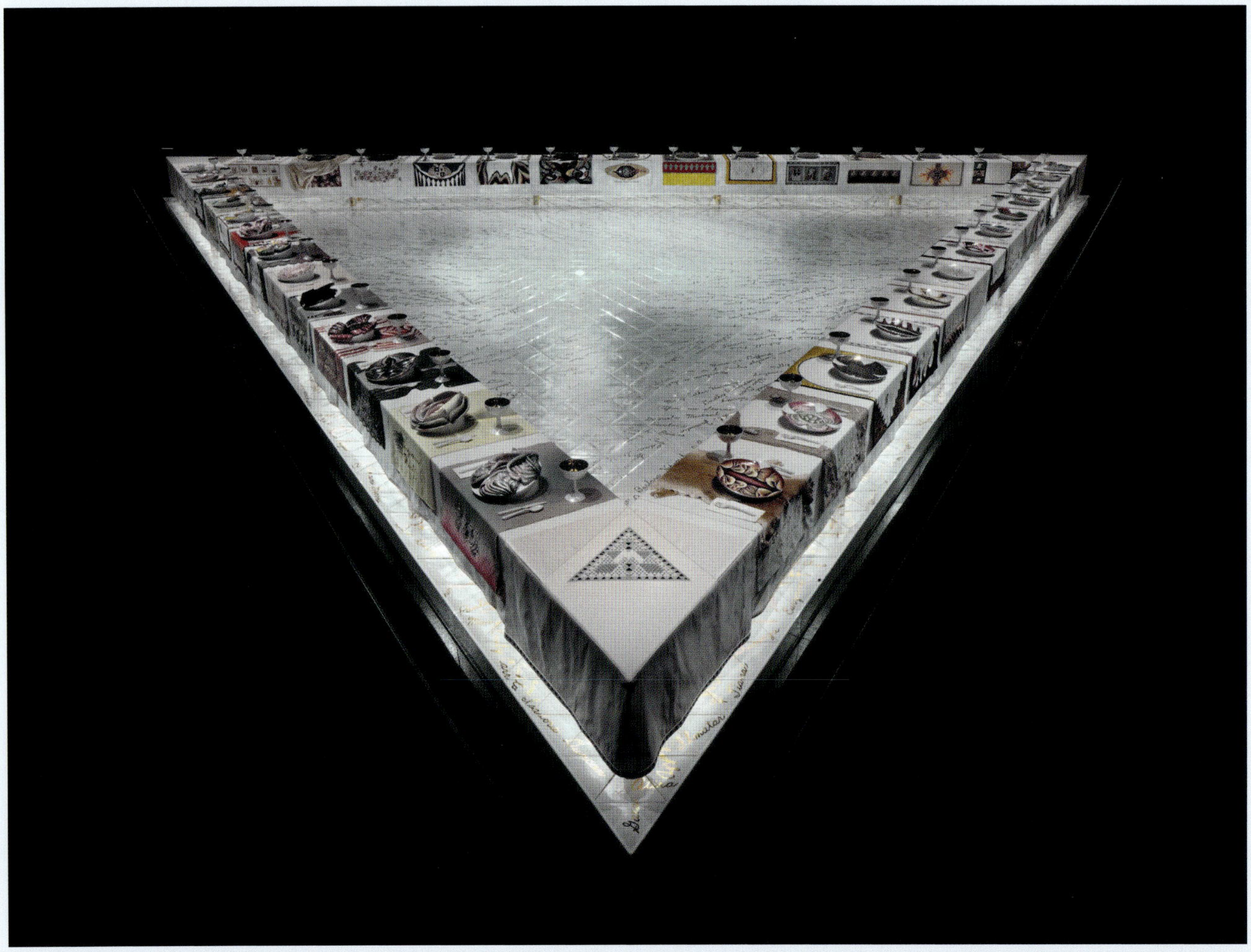

Cat. 219 Vanessa Bell et Duncan Grant, *« Reine de Saba, Virginia Woolf, George Sand, Greta Garbo, Vanessa Bell » plates – « The famous women dinner service »*, 1932-1934, The Charleston Trust, Firle, Royaume-Uni

Fig. 6 Judy Chicago, *Vue de l'installation de « The Dinner Party »*, 1979, Brooklyn Museum, New York, États-Unis

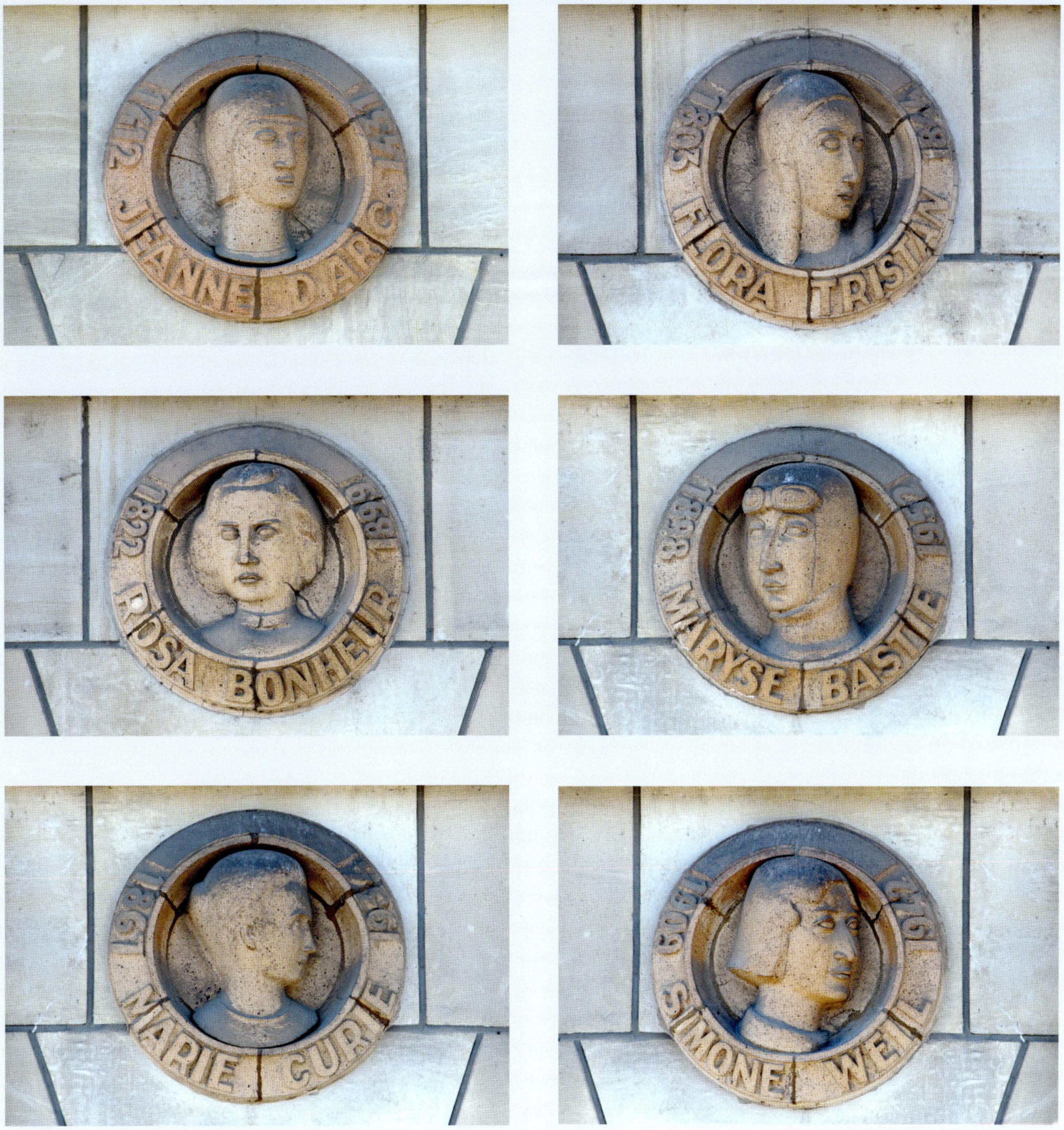

Cat. 222 JJ Lerat, *Vue de la façade du lycée Marguerite de Navarre à Bourges, France Six (des 41) médaillons-portraits en grès de femmes célèbres par JJ Lerat : Jeanne d'Arc, Flora Tristan, Rosa Bonheur, Maryse Bastié, Marie Curie, Simone Weil*, 1951, inventaire du patrimoine culturel, région Centre-Val de Loire

tout aussi masculins. Si l'on repense à la traditionnelle féminisation des parties du vase (ventre, panse, lèvres…), à la métaphore, très problématique, de la cruche percée comme symbole de la virginité perdue et à l'excroissance sémantique et insultante de la figure de la potiche nécessairement féminine, on réalise que la céramique a su se faire, au fil du temps, l'alliée de causes aussi nombreuses que nécessaires.

La céramique commence enfin à être reconnue comme l'un des médiums fondamentaux de l'histoire de l'humanité, mais aussi de l'art des cinquante dernières années. Même si son statut de « supplemental[27] » demeure vivace, elle prouve que le décoratif ou le *craft* peuvent relever du politique. Pour citer la philosophe, passionnée de neurologie, Catherine Malabou : « La plasticité est un état de désobéissance intérieure[28]. » C'est parce qu'elle est ambivalente – double, trouble et souple – dans sa matière même et dans nos usages que la céramique est capable de modifier nos certitudes et nos hiérarchies, y compris les plus normatives, celles qu'on pensait les plus immuables.

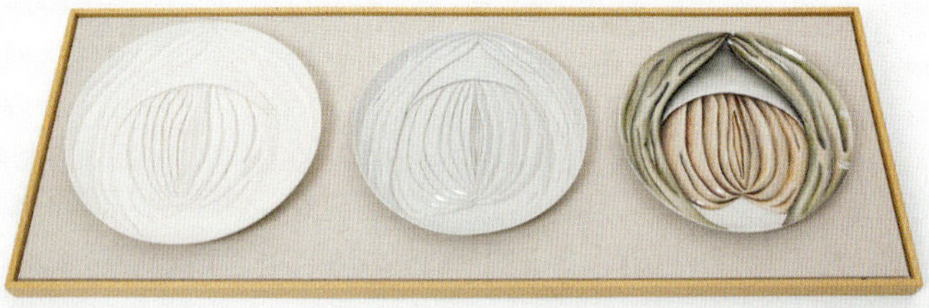

Cat. 218 Judy Chicago, *Hrotsvitha test plates #1, 2 and 3*, 1975-1978, courtesy de l'artiste et Salon 94, New York, États-Unis

27 Complémentaire ou secondaire. Voir Glenn Adamson, *Thinking through Craft*, Londres, Bloomsbury Publishing, 2007.

28 Catherine Malabou, *Plasticité*, Paris, Éditions Léo Scheer, 2000.

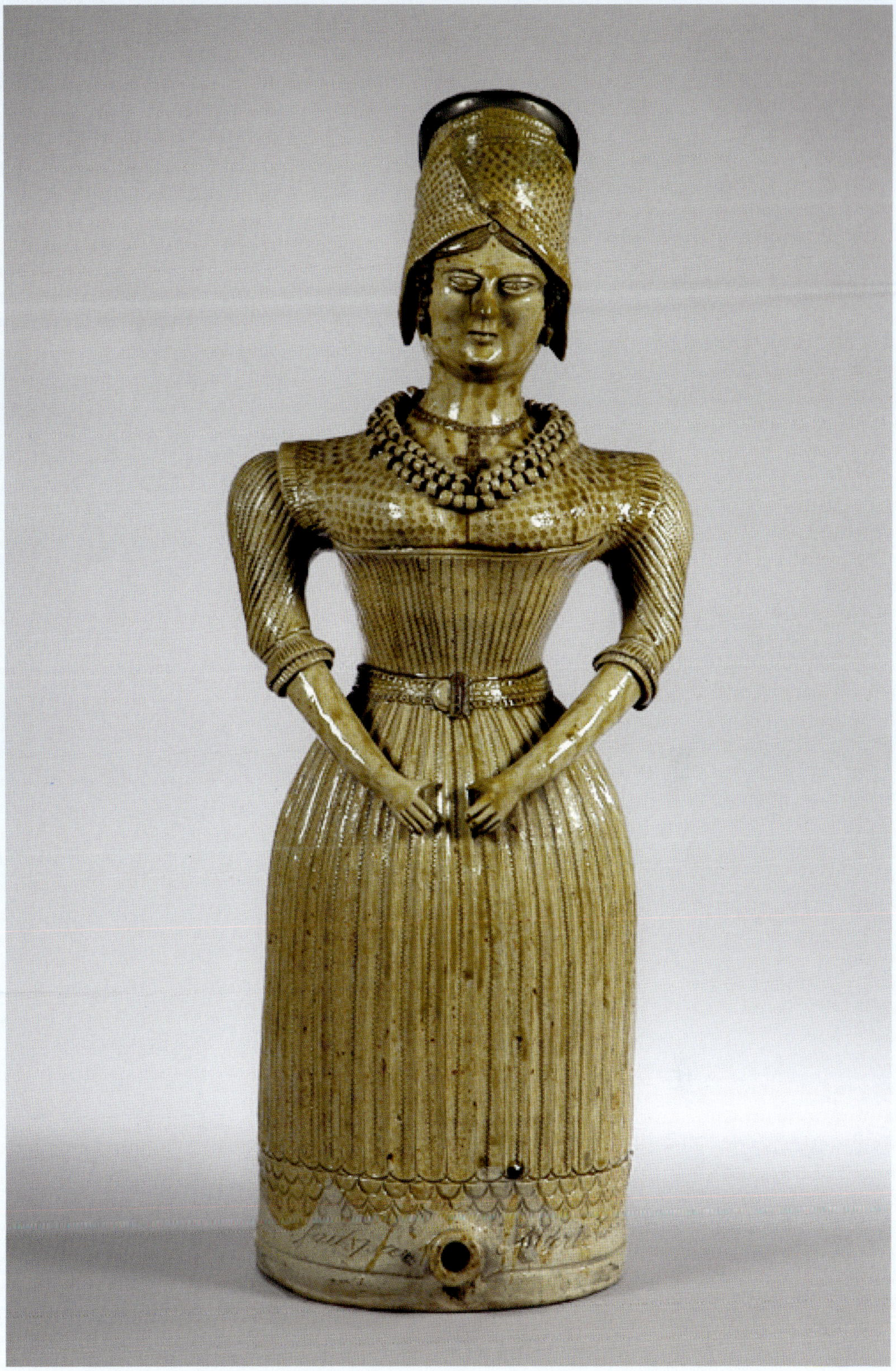

Cat. 217 Marie Talbot, *Fontaine de propreté*, vers 1840, musée des Civilisations de l'Europe et de la Méditerranée, Marseille, France

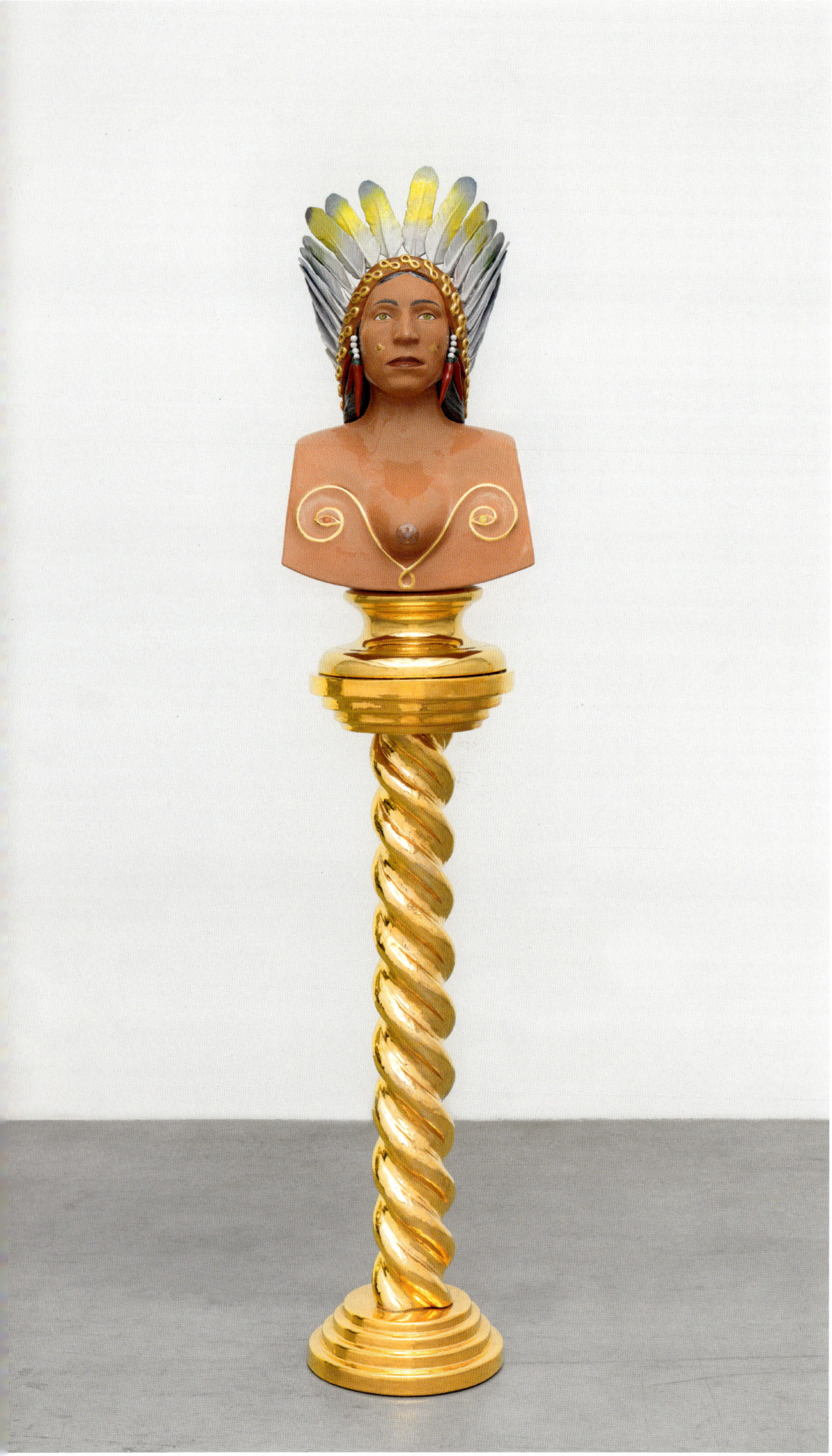

Cat. 147

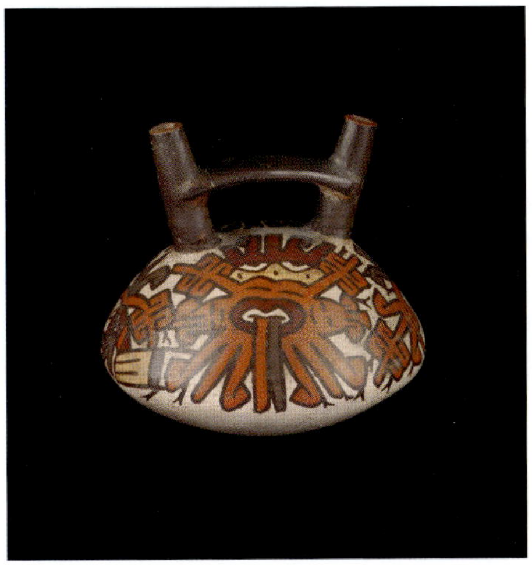

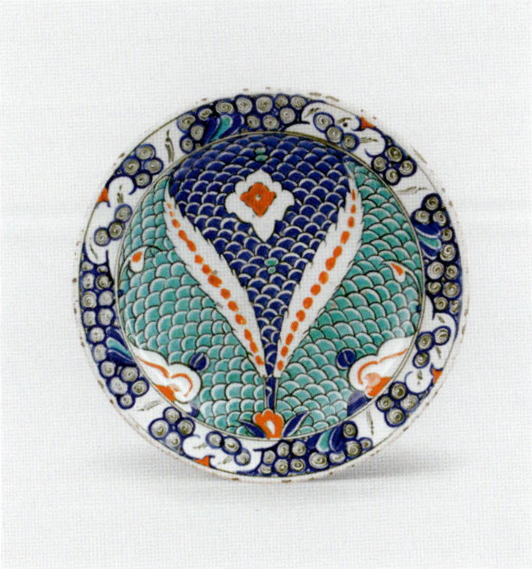

Cat. 159
Cat. 153

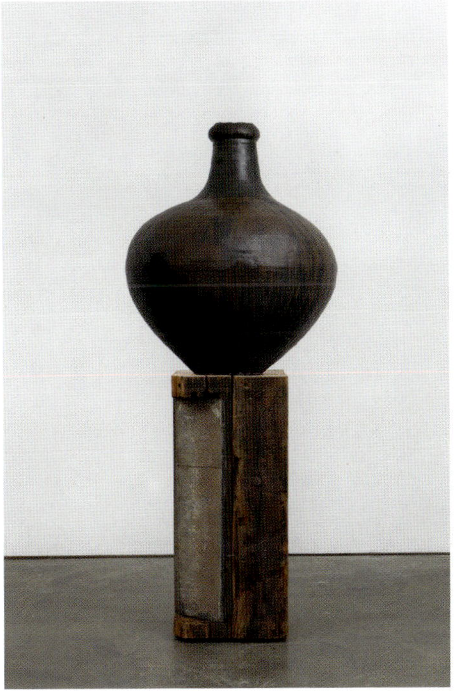

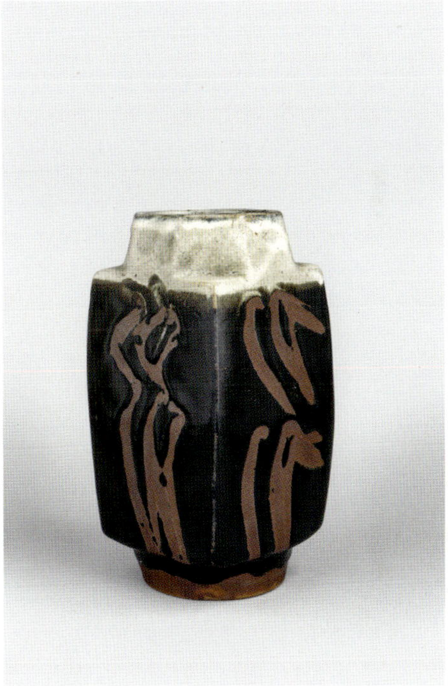

Cat. 156
Cat. 157

Cat. 147 Luigi Ontani, *Bellimbusto Wewha*, 1997, courtesy de l'artiste et MASSIMODECARLO, Milan, Italie
Cat. 159 Anonyme (Pérou, Amérique du Sud), *Récipient à double goulot et anses plates*, 100 avant notre ère-700 après notre ère, musée du quai Branly – Jacques Chirac, Paris, France
Cat. 153 Anonyme (Iznik, Turquie), *Plat aux deux palmes*, vers 1580, musée national de la Renaissance, Écouen, France
Cat. 156 Theaster Gates, *Opium den*, 2016, Madar Fine Art, Paris, France
Cat. 157 Shōji Hamada, *Vase*, 1966, Sèvres – Manufacture et musée nationaux, France

Pages suivantes →
Cat. 154 *Vue du mur de la Qibla, salle de la mosquée, maison de Pierre Loti*, cliché numérique, couleur, 2019, Musées municipaux, Rochefort, France

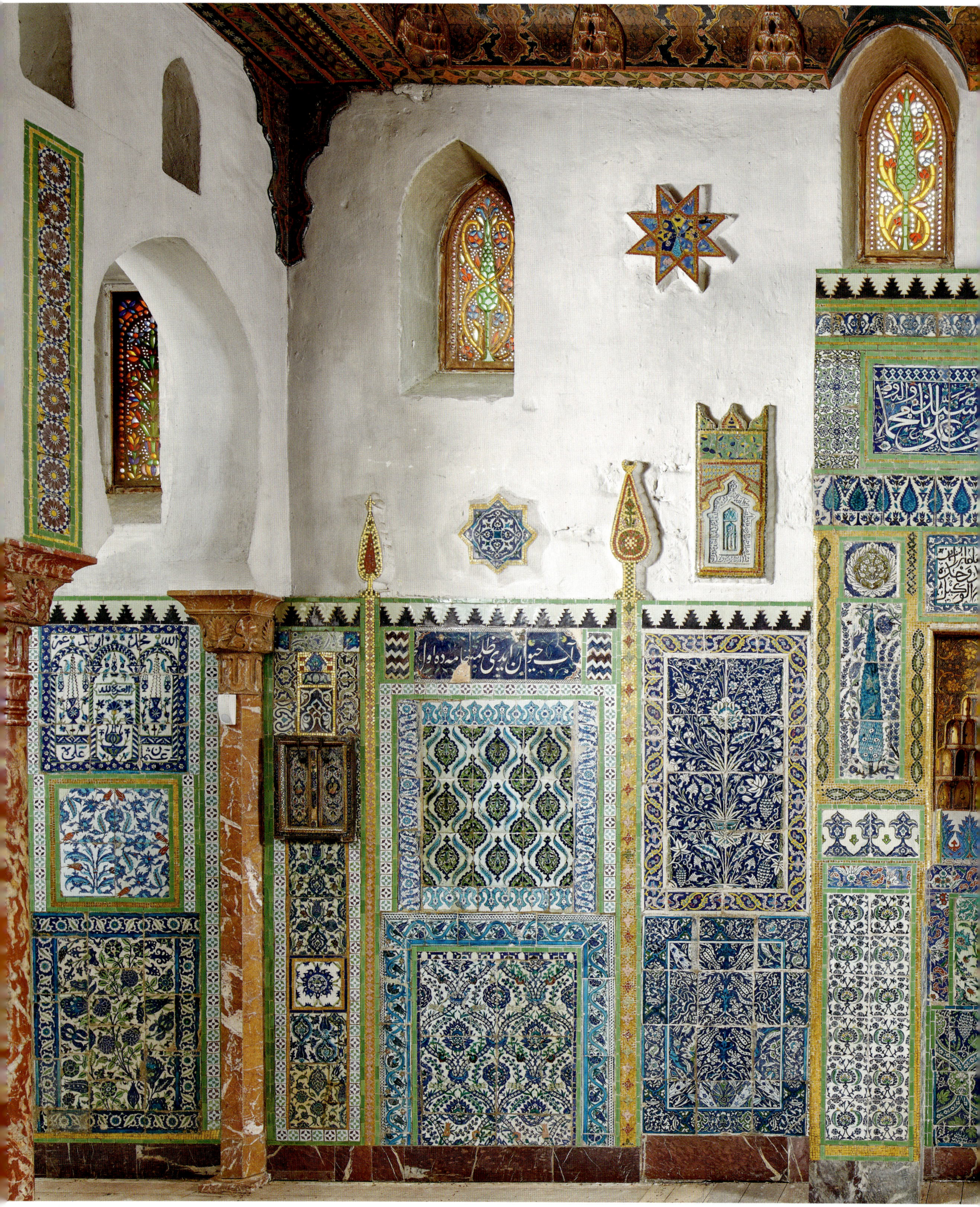

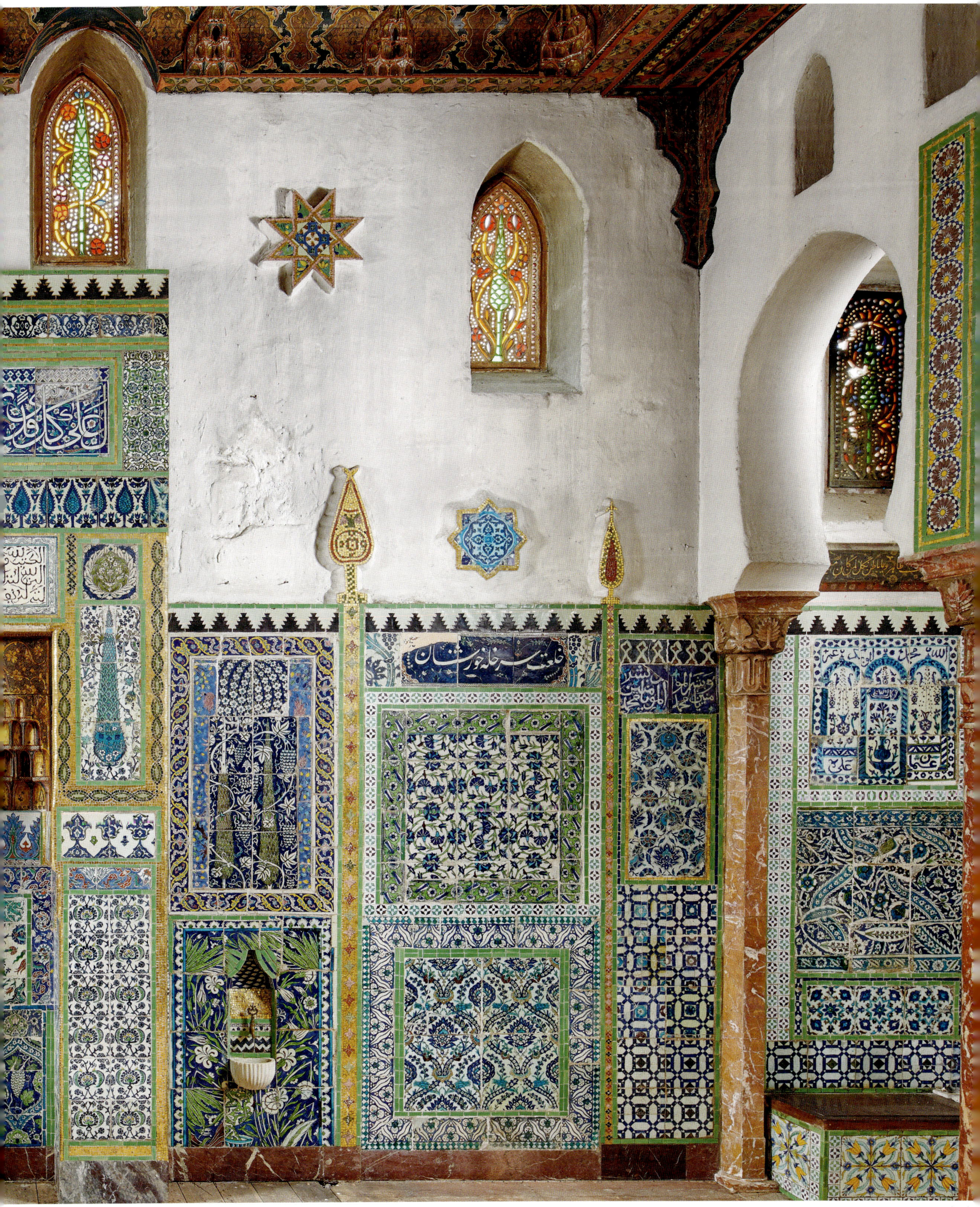

De l'Orient à l'Occident
Entre fascination et quiproquos culturels
Anne-Claire Schumacher

L'arrivée de la mystérieuse porcelaine chinoise en Europe au tournant du XVIe siècle[1] constitue incontestablement l'une des révolutions majeures de l'histoire de la céramique, mais plus largement de l'histoire du goût. Incapables d'imiter cet « or blanc », les potier·ères occidentaux·ales n'auront de cesse d'en copier la blancheur, la finesse, les formes et les décors avec les moyens à leur disposition.

Avant de se démocratiser au XVIIIe siècle, la précieuse porcelaine est l'apanage des rois et des princes. Si les formes importées de Chine sont généralement utilitaires – plats et assiettes, bols et vases –, on se garde, dans un premier temps, de la mettre sur la table. La porcelaine garnit de manière purement ornementale les murs et les plafonds des « cabinets de porcelaines » des palais, enrichis de stucs et de dorures[2]. L'opulence du cabinet reflète la richesse de son ou sa propriétaire.

Les premières porcelaines lestant la cale des caraques portugaises[3] au XVIe siècle sont décorées en bleu de cobalt, dans un style que les Hollandais nommeront « kraak[4] ». Si le centre des plats kraak est généralement composé de fleurs et d'oiseaux, les bordures compartimentées alternent des objets symboliques issus de l'iconographie bouddhiste et taoïste, des lambrequins et des pêches, symboles d'immortalité.

Il ne fait nul doute que les Européens n'ont pas compris la portée de ces motifs ; dans les copies en faïence portugaise ou hollandaise, les objets symboliques sont noyés sous les volutes et enroulements, et les pêches deviennent des tournesols. À la fin de la dynastie Ming (1368-1644), les manufactures de porcelaine de Jingdezhen, dépourvues du soutien de l'empereur, proposent des décors susceptibles de plaire aux lettrés. Les vases sont alors ornés de motifs empruntés aux codes de la peinture traditionnelle de paysage. Ce style, dit de Transition[5], sera également prisé des marchés européens ; les décors de Transition y sont de nouveau copiés sans toujours être correctement interprétés. Ainsi les nuages qui séparent les plans et assurent le passage d'un décor à l'autre deviennent-ils des échelles.

La vision que porte l'Ouest sur la Chine est empreinte d'exotisme et fortement idéalisée : est-ce réellement un pays oisif dans lequel d'élégantes femmes jouent nonchalamment avec leurs enfants tandis que des vieillards boivent du thé ou jouent de la cithare ? Quoi qu'il en soit, l'empire du Milieu est ainsi perçu. Il faut dire que le commerce avec la Chine est sévèrement encadré : au XVIIIe siècle, les marchands des Compagnies des Indes sont cloisonnés dans leurs comptoirs à Canton ; ils ne peuvent accéder aux quartiers chinois et ne résident sur la terre ferme que le temps de charger les bateaux.

Avec l'accroissement exponentiel de l'importation de porcelaine chinoise, les formes et les décors se diversifient. La polychromie s'installe peu à peu (Imari[6], famille verte, famille rose), même si le décor bleu, plus économique, reste majoritaire. En outre, le style chinois ne suffit plus à contenter la clientèle ; des modèles de formes (en bois ou en métal), des gravures et des exemples d'armoiries sont envoyés en Chine afin de répondre à des commandes de plus en plus nombreuses. On sent les décorateurs chinois un peu contraints dans la représentation de scènes occidentales, parfois chrétiennes, éloignées de leur culture[7], mais les lois du marché sont d'or.

L'exemple le plus emblématique et paradoxal des échanges entre l'Orient et l'Occident est la commande faite par la Compagnie des Indes néerlandaises (la célèbre VOC[8]) au peintre Cornelis Pronk (1691-1759). La mission qui lui est confiée est claire : proposer des décors « chinois » destinés à être envoyés en Chine pour être recopiés sur porcelaine. Le premier motif, *La Dame au parasol*, est réalisé en 1734 ; les figures pseudo-chinoises de la femme et de sa servante y sont inscrites dans un paysage avec des oiseaux européens (pigeon capucin et spatule). Le modèle, exécuté en Chine dans les différentes palettes de couleurs (bleu/blanc, Imari, famille rose), sera repris et adapté au Japon, les femmes chinoises étant relookées en geishas. Après *La Dame au parasol*, Pronk proposera d'autres motifs[9], mais cette collaboration se soldera par un cuisant échec financier. Cet épisode est représentatif d'un marché où les commanditaires, plutôt que de demander directement aux peintres chinois des décors orientaux, recourent à un intermédiaire occidental afin d'illustrer une Chine imaginaire et rêvée, susceptible de correspondre aux attentes de la clientèle !

Cette idéalisation sera à l'origine de la mode de la chinoiserie, qui ne cherche pas à copier des motifs chinois, mais repose sur l'interprétation européenne d'une Chine complètement fantaisiste. Si ce courant traverse tous les arts, de nombreuses manufactures européennes de faïence et de porcelaine vont s'en emparer : Delft aux Pays-Bas, Chantilly en France, Doccia en Italie, Alcora en Espagne ou Meissen en Allemagne, la liste est longue...

Qu'en est-il d'une éventuelle influence de l'Europe sur la Chine ? Mis à part l'adoption d'innovations techniques comme le pourpre de Cassius[10] importé par les Jésuites, il ne semble pas avoir existé de réversibilité dans les échanges Orient-Occident, c'est-à-dire de réelle influence stylistique de l'Occident sur l'Orient. La logique du marché et les intérêts économiques ont prévalu ; la Chine a proposé aux « longs nez » étrangers des formes et des décors susceptibles de leur plaire, mais ne correspondant aucunement à sa sensibilité et à sa culture. Le goût des Chinois va avant tout vers la subtile et élégante porcelaine monochrome, et le sino-centrisme explique probablement le désintérêt – voire le dédain – pour la production étrangère. Il est cependant paradoxal de constater qu'aujourd'hui le marché de l'art s'affole pour des pièces tardives et ornementées, acquises à prix d'or par des collectionneurs chinois...

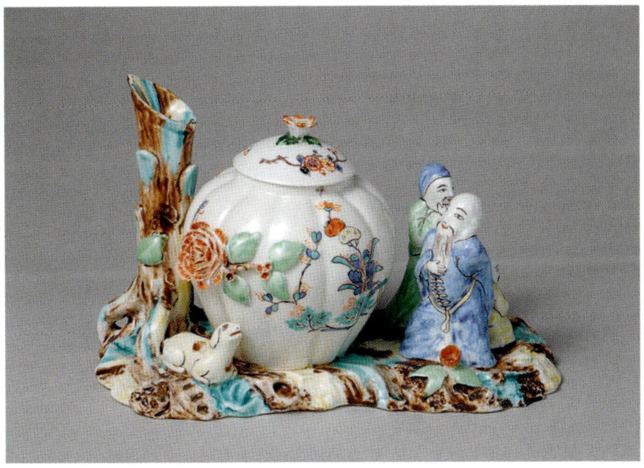

Cat. 151

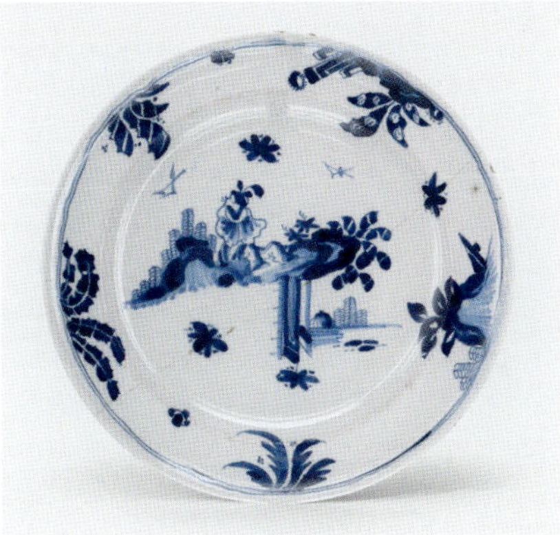

Fig. 7

Cat. 151 Manufacture du prince de Condé (Chantilly, France), *Pot-pourri chinois et vase couvert d'inspiration kakiemon*, vers 1745-1750, Sèvres – Manufacture et musée nationaux, France
Fig. 7 Manufacture Louis Leroy (Alcora, Espagne), *Assiette*, XVIIIe siècle, musée Ariana, Genève, Suisse

1 La porcelaine, une pâte artificielle composée de kaolin (50 %), de quartz (25 %) et de feldspath (25 %), a été mise au point en Chine autour du VIIIe siècle. Devenue un produit d'exportation convoité, au Proche-Orient puis en Europe, elle a fait l'objet d'innovations techniques diverses (faïence, pâte siliceuse, porcelaine tendre), mais n'a réellement été imitée qu'au début du XVIIIe siècle, lors de la découverte d'un gisement de kaolin près de Meissen en Saxe (Allemagne).
2 Un exemple de ces « cabinets de porcelaines » est visible au château de Charlottenburg, à Berlin.
3 Les Portugais sont les premiers Européens à commercer avec l'Orient, à la suite de l'ouverture de la route des Indes par Vasco de Gama en 1498.
4 Le style « kraak » fleurit de 1560 à 1650.
5 La période dite de Transition (entre les dynasties Ming et Qing) s'étend de 1620 jusque vers 1683.
6 Les rapports entre la Chine et le Japon – qui va suppléer la demande lors de la fermeture des ateliers de Jingdezhen pour cause de guerre civile au milieu du XVIIe siècle – ne peuvent être développés ici. Imari est le nom du port japonais d'où partait la porcelaine d'Arita. Lorsqu'ils rouvrent leurs ateliers en 1683, les décorateurs chinois reprennent à leur compte cette typologie, décorée en bleu, en rouge et à l'or.
7 Dans la peinture de paysage, les Chinois n'ont jamais eu le souci de la perspective, exprimant l'éloignement par des nuages qui marquent les différents plans. Ceci n'est qu'un exemple parmi d'autres de différences culturelles fondamentales.
8 Vereenigde Oostindische Compagnie.
9 Quatre en tout.
10 Ce pigment pourpre, qui doit son nom au chimiste allemand Andreas Cassius (1605-1673), a d'abord été utilisé dans l'émaillerie européenne. Il fut à l'origine du développement de la famille rose dès la fin de l'époque Kangxi (1662-1722).

Prenez garde au colonialisme caché dans votre formation à la céramique

Erik Scollon

Message publié sur le compte Instagram « Pots in Action », @potsinaction, 22 juin 2019.
Traduit de l'anglais par Jeanne Bouniort

Une figure importante de la formation à la céramique n'a pas enseigné aux États-Unis. Bernard Leach [1887-1979], fils d'un banquier anglais, né à Hong Kong, a fait des allers-retours entre le Japon et la Grande-Bretagne pendant toute sa jeunesse. Son influence sur l'étude de la céramique outre-Atlantique s'est exercée de plusieurs manières. D'abord, son texte fondateur, *Le Livre du potier*[1], a contribué à la diffusion du savoir technique, mais aussi des valeurs esthétiques et de l'impératif moral propres à créer un certain type de poterie. Ensuite, certains céramistes d'art américains, qui ont étudié auprès de lui à la Leach Pottery, en Angleterre, sont retournés aux États-Unis où ils ont mis en place des programmes de céramique au sein des facultés d'art. Parmi eux, Warren MacKenzie s'est ainsi imprégné des idées de Leach avant de les transmettre à des générations de potiers formés à l'université.

Dans les années 1950, alors qu'il donnait des conférences aux États-Unis, Leach s'est rendu à Alfred où il est entré en relation avec des personnalités montantes comme Peter Voulkos, tandis que, dans *Craft Horizons*, il publiait une analyse sur la céramique américaine. Il pensait, en effet, qu'une longue histoire culturelle, ou un enracinement profond, était nécessaire pour réaliser de la bonne poterie. Selon lui, l'Amérique était trop jeune, trop multiculturelle et trop individualiste pour créer des œuvres de qualité. Au départ, ses idées n'ont pas reçu un bon accueil, comme en témoignent le courrier des lecteurs de *Ceramics Monthly* et une lettre particulièrement virulente de Marguerite Wildenhain, retrouvée dans les archives de la Smithsonian Institution.

Pour combler cette absence d'enracinement, Leach conseillait vivement aux céramistes « d'adopter » le style et les valeurs d'autres potiers, chinois et japonais. On peut dire que l'enracinement de Leach provenait du colonialisme anglais. Ce qui apparaît clairement quand il écrit : « Le Nord, le Sud, l'Est et l'Ouest nous appartiennent et toutes les cultures du monde nous ouvrent leurs portes secrètes[2]. » Dans ses travaux, Leach établit maintes fois une opposition entre Orient et Occident, et il accorde la primauté à une production culturelle éclairée qui emprunte à ceux qu'il qualifie de « potiers traditionnels ». L'« emprunt » d'un autre style culturel est-il encore un geste colonial, une appropriation culturelle ou une simple réinterprétation postmoderne ?

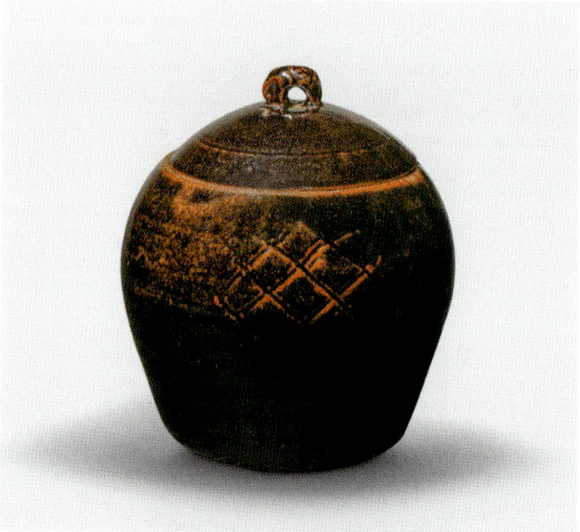

Cat. 158 Bernard Leach, *Vase à couvercle décoré d'un éléphant*, 1950, Sèvres – Manufacture et musée nationaux, France

1 Bernard Leach, *Le Livre du potier*, trad. Bernadette Lhote-Sulmont et Mathilde Scalbert-Bellaigue, Paris, Les Éditions ateliers d'art de France, 2003 (éd. originale en 1945).
2 Bernard Leach, « American Impressions », *Craft Horizons*, hiver 1950, p. 18.

Message au lecteur
Ayumi Horie

Ce texte a été publié pour la première fois dans *Garland Magazine* le 4 décembre 2019. Traduit de l'anglais par Jeanne Bouniort

@potsinaction a fait son temps. J'ai changé, Instagram aussi. Après deux mille quatre cents messages du monde entier sur toutes sortes de terres et de céramiques, @potsinaction sera archivé sur un site internet où il restera accessible comme source de documentation. Le compte @potsinaction a renforcé les passerelles entre culture populaire et monde universitaire. Il a attiré vers la céramique de nombreuses personnes en leur faisant découvrir un univers au-delà des ateliers de loisir et des vitrines de musée datées. Il est devenu une référence pour les étudiants, les chercheurs et les professionnels du secteur, en permettant d'approfondir ce que nous pensions bien connaître. Pendant quatre ans, ce compte collaboratif n'a cessé de produire de nouveaux contenus en essayant de montrer les créations de qualité, mais aussi les liens insolites et universels que l'argile entretient avec nos existences.

Au début d'Internet, et même sur Instagram, j'avais un sentiment de méritocratie. Plus j'y passais de temps et plus je recevais en retour. Les flux qui généraient des contenus originaux augmentaient l'audience, contrairement aux flux qui s'approprient désormais des textes en les republiant tels quels. Instagram avait quelque chose d'utopique et de prometteur. Internet n'est certes pas dystopique, mais les algorithmes font le jeu des annonceurs en quête de prévisibilité, et rien de tout cela ne m'intéresse.

Comment décide-t-on, à titre personnel, d'abandonner la partie ou de redoubler d'imagination ? Pendant des années, @potsinaction et moi ne faisions qu'un. Ce système fonctionnait. Je regardais régulièrement mon téléphone et la recherche alimentait ma curiosité. La céramique me réservait tellement de « waouh ! » : des patineurs hollandais participant au concours à qui brisera le moins de pipes en terre (pas des pipes ordinaires, on aurait dit des pelotes enchevêtrées) accrochées à leurs dos, dans un film de 1919 ; des joueurs de jaltarang, en Inde, qui font résonner des bols en porcelaine emplis d'eau ; ou des sortes de jarres munies de dents servant de batteurs à œuf en Géorgie. Parmi les temps forts, il y a eu le message sur la performeuse Lerato Shadi, qui perpétue la mémoire des esclaves africains réduits à se suicider en mangeant de l'argile, pour échapper à leur vie de souffrance. Mais aussi celui de Haakon Lenzi sur le bol à riz à moitié fondu dans l'explosion à Hiroshima, les aperçus de techniques industrielles comme les briques, ou même les maisons imprimées en 3D, sans oublier les plaques en céramique conductrices, qui ont contribué à combler ma curiosité et celle de cent vingt mille abonnés.

Deux facteurs se sont conjugués pour hâter ma décision d'archiver le compte. Écœurée par la mercantilisation des médias sociaux et les changements d'algorithmes qui découragent la participation de la communauté, je crois que @potsinaction sera plus utile sous la forme d'archives consultables en ligne. Et puis, maintenant que je suis mère, je dois me consacrer davantage à ma famille et ne peux plus m'occuper de @potsinaction comme il faudrait. Son archivage va prendre du temps : je suis ouverte aux suggestions qui permettront de lui donner tout son sens.

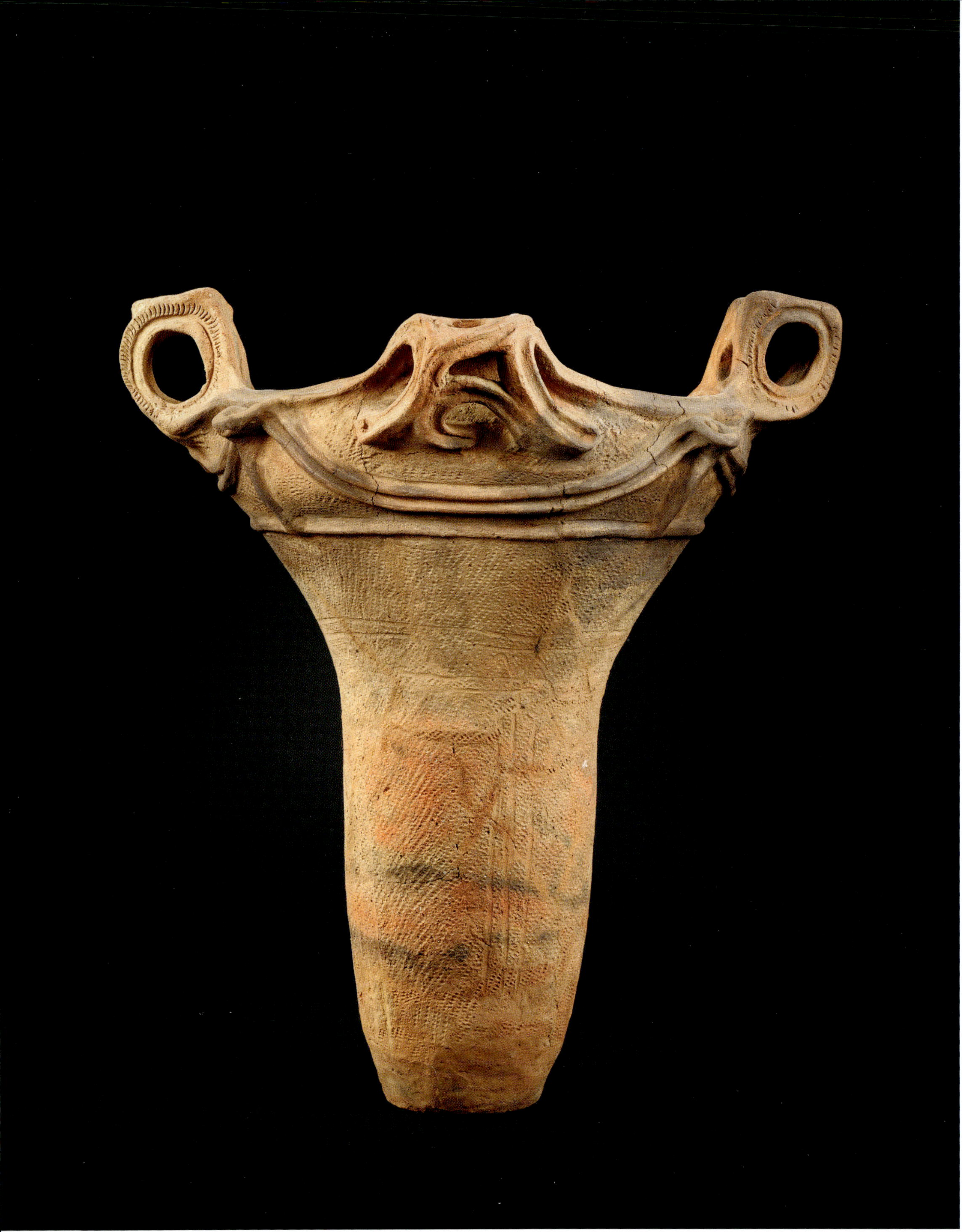

Cat. 164 Anonyme (Japon), *Jarre de conservation jōmon doki*, période Jōmon moyen (2920-2160 avant notre ère), collection G. et N. Schmitt, Paris, France, courtesy galerie Mingei, Paris, France

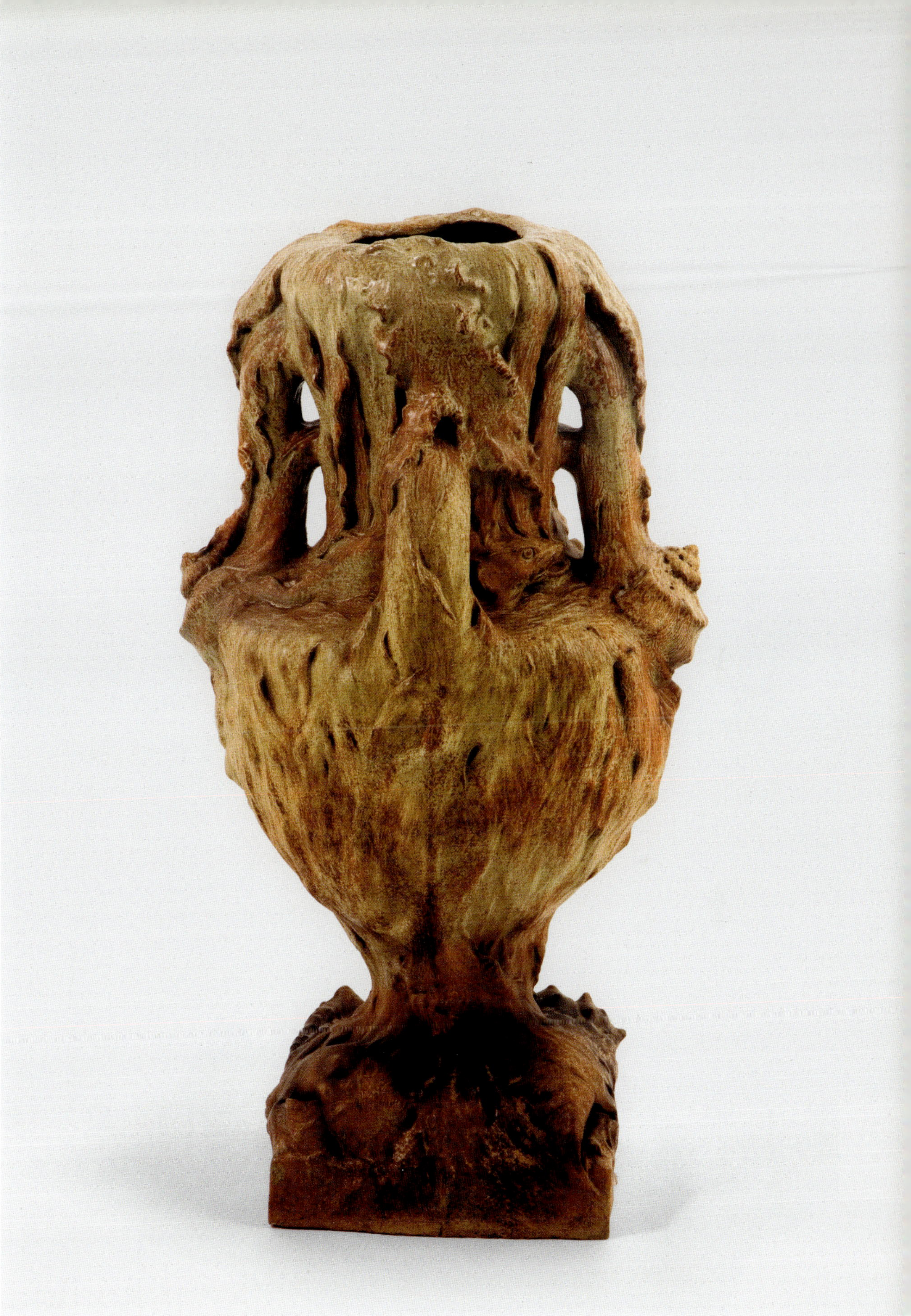

Cat. 180 Georges Hoentschel,
Vase algue, 1900, collection Rick Owens
et Michèle Lamy, Paris, France

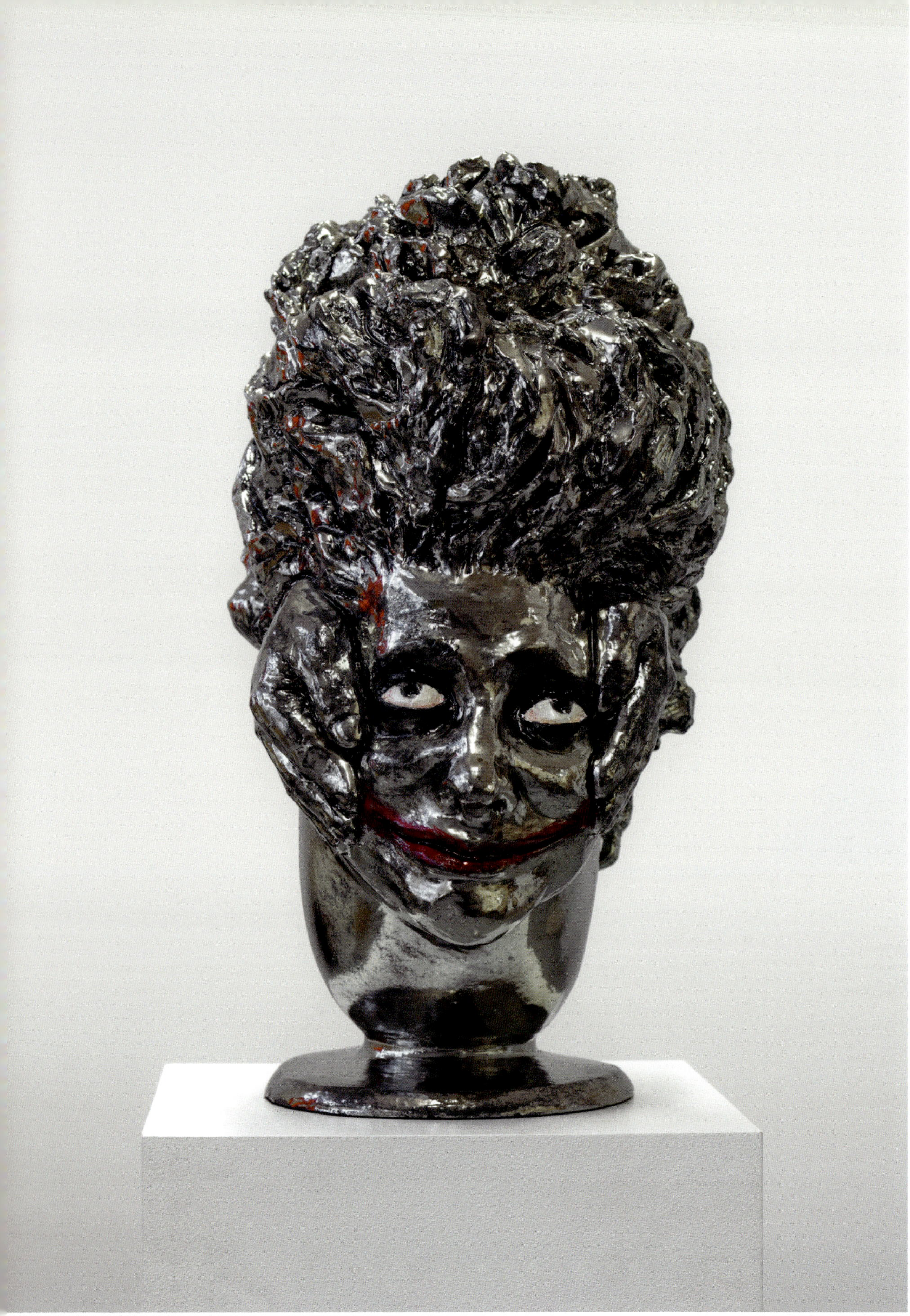

Cat. 225

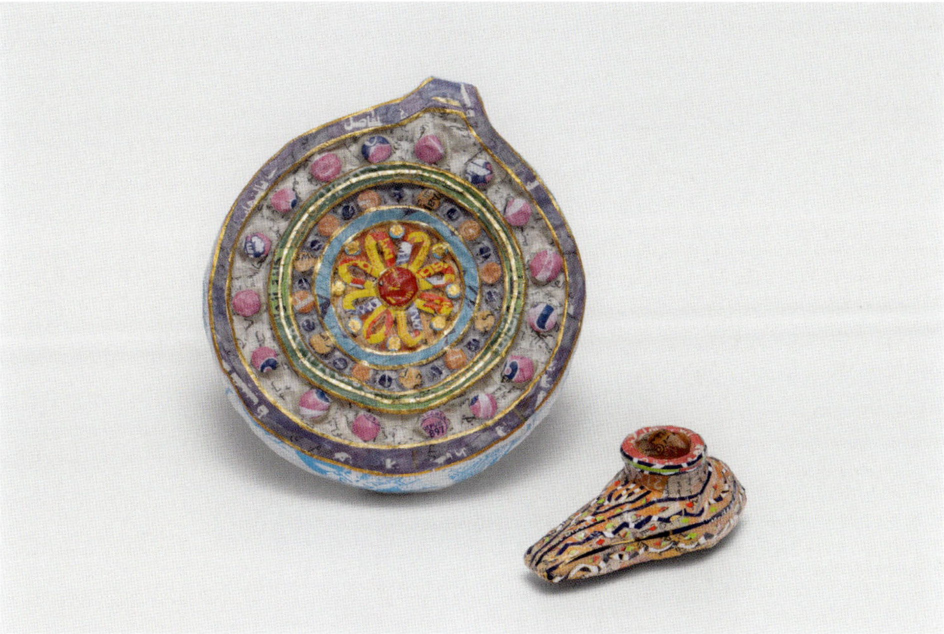

Cat. 160

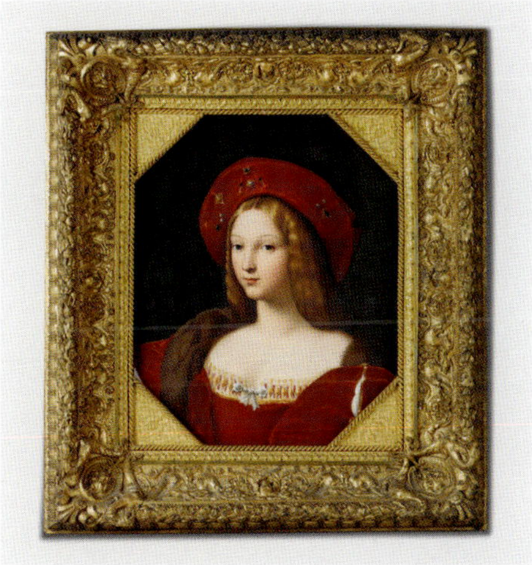

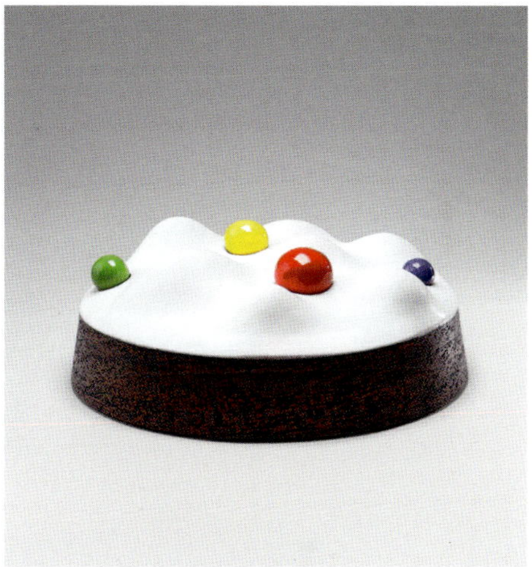

Cat. 163
Cat. 167

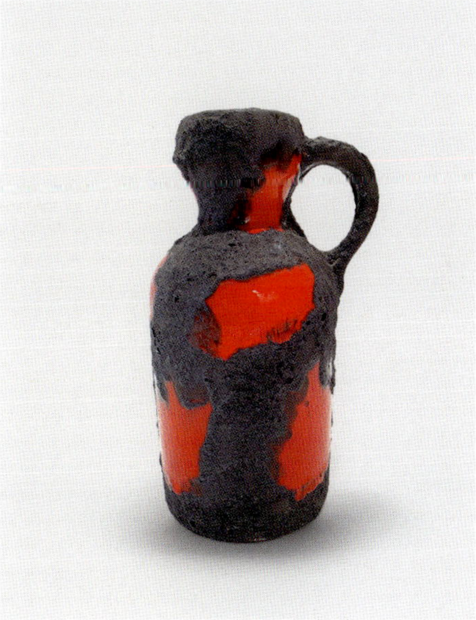

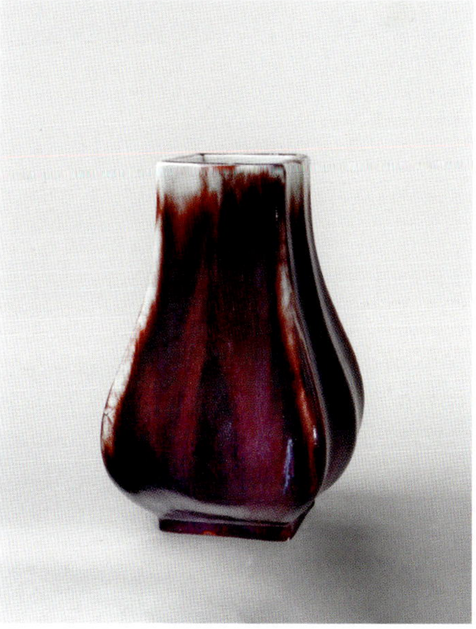

Cat. 168
Cat. 166

Cat. 225 Jean-Luc Verna, *Vase misère #2*, 2014, courtesy de l'artiste et Air de Paris, Romainville, France
Cat. 160 Michael Rakowitz, *Oil lamp* et *Pierced pendant*, 2021, courtesy de l'artiste et galerie Barbara Wien, Berlin, Allemagne
Cat. 163 Marie-Victoire Jaquotot, *Portrait d'Isabel de Cardona de Requesens, vice-reine de Naples, dite autrefois Jeanne d'Aragon*, 1837 (d'après Raphaël, 1483-1520), Sèvres – Manufacture et musée nationaux, France
Cat. 167 Kristin McKirdy, *Space mountain*, 2013, Musée national Adrien Dubouché, Limoges, France
Cat. 168 Anonyme (Allemagne), *Vase Marel, décor Lava, modèle 4303*, 1970, collection Nicolas Trembley, Paris, France
Cat. 166 Ernest Chaplet, *Vase*, 1882, Sèvres – Manufacture et musée nationaux, France

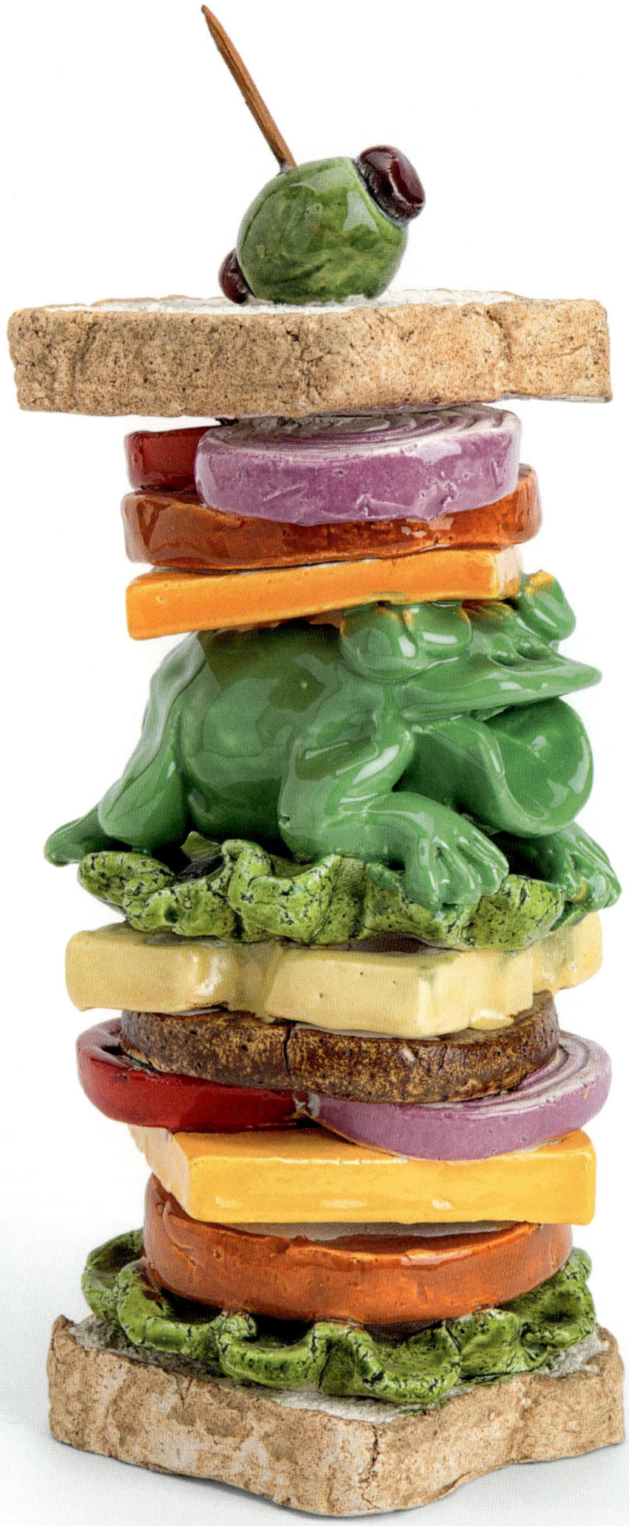

Cat. 214 David Gilhooly, *Dagwood*, 1987, Arizona State University Art Museum, Tempe, États-Unis

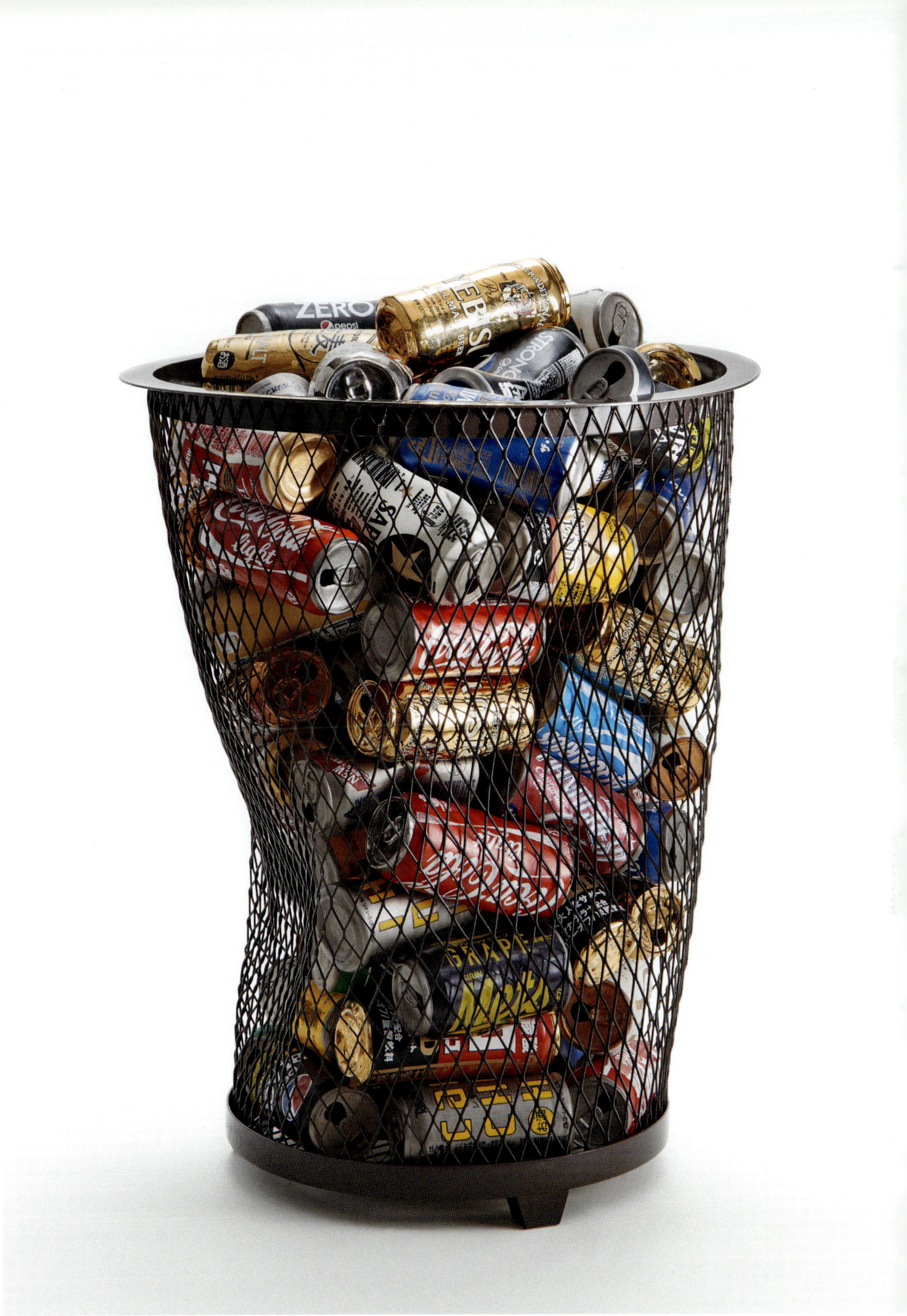

Cat. 165 Kimiyo Mishima, *Work 18-C3*, 2018, Sokyo Gallery et Contemporary Art Cultural Foundation, Kyoto, Japon

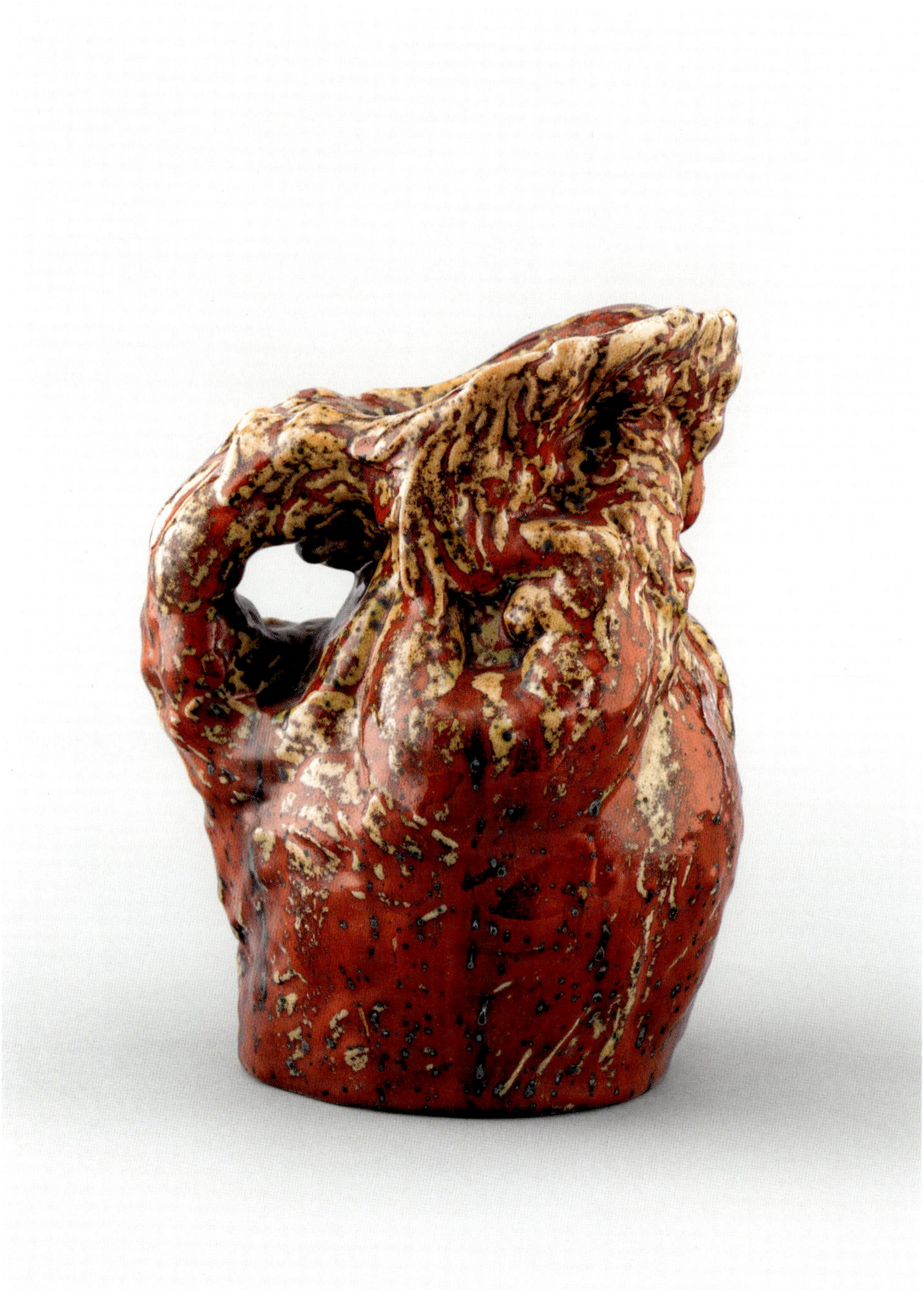

Cat. 179 Pierre Adrien Dalpayrat et Adèle Lesbros, *Pichet*, 1894, musée d'Orsay, Paris, France

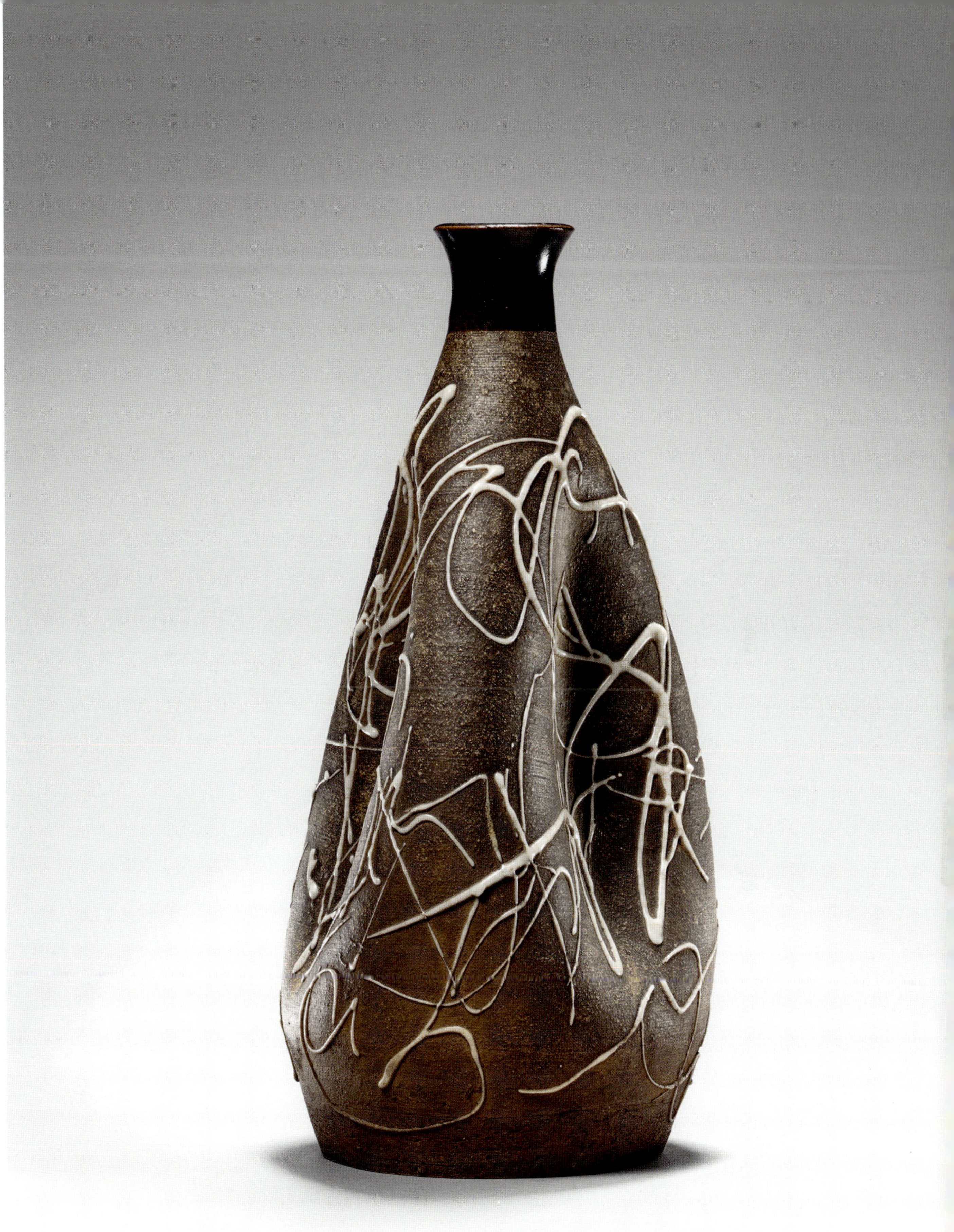

Cat. 175 Anonyme (Japon),
Vase au décor de rakan, période Edo (1603-1868), Musée national des arts asiatiques – Guimet, Paris, France

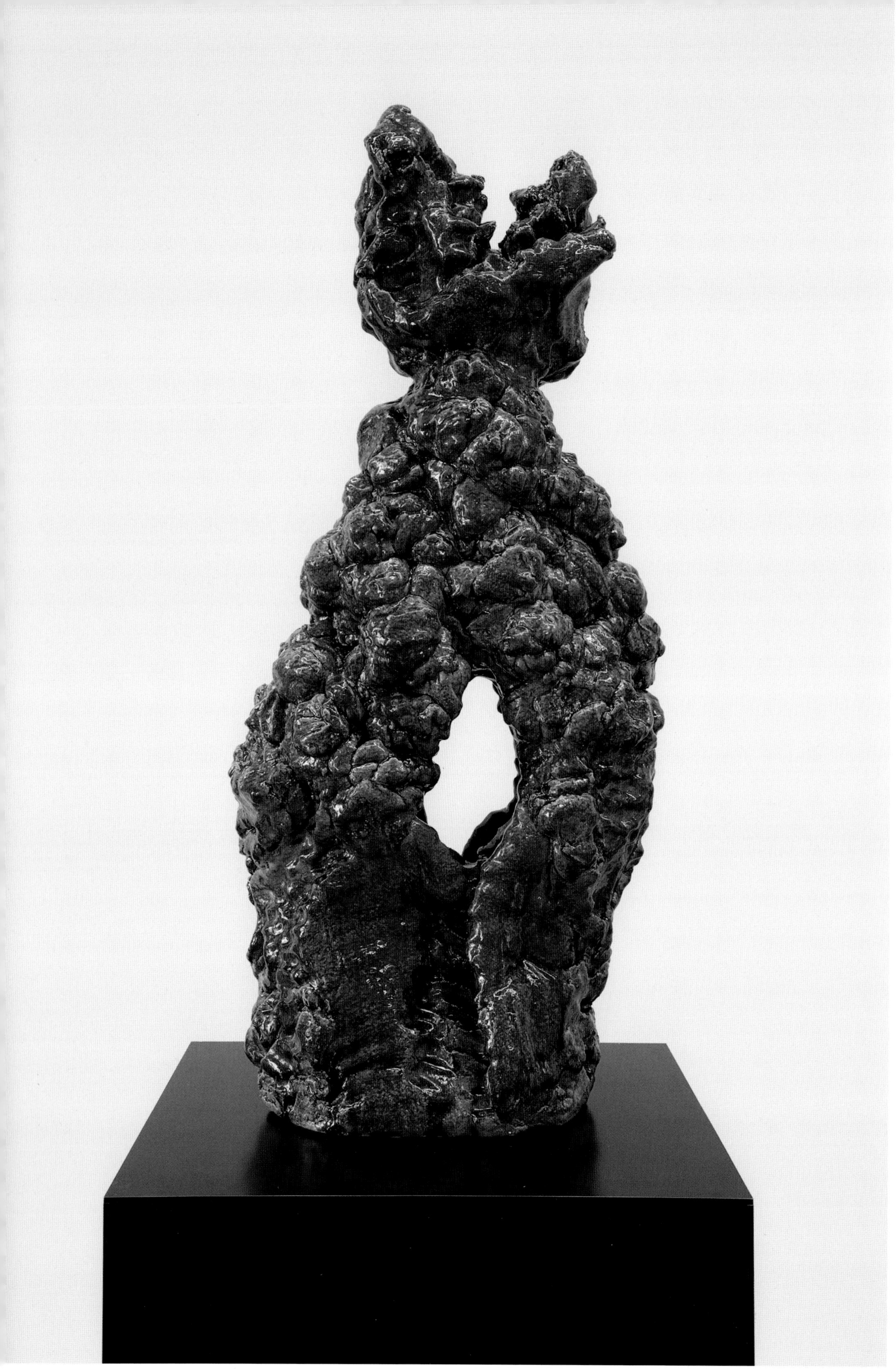

Cat. 187

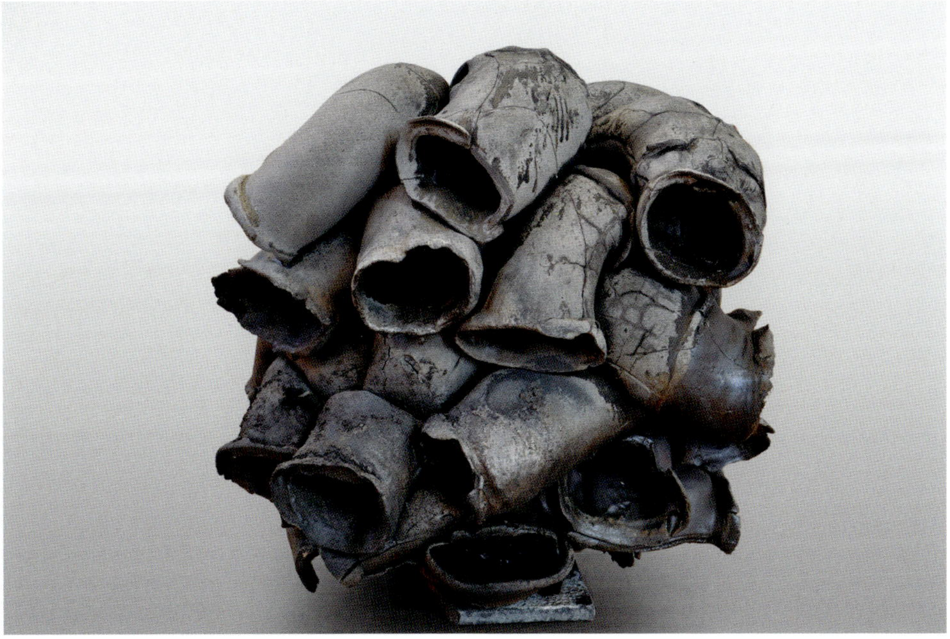

Cat. 173

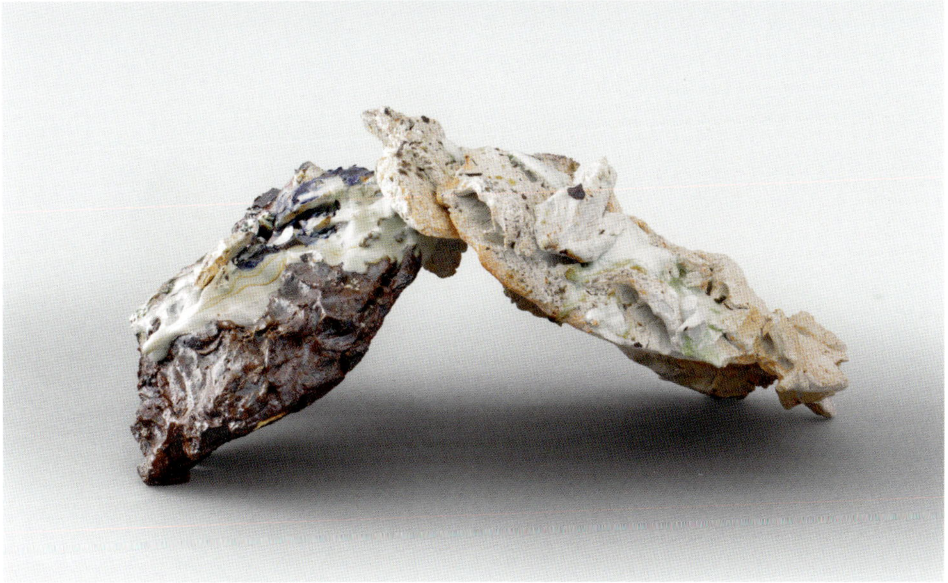

Cat. 174

Cat. 187 Cameron Jamie, *Ma tramp*, 2018, galerie Kamel Mennour, Paris, France
Cat. 173 Torbjørn Kvasbø, *Stack, tube forms*, 2018, collection de l'artiste
Cat. 174 Anne Verdier, *Affleurant*, musée des Beaux-Arts, Lyon, France

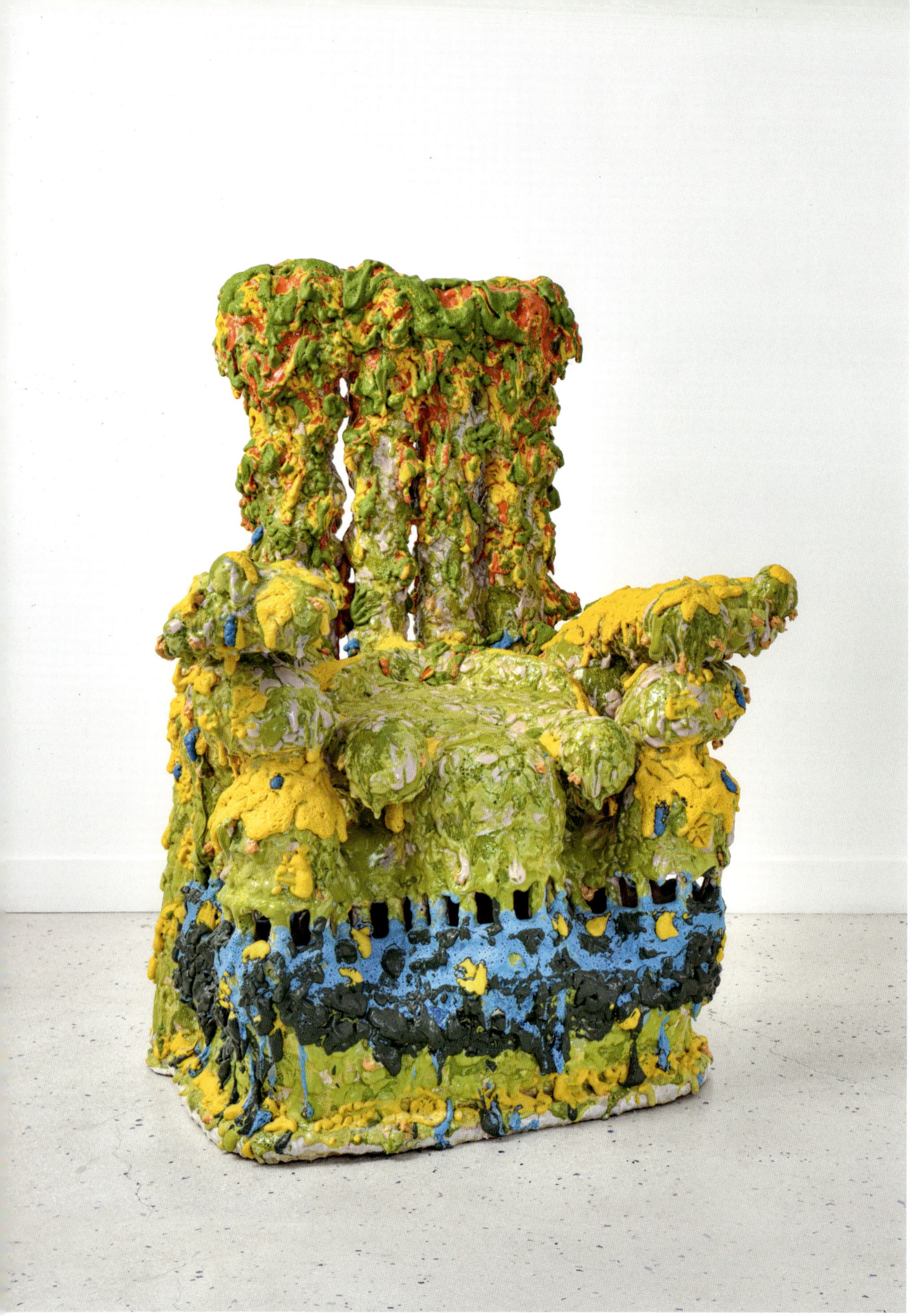

Cat. 185

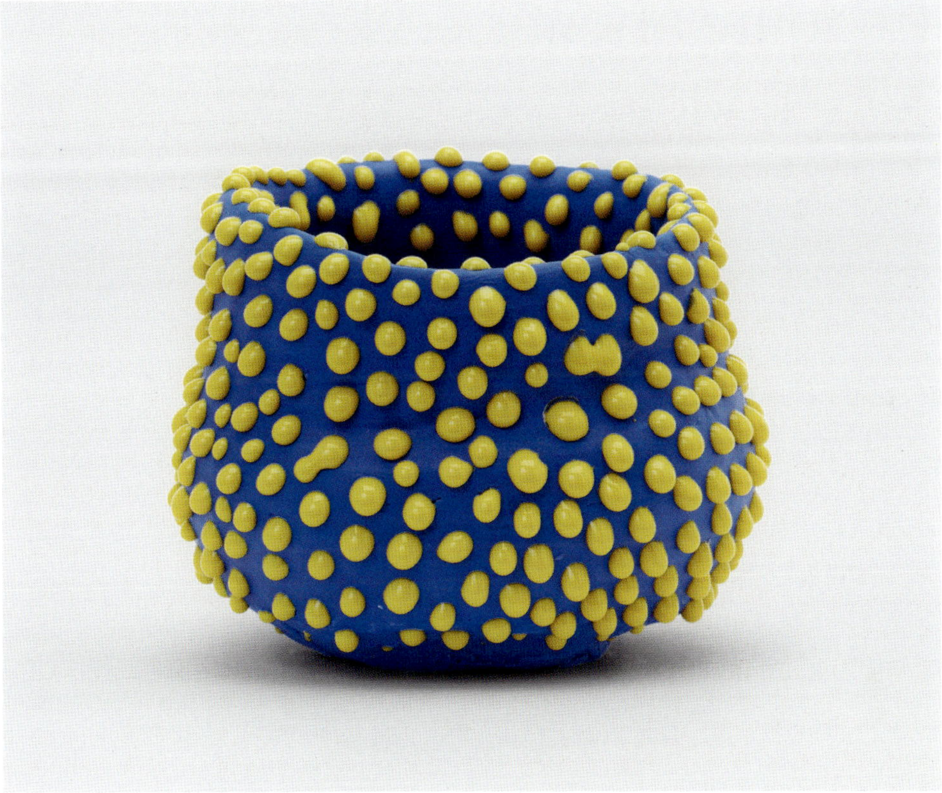

Cat. 150

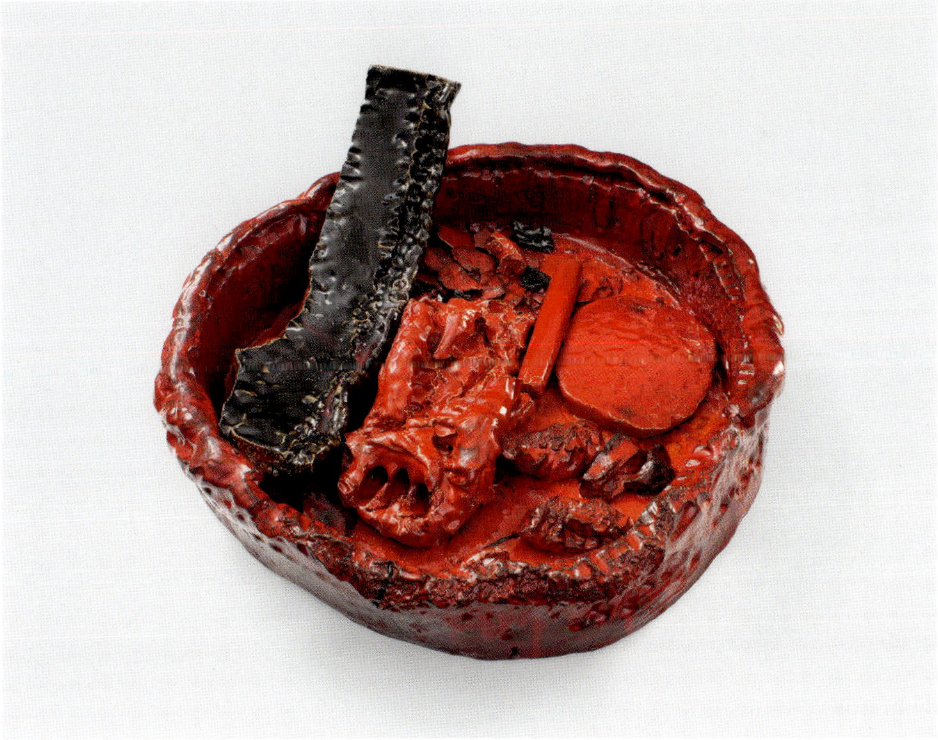

Cat. 186

Cat. 185 Nick Weddell, *Wednesday*, 2019, galerie Lefebvre et Fils, Paris, France
Cat. 150 Takuro Kuwata, *Bowl*, 2014, courtesy de l'artiste et Pierre Marie Giraud, Bruxelles, Belgique
Cat. 186 Sterling Ruby, *Basin theology, red paw*, 2013, musée d'Art moderne de Paris, France

Jubiler, contre toute attente

Frédéric Bodet

« Entre tes doigts l'argile prend forme / L'homme de demain sera hors norme / Un peu de glaise avant la fournaise / Qui me durcira / Je n'étais qu'une ébauche au pied de la falaise / Un extrait de roche sous l'éboulis / Dans ma cité lacustre à broyer des fadaises / Malaxe / Le cœur de l'automate / Malaxe / Malaxe les omoplates / Malaxe le thorax / Issu de toi / Issue de moi / On s'est hissés sur un piédestal / Et du haut de nous deux on a vu[1] [...] »

Nombreux sont les artistes, utilisant l'argile comme un matériau sculptural, qui semblent ne plus avoir aujourd'hui d'autre projet, ni d'autre sujet, que d'explorer le processus de sa mise en forme et de révéler le potentiel éminemment « réactif » de cette matière, jusqu'aux limites extrêmes de sa résistance. Leur approche quelque peu indolente de la fabrication – vraie ou fausse innocence – laisse souvent beaucoup de place au hasard. Ils accueillent avec décontraction les possibilités d'erreurs et les incertitudes inhérentes au changement métamorphique de l'argile à la cuisson, qui fait vivre au béotien comme au confirmé des succès inespérés, alternés d'échecs « cuisants ». Pourquoi la matérialité de l'argile les attire-t-elle autant, avec une telle persistance ?

Prendre de la terre fraîche à pleine main constitue en soi un geste symbolique fort, le premier moyen aussi de revenir à cet « état de nature » fantasmé, dont nous souffrons tous d'être orphelins. Dès l'instant qu'on plonge les doigts dans la terre, on produit. Et c'est déjà beaucoup. Hélas, ça ne marche pas toujours. Dans ce domaine, le désastre peut promptement faire suite à l'extase, et la surproduction fébrile devenir un écueil embarrassant. Vue de loin – ou de haut – l'argile peut sembler sale. Mais on la ressent très vite saine et voluptueuse dès lors qu'on la compacte au creux des mains. Pour peu qu'on s'y attarde, cette hostilité première se transformera en une jubilation au travail. Cette boule de terre battue ou caressée fera bientôt sur vous l'effet d'une jouvence ; la triturer vous rendra aussi spontanément joyeux qu'un enfant. Vos inhibitions, blocages ou préjugés d'éducation tomberont progressivement et laisseront place à la conviction intime d'une épiphanie.

C'est sûr, quelque chose peut naître de cette excitation à modeler. Votre esprit commence à s'agiter sans répit, alors même qu'il navigue à vue dans ces marécages angoissants et fangeux du « dur » et du « mou ». Cependant, un choix crucial se dessine assez tôt : résister à cette malléabilité en « construisant », c'est-à-dire en contraignant rigoureusement la forme par une série de gestes à l'appui d'un raisonnement logique (éventuellement géométrique) ou à l'aide d'un carcan (moulage ou coulage, par exemple), ou bien, au contraire, laisser s'épancher cette matière meuble, lourde et passive, jusqu'à ce qu'elle trouve sa propre tenue, sa propre pente, encourager même une régression à sa nature de tertre, de socle croûteux, de sol en friche, en rabattant toute ambition formelle figurative au limon primitif, pourvu qu'on puisse en retirer encore, au final, quelque surface fertile pour élucubrer, quelque terrain vague, quelque plate-bande où l'émail pourra gicler à son aise, comme une éjaculation.

La terre incite ainsi – parfois excessivement – à la dépense énergétique. Domination semble le maître-mot, autant qu'un horizon inatteignable dans la perspective d'une satisfaction totale. Car il est certain qu'un projet trop intellectuel, une volonté de puissance et de maîtrise trop impérieuse, échouent fréquemment en face de ce matériau. La satisfaction escomptée – toujours relative et inassouvie – peut cependant n'être pas si éloignée, une fois résolue la difficile synthèse de la résistance et de la souplesse. Une bonne consistance de l'argile fait surgir de bonnes surprises, déconcertantes mais suggestives, des formes nées de cette fluctuation délicate entre le mou et le dur, qu'on sait reliée symboliquement, dans la théorie psychanalytique, aux appareils génitaux féminin et masculin. À point nommé, cet état d'entre-deux émoustillant est un moment béni, où le·la sculpteur·trice modeleur·euse peut enfin développer son répertoire formel au rythme des fantaisies de son paysage imaginaire. Qu'il soit homme ou femme, ou entre les deux, son corps tout entier s'y trouve impliqué, intimement et explicitement. Le durcissement progressif et ascendant de la forme qu'il accompagne de ses mains (dans la technique du tournage, tout particulièrement) croise la courbe de sa propre libido, s'ajuste à l'échelle de ses fantasmes, suit les glissements progressifs du plaisir sensuel. Son inspiration fait émerger des paysages érotiques, burlesques, parfois grotesques ou macabres,

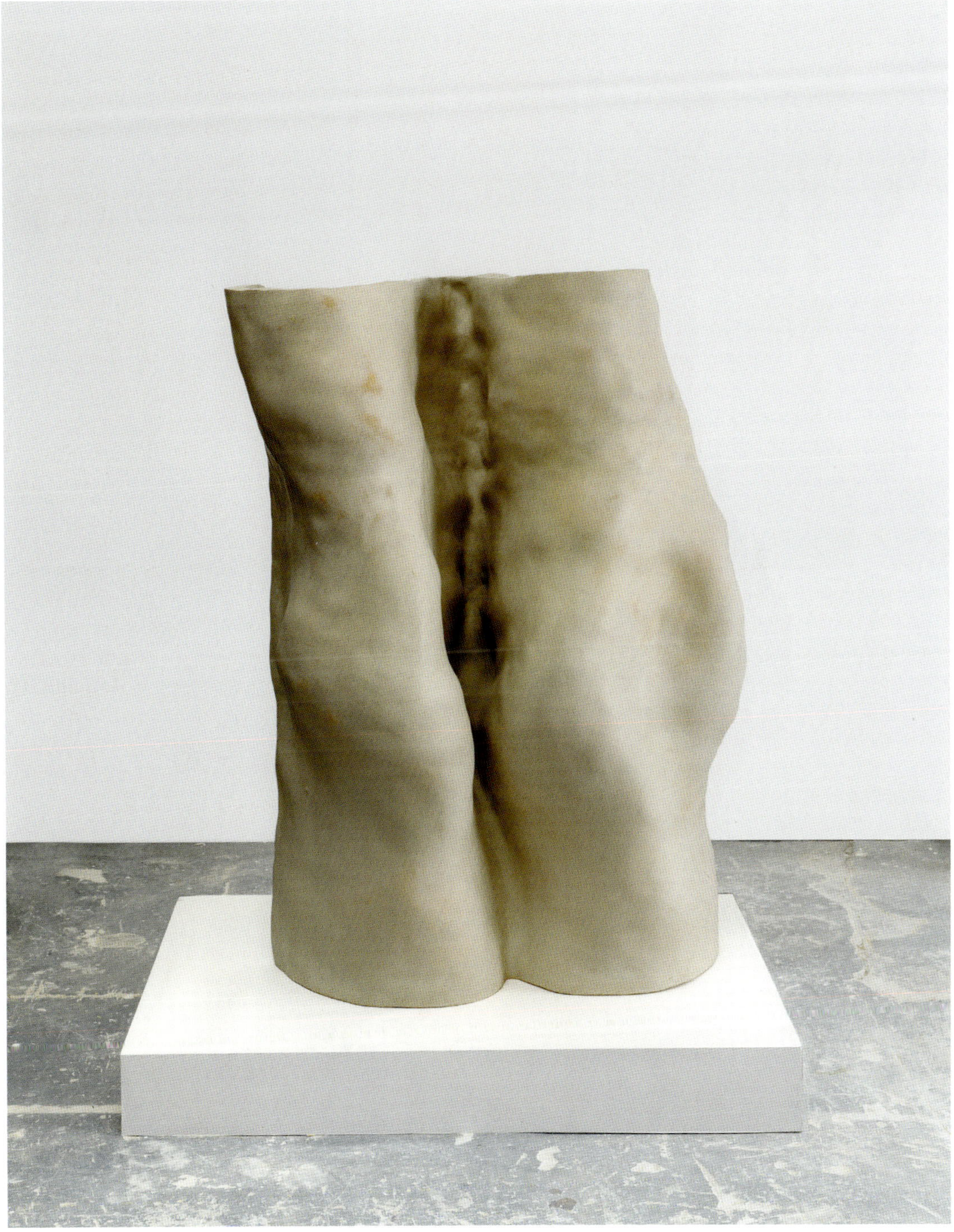

Cat. 172 Morgan Courtois, *Fold III*, 2019, courtesy de l'artiste et galerie Balice Hertling, Paris, France

aux épanchements contrariés, aux catastrophes drolatiques, consenties ou provoquées. La moindre impulsion, positive ou négative, ascendante ou descendante, fait loi et s'incarne. Tout s'inscrit et tout s'efface, tout devient « parlant ». La terre prend acte et fait mémoire. Rien d'inéluctable ou d'irréversible pour autant, c'est bien ce qui est à la fois commode et déroutant.

Les doigts, les paumes, les coudes, les poings, un trou obscène pratiqué avec le plat du pouce, une perforation à l'aiguille, une entaille au couteau, un aplatissement au rouleau, un étranglement ou une gifle à mains nues, tous les « moyens du bord » sont convoqués pour transformer, sous nos yeux et en direct, cette masse de terre informe en une chair souple, aussi réceptive et sensible que notre propre épiderme. Les rêves érotiques les plus fous se déclenchent sans qu'on y prenne garde. Dans l'argile fraîche, tout fait vite image, et même sujet, et même histoire, au croisement de tous les règnes, minéral, végétal ou animal. Parfois très impudiquement. On saliverait, littéralement, au simple geste de faire rouler une boulette entre le pouce et l'index, ou de pétrir un boudin de terre dont on ne manquera pas d'associer l'apparence avec celle d'un excrément (mais sans l'odeur...). On constatera alors, à ce point, que la plupart des gestes dans l'argile rappellent ceux de l'univers culinaire, ou même des ébats amoureux.

Dès lors, ne plus rien refouler. Reprendre sciemment le chemin d'une subconscience retrouvée, dans un espace-temps certes jalonné de dangers et de gouffres sans fond, mais où tout semble enfin pouvoir s'accomplir en notre faveur, sans avoir à faire preuve d'une virtuosité particulière, ni d'aucune performance paramétrée. Laissons-nous happer, flouer, glisser en pensées et en actions, de tout notre corps et de tout notre esprit, dans cette boue plastique. C'est bon d'en avoir plein les mains, de pénétrer cette mollesse. Se sentir lubrique, morbide, virer souillon, scato et alors ? Laissons fendre, laissons couler, arrêtons de devoir constamment tout (re)construire et de vouloir résister à tout prix ! Acceptons notre dépression, au moins un temps, puisqu'on vous dit qu'il en restera toujours « quelque chose » de bon ! C'est jouissif de ne rien faire, ou si peu. Devenir aussi malléable que la pâte elle-même, et accepter de se laisser manipuler par elle... « Alors, c'est *la matière qui suggère*[2]. »

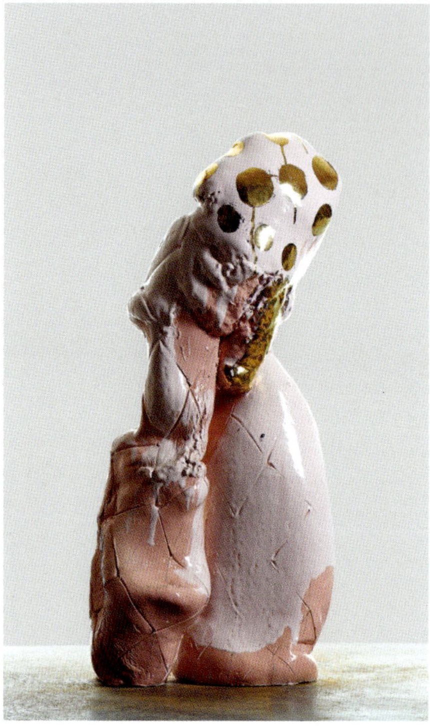

Cat. 193

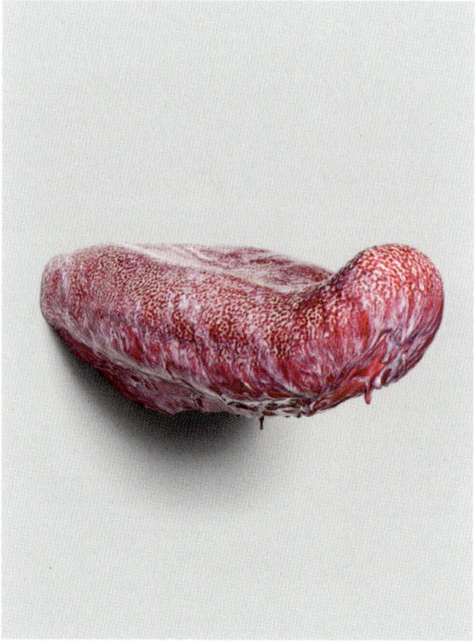

Cat. 188

1 Alain Bashung, extrait de *Malaxe* tiré de l'album *Fantaisie militaire*, 1998.
2 Gaston Bachelard, *La Terre et les rêveries de la volonté*, Paris, Librairie José Corti, 1948, p. 43.

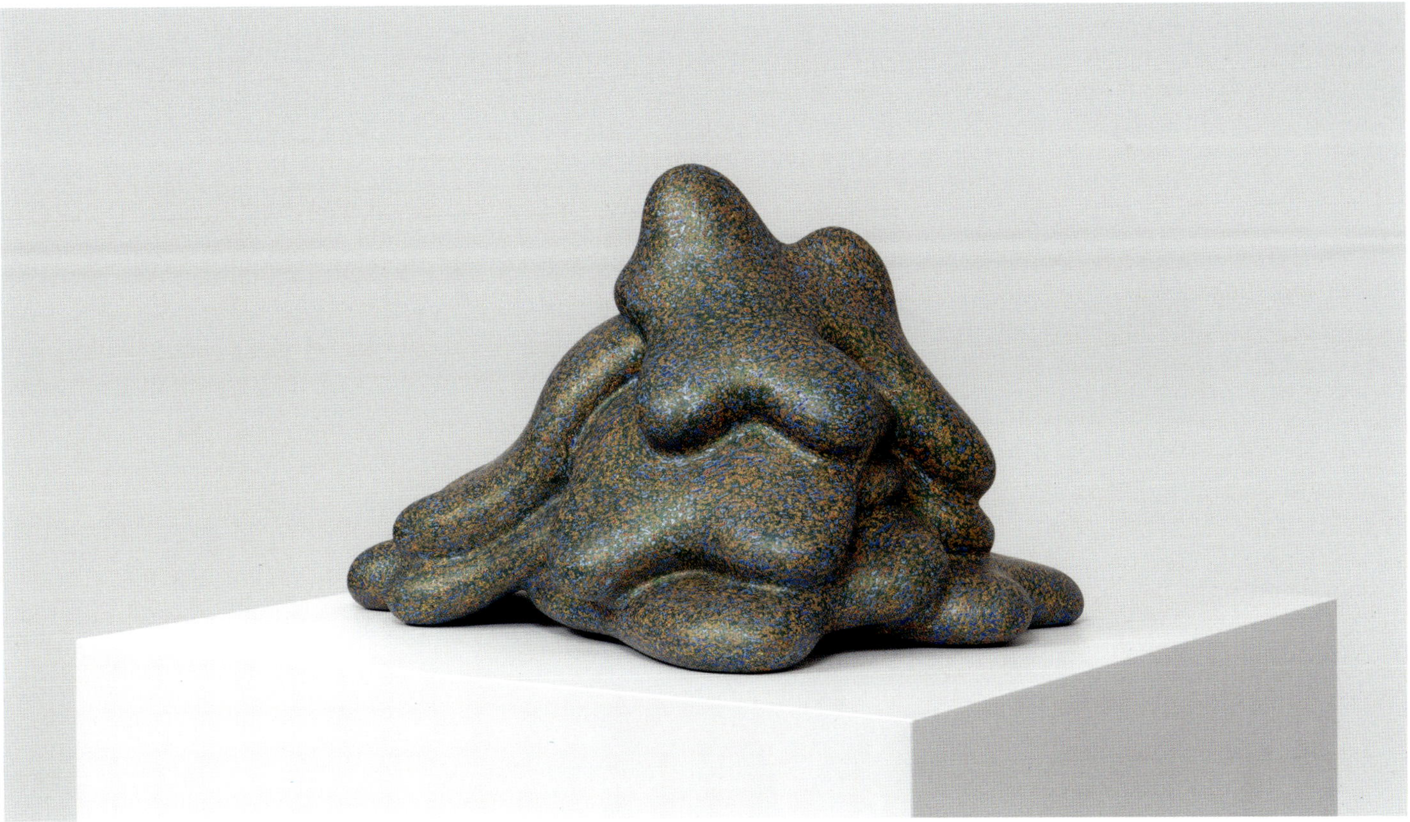

Cat. 198

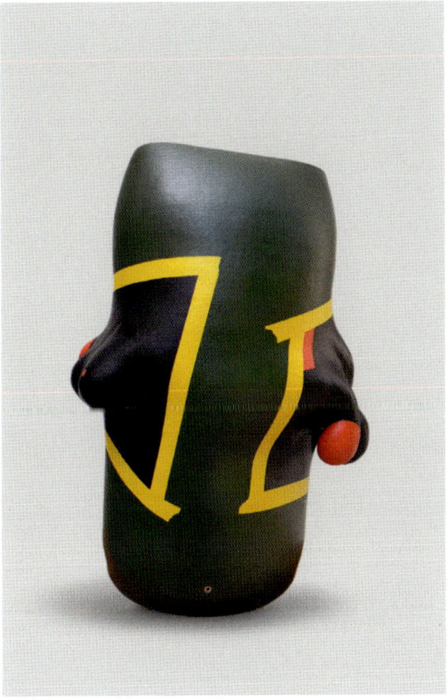

Cat. 196

Cat. 193 Elsa Sahal, *Arlequin III*, 2009, collection Mardochée Franco, Paris, France
Cat. 188 Marc Alberghina, *Canis lingua*, 2020, collection de l'artiste

Cat. 198 Ken Price, *Oki*, 2007, collection Xavier Hufkens, Bruxelles, Belgique
Cat. 196 José Sierra, *Untitled (JS#25)*, 2019, galerie Lefebvre et Fils, Paris, France

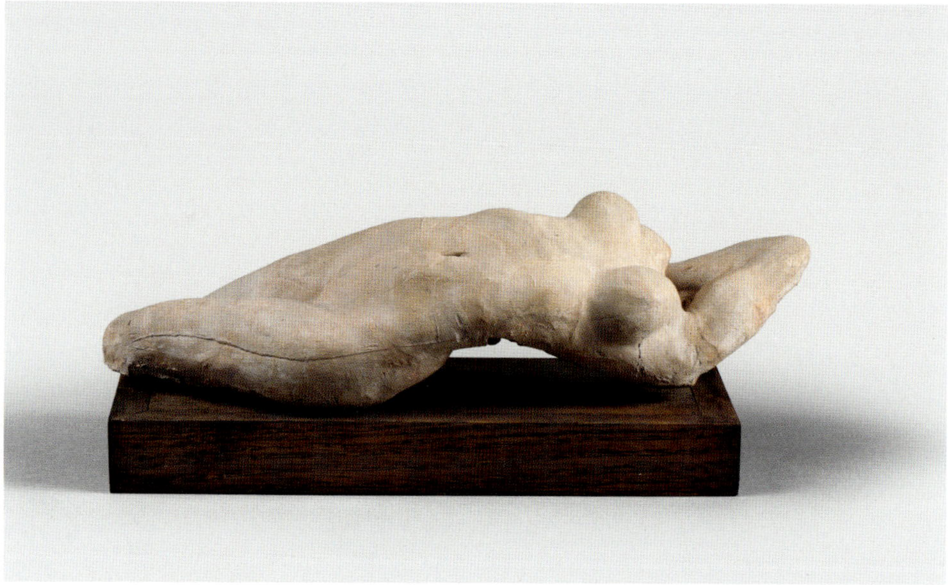

Cat. 190

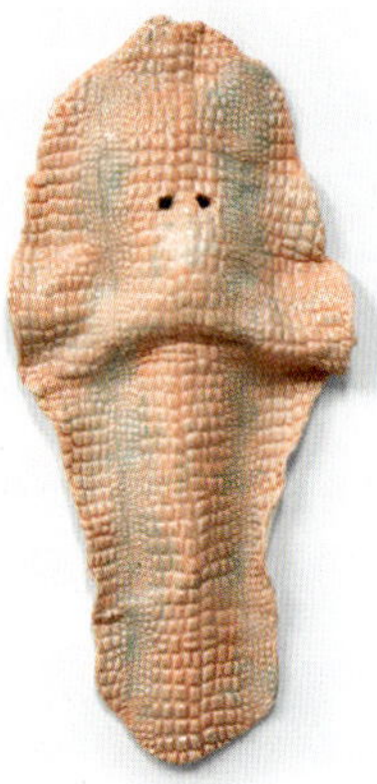

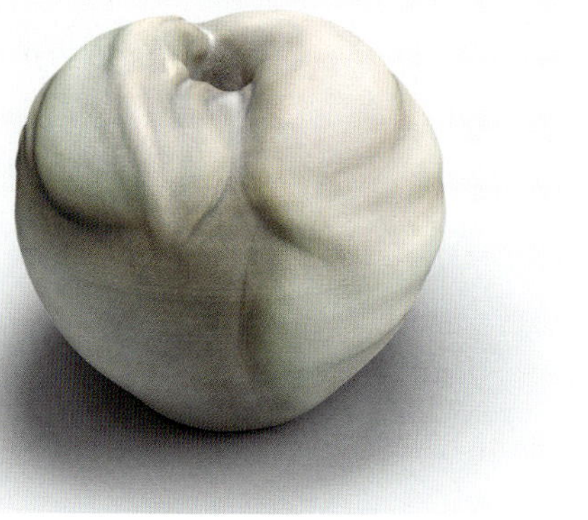

Cat. 189
Cat. 197

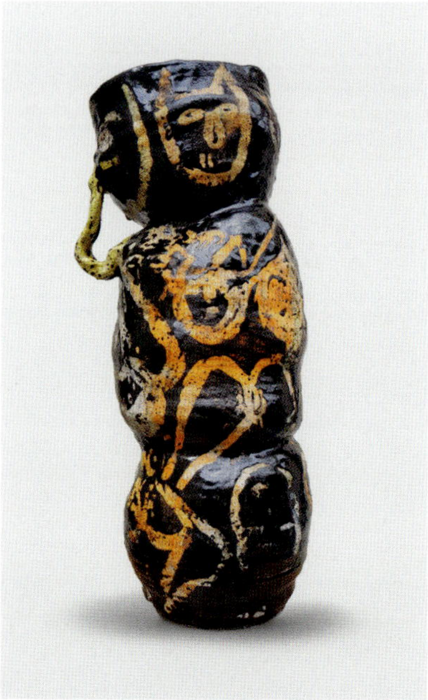

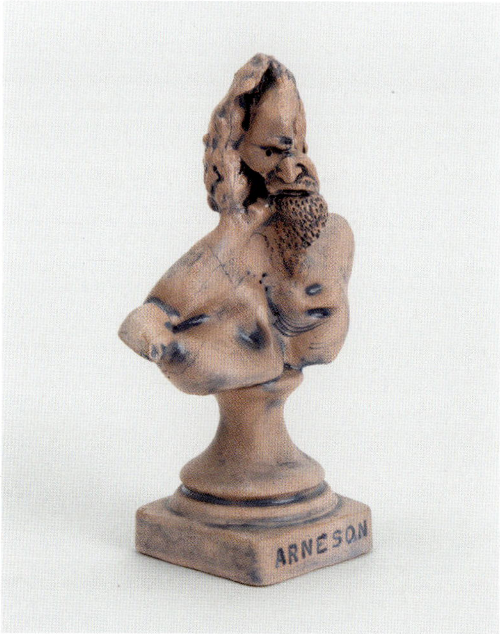

Cat. 191
Cat. 192

Cat. 190 Auguste Rodin, *Torse d'Adèle*, avant 1884, musée Rodin, Paris, France
Cat. 189 Caroline Achaintre, *Supina*, 2020, collection Nathalie Guiot, Paris, France
Cat. 197 Wayne Fischer, *Metamorphosis*, 2006, Sèvres – Manufacture et musée nationaux, France
Cat. 191 Roger Herman, *Untitled*, 2017, galerie Lefebvre et Fils, Paris, France
Cat. 192 Robert Arneson, *Porcelain bust*, 1981, Arizona State University Art Museum, Tempe, États-Unis
Cat. 194 Carolein Smit, *Leda et le cygne*, 2016, galerie Michèle Hayem, Paris, France

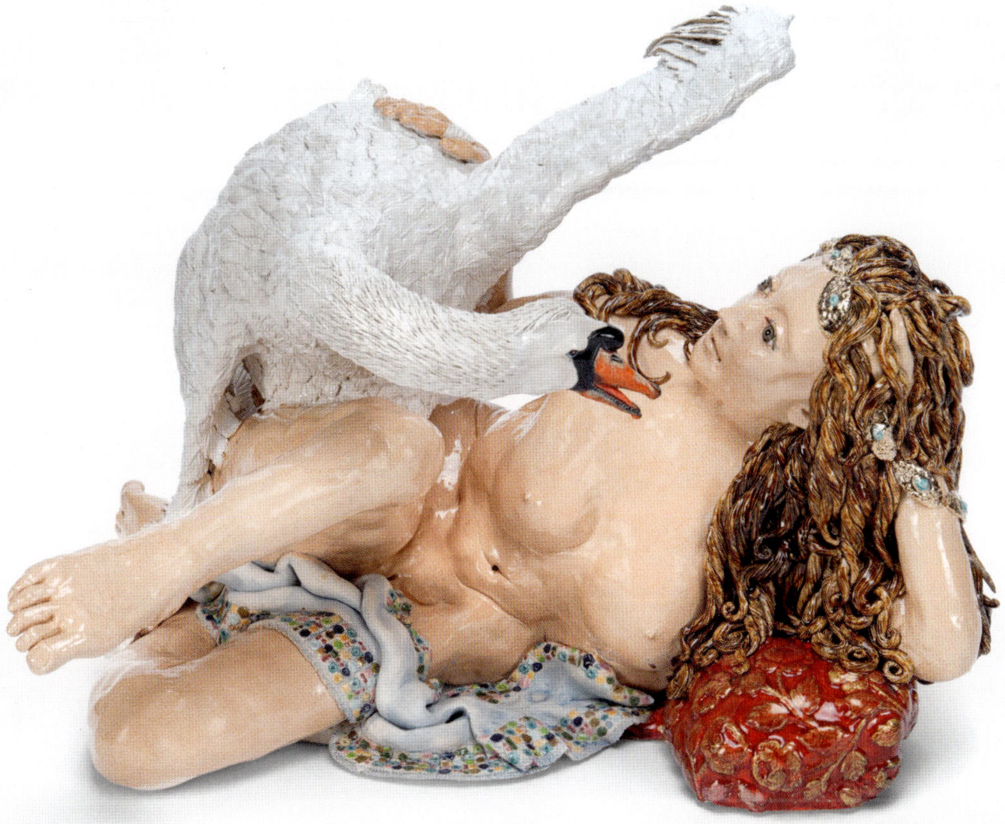

Cat. 194

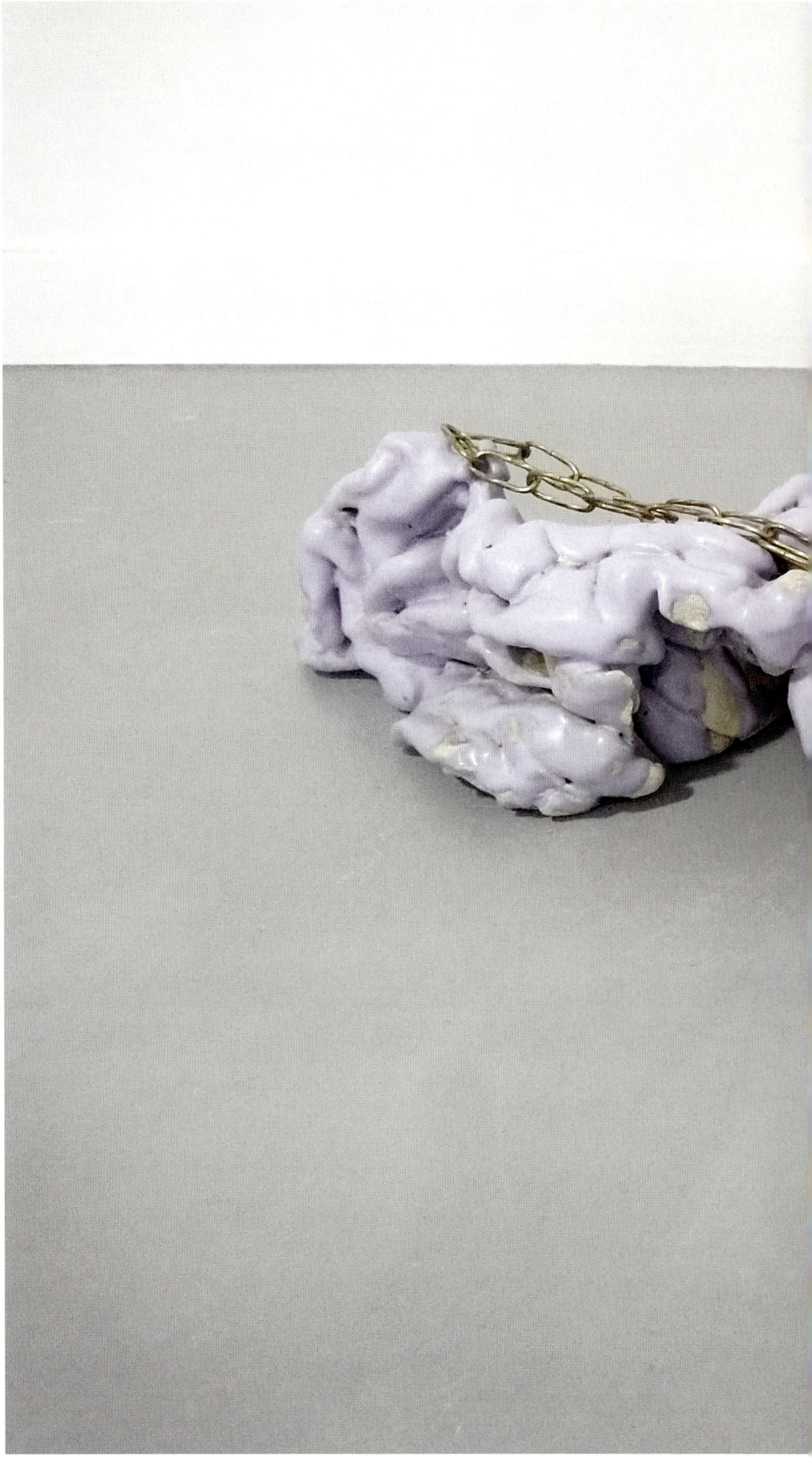

Cat. 200 Cécile Noguès,
Wrapped – Naked, 2019,
collection de l'artiste, Paris

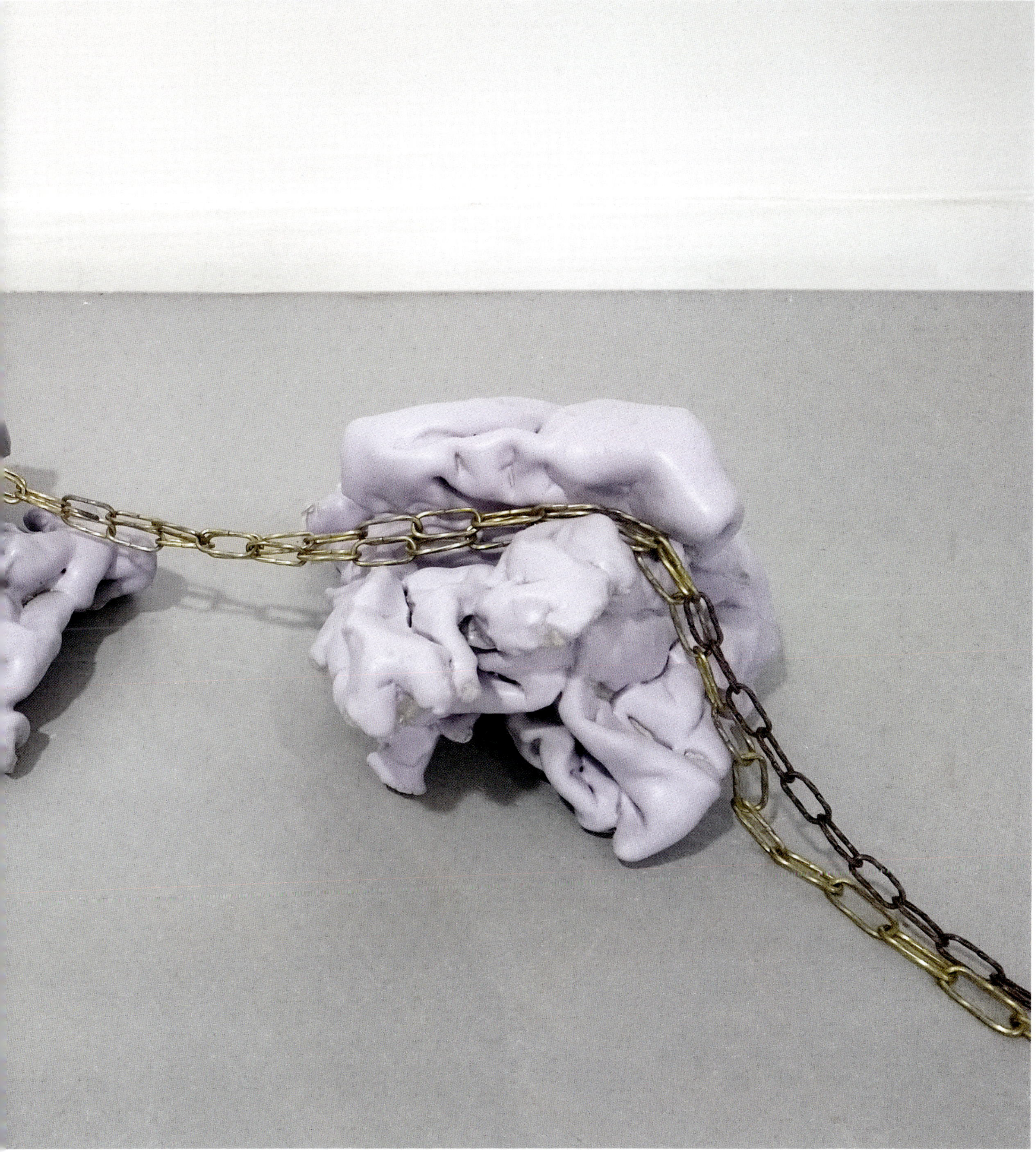

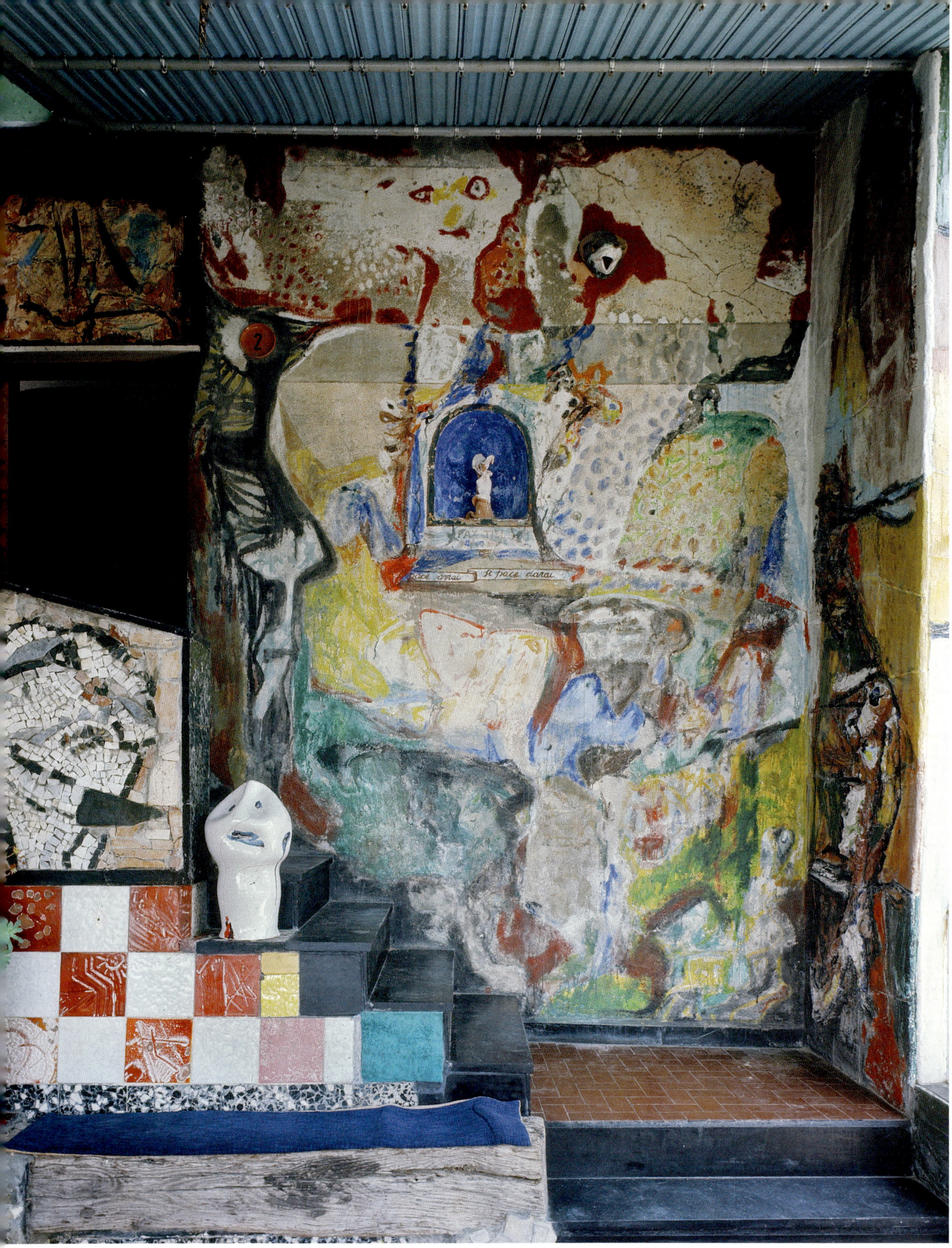

Cat. 184

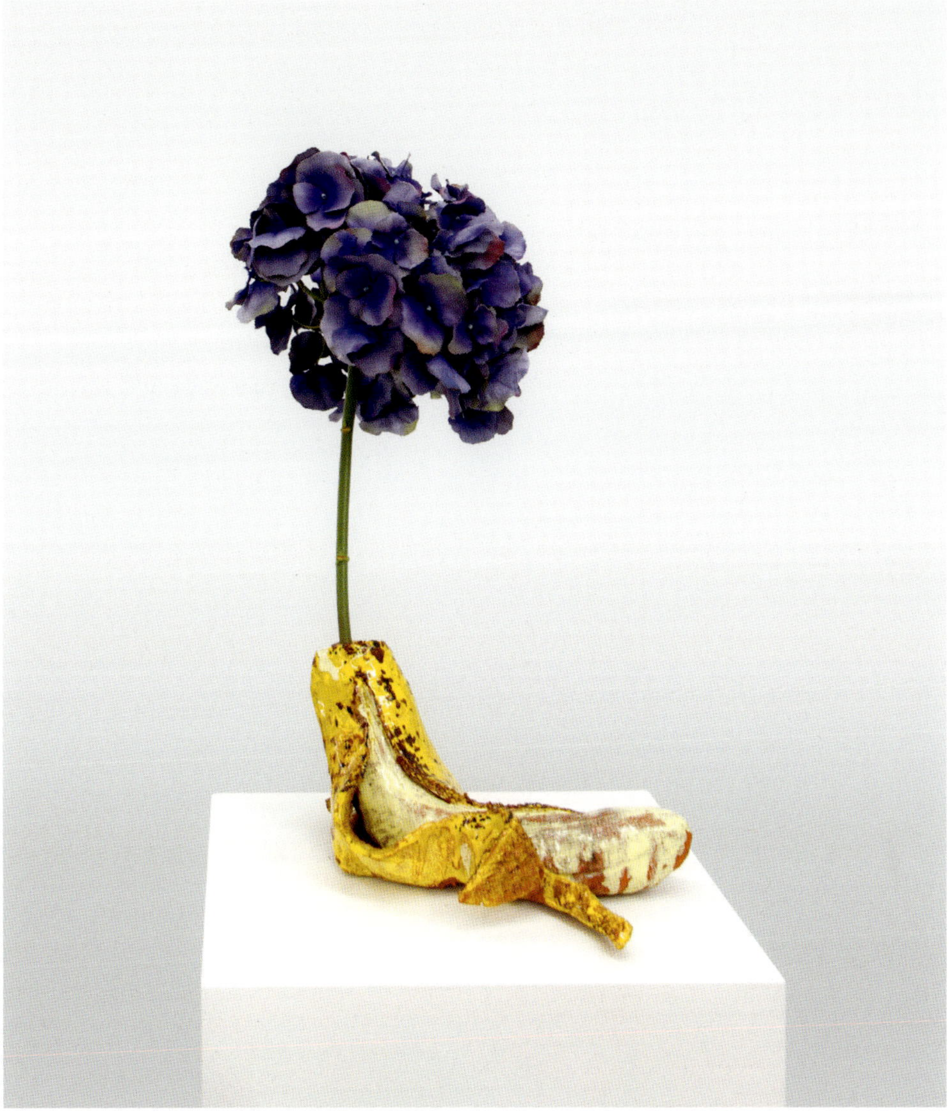

Cat. 183

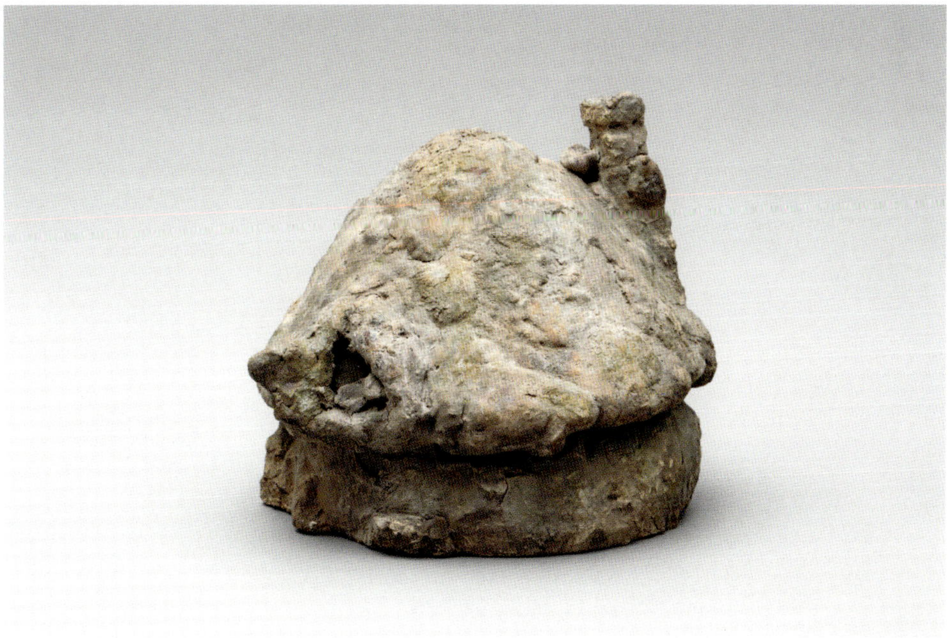

Cat. 82

Cat. 184 Tito Topasio, *Vue de la Casa Museo Asger Jorn, à Albissola Marina*, courtesy MuDA – Casa Museo Asger Jorn, Albissola Marina, Italie
Cat. 183 Lamarche-Ovize, *Vase (Banane)*, 2014, collection Le champ des possibles, Paris, France
Cat. 82 Florian Bézu, *Sans titre*, 2015, collection de l'artiste

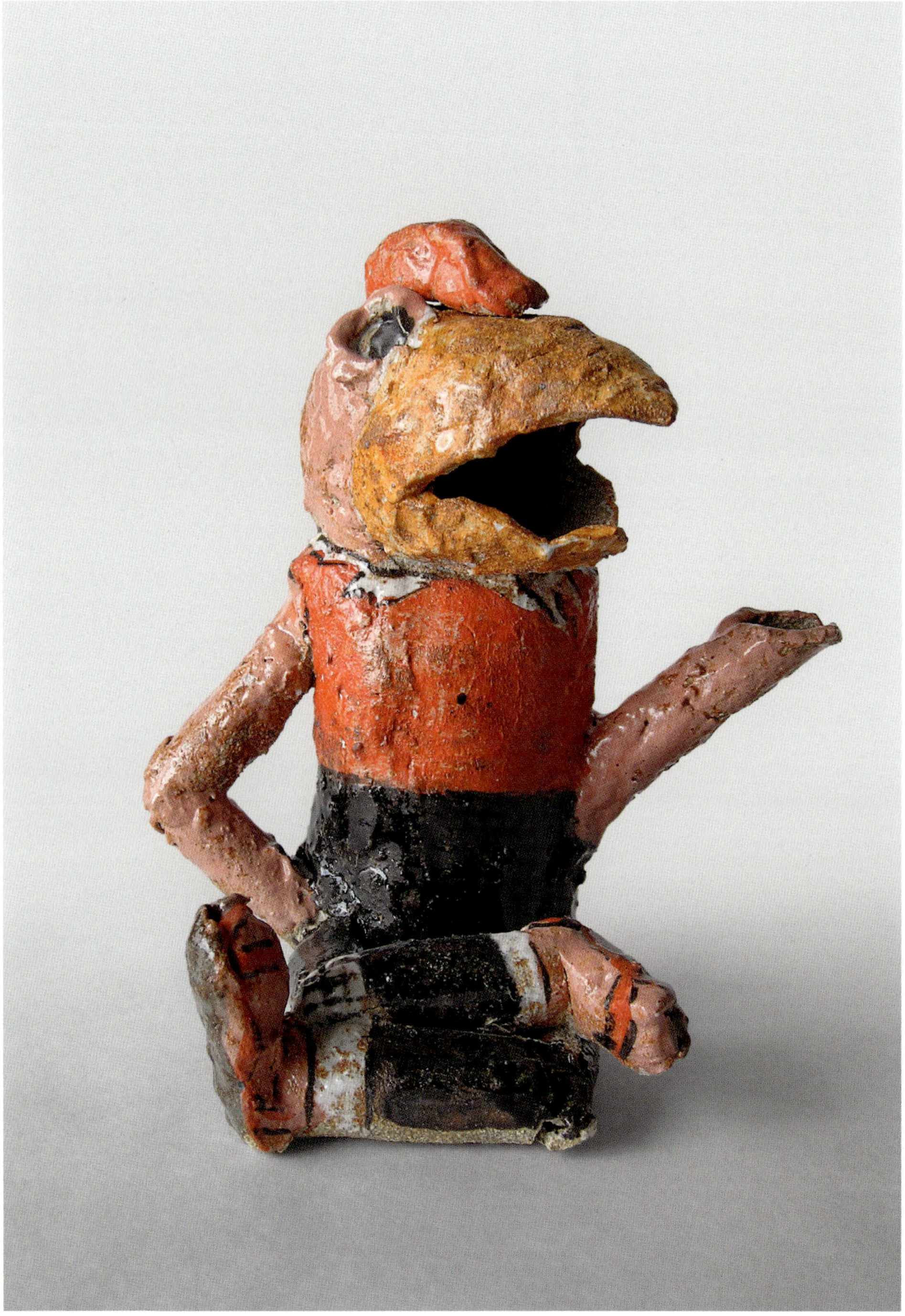

Cat. 213 Magdalena Suarez Frimkess, *Condorito teapot*, sans date, collection Sylvie Auvray, Paris, France, courtesy South Willard Gallery, Los Angeles, États-Unis

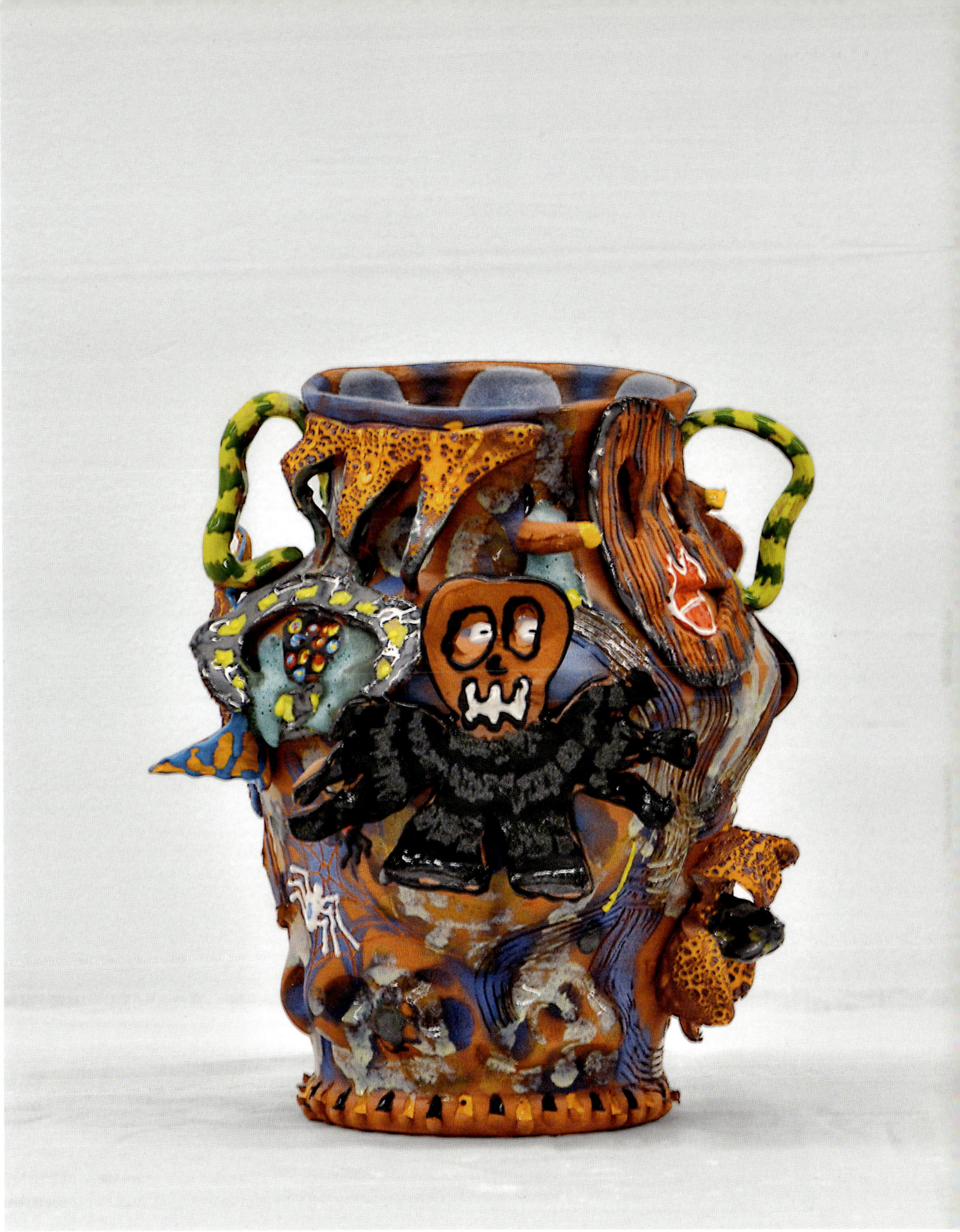

Cat. 182 Sharif Farrag, *Garden jar (winkydoodle)*, 2018-2019, galerie Lefebvre et Fils, Paris, France

La terre polysémique
Natsuko Uchino

« Si vous recouvrez votre visage d'une fine couche d'or, c'est ‹ sale ›, et pourtant l'or n'est pas sale. La saleté n'est pas toujours sale ; en réalité, c'est parfois même la saleté qui permet de préserver[1]. »

Lorsqu'on dit « a pile of dirt » (« une pile de terre »), le terme *dirt* renvoie, en anglais, à la terre comme ensemble des matières organiques et minérales qui compose le sol (y compris l'or), mais aussi à ce qui est sale, en tant que saleté. On se référera à la notion de la souillure définie par Mary Douglas, pour qui le sale est toute chose qui n'est pas à sa place ; en somme tout ce qui se trouve déplacé par rapport à un ordre donné. La question politique sera de se demander qui détermine l'ordre et par quel mécanisme il est imposé[2].

L'occurrence d'un geste sur l'argile génère une empreinte[3] qui, par la cuisson, devient céramique. Le sacre du feu immortalise dans une forme fusionnelle la mémoire des mains qui l'auront façonnée. L'empreinte dans la glaise raconte la polysémie de la terre à travers ses différents états et sa constante transformation. Suivons les traces de nos mains couvertes de terre, d'abord par un repérage anthropologique de la pratique potière, puis par une exploration de la matière dans la réflexion écologique, enfin par l'examen des formes usuelles et bâties.

La poterie est un art qui sculpte le vide et, ainsi, crée des contenants. L'informe prend forme et donne forme : la poterie est modelée dans une matière molle, qui, une fois cuite, donne forme à la matière liquide ou parcellaire qu'elle contient[4]. En tant que réceptacle, elle est doublement liée au feu par sa propre cuisson et celle des aliments qu'elle permet ; elle est aussi doublement liée à la terre qui la constitue et dont émerge ce qu'elle contient. La céramique, la cuisine et l'agriculture entretiennent donc des liens fondateurs et viscéraux. Alors que la géophagie, qui consiste à manger de l'argile, est courante et ancestrale tant pour des motivations sanitaires que mystiques, Claude Lévi-Strauss dessine un rapprochement circulaire entre la pratique potière et le processus métabolique :

> « argile – extraction – modelage – cuisson – récipient – excrément – éjection – digestion – cuisson – nourriture [5] »

La cuisine et la digestion consistent en des procédés semblables de transformation de la matière. « La digestion a donc une fonction médiatrice, comparable à celle de la cuisine qui suspend un autre processus naturel, conduisant de la crudité à la putréfaction. En ce sens, on peut dire que la digestion offre un modèle organique anticipé de la culture[6]. » Selon le mythe jivaro, la femme du soleil et de la lune, rejoignant puis étant chassée par ses amants, tombe et se morcelle, ou fait tomber d'elle ou de son panier quelques morceaux d'argile ressemblant à de petites crottes fertiles, donnant naissance à l'art de la poterie. On retrouve ici le cheminement instinctivement jouissif et régressif de la main dans la glaise.

L'argile est une matière minérale provenant de la décomposition des roches par des processus physico-chimiques et biologiques[7], elle existe dans les « horizons » souterrains. On appelle « horizons » les couches consécutives qui composent le sol et les échanges qui les génèrent. Par le procédé de sa propre constitution, la terre comme matière devient monde en ce sens qu'elle s'autogénère et, par là même, compose le substrat de toute forme de vie. Si les formes se créent par la rencontre entre la matière et le geste, dans ce cadre, Tim Ingold, l'anthropologue du cheminement, propose de « penser le *faire* comme un processus de *croissance*. Ceci place dès le départ celui qui fait comme quelqu'un qui agit dans un monde de matières actives. [...] le mieux qu'il puisse faire est de s'insérer dans les processus déjà en cours, lesquels engendrent les formes du monde vivant qui nous environne [...]. Penser le faire d'un point de vue longitudinal, comme la confluence de forces et de matières, et non plus latéralement, comme la transposition d'une image sur un objet, c'est concevoir la génération de la forme, ou la morphogenèse, comme un processus[8] ». Comprendre le milieu comme vivant et activé par des liens d'interrelation organise la terre comme matière-monde. Modeler la terre ou la cultiver, c'est se rendre compte de la mutualité entre le geste et la matière, la possibilité de toucher et d'être touché. Emanuele Coccia, philosophe de l'immersion et de la transversalité, dit de la sensibilité : « Sentir est toujours toucher, à la fois soi-même et l'univers qui nous entoure[9]. » La qualité malléable de l'argile et sa capacité à passer d'un état à un autre font d'elle une substance qui se transcende, car elle est simultanément tout à la fois dans un processus mouvant. La pièce de terre cuite la plus ancienne connue représente le corps d'une femme, statuette rituelle de la Vénus de Dolni. Le sol est une déesse : un volcan surgit de l'océan, explose et tapisse la roche de cette matière dynamique où se développent des organismes, l'humus, les argiles ; et ainsi se forma la vie.

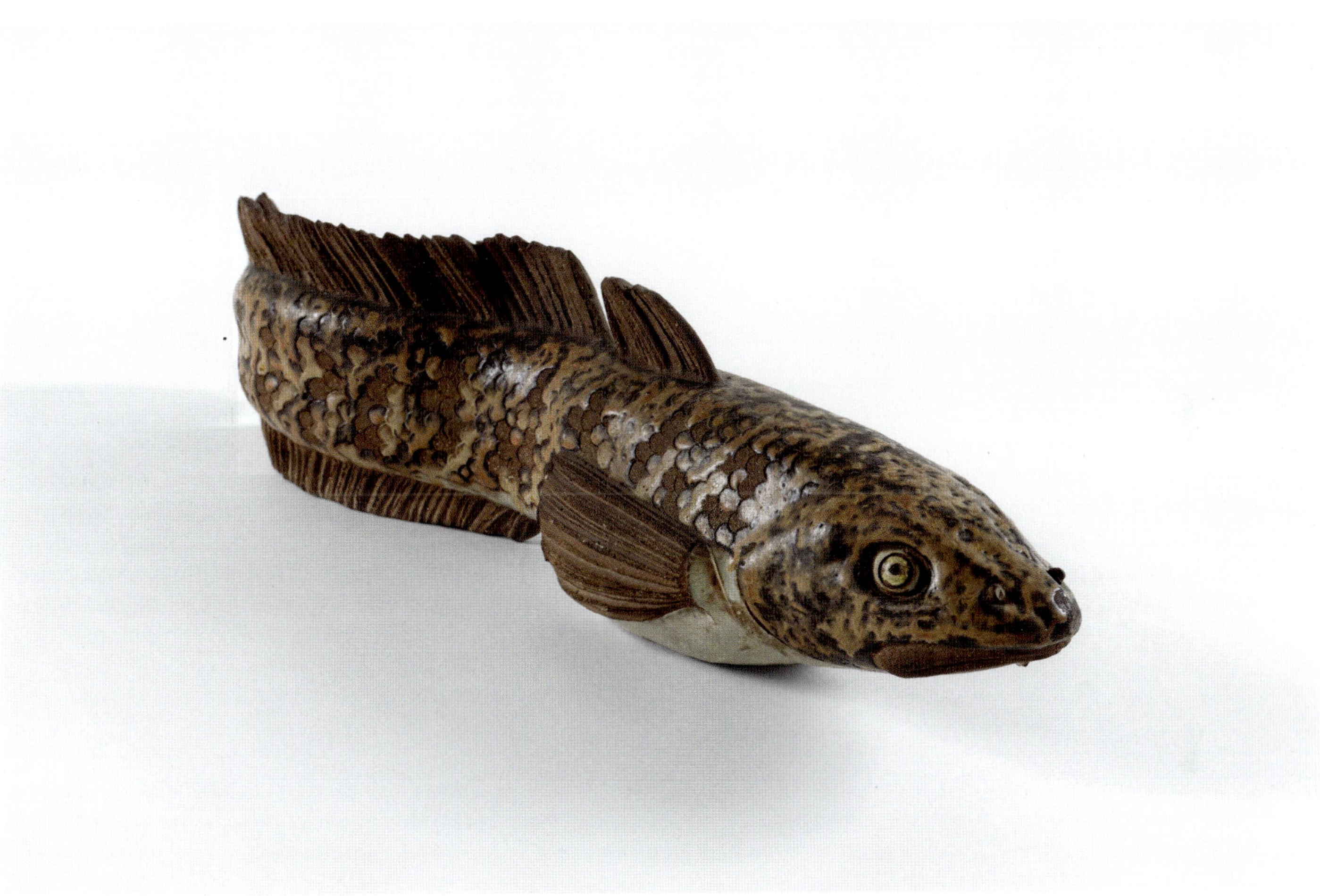

Cat. 203 Tyra Carolina Lundgren, *Lotte*, années 1940, musée d'Art moderne de Paris, France

L'empreinte humaine est aussi lourdement écologique. Par le terme d'« écologie », dans le sens du mot grec *oikos* signifiant maison, la réflexion environnementale s'inscrit dans une étymologie qui envisage la terre comme habitat. La vie induit la cohabitation inter-espèces, et pourtant la question d'habitabilité adresse la terre tantôt comme surface à occuper, tantôt comme ressource à soutirer pour maintenir cette même occupation. La conception de la terre comme étendue a mené directement à sa fonciérisation : elle peut alors être acquise pour sa valeur surfacique aux dépens de sa vitalité. Sa dot souterraine n'est pas plus épargnée par l'exploitation intensive agro-industrielle et extractive. Les traitements subis asphyxient, empoisonnent et déstructurent les sols. La terre réduite à l'état de surface se retrouve fragilisée face, notamment, à l'érosion et aux inondations plus récentes. L'eau n'est plus captée par les sols en profondeur, mais se déverse en coulées de boue toxique. Ces épanchements incarnent une version mouillée et détrempée d'agrochimie du « bol de poussière » (le *dust bowl* des années 1930), lorsque de larges parties des sols du centre-ouest et du sud des États-Unis s'envolèrent littéralement en d'immenses tornades de poussière, phénomène spectaculaire d'érosion des terres végétales maltraitées par le labour intensif.

Cette décennie de sécheresse est connue sous le nom des « années sales » (*dirty thirties*), perpétuant ainsi une vieille habitude classiste d'associer la terre à la misère et le sol à la souillure. Le travail de la terre est considéré comme sale, un labeur trop ardu pour être noble et dont le progrès doit libérer. Dans cette catastrophe écologique s'envole aussi la « maison » de Dorothy, qui devrait peut-être demander au magicien d'Oz[10] de sauver la déesse mère en état de sacrilège. « [...] Dieu est mort [...] Le plus terrible maintenant, c'est de blasphémer la terre et de placer plus haut que le sens de la terre les entrailles de l'inexplorable ! » Ainsi parlait Zarathoustra[11]. La Beauce, un temps l'une des terres les plus fertiles de France devenue aujourd'hui l'une des plus polluées d'Europe, avait d'abord été nommée ainsi en hommage à la divinité Belsima[12], la Vierge noire de Chartres, symbole de la fécondité incarnée dans cette matière sombre : la terre.

Cette terre obscure et son caractère non raffiné sont sublimés dans l'artisanat, l'usage et l'appréciation de la céramique extrême-orientale, comme le raconte Junichirō Tanizaki dans *Éloge de l'ombre*. Sont prisées l'irrégularité de surface, la sobriété des moyens de médiation à la matière, l'absence quasi totale d'ornement, pour ce qu'elles témoignent d'une esthétique qui s'oriente vers la profondeur du matériau et l'intérieur de l'âme. Le dépouillement des artifices est gage de cette même esthétique, à rebours de l'Occident qui chercherait l'exception d'un matériau étincelant et richement élaboré. Les pierres du jardin japonais[13] ne sont pas sculptées par la technique, elles ont été modifiées par l'exposition aux éléments et par l'érosion du temps. L'estime pour l'objet fonctionnel et populaire qu'on touche et dont on se sert s'évalue par la patine de l'usage. « Les Chinois ont un mot pour cela, "lustre de la main" ; les Japonais disent "l'usure" : le contact des mains au cours d'un long usage, leur frottement, toujours appliqué aux mêmes endroits, produit avec le temps une imprégnation grasse ; en d'autres termes, ce lustre est donc bien la crasse des mains[14]. » Sōetsu Yanagi procède à la description de l'esthétique bouddhiste en se référant aux termes de *shibusa*, *wabi* et *sabi* pour exprimer les qualités d'humilité, retenue, austérité, pauvreté, simplicité et sérénité, dont il recherche l'incarnation dans les objets d'art populaire[15]. L'esthétique japonaise intègre le passage du temps et définit un sens du beau revalorisant les mêmes qualificatifs de pauvreté rattachés à la terre qui ont charpenté et justifié la conquête inverse, contre et hors-sol.

À travers le prisme trouble de cette esthétique de l'ombre, on peut discerner, dans la pensée moderne occidentale, un *a priori* culturel et technique lorsque Gaïa, déchue de son statut de divinité, devient une proie qu'on peut exploiter et souiller. L'usage de la terre crue dans l'architecture, pris comme exemple au mieux pittoresque sinon rétrograde, subit ce même dénigrement, à la fois stigmatisant et systémique. Précisément, la construction en terre crue, comme le rappelle Hassan Fathy, est une architecture de la pauvreté ; et si elle est belle, c'est parce qu'elle est d'une évidence rudimentaire, répondant aux ressources et aux besoins du lieu même du bâti et de ses habitants. L'architecte égyptien a refusé les dispositifs techniques importés et s'est efforcé de réhabiliter la dignité de la construction en brique de terre crue à travers une généalogie locale adaptée au climat dans lequel elle était immergée. L'intégration de la tradition dans son vocabulaire architectural constitue une forme de réappropriation de sa propre histoire pour dessiner celle d'un autre modernisme. Celui-ci affiche les mêmes ambitions humanistes d'un logement décent et abordable pour tous, mais cette fois portées par le vernaculaire, économiquement, socialement et écologiquement viable. Ce que Hassan Fathy, revitaliste de la voûte nubienne[16], et Sōetsu Yanagi, instigateur du mouvement Mingei, ont en commun, au-delà d'un certain paternalisme, c'est une ambition esthétique fondamentalement démocratique et décoloniale. Si Sōetsu Yanagi formule une notion du beau, c'est pour affirmer celle du peuple[17], dans le souhait d'établir un standard populaire émancipé qui ne soit tributaire ni de l'industrialisation, ni de l'occidentalisation. Selon lui, les œuvres des beaux-arts sont destinées à exposer l'excellence d'une élite, tandis que le musée des arts populaires se donne pour mission de créer une place à l'aspiration à la beauté dans la vie simple, pour tous[18]. Hassan Fathy, quant à lui, refuse le modèle de la grande bétonnière universelle pour revendiquer la terre locale et ancestrale dans une œuvre manifeste contre l'homogénéisation et l'efficience qui sont imposées sans tenir compte du contexte. Dans une démarche reposant plutôt sur un modèle inclusif[19], l'architecte défie la sentence structurelle faite contre l'artisanat traditionnel. L'artisanat n'est en effet pas réactionnaire par nature, il ne s'oppose pas au moderne ; sa pertinence dépend de l'implémentation des techniques et des personnes dans la conception et la mise en œuvre du bâti[20].

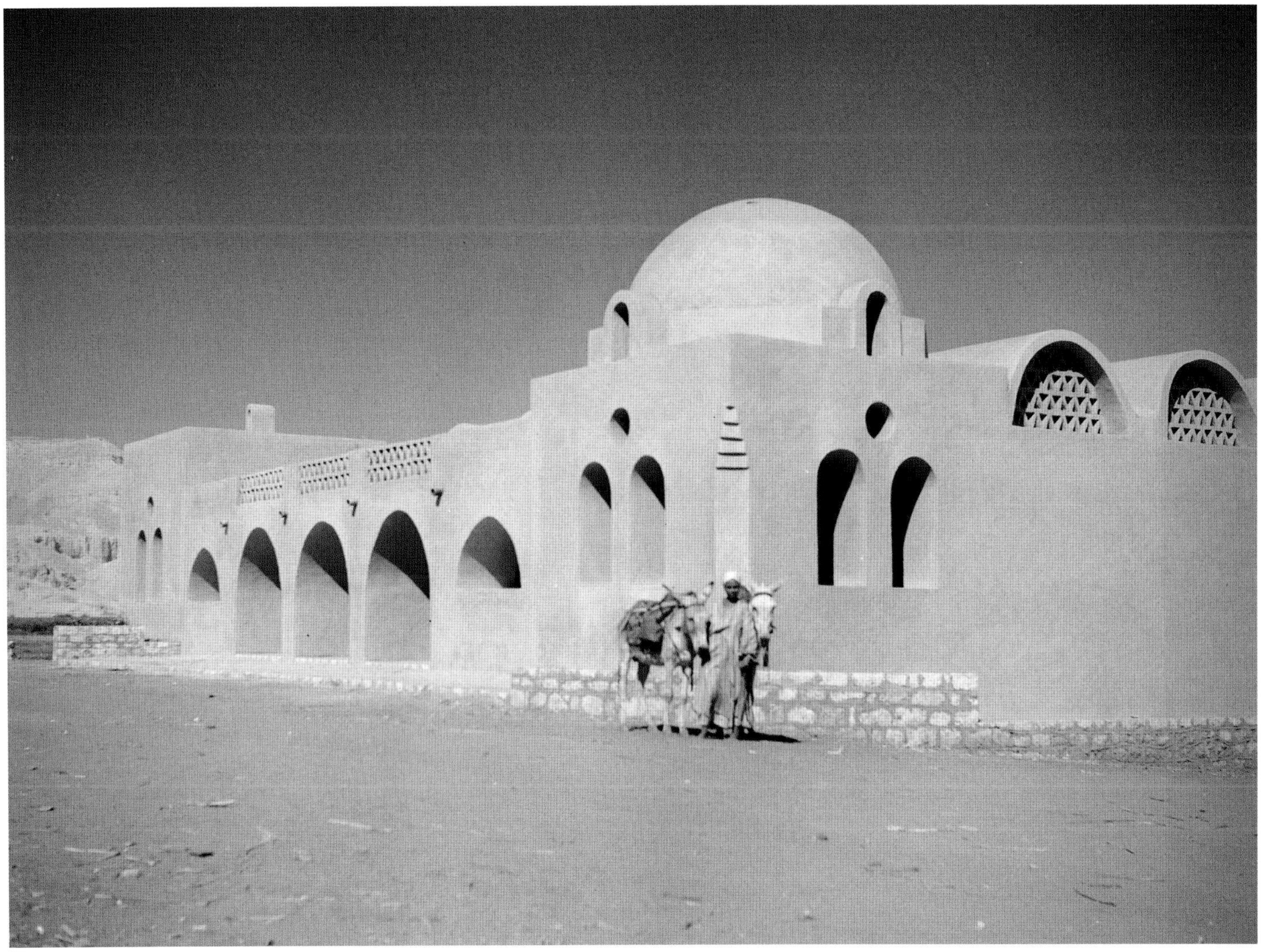

Cat. 7 *Égypte, village modèle de Gournah dans la vallée thébaine*, sans date, reproduction photographique d'une architecture d'Hassan Fathy

L'architecture en terre crue est une architecture du futur, car elle est durable, locale et solidaire. Ses qualités de conditionnement d'air font d'elle une structure thermo et hydrodynamique. Alors, face à la culture hors-sol avec ses attributs inertes, aseptisés, climatisés, on se rappellera que l'argile est malléable lorsqu'elle est humide et que la poterie a vu le jour pour contenir. Le rapport perméable/imperméable caractérise la métamorphose de l'argile en céramique. La sensibilité de la matière terre à l'eau, à l'air et au feu, tout comme sa capacité à transmettre le toucher font du travail de la glaise un art cosmique[21].

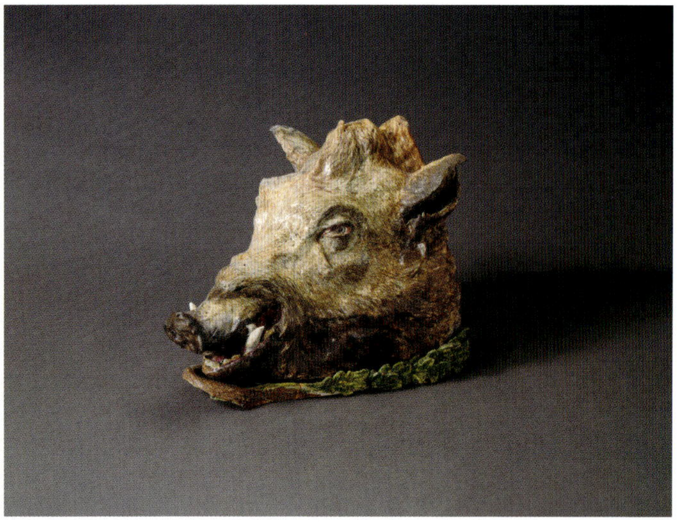

Cat. 169

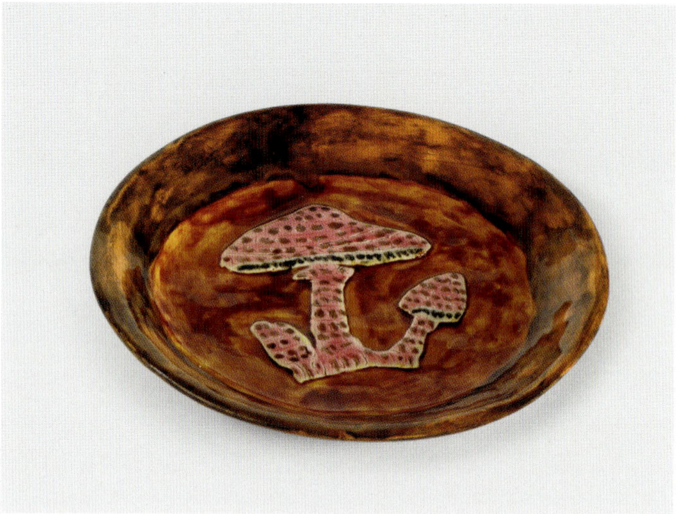

Cat. 202

Cat. 169 Manufacture Francastel (France), *Hure de sanglier*, milieu du XIXe siècle, Musée national Adrien Dubouché, Limoges, France
Cat. 202 Norbert Bézard, *Assiette*, 1953, Centre national des arts plastiques, La Défense, France

1 Rudolf Steiner, *What Is Biodynamics ? A Way to Heal and Revitalize the Earth*.

2 Mary Douglas, *Purity and Danger*, Londres, Routledge, 1966.

3 « […] l'empreinte suppose un support ou substrat, un geste qui l'atteint […] et un résultat mécanique qui est une marque, en creux ou en relief. » Georges Didi-Huberman, *La Ressemblance par contact*, Paris, Les Éditions de Minuit, 2008, p. 27.

4 « Démiurge au petit pied, la potière elle aussi jalouse exerce une contrainte sur une matière en liberté. » Claude Lévi-Strauss, *La Potière jalouse*, Paris, Plon, 1985, p. 235-236.

5 « Équivalence entre le procès physiologique de la digestion et un procès culturel. » Claude Lévi-Strauss, *op. cit.*, p. 232.

6 Claude Lévi-Strauss, extrait de *L'Origine des manières de table/Mythologiques* cité dans *La Potière jalouse*, *op. cit.*, p. 233.

7 « Le sol est le résultat de la fusion de l'humus, monde du carbone, avec l'argile, monde de la silice. […] Il abrite 80 % de la biomasse vivante. » Lydia et Claude Bourguignon, « Le rôle de l'argile dans la fertilité des sols et dans l'agriculture durable », in *La Terre*, coll. « Savoir & Faire », Arles, Actes Sud, Paris, Fondation d'entreprise Hermès, 2016, p. 402, 404.

8 Tim Ingold, *Faire. Anthropologie, archéologie, art et architecture*, Bellevaux, Éditions Dehors, 2018 (2e éd.), éd. originale New York, Routledge, 2013, p. 60.

9 Emanuele Coccia, *La Vie des plantes*, Paris, Éditions Payot et Rivages, coll. « Bibliothèque Rivages », 2016, p. 49.

10 *Le Magicien d'Oz*, film musical américain de Victor Fleming sorti en 1939, met en scène une allégorie de la crise de 1929. La tornade qui emporte Dorothy au pays fantastique se réfère au *dust bowl* (bol de poussière), les chaussures magiques ornées d'émeraudes formulent une métaphore des solutions artificielles populistes, et *the yellow big road* (la grande route jaune) représente l'or ou l'argent.

11 Friedrich Nietzsche, *Ainsi parlait Zarathoustra*.

12 Voir Louis Charpentier, *Les Mystères de la cathédrale de Chartres*, Paris, Robert Laffont, 1966, cité par Philippe Desbrosses, « Quelle terre pour demain ? », in *La Terre*, *op. cit.*, p. 433.

13 *Karensansui* (枯山水), style de jardin sec japonais composé essentiellement de matières minérales (pierre, rocher, gravier, sable) et de mousse.

14 Junichirō Tanizaki, trad. René Sieffert, *Éloge de l'ombre*, Paris, Verdier, 2011, p. 32-33. Avec l'accord d'Orion Press, Tokyo, édition originale 1933. Dans la nouvelle traduction de Ryōko Sekiguchi et Patrick Honnoré (*Louange de l'ombre*, Paris, Éditions Philippe Picquier, 2017), le terme « usure » est remplacé par « familiarité ».

15 « It (Tea Ceremony) formulated criteria for recognizing beauty at its height… the most suggestive is the adjective "shibui" […] The word "shibusa" is in everyday use in Japan, and the criterion it sets up is taken as a measure to determine the depth or shallowness of the beauty of any given object. […] *Shibusa* expresses the beauty of poverty. » Sōetsu Yanagi, « Buddhist idea of beauty and irregularity », in *The Unknown Craftsman*, Tokyo, Kodansha International, 1989, p. 148.

16 Technique de construction de voûte sans cintre en brique de terre crue.

17 Le terme *mingei* se traduit littéralement par « art du peuple ».

18 « […] the folkcraft museum aims to provide standards for beauty and even a meeting place where one may come into contact with the religion of beauty. » Sōetsu Yanagi, « Towards a Standard », in *The Unknown Craftsman*, *op. cit.*, p. 105.

19 Cela renvoie au débat sur la morphogenèse, entre le modèle hylémorphique, qui est prédéterminé, et le modèle processuel, qui se construit en cheminant ou en se déroulant. « […] du grec *hyle* (matière) et *morphe* (forme). Lorsque nous lisons que, dans la fabrication d'artefacts, les praticiens imposent des formes issues de leur esprit à une matière du monde extérieur, nous avons affaire à une conception hylémorphique. » Tim Ingold, *op. cit.*, p. 60.

20 « […] l'artisanat local peut être rétabli très vite – il s'agit plus de lui redonner du prestige que de l'enseigner à nouveau. » Fathy cite un artisan qui lui dit : « Je n'ai pas appris dans une école. Si vous voulez faire revivre le métier, eh bien, donnez-nous du travail, alors vous verrez ici non pas dix élèves mais vingt apprentis. » Hassan Fathy, *Construire avec le peuple*, Paris, J. Martineau, 1970.

21 « Le cosmos – c'est-à-dire la *nature* – n'est pas la fondation des choses, il est leur mélange, leur respiration, le mouvement qui anime leur compénétration. […] L'immanence n'est plus la relation entre une chose et le monde, elle est la relation qui lie entre elles les choses. C'est cette relation elle-même qui constitue le monde. » Emanuele Coccia, *op. cit.*

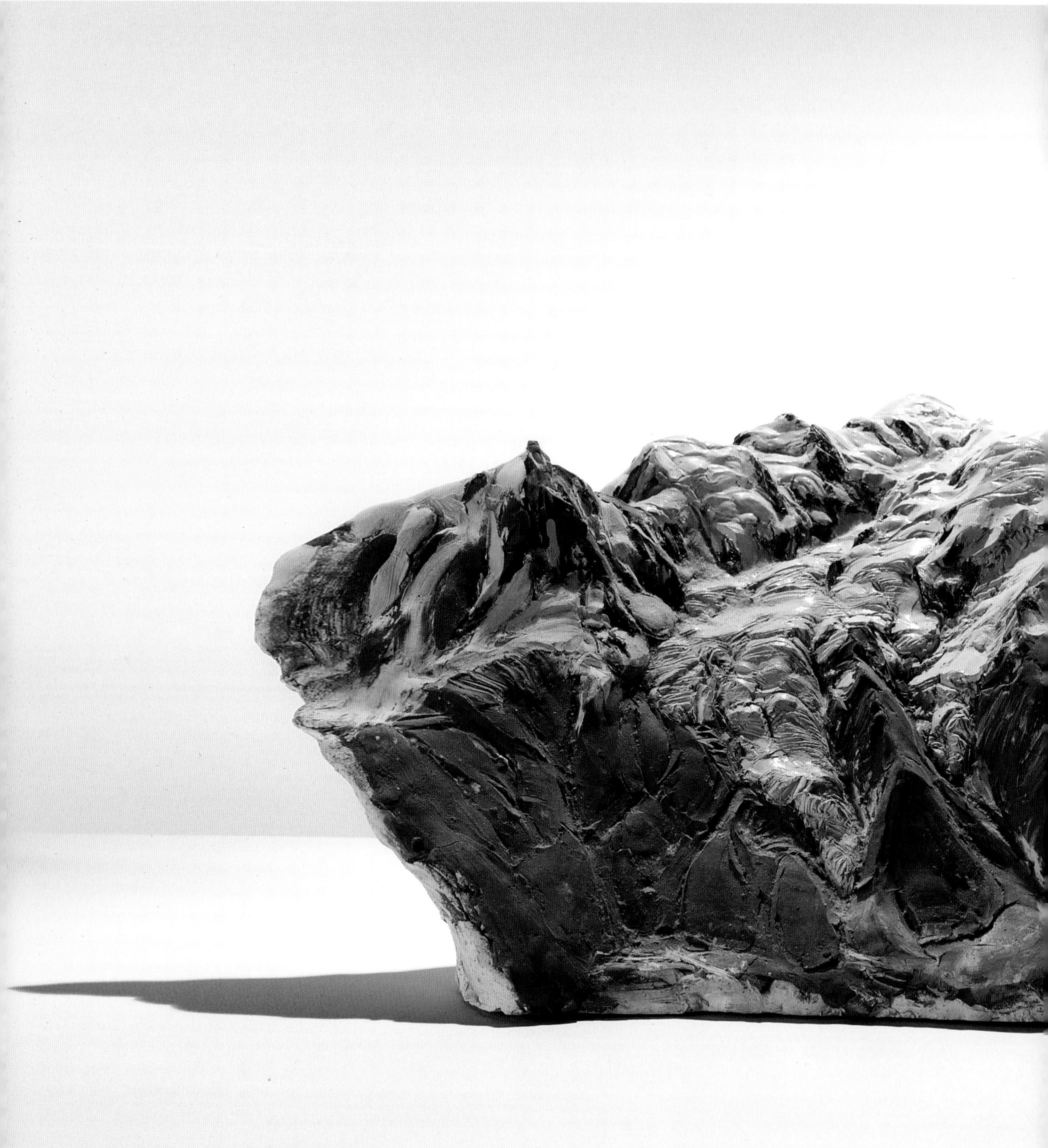

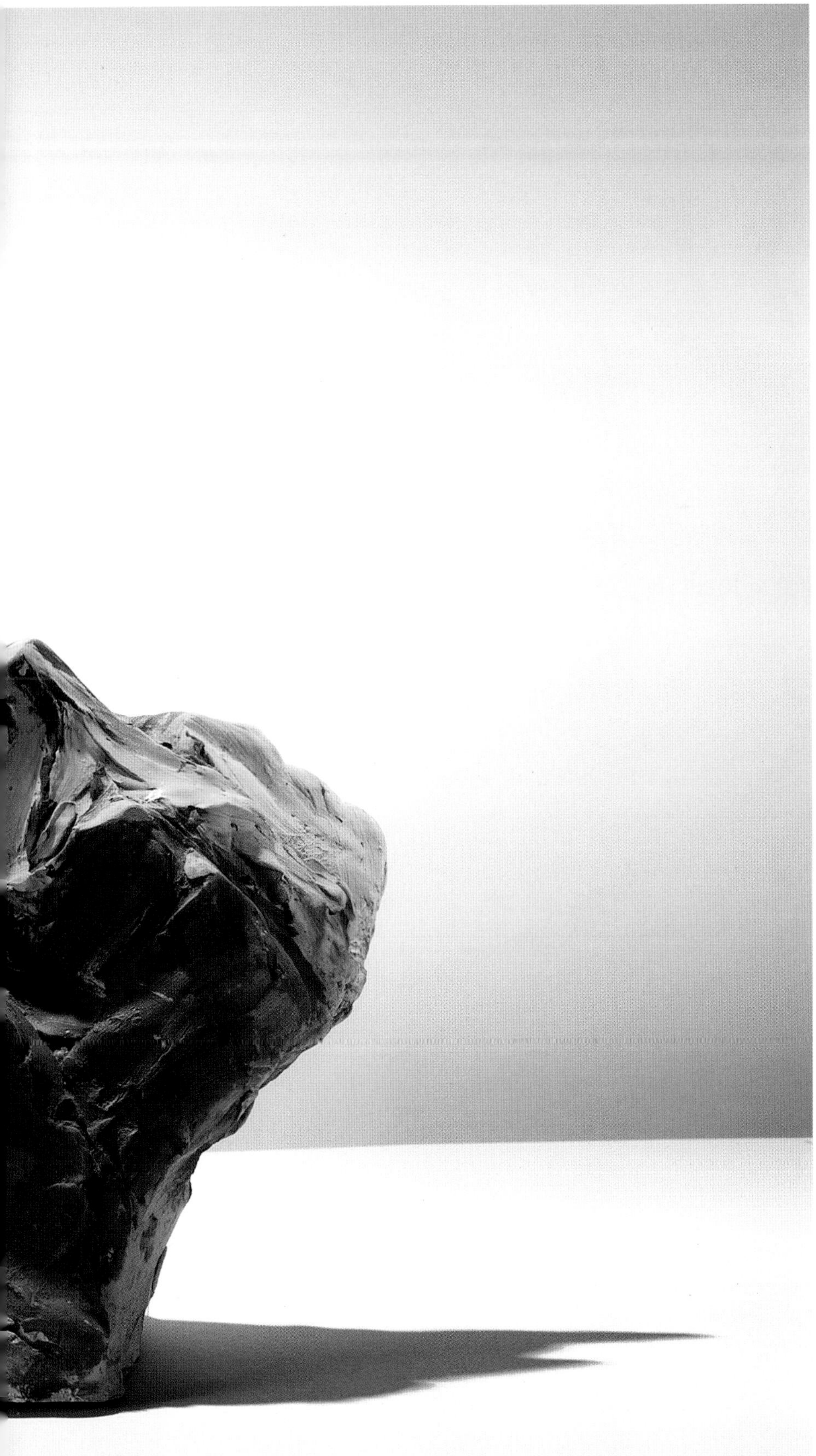

Cat. 201 Hélène Garache,
Massif du Mont-Blanc vu du Brévent – Aiguille du Midi, Mont-Blanc du Tacul, Mont-Maudit, Mont-Blanc, dôme du Goûter, aiguille du Goûter et glaciers des Bossons et du Taconnaz, 2001, atelier de l'artiste, Paris, France

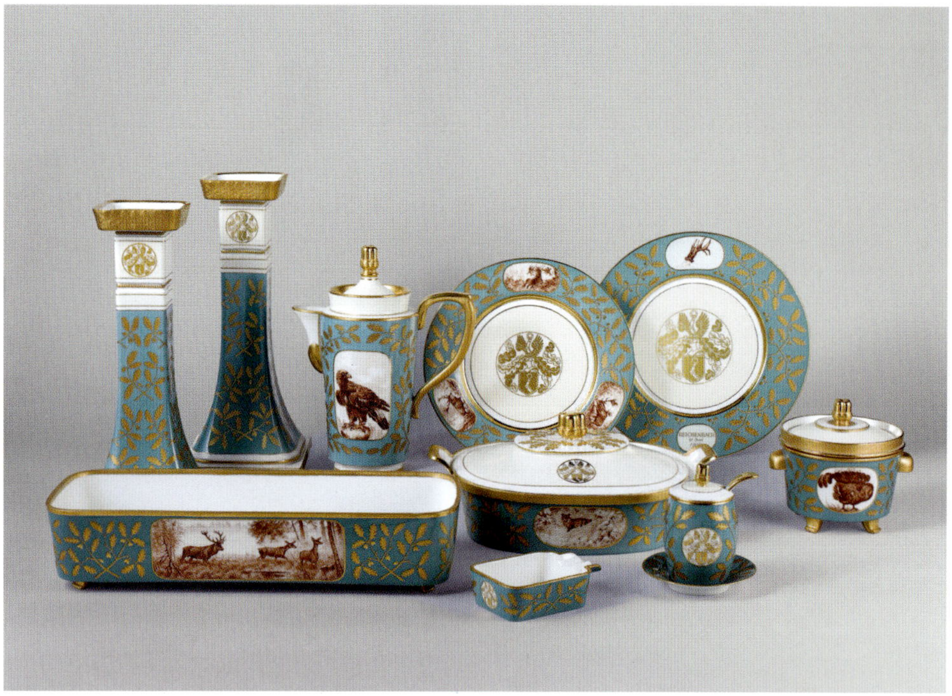

Cat. 205

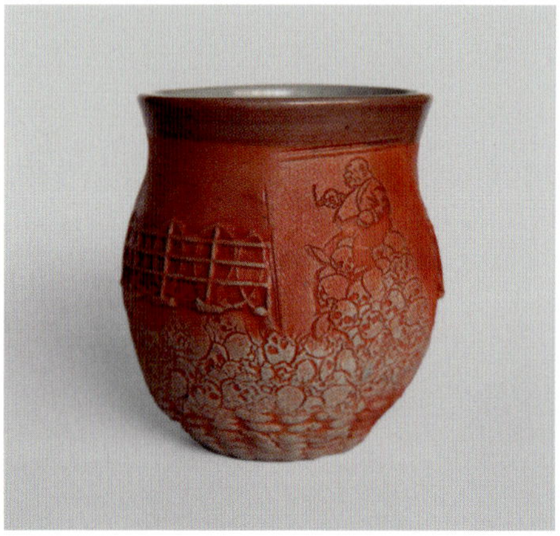

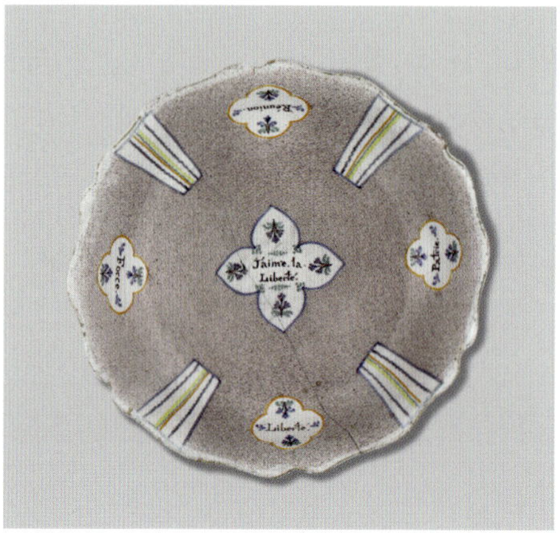

Cat. 211
Cat. 212

Cat. 205 Manufacture de Sèvres (France), *Service dit « de chasse » en porcelaine dure commandé par Hermann Goering*, 1943-1944, Sèvres – Manufacture et musée nationaux, France
Cat. 211 Ehren Tool, *Mug*, avant 2016, collection Benjamin Lignel, Montreuil, France
Cat. 212 Anonyme (Nevers, France), *Saladier « J'aime la liberté »*, 1791-1793, musée Carnavalet – Histoire de Paris, France
Cat. 206 Richard Notkin, *Cube skull teapot*, 1992, Arizona State University Art Museum, Tempe, États-Unis

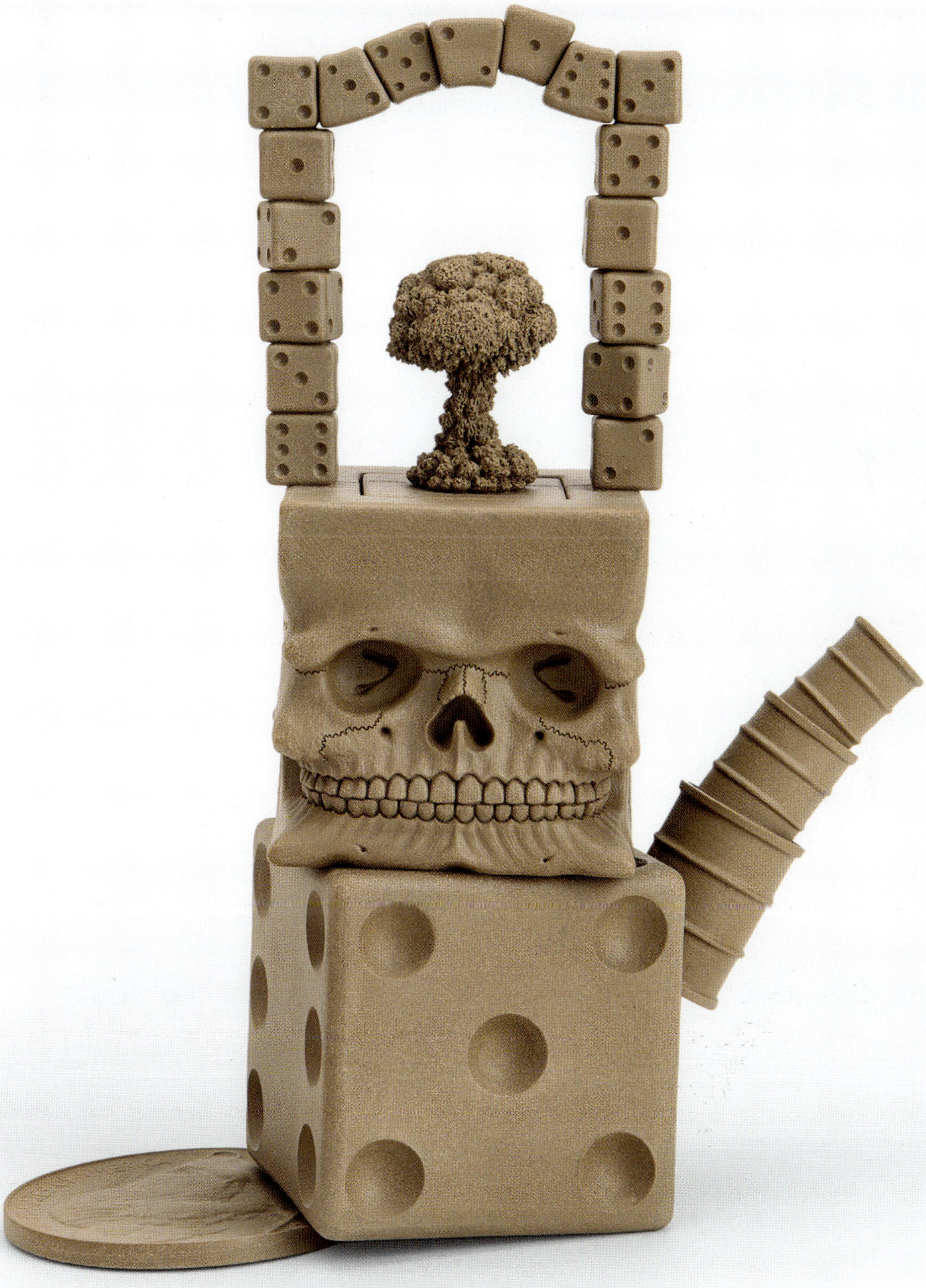

Cat. 206

Poèmes
Dave the Potter

Dave Drake (1800-1870 ?), dit « Dave the Potter », était aussi poète. Alors qu'il était esclave, il a gravé, à la main, plusieurs dizaines de poèmes, souvent cryptés et toujours poignants, sur des jarres de grès produites pour les usines de poterie de ses propriétaires successifs – Harvey Drake puis Lewis Miles –, à Edgefield en Caroline du Sud (États-Unis), entre 1834 et jusqu'à son affranchissement vers 1865.

Son œuvre, témoignage essentiel de cette époque, a été redécouvert notamment grâce à l'artiste Theaster Gates qui lui a consacré une exposition au Milwaukee Art Museum en 2010.

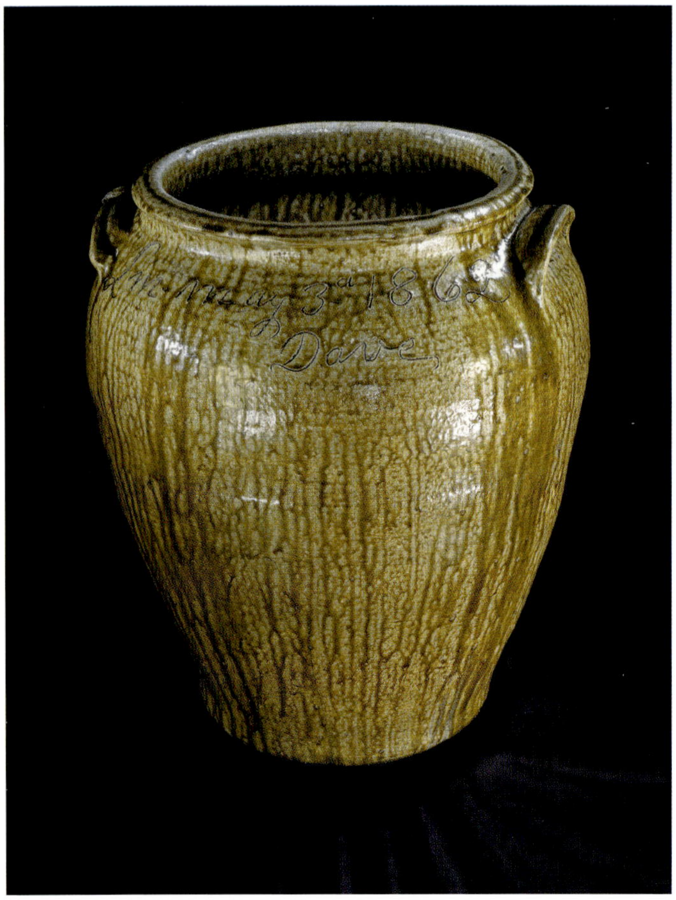

Cat. 209 David Drake, dit Dave the Potter, Grès signé *« May 3rd 1862 »* (reproduction), 1862, Smithsonian National Museum of Natural History, Washington, États-Unis

Concatination
June 12, 1834

Put every bit all between
surely this Jar will hold 14
July 12, 1834

oh the moon + the stars
hard work to make big Jars
August 22, 1834

Horse, mules and hogs —
all our cows is in the bogs —
there they shall ever stay
till the buzzards take them away
March 29, 1836

Catination
April 12, 1836

A better thing I never saw
When I shot off the lions jaw
November 9, 1836

Ladys & gentlemens Shoes
sell all you can: & nothing you'll loose
January 29, 1840

whats better than whishing
while we both are at fishing
February 10, 1840

Give me silver or; either gold
Though they are dangerous;
to our soul
June 27, 1840

Dave belongs to Mr. Miles
wher the oven bakes & the pot biles
July 31, 1840

Edgefield District
August 25, 1840

Another trick is worst than this
Dearest miss, spare me a kiss
August 26, 1840

Not Counted
May 16, 1843

Just a mammouth jar… for I not…
October 17, 1850

Cash wanted
May 17, 1852

Lm says this handle will crack
June 28, 1854

for Mr. John Monday
July 6, 1857

I wonder where is all my relation
Friendship to all — and every nation
August 16, 1857

I made this jar for cash —
though its called — lucre trash
August 22, 1857

A pretty little girl on a virge
Volca[n]ic mountain, how they burge
August 24, 1857

Making this jar: I had all thoughts
Lads & gentlemen: never out walks
January 30, 1858

A noble jar
For lard or tar
February 20, 1858

this is a noble churn
fill it up it will never turn
March 19, 1858

I made this for our Sott
it will never never — roll
March 31, 1858

This noble jar will hold 20
fill it with silver then you'll have plenty
April 8, 1858

A very large jar which has four handles
pack it full of fresh meats — then light candles
April 12, 1858

When you fill this Jar with pork
or beef
Scot will be there; to get a peace, —
This jar is to Mr Segler who keeps
the bar in orangeburg
For Mr Edwards a Gentleman —
who formly kept Mr thos bacons horses
April 21, 1858

The sun moon and — stars
in the west are a plenty of — bears
July 29, 1858

I saw a leppard & a lions face
then I felt the need of — grace
November 3, 1858

Nineteen days before Christmas Eve
Lots of people after it's over
How they will grieve
December 6, 1858

Mark and Dave
March 10, 1859

I made this out of 2 number & cross
If you do not listen at the bible you'll be lost —
March 25, 1859

Over noble Dr. Landrum's head
May guardian angels visit his bed
April 14, 1859

Hive is eighteen; hundred + fifty nine
unto you all I fell in — — cline
April 18, 1859

Good for lard or holding fresh meat
blest we were, when peter saw
the folded
sheets
May 3, 1859

Great & Noble Jar
hold sheep goat and bear
Dave & Baddler
May 13, 1859

Made at Stoney Bluff
for making lard enuff
Dave Baddler
May 13, 1859

The forth of July is surely come
to blow the fife = and beat the drum
July 4, 1859

Rev. W.A. Lawton
July 19, 1859

I saw a leopard & a lions face
then I felt, the need of grace
August 7, 1860

A noble jar for pork or beef
then carry it a round to the Indian chief
November 9, 1860

I — made this Jar all of cross
If you don't repent, you will be lost
May 3, 1862

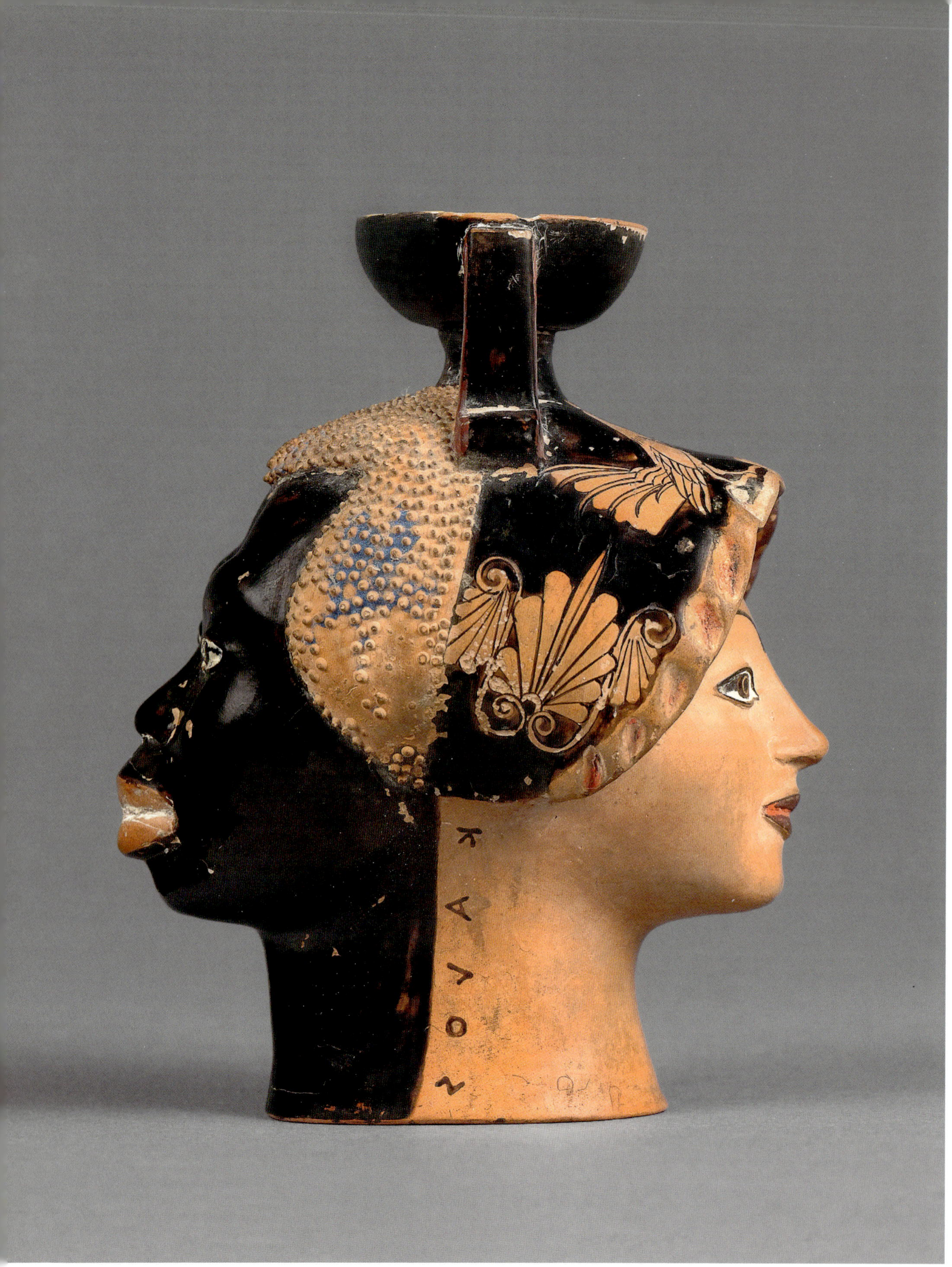

Cat. 233

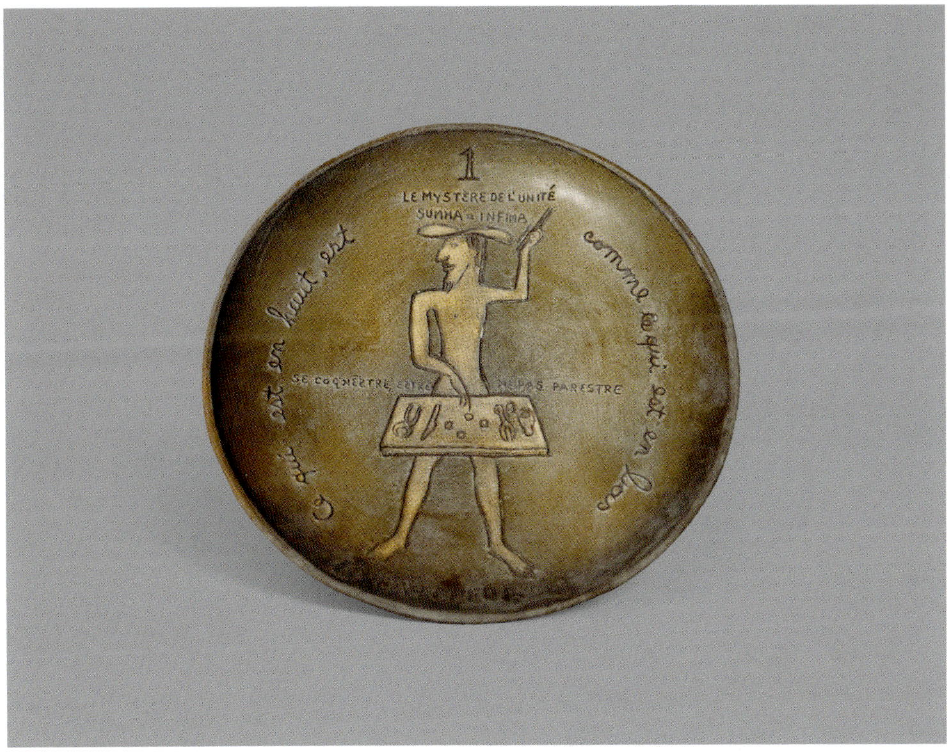

Cat. 235

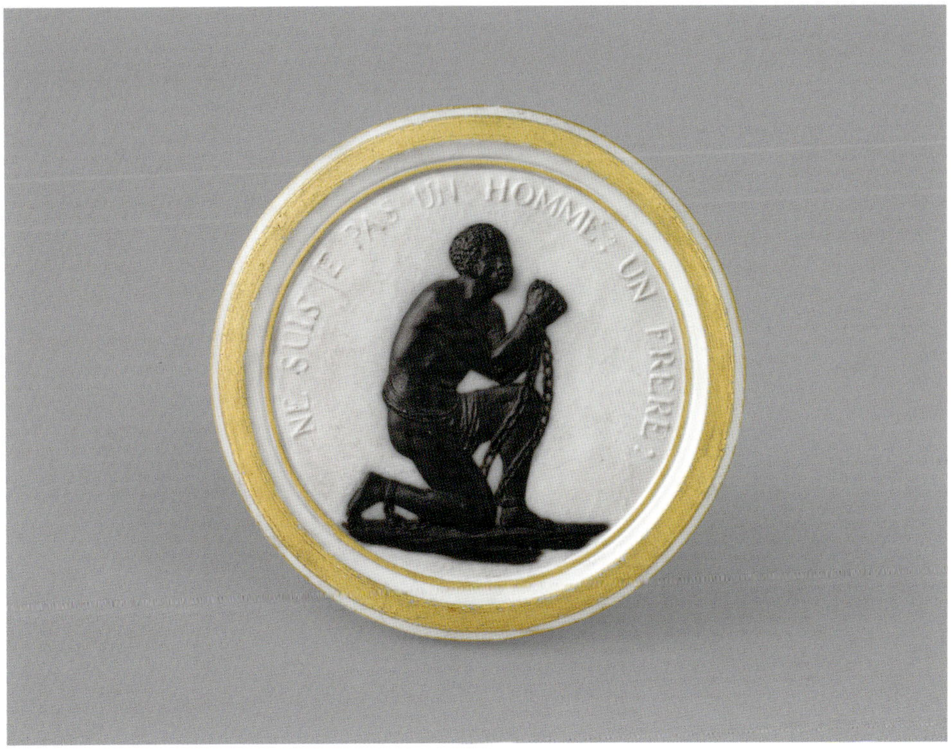

Cat. 208

Cat. 233 Skythès (?), classe d'Épilycos (Athènes, Grèce), *Aryballe « janiforme »*, vers 520-510 avant notre ère, musée du Louvre, Paris, France
Cat. 235 Anton Prinner, *Assiette « Le bateleur »*, 1952, collection Larock-Granoff, Paris, France
Cat. 208 Manufacture de Sèvres (France), *Médaillon « Ne suis-je pas un homme, un frère ? »*, 1789, Musée national Adrien Dubouché, Limoges, France

Le centrage et le problème du recentrage

Jenni Sorkin

Traduit de l'anglais par Jeanne Bouniort

« Avec une conscience ignorée, j'avais en ma possession
Un magnifique dessus de cheminée, dont le cœur
s'écaillait pourtant[1] »

Dans sa ballade amoureuse, le chanteur folk Bob Dylan ne mentionne nulle part l'objet en céramique en lui-même, mais sa présence est néanmoins palpable : une métaphore douce-amère de l'imperfection de l'amour, concrétisant l'idée de blessure, de meurtrissure qui survient lorsque nous sommes le réceptacle de nos tourments affectifs et de ceux d'autrui.

Lorsque, en 1964, Mary Caroline Richards écrit *Centering. In Pottery, Poetry, and the Person*[2], la céramique est à la fois populaire et marginale. Populaire, parce que la tasse artisanale s'avère incontournable dans la culture des cafés, apparue autour de la musique folk à Greenwich Village, là où de modestes enseignes comme *The Bitter End, Cafe Wha?, Gaslight Poetry Cafe* ou *Gerde's Folk City* deviennent le lieu de naissance des carrières légendaires de Joan Baez, de Peter, Paul and Mary, de Simon and Garfunkel et – oui – du jeune Bob Dylan. La céramique, associée au renouveau du folk, est aussi extrêmement marginale, comme un lointain après-coup, car ceux qui la fabriquent ne vivent pas à New York. Les mesures de protection contre les incendies ne leur permettent guère de construire ou d'utiliser un four, sauf s'il est depuis très longtemps en fonction – comme celui de la Greenwich House Pottery fondée en 1909 au sein d'une structure sociale destinée aux immigrés[3]. Au début des années 1960, il s'agit d'un atelier de poterie local disposant d'un espace d'exposition et d'une équipe entièrement masculine d'artistes réputés, suivant le schéma de la scène folk où les hommes sont célébrés tandis que les femmes œuvrent en coulisse.

À cette période, le mouvement hippie puise chez les beatniks. Richards elle-même pourrait être qualifiée de beatnik, car elle a abandonné son poste d'enseignante au Black Mountain College pour vivre dans la communauté d'artistes The Land, au bord de l'Hudson, à une cinquantaine de kilomètres au nord de New York, où elle est rejointe par John Cage, Stan Vanderbeek et David Tudor, son compagnon de l'époque. Comme je l'ai rappelé par ailleurs[4], le Black Mountain College a quasi banni la céramique au cours de sa brève existence (1933-1957), car Joseph Albers était hostile à l'argile, un matériau qu'il jugeait trop malléable et donc trop « facilement maltraité » par les étudiants. Cage n'y a enseigné que pendant deux courtes sessions estivales, tandis que Richards a contribué pleinement, de 1945 à 1951, à la célèbre pédagogie expérimentale du collège. Elle a arrêté lorsque la situation est devenue intenable, à cause de la confusion des sphères privée et professionnelle, sur un campus où tous les enseignants logeaient ensemble, et des difficultés financières de l'institution.

Dans la communauté The Land, qu'elle a fondée avec l'architecte Paul Williams, Richards crée des poteries, cultive la terre, écrit des essais, des poèmes et des lettres aux côtés de la céramiste Karen Karnes, bien plus minutieuse, qui se disperse moins et s'attache davantage à sa discipline en tant que telle et non comme métaphore. Karnes fabrique des ustensiles de cuisson en plus de ses vases sculptures, alternant l'utilitaire et le non-utilitaire, comme souvent les potiers d'art le font pour gagner leur vie. Richards, quant à elle, est venue tardivement à cette discipline, percevant alors son potentiel dans le cadre d'une pédagogie expérimentale. Auparavant, elle avait été une professeure de lettres investie dans la mise en scène et le théâtre expérimental, participant même au premier happening de l'art moderne, *Theatre Piece 1* de John Cage, en 1952.

La céramique en elle-même avait déjà une dimension performative. Ainsi que je l'ai souligné ailleurs, « en considérant la céramique comme un geste performatif accompli dans l'espace et le temps réels, on se retrouve devant un objet-événement[5] ». Par l'abstraction et l'amplification de l'échelle, Peter Voulkos a renouvelé la céramique d'après-guerre[6]. Il a souvent été photographié en plein travail, devant ses très grandes poteries ou sculptures, torse nu, cigarette au bec, les bras barbouillés de terre, savourant la viscosité de la glaise. Les témoignages photographiques de ces performances font de Peter Voulkos un Jackson Pollock de la céramique moderne tardive – qui a quand même vécu un peu plus longtemps. Finalement, la céramique s'est « recentrée » grâce au travail tenace que Voulkos, Richards et tant d'autres ont mené à bien dans la seconde moitié du XXe siècle, souvent sans s'en rendre compte, la plaçant au cœur des courants les plus avant-gardistes de la création artistique.

Au XXIe siècle, c'est désormais un art reconnu, dont l'étude historique de fond reste toutefois marginale, régulièrement ostracisée par les autres spécialités. Son périmètre ne se limite plus, en effet, à la céramique d'art, mais connaît un foisonnement interdisciplinaire depuis que des designers, des architectes et des sculpteurs se sont emparés des techniques anciennes et nouvelles. Totalement enthousiasmés par la plasticité de l'argile, ils ne se passionnent guère pour l'authenticité historique ou le contexte.

Avec son livre[7], Richards a voulu libérer la force de la céramique comme allégorie de la recomposition du moi en une personne intégrale. En Grande-Bretagne, l'ergothérapie fait appel aux activités artisanales depuis la Première Guerre mondiale : la poterie contribue à la réadaptation des anciens combattants, la gestuelle du tournage réparant les corps et la répétition des formes apaisant les esprits. Richards revisite ce passé pour les générations post-1950 en quête de réponses à leurs questions existentielles. La céramique devient alors une métaphore puissante de la reconstruction du moi moral.

Tant que la boule de terre n'est pas bien centrée sur le tour en mouvement, elle ne peut pas donner un récipient fonctionnel, pas plus qu'une personne éparpillée et égoïste ne peut être pleinement fonctionnelle, à moins qu'il ou elle ne se recentre. Dans le vocabulaire du XXIe siècle cependant, le « centrage » se réduit à un plaisir que l'on s'accorde dans un hôtel de luxe ou un institut de beauté, au cours d'une séance de yoga ou de thé matcha battu à l'aide d'un fouet en bambou dans sa cuisine. Les rituels des petits soins s'accompagnent aussi d'un engouement inédit pour le fait main : pull en coton artisanal, bougie artisanale et – oui – poterie artisanale. La céramique est recyclée sous l'étiquette de l'art de vivre, vendue au même titre que d'autres objets de décoration.

Assurément, de nombreux sculpteurs céramistes créent des œuvres d'art utilitaires et sculpturales, tels Andrew Casto, Sunshine Cobb, Lauren Mabry et Roberto Lugo, pour ne citer qu'eux. Les catalogues, sites internet et décors d'intérieurs scénographiés, savamment conçus pour donner au consommateur la sensation d'être centré, ne correspondent pas du tout au centrage auquel songeait Richards, mais c'est ainsi : la céramique a été officiellement incorporée au régime de développement personnel connu sous le nom de « bien-être ».

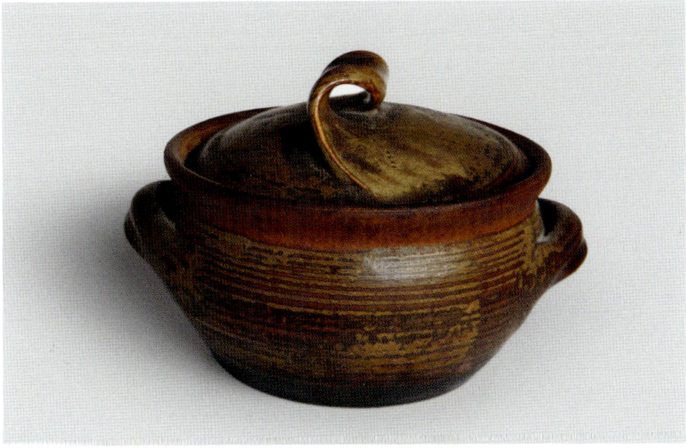

Cat. 60 Karen Karnes, *Soupière de cuisson*, vers 1980, collection Benjamin Lignel, Montreuil, France

1 Bob Dylan, *Ballade en ré bécarre*, 1964.
2 Mary Caroline Richards, *Centering. In Pottery, Poetry, and the Person*, Middletown, Wesleyan University Press, 1964.
3 Voir Victoria Thorson, « Our History. An Essay from the Jane Hartsook 25th Anniversary Catalog », www.greenwichhouse.org
4 Jenni Sorkin, *Live Form. Women, Ceramics, and Community*, Chicago, University of Chicago Press, 2016. J'y évoque notamment Marguerite Wildenhain (1896-1985), céramiste formée au Bauhaus dont le spectre hante la carrière d'Albers. Ils étaient tous les deux à Weimar, avant de suivre des trajectoires séparées pour cause de sexisme et de hiérarchie entre les disciplines. Voir également Mary Emma Harris, *The Arts at Black Mountain College*, Cambridge, MIT Press, 1987, p. 188.
5 Jenni Sorkin, *op. cit.*, introduction (« Craft as Collective Practice »), p. 2-4.
6 Voir Jenni Sorkin, « Gender and Rupture », in Glenn Adamson, Andrew Perchuk et Barbara Gifford (dir.), *Peter Voulkos. The Breakthrough Years*, Londres, Black Dog Publishing Limited, 2016, p. 13-25.
7 Mary Caroline Richards, *op. cit.*

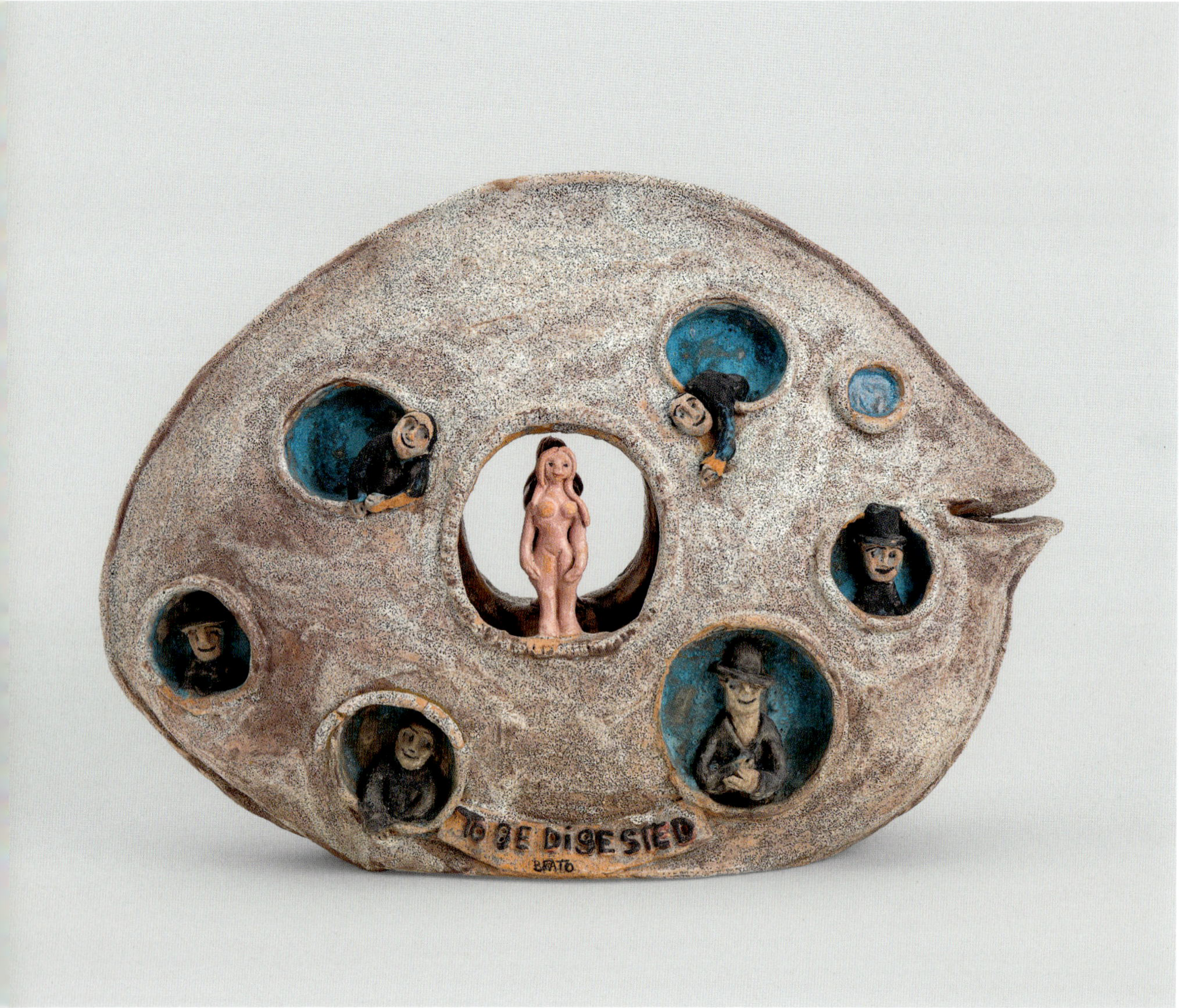

Cat. 230 Beatrice Wood,
To be digested, 1987, Arizona State University Art Museum, Tempe, États-Unis, courtesy Beatrice Wood Center for the Arts, Happy Valley Cultural Center

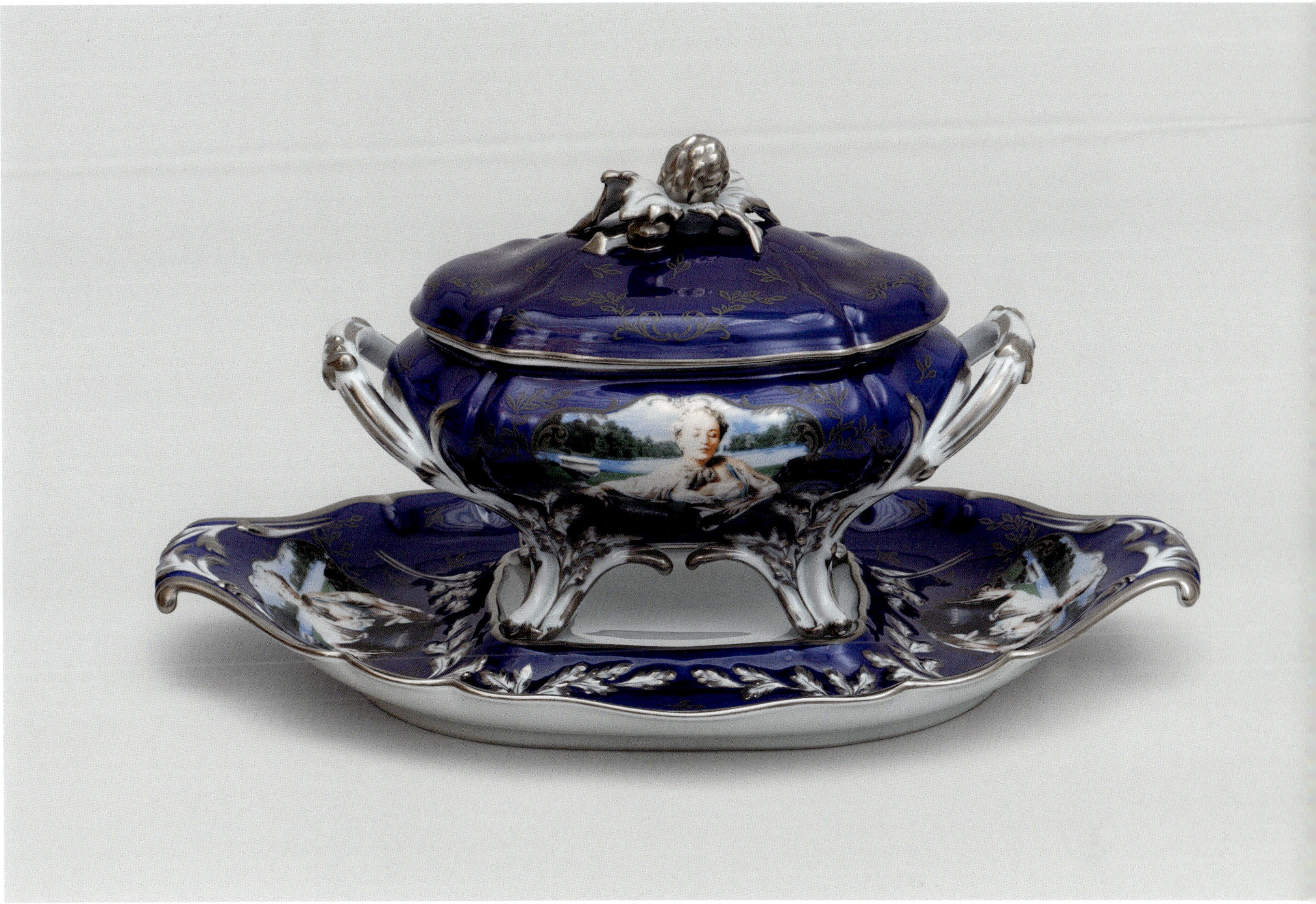

Cat. 220 Cindy Sherman,
Madame de Pompadour née Poisson (1721-1764), 1990, courtesy de l'artiste et galerie Almine Rech, Paris, Bruxelles/Londres, Royaume-Uni/ New York États-Unis/Shanghai, Chine

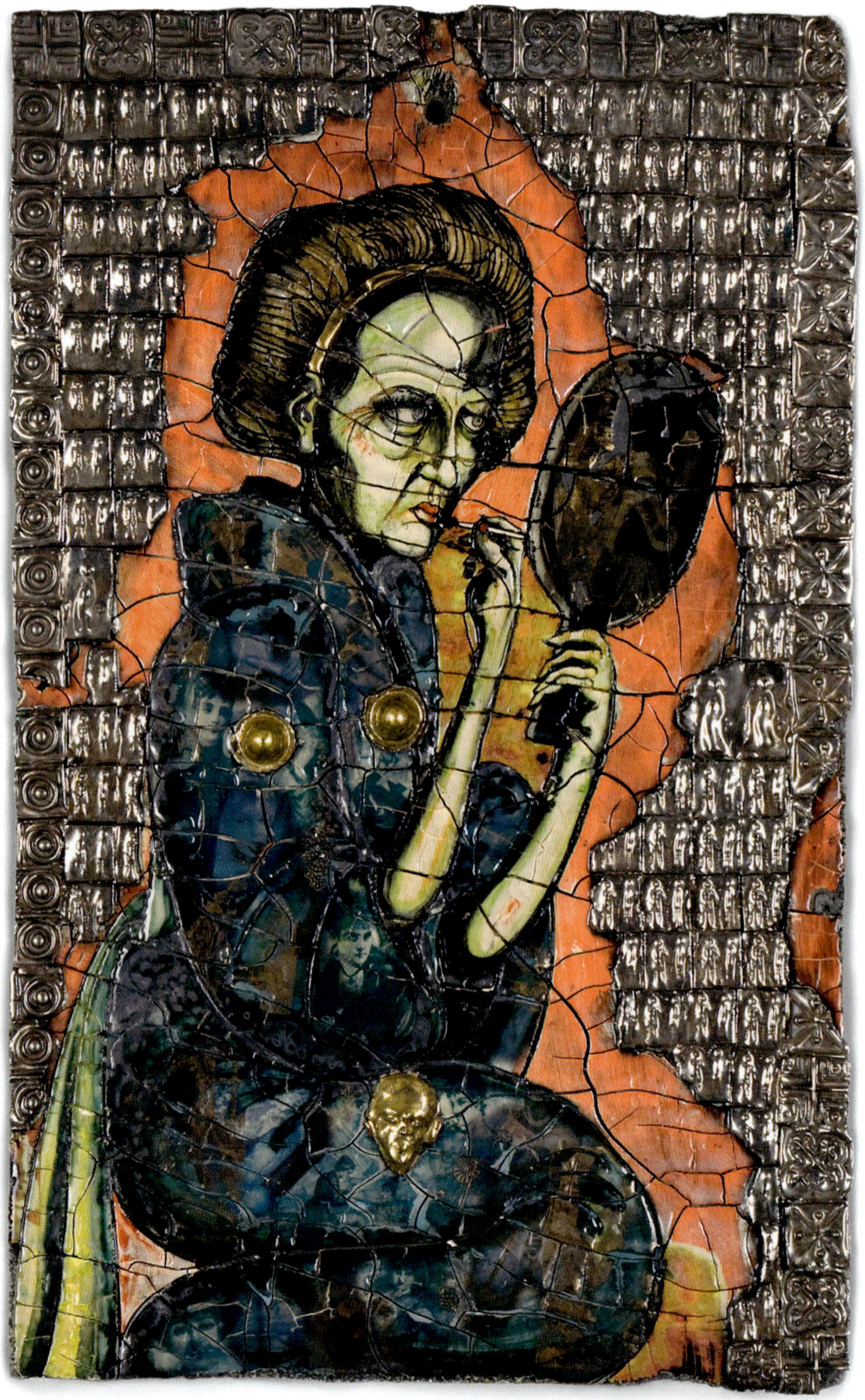

Cat. 227

Cat. 227 Grayson Perry, *Transvestite looking in mirror*, 2009, collection particulière, Genève, Suisse, courtesy Victoria Miro, Londres, Royaume-Uni
Cat. 234 Marie Vassilieff et atelier Lafourcade, *Statuette androgyne*, 1948, collection Claude Bernès, Paris, France

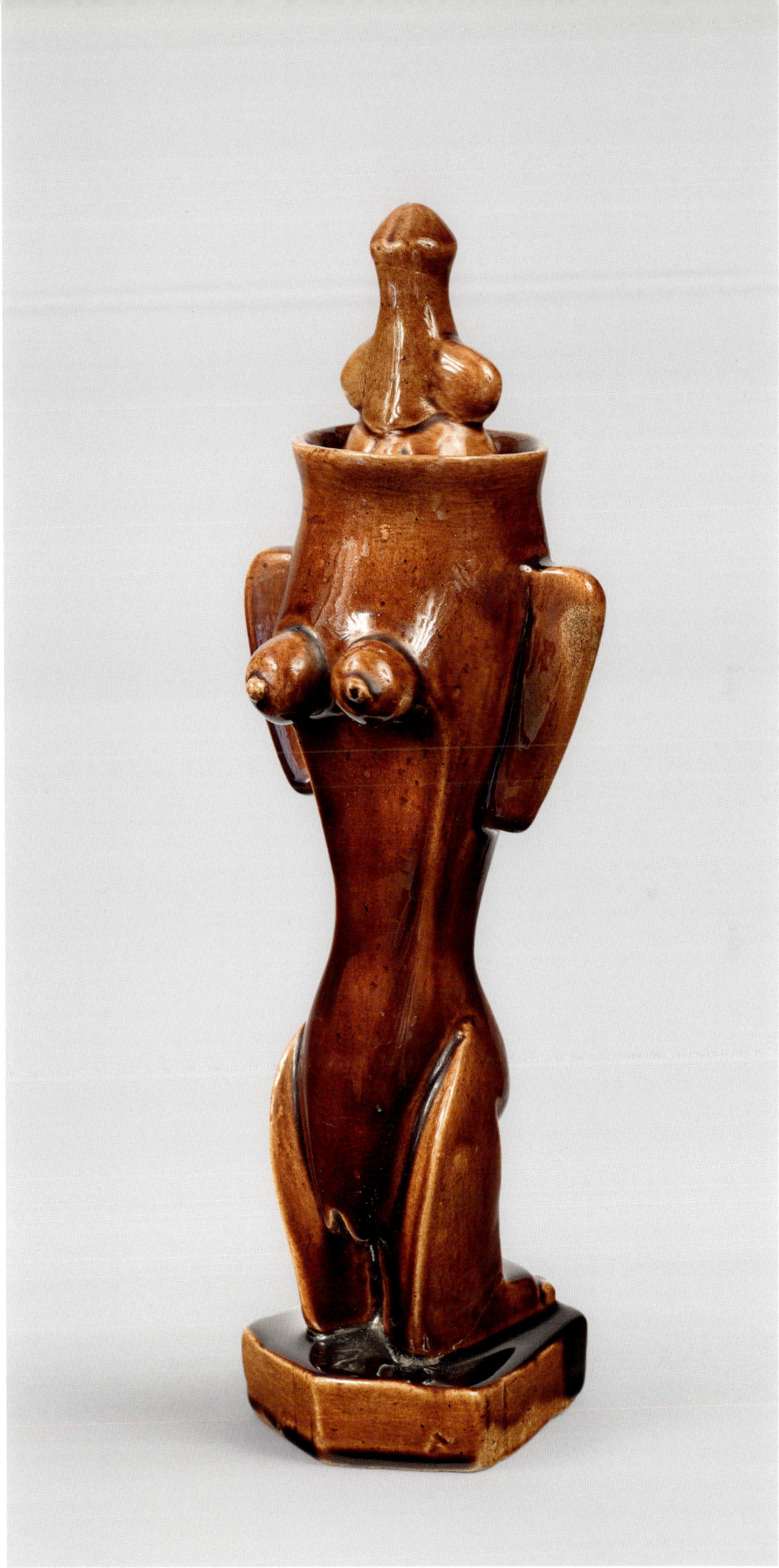

Cat. 234

Démanteler le patriarcat, une brique après l'autre Le four de Peter Voulkos[1] et le paysage changeant de la céramique à l'université de Berkeley

Nicki Green

Ce texte est la transcription d'une lecture-performance donnée dans le cadre d'une conférence autour de la « voix de l'objet » organisée par le Critical Craft Forum, à New York, le 24 février 2018.
Traduit de l'anglais par Émilie Notéris

Je suis la Brique. Enfin, dans ce cas précis, je suis la Brique molle. Je suis la femme trans qui a accepté l'invitation du programme de céramique de Berkeley, me disant que j'allais pouvoir profiter d'un lieu fraîchement rénové. J'y suis entrée tout en sachant que des changements étaient en cours. Ceux-ci font partie de ma vision du monde, temporaire, non statique, mouvante de par son caractère interstitiel – une identité originelle.

Permettez-moi d'être franche, je parle ici de briques. De briques cuites au four, mais, dans mon monde, les Briques sont aussi les femmes trans qui ne « passent[2] » pas, qui ont « un visage qui ressemble à une brique » ou « des épaules carrées comme des briques ». Il s'agit souvent d'une génération un peu plus jeune que la mienne : je me situe en lisière de ces communautés de personnes trans fortement politisées, au genre fluide, désintéressées par la question du *passing* – une Brique comme « recevoir une brique à l'arrière de la tête » ou « jeter une brique à travers la fenêtre ». Je ne suis pas non plus un·e de ces transsexuel·les plus âgé·es obsédé·es par le passing. Je « passe » en quelque sorte, en héritière du *Queen's Vernacular*[3], de l'émeute de la cafétéria de Gene Compton[4] et de Tumblr. Je suis la Brique molle.

Le passing est-il un état originel ?

À Berkeley, sous la chaleur rayonnante du mois de septembre 2016, l'ancien four de Peter Voulkos était démonté puis mis à la benne. Incrédule devant ce geste qui consiste à se débarrasser d'objets chargés d'histoire, j'ai intercepté la palette avec toutes ces briques mises au rebut et les ai déposées dans mon atelier. Car elles portent bien en elles leur histoire, non ? À quel moment le geste sentimental mute-t-il en un entassement compulsif ? À quel moment ces deux tendances divergent-elles ? Ou cohabitent-elles ? Ce sont ces briques rescapées, crayeuses et fatiguées, grimaçantes de douleur et pourtant rayonnantes de fierté, qui, sur cette palette poussiéreuse, m'ont inspiré cette série de réflexions et questions ouvertes, franches et dérangeantes.

Vous, les Briques, demeurées pratiquement intactes pendant quinze ans, malgré le peu de cas que l'on fait de votre histoire, êtes empilées comme les murs d'archives de ce four, desséchées et épuisées. Les marques du feu et les gouttes d'émail sont autant de petits rappels des années passées à vous serrer les unes contre les autres, à gonfler et à vous contracter, à isoler de l'incandescence ces chambres à gaz à taille humaine pour donner vie à des objets imposants. Vous avez été créées pour absorber la chaleur et la violence nécessaires à la pérennité de ces œuvres d'art. Vous n'avez fait que votre travail, mais êtes-vous complices de cet héritage ? Voulkos a rassemblé autour de lui tous les hommes qu'il a pu trouver. Vous, Briques, avez été les témoins des nuits tardives, du tabagisme, de l'alcool et des discussions au sein de l'atelier.

En tant que matériau poreux, tu as été témoin et tu as assimilé l'ensemble des faits et des gestes de l'atelier. En tant qu'outil, c'était ton rôle et ce pour quoi tu as été créée. Brique, éprouves-tu du remords face à tant d'oisiveté ?

La porosité est-elle un état actif ou passif ?

Cette analyse sur la fonction et la production me rappelle mes premières années d'études universitaires. Je fabriquais des godes en céramique dans mon atelier encombré, maintenu fermé par un rideau, que j'appelais « la fosse » car j'y entassais tout ce que je pouvais récupérer – l'atelier a toujours été mon refuge. Ma voisine était une cis[5] très *femme*, qui avait l'air d'une trans et qui jouait de cette fausse lecture en permanence. « La travestie la plus sexy de l'école », s'enorgueillissait-elle, avouant plus tard cette falsification. Elle semblait apprécier l'attention et l'exotisme que cela engendrait et cela me rendait dingue : elle pouvait « passer » pour une trans, sans être confrontée à la violence

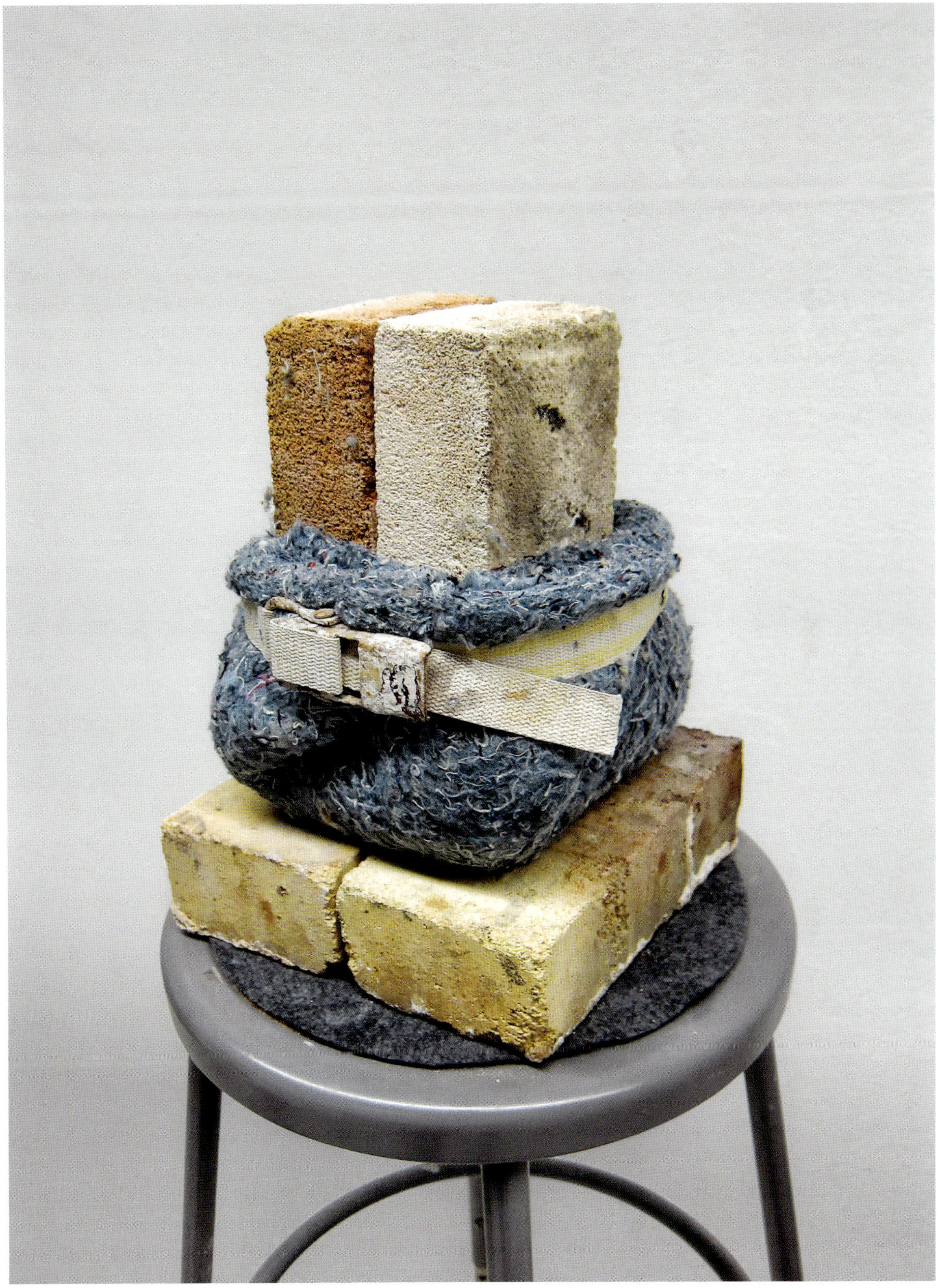

Cat. 229 Nicki Green, *Swaddle 4*, 2017,
courtesy de l'artiste

ou à la peur de la foule si commune aux corps persécutés. Elle n'était pas vraiment une Brique, elle simulait la Brique et ignorait même ce qu'était une Brique.

Peut-on passer et être encore une Brique ? Peut-on passer pour une Brique ?

Un des professeurs de peinture, probablement par perversité, avait confié à une camarade de classe une pile de magazines pornographiques hétéros, quasi illégaux, à découper et à coller pour en faire des aquarelles. Ces monstres sexuels grandeur nature n'étaient plus qu'appendices saillants, orifices et fluides dégoulinants. Les frontières corporelles se dissolvaient sous mes yeux, immortalisées sur d'énormes rouleaux de papier. Tout en peignant tranquillement des godes, j'englobais ces œuvres : elles étaient tellement belles et abjectes. Un après-midi, en traînant et en feuilletant ces magazines, je me suis rendu compte que leur quatrième de couverture comportait un bandeau publicitaire avec des images proposant de « grosses mochetés transsexuelles ». Cette reconnaissance m'a soudain interpellée : elle traduisait un état trans infranchissable, l'Être-Brique, une existence matérielle qui incarne ouvertement le va-et-vient entre désir et répulsion. C'étaient là les Briques auxquelles se référaient les autres femmes trans sur les forums de discussions et sur les messageries électroniques, et il était clair qu'elles étaient désirées au dos de ces magazines. Mais désirées pour quelle raison ? Leur échec ? Leur visibilité ? Leur propre visibilité faisait-elle d'elles un outil de reconnaissance pour les autres ? De par leur caractère non-artistique ? Si les œuvres d'art existent parce que les briques isolent, étayent et absorbent, toutes ces femmes trans, hautaines mais *passantes*, sont-elles des « réussites » – des œuvres d'art – parce que les Briques travaillent à leur visibilité ?

Art vs *Brique est-il un faux binarisme ?*

En tant que Brique molle, mon jeu se révèle à chacun de mes gestes, mais sa lisibilité dépend du contexte, comme c'est le cas finalement pour toute relation, non ? Le lien que j'entretiens avec ce rôle, même s'il est reconnaissable, m'empêche souvent de pénétrer dans les espaces bien définis et polarisants, en particulier ceux célébrant le machisme d'un Voulkos. Même aujourd'hui, mon affirmation en tant que Brique molle est à l'origine de questions gênantes et de micro-agressions qui renvoient à l'effet de la flamme d'un briquet sur les brûleurs des fours. Tous les environnements, quels qu'ils soient, sont chargés de la violence du genre. Ce qui est vécu comme un traumatisme s'infiltre dans tous les recoins, dans tous les pores comme dans les spores, dépoussiérant et érodant les surfaces des briques du four.

Brique, ta porosité me met les paumes à vif lorsque je t'installe dans mon atelier, m'obligeant à prendre conscience de la fragilité de ma peau, de cette barrière qui me sépare du reste du monde. Cette menace de porosité me rappelle à mon moi changeant, à mon corps originel. En travaillant dans mon atelier, j'inspire à la fois la Brique et l'Art.

Comment se reproduit-on au-delà de la fusion biologique de deux corps ? Est-il possible de reproduire la politique ? L'éthique ? Des corps non matériels ?

Brique, je t'imagine assise docilement à côté de lui comme tu l'es à côté de moi. Suis-je une doublure de Voulkos, mettant au four d'énormes objets et observant amoureusement la manière avec laquelle ils semblent simultanément défier leur matérialité et s'y référer ? J'espère que mon humeur, souvent trop molle, me distingue de lui, de ses protégés, mais c'est difficile à dire, surtout lorsque je me dépêche de mettre mon travail dans le four, précipitant la flamme. C'est presque comme si tu disais « on y retourne », et que tu te préparais à en subir les conséquences. Peux-tu critiquer la politique de l'artiste tout en l'aidant à produire son Œuvre ? Tu as contribué à la fabrication de ses piles, de ses assiettes, de ses seaux à glace, mais tu ne pouvais qu'entendre, sans pouvoir réagir, les moqueries envers l'étudiante qui faisait tomber sa sculpture à ses pieds. J'imagine que tu grimaçais à chaque fois qu'elle était humiliée. C'est toi qui écoutes la honte feutrée de la misogynie, tandis que la chaleur et la violence du four, puis le refroidissement par étapes successives, usent les contours, les limites de ta forme. Le rôle de la Brique, en un sens, est d'être le réceptacle de ces histoires, enfouies à plusieurs reprises sous la surface des objets réalisés.

La dissolution des frontières est-elle un processus moralement négatif ? En fin de compte, ne se fond-on pas l'un·e dans l'autre ?

Je suis la Brique molle. Je ressens à la fois une parenté et une distance par rapport à ces objets délaissés. Je continue d'osciller entre le désir d'emmailloter leurs formes, de fétichiser ces magnifiques reliques et de renforcer mon propre travail par leur présence – une prothèse et une barrière d'émail. La démangeaison du fantasme de la vengeance envers les hommes est tellement présente lorsque je regarde couler l'émail caustique qui dévore les cavités rugueuses de leurs formes ! Ici, l'héritage de Voulkos opère comme une doublure de vies de violence. Mais est-ce lui ou sont-ce les Briques qui hantent le bouc émissaire ? Le transfert de la responsabilité a-t-il une quelconque valeur ?

Le rôle de l'outil, de l'entassement compulsif, de la Brique, place l'individu dans un état qui est, en un sens, originel et incontournable. Dans cet espace intermédiaire, nous retenons l'héritage, nous le traitons et le rendons simultanément possible. À quel moment la collecte et le stockage de matériaux cessent-ils d'être une source d'inspiration pour devenir un fardeau ? Le poids de ces objets inhibe le premier mouvement. Est-il néanmoins possible d'apprendre à vivre ici ? La liminalité [l'origine du passage] est-elle un espace à habiter ? Que peut offrir une telle horizontalité ? Alors que je suis assise dans mon atelier poussiéreux, ces questions me permettent d'appréhender les Briques comme une expansion possible de requalification de la notion d'auteur·trice. Ce va-et-vient fluide permet à une Brique comme moi de percevoir non seulement les marques de brûlure et l'érosion des corps de ma communauté comme autant de violences, mais également comme un vide dans lequel il est possible de pénétrer le pouvoir potentiel et la prolifération de la vie.

1 Peter Voulkos (1924-2002) est un céramiste américain.
2 En référence au *passing*, soit le fait pour une personne d'être immédiatement perçue comme cisgenre.
3 Bruce Rodgers, *The Queen's Vernacular. A Gay Lexicon*, San Francisco, Straight Arrow Books, 1972.
4 Voir *Screaming Queens: The Riot at Compton's Cafeteria* (2005), documentaire de Susan Stryker et Victor Silverman sur le premier mouvement connu de résistance militante et collective proto-*queer* contre le harcèlement policier dans l'histoire des États-Unis.
5 Abréviation de cisgenre, qui qualifie les personnes n'ayant pas effectué de transition de sexe ou de genre.

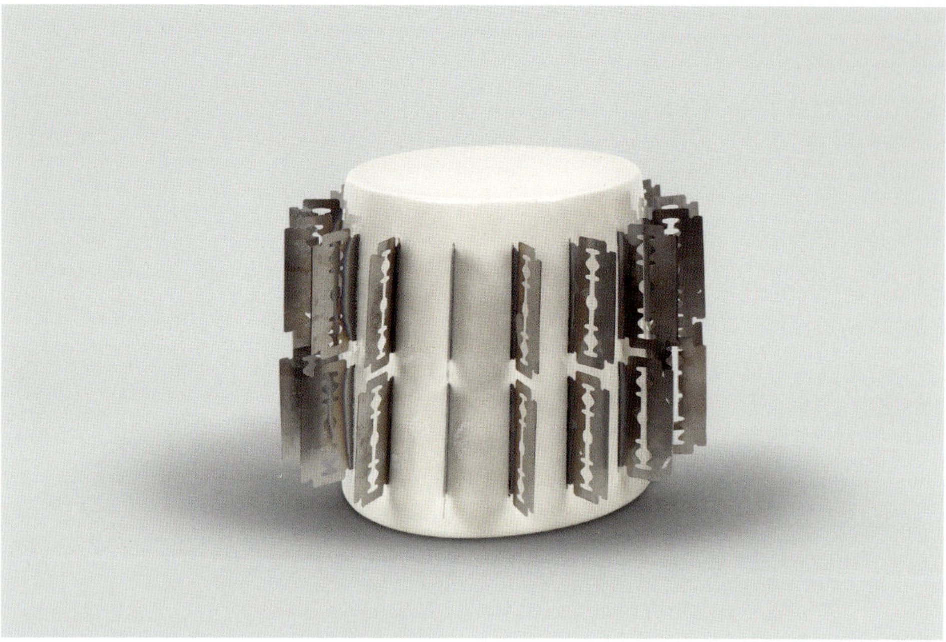

Cat. 236

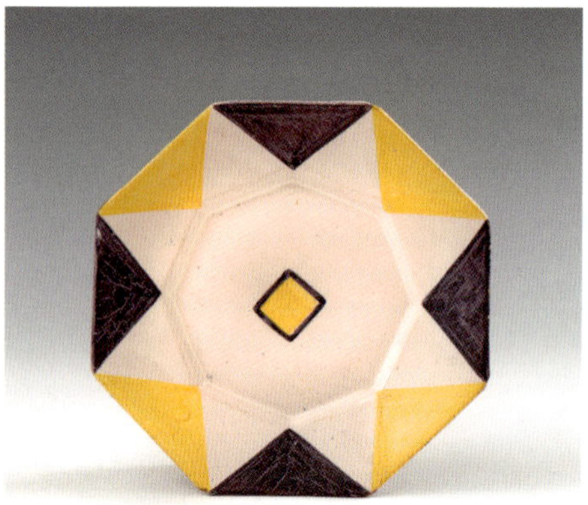

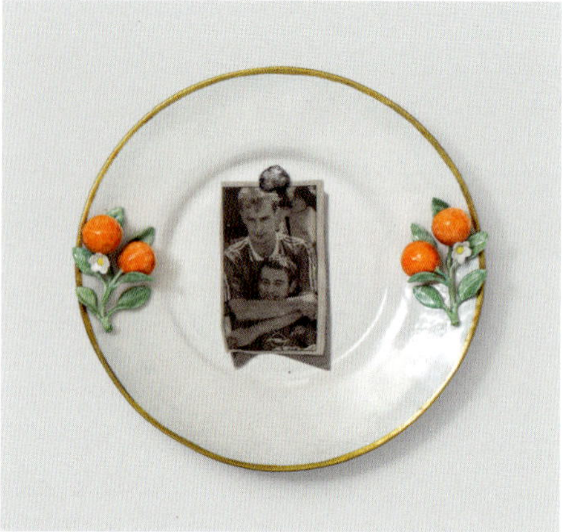

Cat. 237
Cat. 226

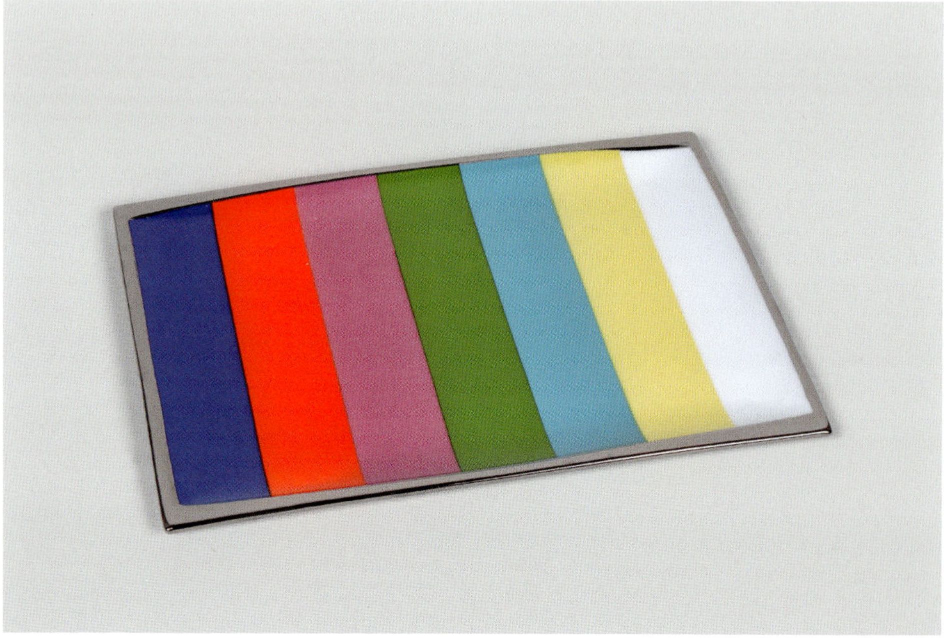

Cat. 210

Cat. 236 Carissa Rodriguez, *La collectionneuse*, 2015, courtesy Karma International, Zurich, Suisse/ Los Angeles, États-Unis
Cat. 237 Jeanne Malivel et faïencerie Henriot (Quimper, France), *Assiette hexagonale à décor géométrique*, 1925, collection Anne Delamaire, Rennes, France
Cat. 226 Daniel Kruger, *Assiette*, 1997, courtesy de l'artiste et Galleria Antonella Villanova, Florence, Italie
Cat. 210 General Idea, *Test pattern TV, dinner plate*, 1988, Frac-Artothèque Nouvelle-Aquitaine, Limoges, France
Cat. 228 Mai-Thu Perret, *Nine sculptures of pure self-expression (the male principle)*, 2003, collection Fabrice Stroun, Genève, Suisse

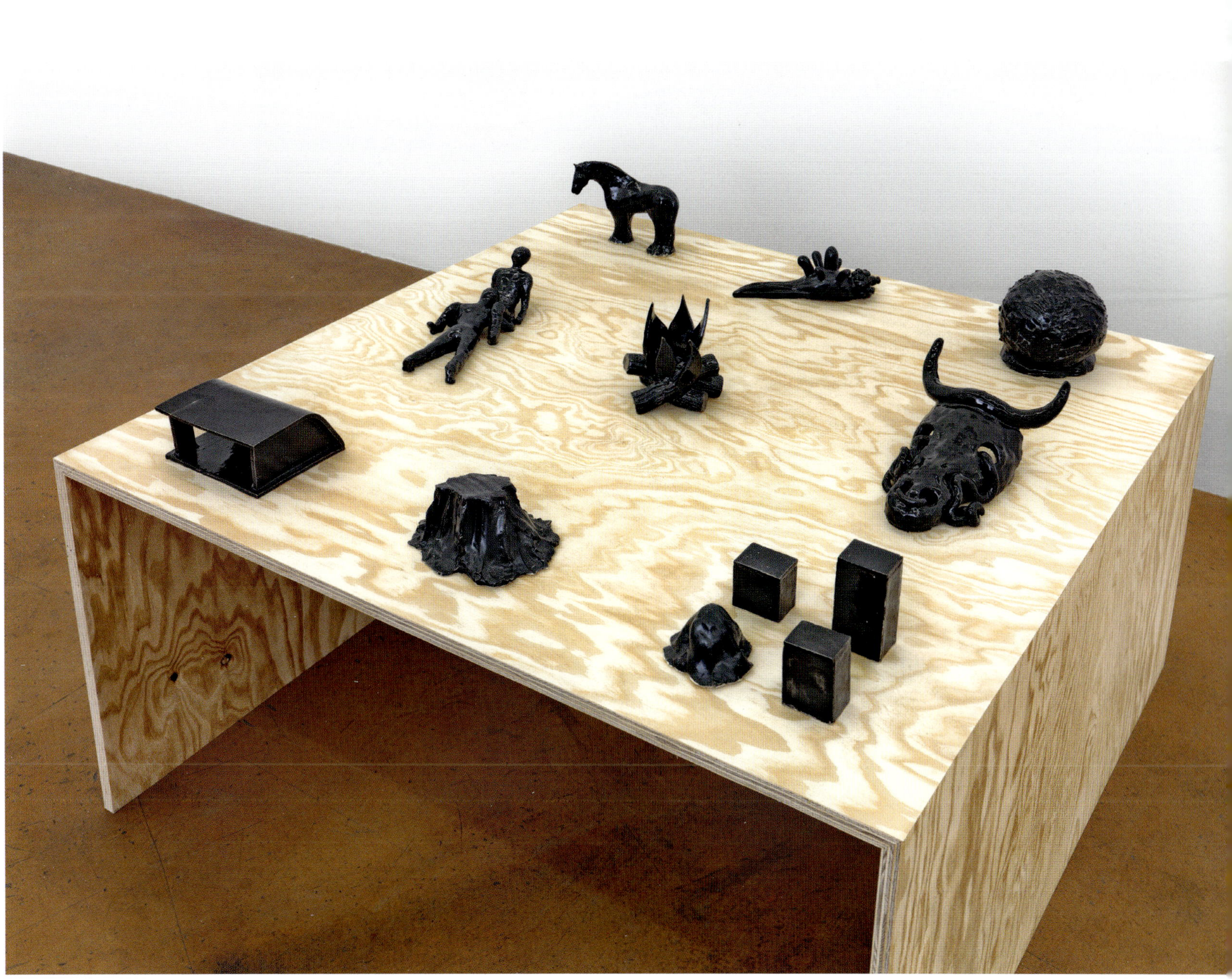

Cat. 228

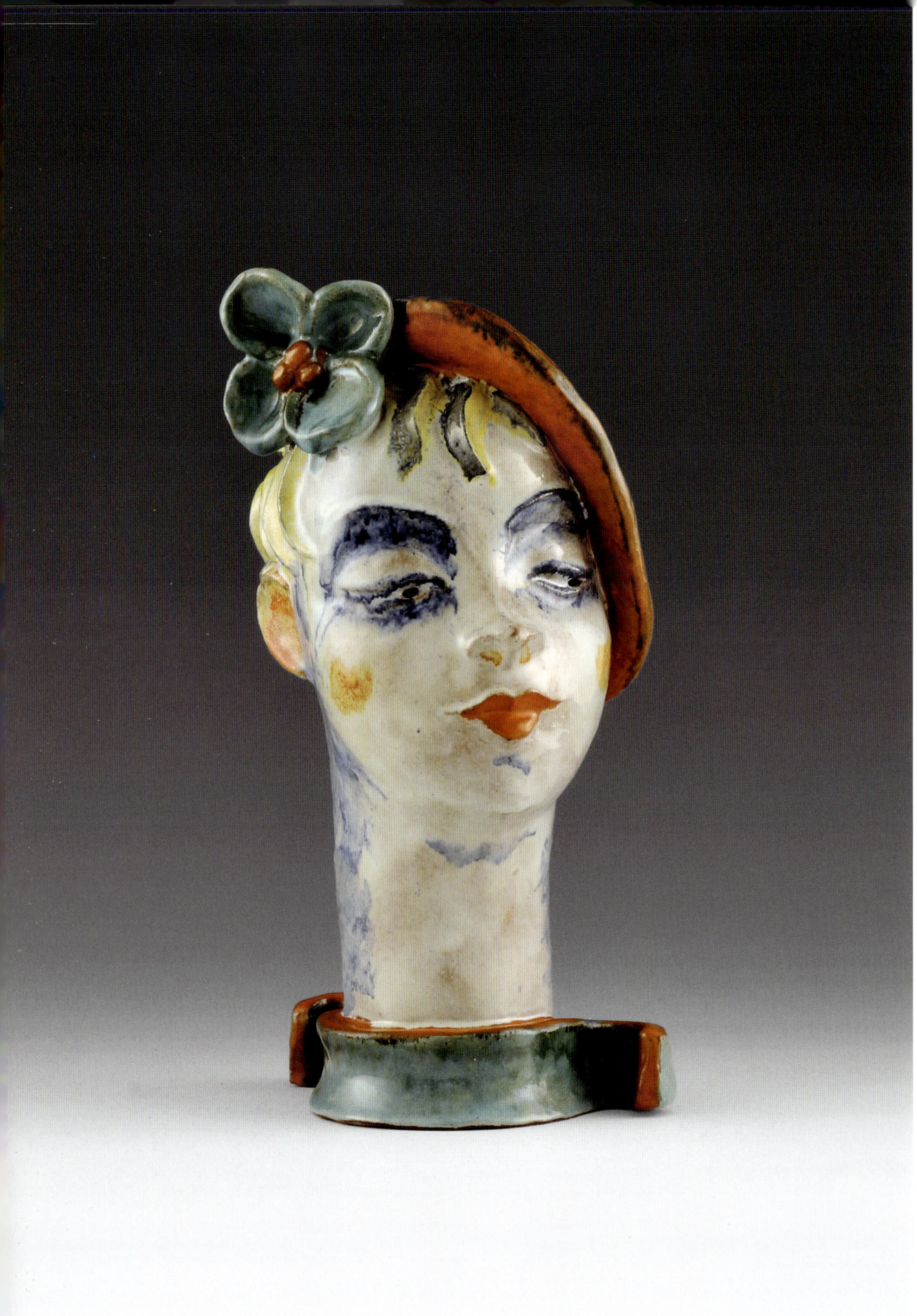

Cat. 232 Vally Wieselthier
et manufacture de la Wiener Werkstätte
(Vienne, Autriche), *Tête de femme
aux yeux cernés de bleu*, 1928, galerie
Bei der Albertina, Vienne, Autriche

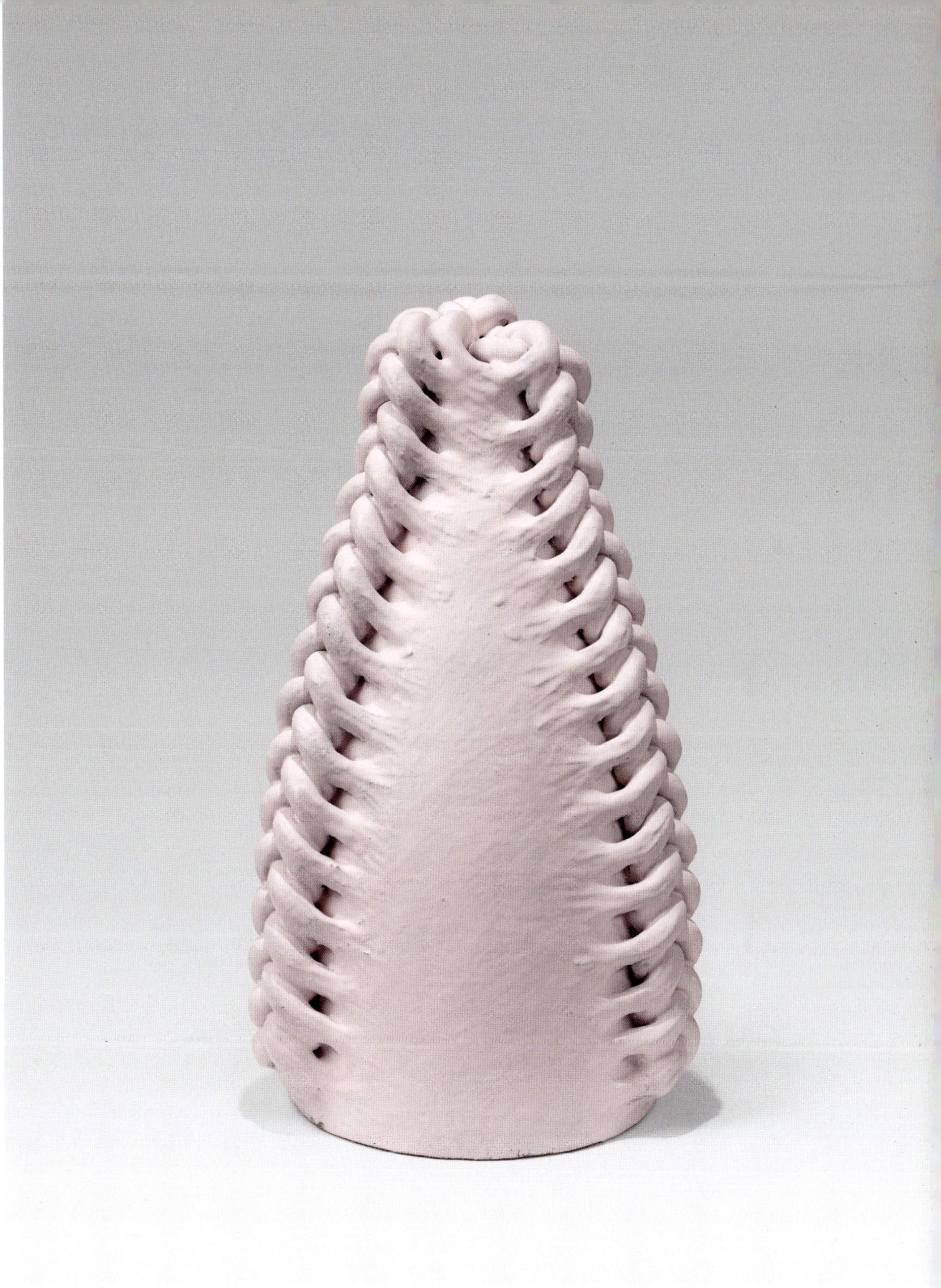

Cat. 231 Simone Leigh, *« Village » series*, 2020, collection De Iorio, Trente, Italie, courtesy Hauser & Wirth, Zurich, Gstaad, Suisse/Londres, Royaume-Uni/Hong Kong, Chine/ New York, Los Angeles, États-Unis

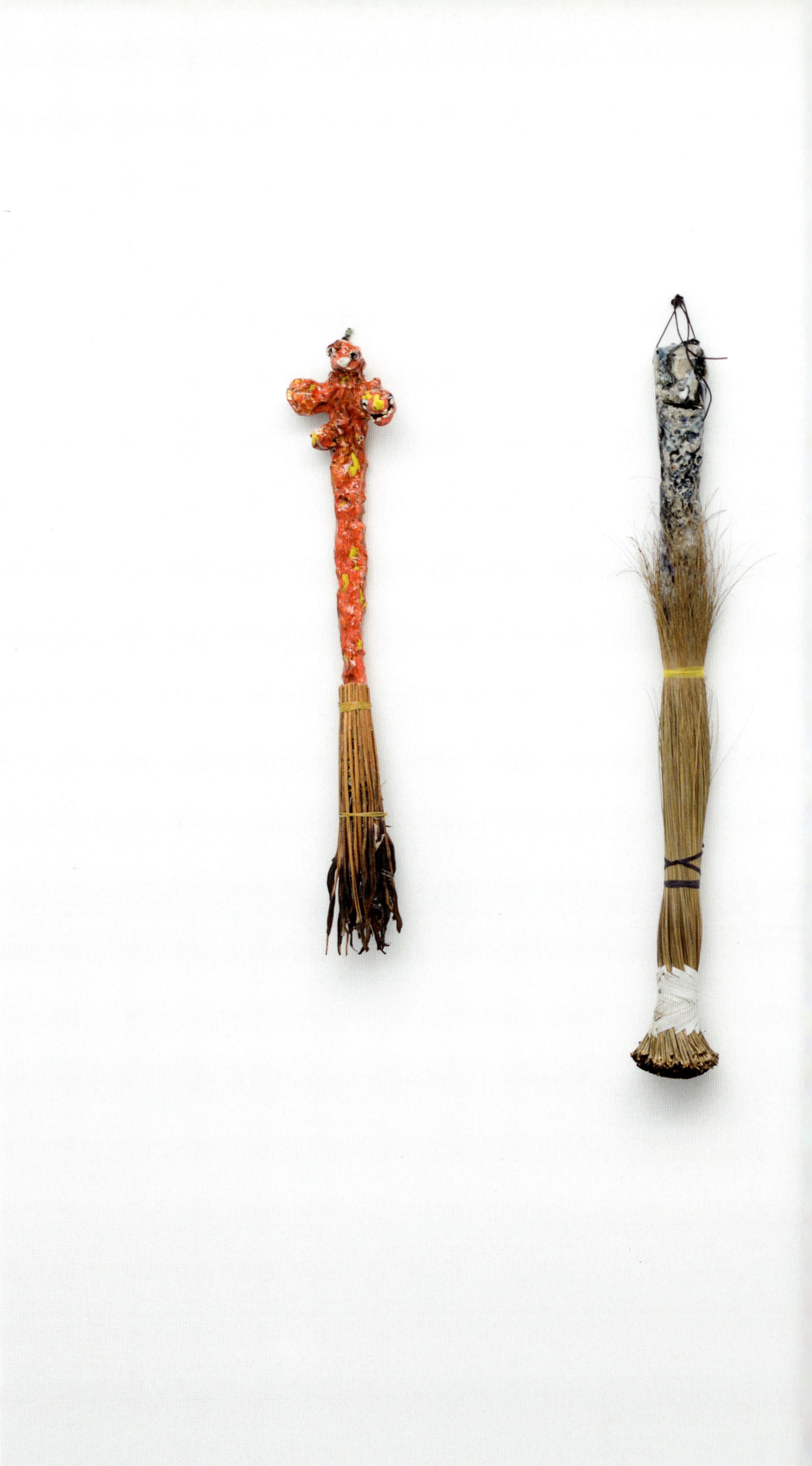

Cat. 223 Sylvie Auvray, *Sans titre*, 2020, en cours d'acquisition par le Fonds d'art contemporain – Paris collections, France, courtesy galerie Laurent Godin, Paris

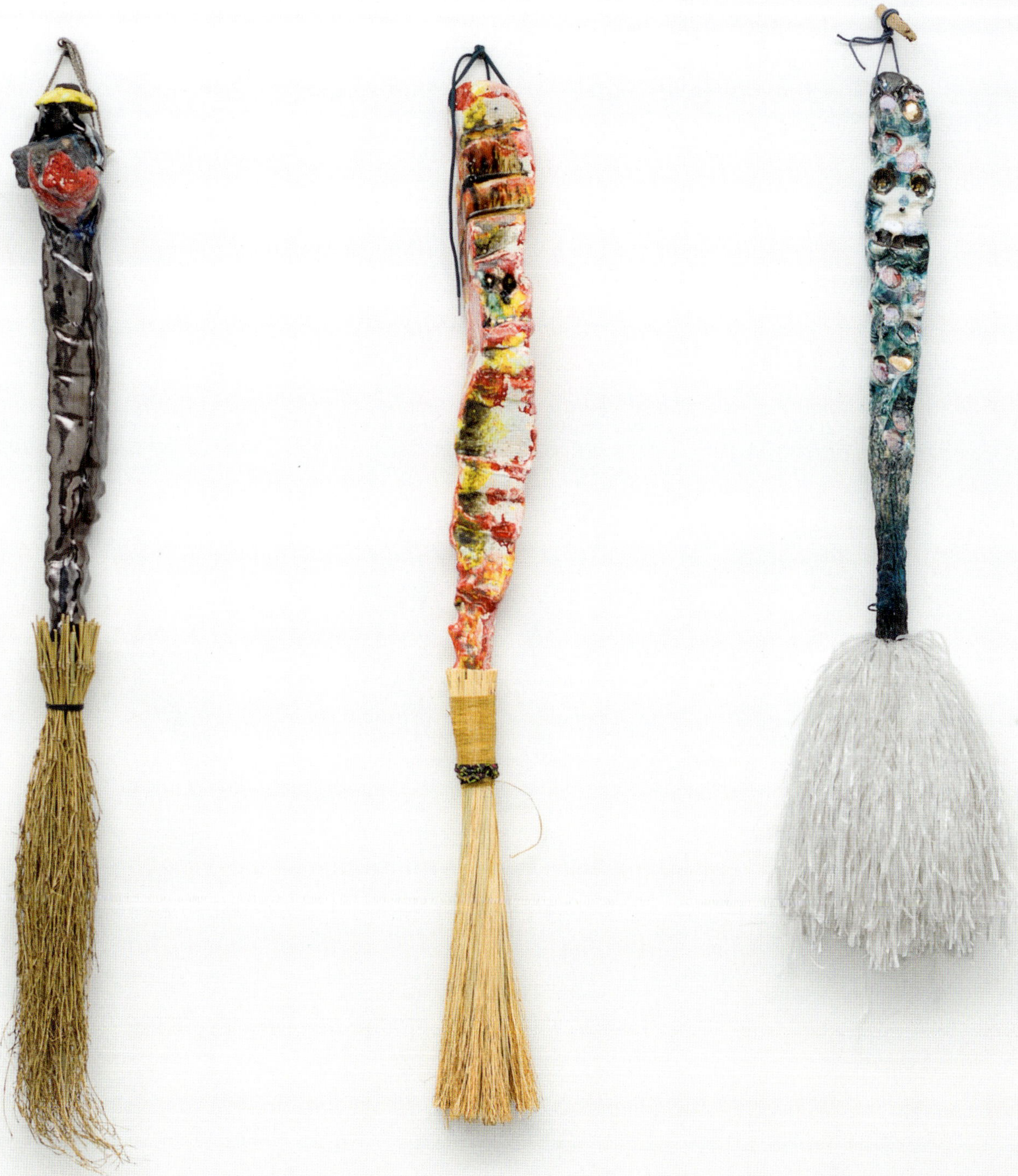

GLOSSAIRE

Ce glossaire a été établi par Frédéric Bauchet, Thomas Golsenne et Anne Dressen avec l'aimable participation de Stéphanie Le Follic-Hadida, Jean Girel et Natsuko Uchino.

I. FAIRE

Le terme générique de céramique désigne l'ensemble des objets fabriqués en terre, qui ont subi une transformation physico-chimique irréversible au cours d'une cuisson à température plus ou moins élevée. La céramique est considérée comme le premier art du feu. La Vénus de Dolni Vestonice (Tchéquie), datée entre 29000 et 25000 avant notre ère, en est le témoin le plus ancien trouvé à ce jour.

La céramique repose sur l'association de plusieurs éléments, gestes et étapes successives : le choix d'une terre, d'un type de façonnage, d'un décor éventuel et d'une ou de plusieurs cuissons plus ou moins complexes. On appelle pâte céramique, le mélange de trois composantes essentielles : les matières plastiques, les matières dégraissantes et les fondants. Les matières plastiques sont les kaolins et les autres argiles (alumineuses, siliceuses, micacées, ferrugineuses ou calcaires), les matières dégraissantes comptent la silice (dont le but est de diminuer la plasticité, utilisée sous forme de quartz ou de silex, c'est-à-dire de sable plus ou moins fin) ou la **chamotte [voir partie I]**, tandis que les fondants (notamment les feldspaths, la pegmatite, la chaux ou la dolomie) apportent de la fusibilité à la pâte.

TERRES

ARGILE

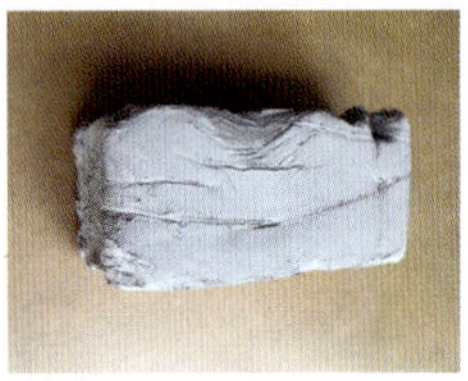

L'argile – du grec *argilos* – est issue de la désagrégation des roches primaires (feldspaths et micas) et regroupe de nombreuses variétés. Nettoyée de ses impuretés par lévigation, tamisée et mélangée à plus ou moins d'eau, elle est utilisée dans les ateliers de poterie sous forme de pâte, de **barbotine [voir partie I]** ou de poudre. Les argiles les plus connues, aussi dites terres, sont la **faïence**, le **grès** et la **porcelaine [voir partie I]**. D'une plasticité différente, elles se prêtent plus ou moins bien au façonnage. Leur teneur en minéraux et en oxydes fait varier leurs couleurs et leurs réactions à la **cuisson [voir partie I]**. Elles requièrent d'être battues pour extraire l'air contenu dans leur masse et la rendre homogène. La pâte est d'abord dite crue ou verte, lorsqu'elle est malléable **[voir malléabilité, partie II]**. Ensuite, sa déshydratation progressive l'amène à l'état de cuir, durcie mais encore humide. Enfin, elle est sèche quand elle s'avère prête pour la cuisson.

Fig. 8 Pain d'argile

BARBOTINE

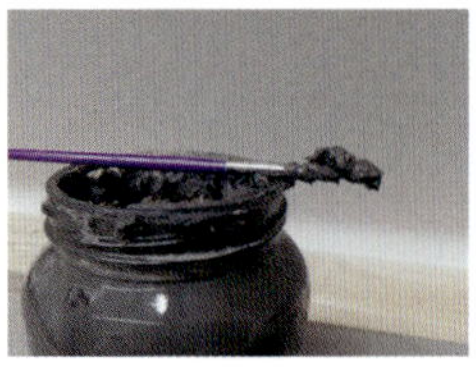

Pâte argileuse délayée dans l'eau et indispensable aux techniques de coulage **[voir moulage, partie I]** et de trempage. La barbotine sert couramment de colle (ou de soudure) pour lier entre eux des éléments en terre crue. Elle est également requise pour la réalisation de certains décors appliqués au pinceau ou recouvrant l'ensemble de la pièce **[voir engobe, partie I]**. À partir des années 1960, la barbotine devient un matériau d'élection pour des performances artistiques.

Fig. 9 Pot de barbotine et son pinceau

CHAMOTTE

Argile cuite concassée à granulométrie variable, la chamotte est appréciée par certains céramistes pour son esthétique brute et texturée. Elle présente l'intérêt technique de limiter le retrait de la terre à la **cuisson [voir partie I]**, ce qui explique son utilisation dans la production de grandes pièces.

FAÏENCE

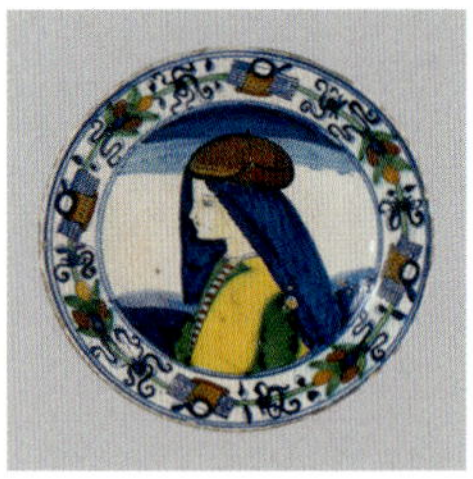

Son nom provient de la ville de Faenza en Italie. La pâte à faïence est une argile poreuse **[voir porosité, partie II]**, la plupart du temps rougeâtre ou blanche, composée d'un mélange d'argile, de silice, de feldspath et/ou de craie. Elle est recouverte d'un **émail [voir partie I]** stannifère, appelé aussi majolique (glaçure blanche opaque à base d'oxyde d'étain) qui masque la couleur du **tesson [voir partie II]**, la rend imperméable et sert de fond au **décor [voir partie I]**. Sa **cuisson [voir partie I]** se déroule à une température de 980 °C environ. Si la faïence permet une gamme étendue de couleurs d'émaux (notamment roses, rouges et violets), elle reste fragile **[voir solidité, partie II]**. Elle se prête à toutes les techniques de façonnage et s'utilise souvent pour produire de la vaisselle culinaire ou de table, des carrelages muraux émaillés, ou encore des sculptures contemporaines.

Cat. 58 Anonyme (Cafaggiolo, Italie), *Assiette avec portrait de profil*, 1520-1540, Musée national de la Renaissance, Écouen, France

GRÈS

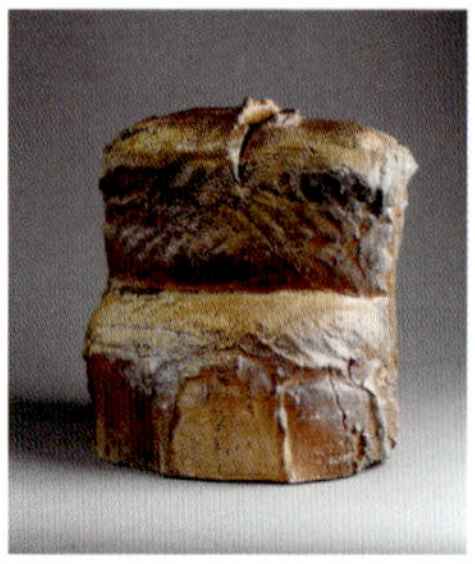

On parle parfois de grès cérame pour le distinguer de la roche du même nom. Les couleurs de la pâte sont souvent beige, brun ou gris. Cuit, le grès est naturellement vitrifié en surface (car il contient une forte proportion de silice) et devient imperméable **[voir porosité, partie II]**, opaque et très résistant. Il supporte une **cuisson [voir partie I]** à haute température, autour de 1 340 °C. Il se prête idéalement aux arts de la table liés à la conservation alimentaire ainsi qu'aux situations architecturales (revêtement de sol, parement de cheminée, de bassin **[voir habitat, partie II]**). À partir de 1890, sous l'impulsion de Jean Carriès, le grès s'impose en Occident dans le vocabulaire artistique **[voir art & craft, partie II]**. Il peut ou non être émaillé. Il se prête au **modelage [voir partie I]**, à l'estampage et au coulage **[voir moulage, partie I]**.

Cat. 132 Hervé Rousseau et atelier de Boisbelle (France), *Sans titre (Scribe)*, 2011, collection particulière, Paris, France

PORCELAINE

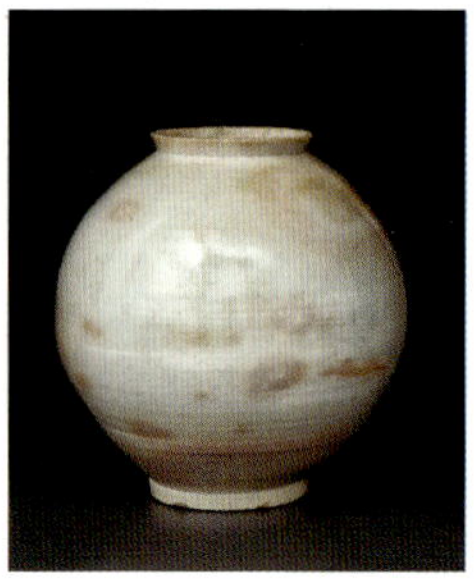

Céramique dont la pâte se vitrifie dans la masse à la cuisson, entre 1 300 °C et 1 450 °C (ce qui la rend imperméable **[voir porosité, partie II]**), et qui se caractérise par sa blancheur et sa **translucidité [voir partie II]** en faible épaisseur. La porcelaine naît en Chine au VIIIe siècle et sera l'objet de fascination, d'échange et d'imitation **[voir transferts culturels, partie III]** pendant plusieurs siècles. Il faut attendre 1709 pour que des carrières de kaolin soient découvertes en Allemagne, à Meissen, et en France, à Saint-Yrieix-le-Perche (à proximité de Limoges). La porcelaine peut exister à l'état de biscuit (sans émail), émaillée ou recouverte d'une couverte transparente laissant apparaître la blancheur de la pâte. Elle se prête à toutes les techniques (**moulage [voir partie I]**, estampage et **modelage [voir partie I]**), mais sa faible plasticité la rend plus difficile à tourner **[voir tournage, partie I]**. Elle est principalement utilisée pour la vaisselle de luxe et pour les équipements sanitaires **[voir santé, partie II]**, ou dans la céramique contemporaine. En Europe, on distingue

la porcelaine tendre (rayable à l'acier) de la porcelaine dure (non rayable à l'acier). La porcelaine tendre contient peu de kaolin, entre 40 et 50 % de cendre d'os (pâte phosphatique ou *bone china*), des feldspaths et de la silice **[voir cuisson, partie I]**. Utilisée jusqu'à la fin du XVIIIe siècle, elle s'avère plus sensible aux chocs thermiques **[voir isolation, partie II]**, mais offre une large palette de couleurs **[voir émail, partie I]**.
La porcelaine dure résulte d'un mélange de kaolin (40 à 65 %), de feldspath (15 à 40 %) et de silice (10 à 30 %).

Cat. 12 Anonyme (Corée), *Jarre (Moon jar)*, époque Choson (XVIIe-XVIIIe siècle), Musée national des arts asiatiques – Guimet, Paris, France

TERRE CUITE

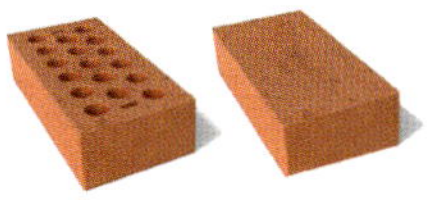

Argile ferrugineuse poreuse, grossière, opaque et de teinte jaunâtre, brune ou rouge. La terre cuite est la technique la plus ancienne. Elle se cuit entre 800 et 1 050 °C **[voir cuisson, partie I]** et devient alors solide tout en restant poreuse **[voir porosité, partie II]**.
Le qualificatif est ainsi employé pour les pièces anciennes, mais aussi pour d'autres, très contemporaines, et celles réservées au bâtiment (brique, tuile **[voir habitat, partie II]**) ou les pots de fleurs.

Fig. 10 Briques en terre cuite

TERRE VERNISSÉE

Argile ferrugineuse poreuse, décorée aux **engobes [voir partie I]** colorés, puis couverte d'un vernis transparent brillant, traditionnellement à base de plomb **[voir émail** et **faïence, partie I]**.

FAÇONNAGE

COLOMBINAGE

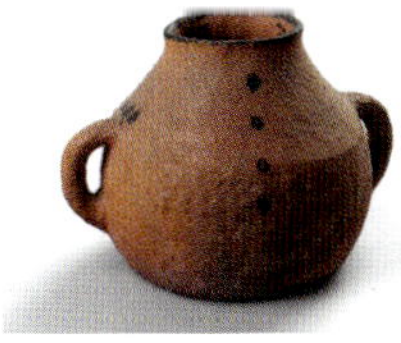

Depuis la préhistoire, le montage au colombin est l'un des modes de construction les plus élémentaires, permettant une grande variété de formes.
Les colombins sont des boudins d'argile molle roulés et superposés en anneaux au fur et à mesure de l'élaboration de la forme, puis assemblés par pressage de la main. Les Européens roulent les colombins sur une table, les Japonais entre les mains à la verticale. Alain Rey, dans le *Dictionnaire historique de la langue française* (1992), donne plusieurs origines à ce mot attesté seulement à partir de 1844 : dérivé de colombe, poutre de colombage ronde, ou bien de colombe, l'oiseau, à rapprocher du latin *colombus* désignant un petit pain allongé. Le terme est aussi avéré en 1867 dans un langage argotique au sens de fiente, par proximité avec colombine (fiente de colombe). Enfin, certains le rapportent à Christophe Colomb et à sa « découverte » de la céramique précolombienne, produite par colombinage.

Cat. 27 Anonyme (Ouergha, Maroc), *Pot*, avant 1934, musée du quai Branly – Jacques Chirac, Paris, France

IMPRESSION 3D

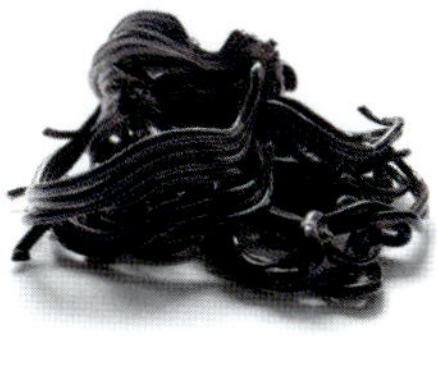

Au départ, si l'impression 3D sert surtout à réaliser des prototypes en résine polymère, certains artistes et designers l'utilisent pour des micro-séries. Les imprimantes 3D céramique permettent de réaliser des objets sans les cuire, en déposant des **barbotines [voir partie I]** qui s'ajoutent de bas en haut, par extrusion, pulvérisation, photo-polymérisation ou frittage de poudre. Si le travail de la main disparaît au profit de l'ordinateur et de l'imprimante, l'artiste n'en doit pas moins scruter et anticiper les opérations. Parfois, la 3D est la seule technique à pouvoir produire des formes complexes autoportantes, avec étais provisoires.

Cat. 28 Ianis Lallemand, *Unspecified clay – Echantillon 20170124162914*, 2017, courtesy de l'artiste et Co-de-iT

MODELAGE

Par déplacement, ajout ou soustraction d'**argile [voir partie I]**, le modelage est une technique de façonnage ancestrale, qui peut être exécutée sans la médiation d'un outil. Il peut être effectué dans un atelier de céramique ou d'artiste – il doit être distingué du modelage tel qu'il a pu être traditionnellement enseigné dans les écoles des beaux-arts en tant que dessin en volume et sans cuisson, en vue de son moulage en plâtre pour couler un bronze. Certains peintres, à l'instar de Giorgio De Chirico, ont utilisé des figurines de cire ou de terre en parallèle de leurs œuvres. Des artistes, tel Auguste Rodin, en ont fait une étape intermédiaire, alors que Lucio Fontana s'est servi de la terre modelée non comme esquisse mais comme une fin en soi **[voir art & craft, partie II]**, assumant le caractère spontané et expressionniste du geste qui peut aller, chez Honoré Daumier notamment, jusqu'à la caricature **[voir abject, partie III]**. Le montage à la plaque est une autre technique de modelage et de construction, plus géométrique, grâce à des plaques soudées, avec de la **barbotine [voir partie I]** par exemple.

MOULAGE

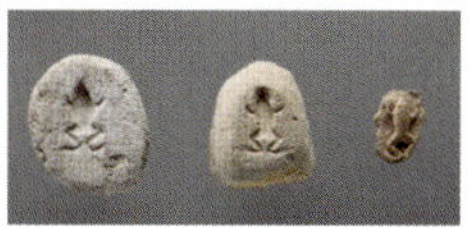

Opération par laquelle une forme est créée à partir d'un moule généralement en plâtre (pour ses qualités absorbant l'eau). La forme peut aussi être reproduite **[voir industrie** et **reproductibilité, partie II]** : on applique alors de l'**argile** (**grès** ou **porcelaine [voir partie I]**) sur ou dans un moule.
L'estampage consiste ainsi à étaler une feuille de terre à l'intérieur d'un moule en plâtre. Si la pièce est en plusieurs parties, celles-ci sont ensuite collées avec de la **barbotine [voir partie I]**.
On parle de coulage lorsqu'un moule creux est rempli de barbotine.
Quand la couche d'argile raffermie est suffisamment épaisse, on retourne l'ensemble et on vide l'excédent. Le processus de séchage continue jusqu'à ce que la pièce puisse être démoulée.
En outre, certains artistes procèdent sans moule, par empreinte (aussi appelée improprement trempage), plongeant dans de la barbotine de porcelaine un objet ou un élément en matière spongieuse ou textile qui disparaîtra en brûlant à la cuisson, figeant le souvenir de sa forme.

Cat. 31 Atelier de Bernard Palissy, *Deux moules et un tirage de grenouille*, 1555-1575, Musée national de la Renaissance, Écouen, France

TOURNAGE

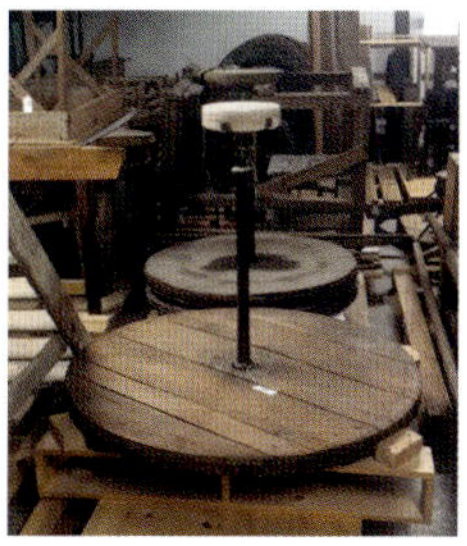

Le tour apparaît simultanément en Égypte et en Mésopotamie à la fin du IVe millénaire avant notre ère. Il permet de produire des formes cylindriques.
Le tour est actionné à la main, au bâton ou au pied (à l'aide d'une pédale, d'un disque ou d'un moteur électrique).
Le tournage se déroule en deux étapes.
Lors de l'ébauchage ou ébauche, la terre centrée sur la girelle (plateau tournant) est façonnée par rotation, pression et étirement – une opération qui peut être très physique.
Le tournassage consiste ensuite à affiner la forme parvenue à la consistance du cuir **[voir argile, partie I]** avec des couteaux spéciaux ou tournassins **[voir outil, partie I]**.

Fig. 11 Natsuko Uchino, *Photographie d'un tour prise dans les réserves du musée des Civilisations de l'Europe et de la Méditerranée à Marseille*, 2021, courtesy de l'artiste

DÉCORS ET ÉMAILLAGE

DÉCOR

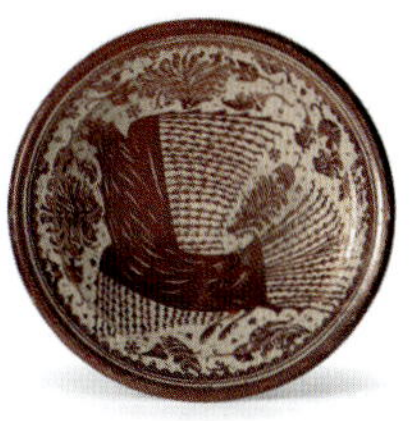

Effets de surface destinés à rendre la pièce plus étanche, plus solide et à la doter de qualités esthétiques ou iconographiques **[voir art & craft, partie II]**.

- La simple coloration de la pâte cuite peut être un décor.
Le nériage est une façon de mêler deux pâtes sans les mélanger pour produire des effets de couleur imitant les pierres dures.
On peut aussi inciser la terre, la peigner, la gratter (*sgraffito*), la perforer, l'ajourer, produire des empreintes (décor à la corde pour la poterie *jōmon*) ou ajouter des reliefs (en pâte sur pâte, par estampage, pastillage, garnissage…).
De nombreux autres exemples de décors existent, notamment liés à la **cuisson [voir partie I]**.

- L'enfumage (au carbone) est une technique à basse température qui noircit la pièce à des endroits choisis sans recourir nécessairement à l'**émail [voir partie I]** ; les flammes peuvent aussi venir lécher la terre nue dans le cas des cuissons à bois à haute température (avec projections de sels minéraux provenant du bois combustible) ; jeter du sel permet de créer des brillances (à haute température).

- Le décor en réserve est obtenu par des parties recouvertes à la cire ou au vernis, ou encore à l'aide d'un pochoir **[voir outil, partie I]**.

- Les émaux peuvent être réticulés (rétractés à la cuisson) : le décor *tenmoku* consiste en taches dont la forme ronde ou allongée rappelle diversement la fourrure de lièvre, la tache d'huile, l'écaille de tortue, la voûte céleste (*yohen tenmoku*)…

- Le lustre est un léger dépôt métallique d'or, de cuivre, de platine ou d'argent sur la surface d'une glaçure produisant des reflets et des irisations dus à un état extrême de division dans les métaux. Les effets métalliques sont aujourd'hui très populaires, la céramique contemporaine renouant avec cette technique ancienne qui semble avoir pour origine la Perse et la Mésopotamie au IXe siècle **[voir transferts culturels, partie III]**.

- Les techniques de décoration des grandes manufactures sont multiples (peinture posée à main levée, en cloisonné, décor au poncif…). Par ailleurs, d'origine chinoise, la *china paint* est une peinture appliquée sur porcelaine devenue un hobby après avoir été longtemps considérée comme un passe-temps féminin en Europe et en Amérique du Nord **[voir genre, partie III]**. Il est à noter qu'au sein des manufactures le décor désigne spécifiquement la peinture ou les reliefs appliqués sur le fond, le plus souvent des émaux ou décors £de grand feu ou petit feu.

• La technique du transfert, plus récente (depuis le XIXe siècle), consiste en la transposition, selon le procédé de la décalcomanie, d'un dessin ou d'une photographie sur un support céramique **[voir industrie, partie II]**.

Cat. 46 Anonyme (Manises, Espagne), Plat creux, 1re moitié du XVIIIe siècle, Sèvres – Manufacture et musée nationaux, France

ÉMAIL

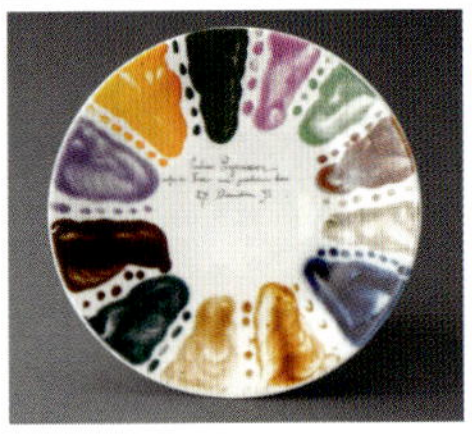

Parfois appelé glaçure ou couverte, l'émail est un enduit vitreux composé de différents minéraux (silices, feldspaths, kaolin, fondants, oxydes métalliques) et posé à la surface d'une céramique **[voir grès, faïence, porcelaine** et **terre vernissée, partie I]** à cru (sur une terre non cuite) ou biscuitée **[voir cuisson, partie I]**, afin de la durcir, de la rendre imperméable et de la décorer. Ce sont les oxydes métalliques qui lui confèrent ses couleurs selon leur cuisson : cobalt (bleu), cuivre (vert ou rouge), chrome (vert), fer (jaune), manganèse (violet)… Parmi les émaux les plus illustres, on trouve le « sang de bœuf » chinois, obtenu par la présence d'oxyde de cuivre et cuit en atmosphère réductrice, et le « céladon » chinois et coréen, créé à partir de l'oxyde de fer et représentant toute la palette de verts et bleus contenus dans le ciel et la mer ou imitant le jade.

La pose d'une glaçure, colorée ou non, s'effectue sur une pièce dégourdie ou parvenue à l'état de cuir **[voir argile, partie I]**. Elle est appliquée par trempage dans un bain à l'aide de pinces, par aspersion au pinceau, par insufflation ou à la louche. On distingue deux grands types d'émaux utilisés pour le glaçurage des céramiques, qui se distinguent par la température de fusion de leurs composants : les émaux de basse température (de 900 à 1 050 °C), à base de borax ou de plomb et de silice, et les émaux de haute température (de 1 280 à 1 350 °C), à base de feldspath, de kaolin, de chaux et de silice. La manière de guider la cuisson est déterminante pour le résultat final. Chaque céramiste invente ses méthodes. Il y a plusieurs moyens de les consigner : on parle de recettes (pour une liste de produits à mélanger) et de formules lorsque ces recettes sont transcrites en masses moléculaires.

Cat. 50 Atelier d'Édouard Peyrusson (Limoges, France), *Palette de couleurs d'Édouard Peyrusson, 27 décembre 1891*, 1891, Musée national Adrien Dubouché, Limoges, France

ENGOBE

L'engobe est un revêtement mince à base d'**argile [voir partie I]** délayée, blanche ou colorée, appliqué de préférence sur une terre encore humide (à moins d'utiliser un adjuvant synthétique) par immersion (trempage), à la poire, au pinceau ou par insufflation. Uniquement composé d'argile, l'engobe se distingue ainsi de l'**émail [voir partie I]**. Il peut servir de fond (sous-couche) ou de **décor** (couche) **[voir partie I]**.

FRITTE

Les frittes **[voir industrie, partie II]** ont généralement pour but de rendre insolubles, en les silicatant (en combinant la silice avec des oxydes métalliques), des produits naturellement solubles à cru (carbonates, silicates de potasse et de soude…) qui risqueraient, à l'émaillage ou à la **cuisson [voir partie I]**, de migrer vers le **tesson [voir partie II]** par porosité, ou de s'échapper dans l'atmosphère. Il est aussi possible de silicater les composés du plomb pour en supprimer la toxicité **[voir santé, partie II]**. Le mélange est versé dans un creuset en terre réfractaire et soumis à une très forte chaleur. Une fois démoulé, le volume vitrifié et compact est broyé et utilisé dans la composition des **émaux [voir partie I]**.

GLAÇURE

Voir émail, partie I.

CUISSONS ET OUTILS

CUISSON

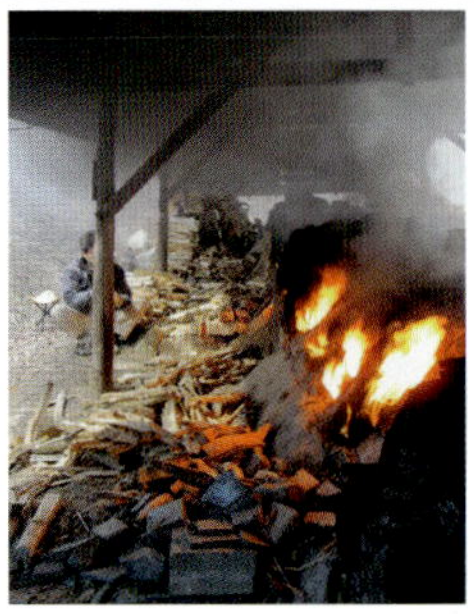

Chaque cuisson suit une courbe : montée en température, point de fusion, descente en température. Contrôler la courbe de la température de cuisson est capital, car le point de fusion, qui transforme l'argile en céramique de manière irréversible, est variable selon les terres **[voir grès, faïence** et **porcelaine, partie I]**.

Une même céramique peut nécessiter une ou plusieurs cuissons (jusqu'à huit ou plus), selon la terre employée et la complexité du décor. En fonction de l'argile utilisée, elle subit un retrait au séchage et à la cuisson, lui faisant perdre de 5 % à 20 % de son volume initial. Tout façonnage doit anticiper ce retrait.

• Monocuisson : une pièce non émaillée est généralement cuite en monocuisson. La terre cuite, par exemple, se cuit entre 800 et 1 050 °C. Mais certains céramistes cuisent la pâte, la couverte et le décor en une seule fois, ce qui peut s'avérer très complexe.

• Étapes de cuisson : les termes de dégourdi et de biscuit sont souvent employés indifféremment, alors que chacun d'eux caractérise une étape précise du processus de cuisson. Le dégourdi désigne la cuisson préliminaire de la pâte (entre 800 et 1 000-1 050 °C) après le façonnage à cru. Cette première cuisson confère une solidité à la pièce encore poreuse **[voir porosité, partie II]**, qui recevra sa couverte et son décor par la suite. Le biscuit résulte d'une deuxième cuisson à haute température d'un dégourdi non émaillé et sans décor. Chaque terre exige une température de cuisson spécifique : la faïence cuit autour de 980 °C, le grès dit à haute température autour de 1 340 °C, la porcelaine tendre à 1 100-1 200 °C et la porcelaine dure autour de 1 450 °C. Tous les composants ne possèdent pas le même point de fusion **[voir décor et émail, partie I]**. L'or et certains roses, par exemple, ne supportent généralement pas une cuisson supérieure à 750 °C et disparaissent au-delà. Ainsi, l'apposition d'effets de couleur nécessite souvent plusieurs cuissons successives à des températures décroissantes, avec des paliers précis. À l'origine, le contrôle s'effectuait à l'œil, en observant la couleur des flammes dans le **four [voir partie I]**. Le rouge-orangé correspond à 950 °C, l'orangé à 1 000-1 100 °C, le jaune pâle à 1 200 °C, le blanc à 1 300 °C. Des témoins pouvaient être vérifiés *de visu* au cours de la cuisson. Les cônes ou montres fusibles de cuisson sont utilisés à partir de 1884 ; aujourd'hui, les outils de contrôle (pyromètres) sont électroniques **[voir outil, partie I]**.

• Cuisson *raku* : d'origine japonaise (XVIe siècle), le *raku* (du nom d'une dynastie de potiers) renvoie à un type d'émaillage et de cuisson de bols initialement utilisés dans le cadre de la cérémonie du thé. Le principe est de mettre puis de retirer avec des pinces en fer, dans un four déjà chauffé, les céramiques, ce qui les soumet à de brusques changements de température. Les terres employées peuvent être des argiles naturelles, des grès ou des argiles réfractaires. Il existe plusieurs types de *raku* : le *raku* noir pratiqué à haute température (1 200-1 250 °C) où la poterie extraite encore rouge du four est subitement plongée dans l'eau, le *raku* rouge et blanc sous-cuit (950-1 000 °C) qui rend les poteries fragiles et impropres à l'usage alimentaire, et le *raku* américain **[voir transferts culturels, partie III]**. Ce dernier est né des expériences menées par Paul Soldner dans les années 1950, qui ajoute au procédé *raku* à basse température une nouvelle étape d'enfumage : à sa sortie du four, la poterie est plongée dans un récipient rempli de sciure de bois, de copeaux ou de crin, de sorte que l'émail se fissure en un réseau de craquelures non vitrifiées qui se colorent instantanément de fumée **[voir accident, partie II]**.

• Cuissons oxydante ou réductrice : ces deux grands types de cuisson agissent différemment sur les terres et les émaux. En cuisson oxydante, l'oxygène dans l'atmosphère du four se trouve en excès par rapport au combustible : les effets de la cuisson étant plus prévisibles, elle est privilégiée dans l'industrie. La cuisson réductrice, ou en réduction, est pratiquée dans les fours à bois puis au gaz à partir du XXe siècle. Elle consiste à réduire la quantité d'oxygène contenue dans l'atmosphère du four pour pousser la flamme à chercher l'oxygène manquant dans la matière même de la terre et de l'émail, changeant leurs propriétés chimiques et donc leur aspect. Ainsi, l'émail à base de cuivre devient vert dans une cuisson oxydante et rouge dans une cuisson réductrice.

Cat. 18 Natsuko Uchino, *Photographie documentaire d'un four tannbun gama tambayaki – noborigama*, 2015, courtesy de l'artiste

FOUR

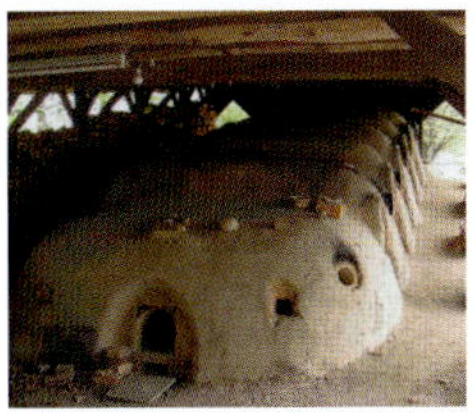

Plusieurs types de fours coexistent : au bois, au gaz, au charbon, électrique ou *raku* **[voir cuisson, partie I]**. Les traces des plus anciens fours à bois, trouvées au Proche-Orient, remontent à 6000 avant notre ère. Il existe des fours à tirage vertical (fours bouteille), des fours moufle, des fours chinois à tirage oblique (fours dragon ou *longyao*), des fours japonais à tirage oblique (*anagama* avec une chambre d'une capacité de 70 à 130 m^3, *noborigama* avec plusieurs chambres) et des fours à tirage par le bas (Sèvres).

Fig. 12 Four dragon multichambre de type *noborigama*

OUTIL

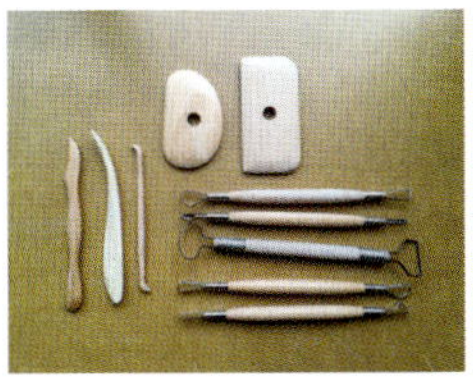

Ébauchoir, éponge, estèque, fil à couper, gondole, harpe, mirette, rouleau, outil à percer, pige, rondeau de tour, tournassin, tournette, trusquin… sont autant d'outils nécessaires au façonnage. Croûteuse, extrudeuse et boudineuse permettent de fabriquer des plaques, des boudins… Les poncifs sont des pochoirs détaillés, en métal ou en papier, sur lesquels sont passés du charbon ou un acide pour les décors en bosse : ils sont utilisés pour le surfaçage ou le glaçage. Les cônes pyrométriques servent à contrôler la **cuisson [voir partie I]** : ce sont des montres fusibles à usage unique, qui portent un numéro répertorié correspondant au niveau de chauffe et s'inclinent au fur et à mesure de la cuisson. Les cannes pyrométriques indiquent désormais la température à l'aide d'une régulation électronique. Les gazettes, ou cassettes, sont des étuis en terre réfractaire utilisés pendant la cuisson pour protéger certains émaux ou décors des flammes, des cendres ou de certaines déformations **[voir accident, partie II]**, tout comme les pernettes, des supports de cuisson.

Fig. 13 Outils de potier.ère

II. FAIRE FAIRE

PROPRIÉTÉS

Les usages de la céramique sont innombrables. Une pièce en céramique peut simultanément remplir une fonction, exprimer une valeur formelle, servir de support à des rituels ou véhiculer des messages. Certaines propriétés du matériau génèrent des usages spécifiques. Ainsi l'artisan et l'artiste jouent-ils de certains a priori *ancrés dans les mentalités pour aller plus loin dans l'expérimentation plastique.*

ACCIDENT

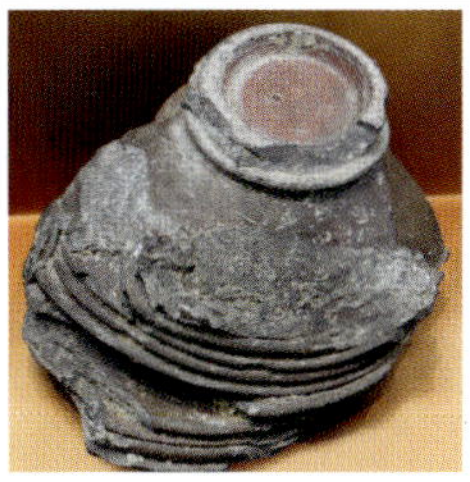

Malgré une apparente facilité d'usage, il est difficile, sans maîtrise technique préalable, d'obtenir une forme en terre, de surcroît émaillée, qui puisse passer avec succès le stade de la cuisson, ce qui explique les nombreuses collaborations entre artistes et artisans **[voir art & craft, partie II]**. Des accidents peuvent se produire à chaque étape : pendant le façonnage de la terre crue (réversible), ou au cours des premier et second feux (irréversible) **[voir cuisson, partie I]**. La porcelaine se fend, se file parfois comme un collant. Souvent, les émaux déjouent les attentes : bulle, gouttelette, écaillage (coquille d'œuf), tressaillage (fissure)… Certains céramistes vont précisément rechercher la maîtrise technique, tandis que ces accidents vont être convoités et savamment entretenus par d'autres. L'esthétique bouddhiste vise l'imperfection parfaite, comme en Corée par exemple. Le *kintsugi* japonais consiste à sublimer une pièce en en réparant les fissures à l'or et de façon ouvertement visible **[voir solidité, partie II]**. Aujourd'hui, la notion de soin (*care*) s'impose : il s'agit de porter attention autant aux humains qu'aux objets et à la nature **[voir écologie, partie III]**.

Cat. 178 Accident de cuisson

DURABILITÉ

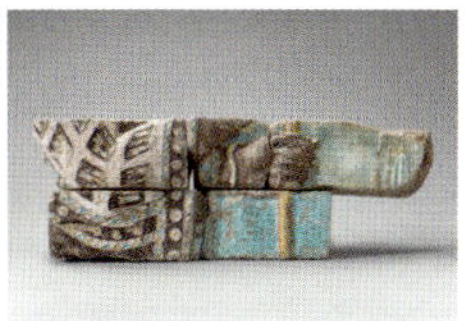

Une fois cuite, la céramique est un excellent accessoire de cuisson et de conservation des aliments (terrine, amphore, jarre…), se conservant elle-même longtemps. Ainsi, la plus ancienne **terre cuite [voir partie I]** connue date de plus de vingt-sept mille ans **[voir rite, partie II]**, tandis que des terres cuites utilitaires sont attestées en Chine vers 17000-16000 avant notre ère. Les briques vernissées de Suse ou de Babylone **[voir habitat, partie II]**, grâce à un climat sec et chaud, ont pu traverser les siècles et parvenir jusqu'à nous, comme les tablettes d'argile séchée de Sumer, précieux témoignages des premières écritures.

Cat. 90 Anonyme (Suse, Iran), *Éléments de la frise des Archers du palais de Darius Ier*, époque achéménide (VIe-IVe siècle), règne de Darius Ier (vers 510 avant notre ère), musée du Louvre, Paris, France

FRAGILITÉ

Voir solidité, partie II.

ISOLATION

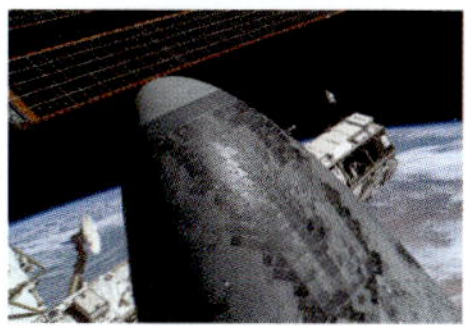

La céramique est appréciée pour sa grande résistance thermique. Les briques réfractaires, dans les fours ou dans les thermes romains, supportent et retiennent la chaleur sans se briser **[voir cuisson, partie I ; accident** et **solidité, partie II]**. Isolant thermique, la céramique se niche jusque dans le nez des fusées (tuiles du bouclier d'isolation thermique de la navette spatiale) et dans les freins high-tech des automobiles. Elle constitue aussi un excellent isolant électrique.

Cat. 221 Stephen K. Robinson, *Photographie de la partie ventrale du nez de la navette spatiale* Discovery, 2005

MAÎTRISE

Voir accident, partie II.

MALLÉABILITÉ

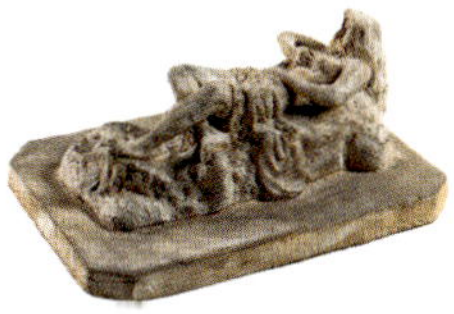

Avant cuisson, la terre argileuse est souple et modelable à l'infini. Dans les années 1950, au Black Mountain College (États-Unis), Anni et Josef Albers déconseillaient d'aborder l'argile en première année d'études : trop malléable, elle n'offrait pas, selon eux, assez de résistance matérielle, contrairement au bois ou au métal. Or, pour bien comprendre un matériau, disaient-ils à leurs étudiants, « il fallait lutter avec lui ». Pendant la Seconde Guerre mondiale, l'artiste allemande Jeanne Mammen a fait le choix de la terre, et bien souvent de la terre non cuite, pour marquer son opposition aux options sculpturales défendues par les nazis qui s'appuyaient sur les théories d'Adolph von Hildebrand (colonne vertébrale forte, matériaux durs…) **[voir art & craft** et **durabilité, partie II ; queer, partie III]**.

Cat. 9 Giorgio De Chirico, *Ariana endormie*, vers 1940, musée d'Art moderne de Paris, France

OPACITÉ

Voir translucidité, partie II.

POROSITÉ

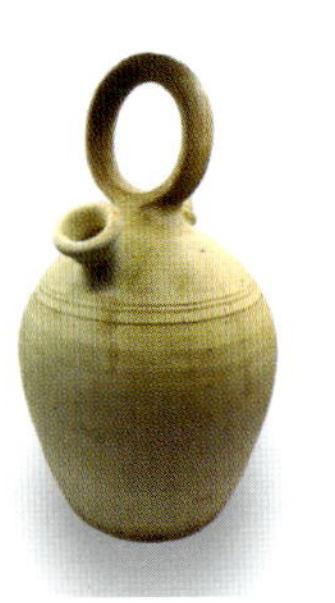

Contrairement au grès ou à la porcelaine dont la matière est fermée par un phénomène de vitrification, les terres cuites et les faïences doivent être couvertes d'une glaçure (vernis, couverte) pour devenir imperméables **[voir émail, partie I]**. De même, il est impératif d'émailler les pièces de service (dites fonctionnelles ou utilitaires) en faïence, notamment pour éviter que des particules étrangères ne s'insèrent ou ne prolifèrent dans le tesson **[voir santé, partie II]**. À l'inverse, la porosité peut aussi être recherchée : les pots de fleurs ne sont pas émaillés pour permettre à la terre et aux racines de respirer **[voir terre cuite, partie I]**. Les gargoulettes méditerranéennes conservent l'eau fraîche grâce à son évaporation à travers la paroi non émaillée du pot permettant ainsi son refroidissement. Ce même procédé thermorégulateur est utilisé dans l'architecture traditionnelle du Sud (en terre et brique) et, aujourd'hui, dans l'architecture bioclimatique **[voir habitat, partie II ; écologie, partie III]**.

Fig. 14 Anonyme, *Gargoulette*

RÉPARATION

Voir accident, partie II.

REPRODUCTIBILITÉ

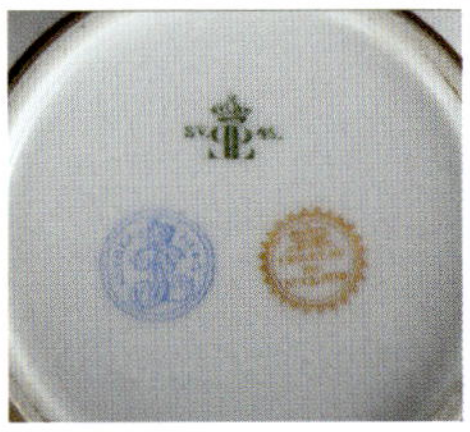

Si les pièces utilitaires **[voir art & craft, partie II]** produites au tour paraissent parfois très similaires ou sont parfaitement dupliquées par **moulage [voir partie I]**, des variations peuvent être introduites avec le **décor [voir partie I]** et l'émaillage. Les pièces de forme, d'apparat ou à vocation sculpturale, sont destinées à être uniques. Pour autant, depuis le XVIe siècle (Bernard Palissy) et plus encore à partir de la fin du XIXe siècle (Jean Carriès ou Auguste Rodin), les artistes utilisent le moulage à des degrés variés dans leurs productions de céramique. Le moulage n'exclut pas non plus l'attribution d'une pièce : les anciens potiers grecs signaient parfois leurs vases d'une empreinte du pouce **[voir malléabilité, partie II]** et les potiers asiatiques avec un idéogramme. Les manufactures **[voir industrie, partie II]** ont créé des monogrammes ou des poinçons, voire des logos. Les marques sont souvent estampées et émaillées.

Fig. 15 Tampons de manufacture sur le dessous d'une porcelaine

SOLIDITÉ

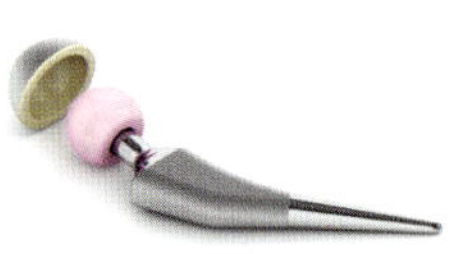

Avant cuisson, la terre crue ou sèche est généralement fragile, à moins d'être compressée comme le pisé **[voir accident, partie II]**. Après cuisson, la céramique est solide et pérenne, mais elle reste cassable. À épaisseur égale, la terre cuite est plus fragile que la porcelaine, et le grès est le plus résistant des trois. La céramique n'est pas fragile en soi, même si elle reste sensible aux chocs, thermiques ou physiques **[voir isolation, partie II]**. Sa solidité en fait un matériau recherché dans des domaines insoupçonnés : certains gilets pare-balles sont, par exemple, renforcés avec des éléments en céramique, de même que les prothèses médicales **[voir santé, partie II]**. Et, un peu partout dans le monde, des maisons et des immeubles sont construits en terre crue (sorte de béton naturel dont l'argile serait le ciment) ou en brique **[voir habitat, partie II]**.

Cat. 85 Prothèse médicale de hanche en céramique

TRANSLUCIDITÉ

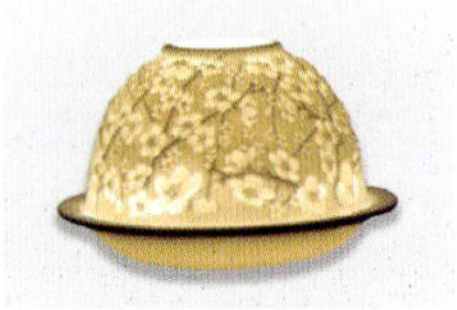

Du fait de leur épaisseur, la terre cuite, la faïence et le grès sont d'ordinaire opaques alors que la **porcelaine [voir partie I]** tire prestige de sa finesse et joue d'une extrême translucidité. Aux XVIIIe et XIXe siècles, les manufactures mettent à la mode les lithophanies, de fins bas-reliefs en porcelaine représentant des scènes religieuses ou de genre, parfois même des portraits, éclairés par-derrière à l'aide d'une bougie.

Fig. 16 Lithophanie en porcelaine

UNICITÉ

Voir reproductibilité, partie II.

USAGES

ART & CRAFT

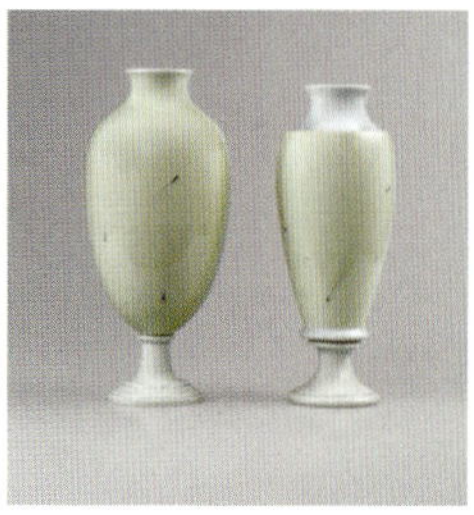

La céramique est-elle une technique, un médium ou un art ? En Occident, on considère trop souvent qu'un objet utilitaire ou requérant trop de technique ne peut être artistique. La publication du livre *The Craftsman* (2008, traduit en 2010 sous le titre *Ce que sait la main*), de Richard Sennett, a beaucoup œuvré pour une nouvelle appréciation des métiers de la main. Depuis, nombreux sont les auteurs à reconnaître que l'artisanat requiert la main et l'esprit, ce que François Mathey avait au demeurant établi dès 1977 dans son catalogue d'exposition *Artiste/Artisan ?* comme Henri Focillon et André Leroi-Gourhan avant lui. Pourtant, même si la définition des métiers d'art a été révisée en 2014 (art. 22, loi n° 2014-626), la culture française reste rétive et tend à entretenir une nette distinction entre l'art et l'artisanat. Partout ailleurs dans le monde, cette manière de penser, qui remonte à l'ère moderne, est battue en brèche par l'adoption progressive, et aujourd'hui quasi unanime, du mot *craft* sous l'impulsion conjointe des écoles de pensée anglo-saxonne et scandinave. Très loin de la définition qui était la sienne dans les années 1970 (loisir créatif **[voir genre, partie III]**), le *craft* contemporain désigne les franges les plus artistiques et les plus avant-gardistes des métiers alliant la main, l'outil et la matière, trilogie théorisée par Glenn Adamson à partir de 2007. L'innovation et les techniques numériques y ont leur place, au même titre que le son et la performance.

Avec l'émergence des économies alternatives (l'économie sage prônant la décroissance, à faire mieux avec moins) et face aux enjeux écologiques **[voir écologie, partie III]**, nombreux sont les céramistes à vouloir exercer plus sobrement leur art, collecter eux-mêmes leurs terres et fabriquer leurs engobes et émaux à partir d'éléments naturels. Longtemps méprisé, le terme de potier resurgit, auréolé de cette nouvelle éthique. Le design est aussi touché. On parle d'artisans designers, d'ethno-design, de design de proximité. Après l'art moderne **[voir modelage, partie I]**, l'art contemporain fait lui aussi une place croissante à la céramique, perçue comme l'essence du faire. De nombreux artistes s'expriment aujourd'hui de façon assez flamboyante, par excès de couleur, de matière et de coulure, d'or et de lustre **[voir décor, partie I]**, jouant de la falsification des matières et de la confusion recherchée entre celles qui sont nobles ou non, jusqu'à la dissonance **[voir abject et queer, partie III]**. Un autre courant s'affirme plus conceptuel : la céramique peut être un moyen qui interroge le médium lui-même plus qu'une fin en soi. Ces mondes ne sont toutefois pas étanches ; beaucoup d'objets en céramique sont des transfuges, qui passent d'un milieu à un autre.

Cat. 195 Frédéric Bauchet, *Amoureuse, amoureuse*, 2015, collection de l'artiste, Nice, France

HABITAT

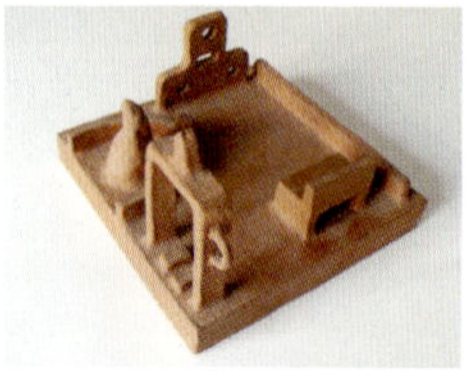

Le choix des terres est déterminé par leurs propriétés et l'usage prévu. À l'intérieur d'une maison, les **faïences [voir partie I]** vont plutôt être utilisées pour couvrir les murs, la **porcelaine [voir partie I]** pour les sanitaires, les équipements de salle de bains **[voir santé, partie II]** et la vaisselle, les **grès [voir partie I]** pour les sols **[voir solidité, partie II]**. Les **terres cuites [voir partie I]** (comme les briques) servent surtout pour la structure de l'habitation et les toits. Le choix de l'ardoise ou de la tuile dépend du climat : la tuile est mieux adaptée au Sud chaud et sec, alors qu'au Nord elle finirait par éclater sous la pression du gel **[voir accident et isolation, partie II]**. Les pratiques architecturales renouent avec des savoir-faire ancestraux (ville de Shibam au Yémen, grande mosquée de Djenné au Mali, voûtes nubiennes de l'architecte égyptien Hassan Fathy...) et la terre s'illustre comme un matériau bio-sourcé phare dans la construction contemporaine, qualifié de durable au sens écologique du terme **[voir écologie, partie III]** car doté d'une incidence très faible sur l'environnement. Les techniques de construction en terre crue (pisé, adobe, bauge, **impression 3D [voir partie I]**) reconquièrent du terrain, y compris dans les mégapoles (comme le projet Manufacture-sur-Seine, à Ivry-sur-Seine, à partir des terres recyclées du Grand Paris).

Cat. 94 Nathalie du Pasquier, *Un giardino dove pensare*, 1991, collection de l'artiste, Milan, Italie

INDUSTRIE

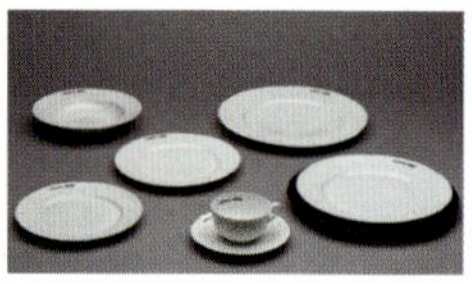

Même avant la révolution industrielle, des pièces en céramique étaient produites de manière sérielle : tuiles, briques **[voir moulage, partie I ; reproductibilité, partie II]**... L'industrie a fait évoluer aussi bien les matériaux que les techniques de production. Des matériaux innovants, comme la fibre acétate, sont introduits dans la terre pour diminuer le retrait des pièces avant et pendant la **cuisson [voir partie I]**. De la porcelaine incassable **[voir solidité, partie II]** est fabriquée à partir de céramique polymère et composite. Pour produire des assiettes d'une même forme par exemple, les entreprises utilisent des moules (par coulage), de l'estampage (par pression pneumatique) ou des grandes toupies calibreuses (rollers) **[voir outil, partie I].** Certaines industries emploient à sec une terre pulvérisée en la compressant dans des moules en métal. Pour les carrelages muraux notamment, d'autres matériaux sont comprimés à sec, émaillés **[voir émail, partie I]** et cuits avec un décor reproduit et posé mécaniquement par décalcomanie, sérigraphie, impression laser **[voir décor, partie I]**… La céramique industrielle, par l'automatisation de sa production, rend le processus plus rapide et économique, donne au produit une perfection standardisée et tend à faire disparaître l'effet du toucher humain. Aujourd'hui, certaines manufactures réalisent autant des pièces de service que de forme, parfois commandées à des artistes contemporains ou des designers **[voir art & craft, partie II]**.

Cat. 13 Joseph Kosuth et manufacture Haviland (Limoges, France), *Service forme appliquée « Cérès »*, 1991, Musée national Adrien Dubouché, Limoges, France

RITE

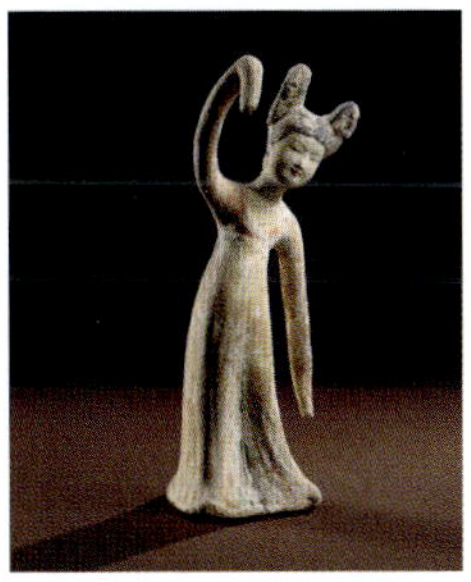

Les sculptures en **terre cuite [voir partie I]** ont longtemps été liées aux rites funéraires dans de nombreuses cultures. En témoignent les statuettes *ouchebtis* d'Égypte ou *mingqi* chinoises (dynasties Han et Tang). En 1974, près de Xi'an (Chine), les archéologues ont déterré environ huit mille figures de guerriers et plus de six cents chevaux en terre cuite, accompagnant la dépouille de l'empereur Qin, datant du IIIe siècle avant notre ère. Citons aussi les représentations japonaises *haniwa* (stèles des IIIe-VIIIe siècle), les sifflets aztèques en terre cuite imitant le cri de la mort, la nécropole d'El Zapotal à Veracruz (Mexique), les bols troués des Mimbres (culture amérindienne) placés sur le visage des défunts pour permettre à l'âme de s'échapper… Les Asaro Mudmen (hommes-boue de la région d'Asaro, en Papouasie-Nouvelle-Guinée) couvrent leur corps de terre crue lors de leurs cérémonies cultuelles en lien avec le monde des esprits. Des ex-voto en terre cuite ont été déposés sur les autels des divinités protectrices ou dans des lieux sacrés (une pratique qui se perpétue dans nombre de sanctuaires chrétiens). Le plus souvent, ils représentent le corps entier de la personne à soigner ou certaines parties : tête, yeux, mains, intestins, sexe, utérus **[voir genre, partie III]**, jambes… La divinité est ainsi remerciée pour avoir soigné ou guéri un membre malade, ou encore avoir accordé la fertilité.

Les rites funéraires contemporains perpétuent l'usage de la céramique. En France, par exemple, une pièce de céramique, résistante au feu et portant le numéro d'identité du défunt, accompagne le corps en cours d'incinération **[voir durabilité** et **isolation, partie II]**. La hausse constante des crémations ouvre un nouveau marché à la céramique artisanale. Les urnes funéraires remplacent les couronnes émaillées produites en grand nombre par les ornemanistes de la fin du XIXe siècle.

Cat. 137 Anonyme (Gongyi, Chine), *Statuettes funéraires mingqi*, dynastie Tang (618-907), VIIe siècle, Musée national des arts asiatiques – Guimet, Paris, France

SANTÉ

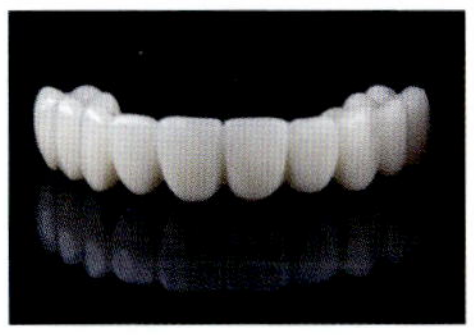

L'**email [voir partie I]** apporte à la céramique la stabilité, l'imperméabilité **[voir porosité, partie II]** et l'hygiène adaptées aux plans de travail, piscines, carrelages, sanitaires… On attribue aussi à l'argile la capacité de soigner **[voir rite, partie II]** ou de nettoyer le corps : masques de beauté et boissons à base de poudre d'**argile [voir partie I]** crue. Les prothèses dentaires ou articulaires **[voir solidité, partie II]** sont conçues en céramique, du fait de sa bio-compatibilité avec le corporel et l'organique. Aujourd'hui, la poterie est pratiquée dans le cadre de l'art-thérapie (ou ergothérapie). Les propriétés tactiles de la céramique, le travail au tour **[voir tournage, partie I]** et le **modelage [voir partie I]** peuvent aider certaines personnes malades ou traumatisées à trouver une forme de recentrage, d'apaisement, et d'autres, en quête de sens et d'alternatives, à entrer en adéquation avec leurs valeurs **[voir malléabilité, partie II ; écologie** et **queer, partie III]**. Ces mêmes qualités expliquent nombre de reconversions professionnelles et de pratiques amateures. En revanche, certains émaux sont désormais proscrits dans le cadre alimentaire. Des normes strictes ont été établies : toxiques, le cadmium, le cobalt et le plomb sont interdits d'emploi à l'état cru et doivent être frittés **[voir fritte, partie I]**; la silice, principal composant des glaçures, exige des précautions d'emploi (masque, cabine d'émaillage…).

Fig. 17 Dentier en céramique

TESSON

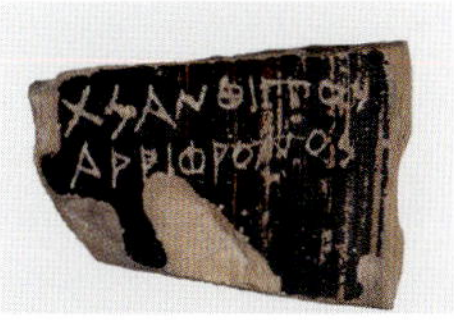

Dans l'Athènes antique, on marquait sur des tessons voués au rebut – les *ostraka* – le nom des individus à bannir (d'où le mot ostracisme) ou une simple liste de courses. Aujourd'hui, les tessons sont des débris que les archéologues tentent de réassembler à la manière d'un puzzle **[voir durabilité, partie II]**. On les retrouve aussi dans les murs de certaines maisons de Limoges **[voir habitat, partie II]**, associés au béton pour en augmenter la **solidité [voir partie II].** D'une autre façon, ils servent à effectuer des tests d'émaillage et de cuisson en atelier. Pour les potier·ères, le terme de tesson correspond plus généralement au corps même de la terre cuite.

Fig. 18 Ostracon en terre cuite avec une inscription en grec

III. FAIRE DIRE

La céramique est un objet signifiant et parlant. Plus qu'un simple contenant, elle peut aussi communiquer un contenu. Les choix de technique, de forme ou de décor orientent les messages et influent sur les lectures qu'on peut en faire. Voici une sélection de thématiques, non exhaustive, liées à la céramique et abordées dans l'exposition.

ABJECT

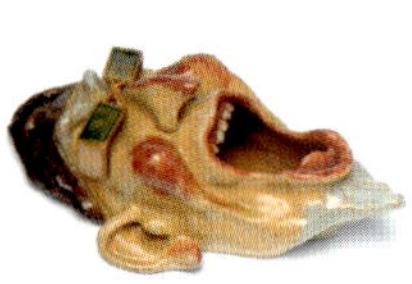

Nombreux sont les artistes à tirer exagérément parti des propriétés de la terre et de l'émail **[voir accident** et **malléabilité, partie II]**, à des fins expressionnistes (Funk Art) ou caricaturales **[voir art & craft, partie II]**. Une démarche qui peut aller jusqu'au mal fait délibéré (*sloppy craft* en anglais). L'exagération ou l'hyper-précision formelle ajoutées aux effets d'un **émail [voir partie I]** cru, posé en aplat ou dégoulinant, conduisent à des œuvres affranchies des règles classiques, dont le ressort serait le mauvais goût ou l'informe. L'emploi d'une extrudeuse ou d'une boudineuse **[voir outil, partie I]** et du **colombinage [voir partie I]** génère aisément des formes équivoques. L'émail, même cuit, peut avoir un aspect mouillé, cru ou visqueux, rappelant celui des fluides corporels. Le caractère régressif et jouissif des gestes de l'enfant jouant avec de la boue constitue une veine indéniable de la céramique contemporaine, souvent qualifiée par la critique de kitsch ou d'abjecte, du moins selon les critères occidentaux et du goût établi **[voir queer, partie III]**.

Cat. 216 Fabrique Bordallo Pinheiro (Caldas da Rainha, Portugal), *Crachoir « L'usurier »*, 2020 (d'après Raphael Bordallo Pinheiro, 1846-1905), fabrique Bordallo Pinheiro, Lisbonne, Portugal

ÉCOLOGIE

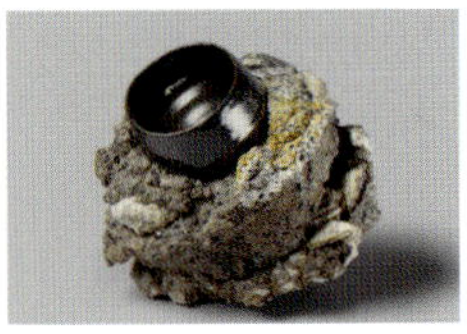

Entre le cru et le cuit, la terre arable et l'argile, nombreuses sont les passerelles. Beaucoup de céramistes et de potier·ères s'installent à l'écart des grandes villes pour adopter un mode de vie plus sobre et plus proche des gisements d'**argile [voir partie I]**. Leur travail est souvent motivé par des valeurs éthiques, basées sur l'idée d'authenticité du travail manuel et l'utilité durable **[voir durabilité, partie II]** des objets. Le succès du *craft* **[voir art & craft, partie II]**, en particulier de la poterie, s'explique par le fait que l'artisanat apparaît comme un antidote à la perte du lien au vivant et à la dématérialisation des relations. Il s'accompagne d'un désir de retour à la matière, au geste tactile, à la nature, voire à une possible autarcie. Pour autant, les jeunes *artysans* (génération Y) aux expériences professionnelles antérieures très diversifiées restent hyper-connectés et maîtres de leur communication. L'esprit des communautés alternatives **[voir queer, partie III]** et solidaires réapparaît, toujours dans une forme de contestation politique, contre le consumérisme effréné et polluant du tout jetable. Les céramistes savent remettre en cause leurs pratiques et cherchent à en améliorer les principes : collecte des terres dites de rencontre, combustion au bois raisonnée (tout nouveau four construit par Jean Girel, par exemple), baisse de la température de fusion **[voir cuisson, partie I]** des **émaux [voir partie I]**. Toutefois, si le choix d'une activité de céramique peut exprimer des valeurs écologistes engagées (retour à la terre), il peut aussi traduire une position réactionnaire (retour au terroir). Par ailleurs, de grandes entreprises cherchent à tirer profit de ce retour à l'authenticité en pratiquant le *green washing*.

Cat. 204 Camille Virot, *Bol genèse n° 45*, 2008, musée des Beaux-Arts, Lyon, France

GENRE

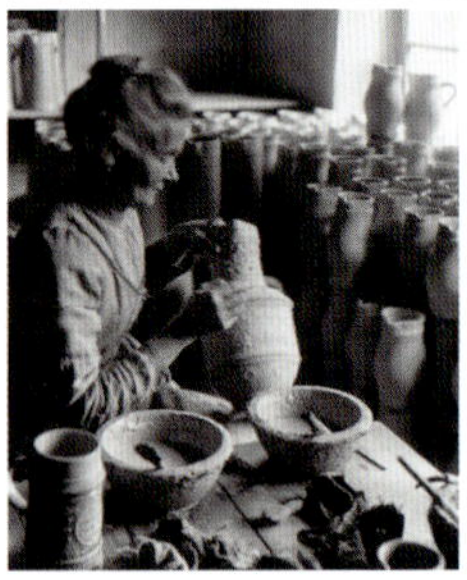

Si, partout, le genre joue un rôle dans la fabrication de la céramique, il diffère selon les lieux. En Amérique du Sud, la terre et la poterie au colombin **[voir colombinage, partie I]** sont avant tout considérées comme féminines. En Chine ou au Mali, les tours à main **[voir tournage, partie I]** sont traditionnellement utilisés par des femmes. En France, dans le village potier de La Borne, les femmes étaient le plus souvent anseuses au XIXe siècle ; à la manufacture de Sèvres, le décor a longtemps été réservé aux hommes de la noblesse avant que la production ne soit divisée en deux : la fabrication par les hommes et le décor par les femmes (aujourd'hui, les ateliers sont plus mixtes). En Inde, en cas de partage des tâches, les plus nobles reviennent aux hommes, qui fabriquent des vases au tour, alors que les femmes travaillent à partir de colombins.

Cette répartition genrée peut expliquer les nombreuses métaphores corporelles de la poterie : le vase et ses parties sont anthropomorphisés (lèvres, ventre, panse, pied…) et souvent comparés au corps d'une femme. En Occident, le tour produit des gestes et des formes perçus régulièrement comme sexuels ou phalliques **[voir abject, partie III]**. Plusieurs artistes féministes (comme Judy Chicago) et **queer [voir partie III]** se réapproprient des techniques dites féminines (*china paint*, broderie…), jouant à dessein sur les connotations sexuées et dépréciatives de la céramique pour les dénoncer ou les inverser.

Fig. 19 Photographie d'une femme décorant une céramique dans une manufacture

QUEER

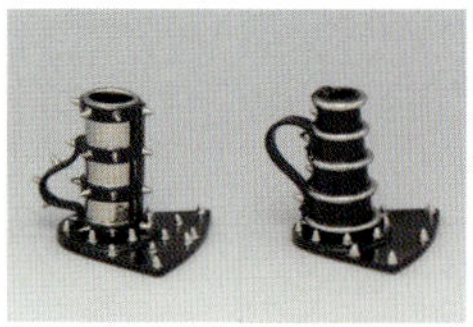

Depuis quelques années, des communautés de céramistes, en particulier en Amérique du Nord et en Europe, se réclament du mouvement ou de la pensée *queer* (qui signifie en anglais étrange ou bizarre, puis par extension homosexuel). Aujourd'hui, *queer* qualifie dans plusieurs langues ce qui n'est pas hétéronormé (ou cisnormé). La nature performative et transformable de la terre fait écho aux positions *queer* et trans, non pas en tant qu'affirmation d'une identité particulière ou d'un style spécifique, mais comme refus des formes pures et de l'unité de style. Sont ainsi privilégiées les formes et les identités souples ou en devenir. La céramique contemporaine, comme la sculpture conceptuelle et post-minimale, adopte volontiers des formes *sloppy* (négligées) **[voir abject, partie III]**, qui s'opposent à la solidité verticale et phallique de la sculpture traditionnelle triomphaliste. Les formes *queer*, irrévérentes et exagérées, sortent du canon du bien fait et des oppositions cru/cuit **[voir argile, partie I]**, nature/culture **[voir écologie, partie III]**, solide/mou **[voir solidité** et **malléabilité, partie II]**, beau/laid, bousculant les préjugés des spectateur·trices. L'artiste et potier Grayson Perry associe le *queer* à l'artisanat en tant qu'art pauvre et mineur **[voir genre, partie III]**, et revendique une culture du mauvais goût et du kitsch au regard des critères des beaux-arts dominants et élitistes. Souvent, l'aspect sensuel, voire sexuel de la céramique, est exacerbé, qu'on pense aux vulves de Judy Chicago ou d'Hannah Wilke, ou aux nombreux *sex toys* d'artistes contemporains. L'affirmation du caractère érotique des objets en céramique ne relève pas simplement de la forme, mais aussi de l'émail luisant et des effets de surface suggestifs (comme chez Elsa Sahal), entre attraction et abjection.

Cat. 224 Richard Milette, *Andreas, loudas*, 1986, collection de l'artiste, Montréal, Canada

TRANSFERTS CULTURELS

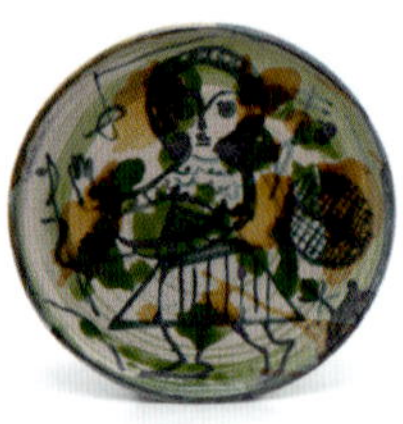

La céramique a la capacité d'imiter des effets de surface propres à d'autres matériaux. C'est particulièrement vrai avec les lustres (ou émaux lustrés) inventés en Irak au IXe siècle, puis intégrés aux décors hispano-mauresques **[voir décor, partie I]**. De la même manière, en Europe, certain·es potier·ères (comme Jean Girel) cherchent à retrouver la recette des effets souvent accidentels **[voir accident, partie II]** sur les bols de la dynastie Song (*tenmoku*). Historiquement, la céramique incarne un support à décor et à propos idéal. Elle véhicule une imagerie propre à chaque époque, culture ou communauté culturelle. De nombreuses pièces contemporaines procèdent par citation : Diego Romero s'inspire ainsi de formes et de décors grecs et amérindiens.

La **porcelaine [voir partie I]** illustre l'un des premiers exemples de la globalisation. La porcelaine chinoise, très prisée des classes au pouvoir, a d'abord été collectionnée en Asie puis dans le reste du monde, avant d'être copiée au Proche-Orient puis en Europe à partir du XVe siècle (à l'origine de l'invention de la faïence et de la porcelaine tendre, avant la découverte de gisements de kaolin). Aux XVIIe et XVIIIe siècles, l'iconographie de la céramique chinoise destinée à l'export emprunte les us et coutumes (habitat, vêtement…) des cours européennes, tandis que les manufactures porcelainières occidentales s'évertuent, inversement, à produire des scènes chinoises (chinoiseries). Le XIXe siècle – celui de l'appropriation culturelle par excellence – recherche, vole et adapte les objets, les formes et les styles des pays colonisés ou sous influence occidentale (orientalisme).

L'exemple du Japon illustre mieux qu'aucun autre cette notion de transfert culturel : au XVe siècle, les potiers japonais s'inspirent des vases coréens et chinois tandis qu'à la fin du XIXe siècle, la mode du japonisme déferle sur l'Europe et les États-Unis. Le *raku* **[voir cuisson, partie I]** devient un style internationalement connu et imité, encore aujourd'hui. Dans les années 1920-1930, le mouvement Mingei, valorisant une céramique artisanale et populaire, est activement défendu par Bernard Leach qui y voit un prolongement du mouvement Arts and Crafts. Son influence est toujours palpable dans le *craft* contemporain mondial **[voir art & craft, partie II]**.

Cat. 155 Matthew Lutz-Kinoy et Natsuko Uchino, *Keramikos 3, assiette*, 2019, collection des artistes

LISTE DES ŒUVRES EXPOSÉES

I. TECHNIQUES

Cat.1 Clare Twomey
Monument, 2021
Bois, polystyrène, rebuts de porcelaine
Dimensions variables
COURTESY DE L'ARTISTE

Cat. 2 Vidya Gastaldon
Teapot, salad, poltergeist, 2012
Huile sur toile,
H. 60 × L. 70 cm
GALERIE ART : CONCEPT, PARIS, FRANCE

Johan Creten
Points d'observation – Les flammes, 2020-2021
Quinze sculptures en grès émaillé
Dimensions variables (édition illimitée d'œuvres uniques par leur émaillage)
COURTESY DE L'ARTISTE ET ALMINE RECH GALLERY, PARIS, FRANCE/NEW YORK, ÉTATS-UNIS/TOKYO, JAPON/SÉOUL, CORÉE DU SUD/HONG KONG ET SHANGHAI, CHINE

Cat. 3 Laëtitia Badaut Haussmann
DB_S no 12&13, 10&11, 14&15, 2016
Contreplaqué, carreaux émaillés, colle, métal
H. 42 × L. 134,5 × l. 31,5 cm
GALERIE ALLEN, PARIS, FRANCE

Réinterprétation de la vitrine « De la terre au pot » initialement pensée par Georges Henri Rivière en 1975 pour l'ancien accrochage des collections du Musée national des arts et traditions populaires, conservée aujourd'hui au musée des Civilisations de l'Europe et de la Méditerranée, Marseille, France, 1900-2021
Argile tournée, outils, reproductions
Dimensions variables
Conception : Natsuko Uchino, en dialogue avec Marie-Charlotte Calafat (Mucem), avec des reconstitutions en argile non cuite de Michel Wohlfahrt (d'après un pot à lait en grès du début du xxe siècle) et des outils provenant de l'atelier de Gyn Gausserand
COURTESY DES ARTISTES

Pablo Picasso
Le peintre et deux modèles, 1954
Reproduction
MUSÉE DES CIVILISATIONS DE L'EUROPE ET DE LA MÉDITERRANÉE, MARSEILLE, FRANCE

J. Albertini
Vitrine « De la terre au pot » présentée par Édouard de Laubrie, 2011
16 min, couleur, son
MUSÉE DES CIVILISATIONS DE L'EUROPE ET DE LA MÉDITERRANÉE, MARSEILLE, FRANCE

Focus exposition « Jacobsen » : la céramique
2 min 40, animation couleur
MUSÉE BOURDELLE, PARIS, FRANCE

Cat. 4 Jean-Pierre Raynaud
Stèle + amphore étrusque, 1986
Terre cuite, carreaux de faïence, Altuglas, verre
H. 141 × L. 30,5 × l. 30,5 cm
COLLECTION DE L'ARTISTE, PARIS, FRANCE

Manufacture Ravel (Aubagne, France)
Pot capucine, 2021
Terre cuite
H. 16 cm
COURTESY MANUFACTURE RAVEL, AUBAGNE, FRANCE

Manufacture Ravel (Aubagne, France)
Pot cycas fin, 2021
Terre cuite
H. 80 × D. 41 cm
COURTESY MANUFACTURE RAVEL, AUBAGNE, FRANCE

Anonyme (Vallauris, France)
Moule à gâteau, vers 1940-1950
Terre vernissée, couverte à base de plomb et de manganèse
H. 7 × L. 4 × l. 16 cm
COLLECTION MICHEL WOHLFAHRT, SAINT-QUENTIN-LA-POTERIE, FRANCE

Cat. 5 Alev Ebüzziya Siesbye
Sans titre, 2003-2011
Grès émaillé
H. 22 × D. 33 cm
COLLECTION DE L'ARTISTE

I.1 TERRES ET CUISSONS

I.1.A TERRE CRUE

Dineo Seshee Bopape
Mabu, Mubu, Mmu, 2017
Pinchuk Art Centre

Cat. 6 Peter Fischli et David Weiss
Popular opposites : theory + praxis, série « Suddenly this overview », 1981-2012
Reproduction
COURTESY SPRÜTH MAGERS

Clément Rodzielski
Sans titre, 2014
Argile crue, métal
H. 15 × L. 15 × l. 8 cm
COURTESY DE L'ARTISTE ET CAMPOLI PRESTI, LONDRES, ROYAUME-UNI/ PARIS, FRANCE

Aaron King
Spike, 2015
Sable, mousse, bois, métal, amidon
H. 170 × L. 63,5 × l. 48 cm
COLLECTION MIGUEL CARVALHO

Cat. 7 Hassan Fathy
Égypte, village modèle de Gournah dans la vallée thébaine, sans date
Reproduction

Natsuko Uchino
Adobe, 2019
Terre crue, argile, sable, paille
H. 69 × L. 83 cm
COLLECTION SORRY WE'RE CLOSED, BRUXELLES, BELGIQUE

I.1.B TERRE NUE CUITE

Cat. 8 Anonyme (site de Fort Harrouard, Sorel-Moussel, France)
Statuette féminine, néolithique moyen (4500-3500 avant notre ère)
Terre cuite modelée
H. 13,8 × L. 7,8 × l. 1,5 cm
MUSÉE D'ARCHÉOLOGIE NATIONALE, SAINT-GERMAIN-EN-LAYE, FRANCE
INV. MAN 74202

Anonyme (site de Pachacamac, Pérou)
Vase globulaire avec tête, 600-1000
Terre cuite peinte
H. 17 × D. 14 cm
MUSÉE D'ART MODERNE DE PARIS, FRANCE
DON MAURICE GIRARDIN, 1953
INV. AMOA 265

Cat. 9 Giorgio De Chirico
Ariana endormie, vers 1940
Terre cuite
H. 12,5 × L. 26,5 × l. 18 cm
MUSÉE D'ART MODERNE DE PARIS, FRANCE
INV. AMVP 3527

I.1.C FAÏENCE

Cat. 10 Anonyme (Égypte)
Ouchebti momiforme, IIIe Période intermédiaire, XXIe dynastie (1069-656 avant notre ère)
Fritte
H. 14,9 × L. 4,4 × l. 3,5 cm
MUSÉE RODIN, PARIS, FRANCE
DONATION RODIN, 1916
INV. CO. 2432

Cat. 11 Guidette Carbonell
Idole, 1960
Faïence émaillée, cailloux, verre, métal, plâtre
H. 35 cm
GALERIE MERCIER ET ASSOCIÉS, PARIS, FRANCE

Anonyme (château des Dardanelles, Turquie)
Vase à anse, avant 1848
Terre cuite vernissée
H. 44 × D. 10,7 cm (avec couvercle)
SÈVRES – MANUFACTURE ET MUSÉE NATIONAUX, FRANCE
INV. MNC 3815.2

I.1.D GRÈS

Anonyme (Tokoname, Japon)
Jarre kame (décor écailles de tortue), époque Nanboku-cho (XIVe siècle)
Grès, couverte brune de cendres de bois
H. 31 × D. 35 cm
MUSÉE NATIONAL DES ARTS ASIATIQUES – GUIMET, PARIS, FRANCE
ANCIENNE COLLECTION GERTRUD WOODTLI

Élisabeth Joulia
Sans titre (Autel), vers 1996
Grès émaillé, cuisson bois
H. 57 × L. 52 × l. 20 cm
COLLECTION PARTICULIÈRE, PARIS, FRANCE

Jean Carriès
Crapaud, 1892
Grès émaillé, moulage d'après modelage, cuisson bois
H. 33 × L. 18 cm
CENTRE NATIONAL DES ARTS PLASTIQUES, LA DÉFENSE, EN DÉPÔT À SÈVRES – MANUFACTURE ET MUSÉE NATIONAUX, FRANCE
INV. FNAC 1941

I.1.E PORCELAINE

Cat. 12 Anonyme (Corée)
Jarre (Moon jar), époque Choson (XVIIe-XVIIIe siècle)
Porcelaine blanche
H. 35 cm
MUSÉE NATIONAL DES ARTS ASIATIQUES – GUIMET, PARIS, FRANCE
ANCIENNE COLLECTION JUN ITAMI

Manufacture de Sèvres (France)
Tête de Bacchus enfant, 1765
Porcelaine dure émaillée
H. 2 × L. 1,7 × l. 1,9 cm
SÈVRES – MANUFACTURE ET MUSÉE NATIONAUX, FRANCE
INV. MNC 1830

Cat. 13 Joseph Kosuth et manufacture Haviland (Limoges, France)
Service forme appliquée « Cérès », 1991
Porcelaine dure
H. 2,5 × D. 28,5 cm (assiette de présentation) ; H. 3 × D. 26,2 cm (assiette plate) ; H. 2,2 × D. 22,2 cm (assiette à dessert)
MUSÉE NATIONAL ADRIEN DUBOUCHÉ, LIMOGES, FRANCE
DON ASSOCIATION ADRIEN DUBOUCHÉ (CLUB DES MÉCÈNES), 2006
INV. ADL11390-1 À 3

Cat. 14 Edmund de Waal
Once is as good as never, 2016
Installation de 72 éléments en porcelaine dans une vitrine
H. 214,3 × L. 260 × l. 14 cm
GALERIE MAX HETZLER, PARIS, FRANCE

Cat. 15 Daniel Dewar et Grégory Gicquel
Mixed ceramics (n° 7), 2011
Porcelaine, grès, faïence, matériaux de construction recuits, cuisson plein feu
H. 45 × L. 110 × l. 69 cm
CENTRE NATIONAL DES ARTS PLASTIQUES, LA DÉFENSE, FRANCE
INV. FNAC 2011-0473

I.2 OUTILS ET FOURS

Kenji Mizoguchi
Les contes de la lune vague après la pluie, 1953 (extraits)
97 min, noir et blanc, son
KADOKAWA CORPORATION 1953

Cat. 16 Roberto Cuoghi
SS (LXP) mm, 2016
Technique mixte
Dimensions variables
COURTESY DE L'ARTISTE ET GALERIE CHANTAL CROUSEL, PARIS, FRANCE

Cat. 17 Anonyme (Bizen, Japon)
Plaque de cuisson en céramique (Ko-Bizen botamochi), période Momoyama (1573-1603)
Grès à couverte naturelle
H. 56,2 × L. 55,2 × l. 6 cm
GALERIE MINGEI, PARIS, FRANCE

Anonyme (Japon)
Carte des principaux fours à céramique japonais publiée par le musée Mingeikwan, Tokyo, Japon, vers 1960
Estampe japonaise sur papier
H. 60 × L. 77 cm
COLLECTION PARTICULIÈRE, PARIS, FRANCE

Cat. 18 Natsuko Uchino
Photographie documentaire d'un four tannbun gama tambayaki – noborigama, 2015
Reproduction
COURTESY DE L'ARTISTE

Philippe Bonnier
La Borne 77. Un film tourné autour du pot, 1977 (extraits)
31 min, couleur, son
SLOUGHI PRODUCTIONS

Outils de travail pour la terre
Dimensions variables
COLLECTION NATSUKO UCHINO,BELVÉZET, FRANCE

Pages tirées des carnets autographes de Jean Carriès
Carnet 3 (p. 14-15, formules copiées par un assistant et annotées par Carriès) et carnet 5 (p. 82-83, manuscrit de Carriès), 1888-1894
Encre sur papier
ARCHIVES DÉPARTEMENTALES DE LA NIÈVRE, NEVERS, FRANCE

Cat. 19 Bettina Samson
Horloge 3, 2018
Céramique, cônes pyrométriques
H. 16 × L. 6 × l. 3 cm
GALERIE SULTANA, PARIS, FRANCE

Anonyme (Paris, France)
Montre de four de potier, XXe siècle
Terre cuite, deux cônes pyrométriques
H. 8 × L. 6,4 × l. 5,1 cm
MUSÉE DES CIVILISATIONS DE L'EUROPE ET DE LA MÉDITERRANÉE, MARSEILLE, FRANCE

Cat. 20 Manufacture royale des porcelaines de Limoges (France)
Tampon de manufacture, vers 1784
Porcelaine dure
H. 7 × L. 4,6 × l. 4,4 cm
MUSÉE NATIONAL ADRIEN DUBOUCHÉ, LIMOGES, FRANCE
DON MANUFACTURE ALLUAUD, 1847

Anonyme (Poitou-Charentes, France)
Estèque, 1re moitié du XXe siècle
Bois
H. 1,1 × L. 10,3 × l. 12,6 cm
MUSÉE DES CIVILISATIONS DE L'EUROPE ET DE LA MÉDITERRANÉE, MARSEILLE, FRANCE

Anonyme (Saint-Laurent-lès-Mâcon, France)
Fil de laiton pour potier, années 1930
Fil métallique, laiton, bois taillé
H. 4,9 × L. 23,5 × l. 0,8 cm
MUSÉE DES CIVILISATIONS DE L'EUROPE ET DE LA MÉDITERRANÉE, MARSEILLE, FRANCE

Anonyme (Henrichemont, France)
Crapaudine pour tour de potier, 1re moitié du XXe siècle
Grès émaillé brun
H. 3,2 × L. 4,5 × l. 4,5 cm
MUSÉE DES CIVILISATIONS DE L'EUROPE ET DE LA MÉDITERRANÉE, MARSEILLE, FRANCE

Anonyme (Calvados probablement, France)
Poignée pour poterie (oreille collée sur certains pots avec de la barbotine, rondelle), XIXe siècle
Grès au sel
H. 11,7 × L. 0,5 cm
MUSÉE DES CIVILISATIONS DE L'EUROPE ET DE LA MÉDITERRANÉE, MARSEILLE, FRANCE

Anonyme (France)
Pots de couleurs de laboratoire, XXe siècle (pots) et XXIe siècle (couleurs)
Verre, pigments
Dimensions variables
SÈVRES – MANUFACTURE ET MUSÉE NATIONAUX, FRANCE

Natsuko Uchino
Vidéo documentaire de cuisson dans un four tannbun gama tambayaki – Noborigama, 2015
14 min 43, couleur, son
Vidéo tournée dans une usine de production de porcelaine au Viêtnam, 2015
24 min 25, couleur, son
COURTESY DE L'ARTISTE

Marty Gross et Mingei Film Archive
Bernard Leach filme Mashiko et des villages de potiers, 1934
22 min 09, noir et blanc, son

I.3. FORMES

I.3.A MODELAGE

Cat. 21 Rebecca Warren
The wise Virgin, 2012
Argile peinte à la main, bois MDF peint
H. 64 × L. 78 × l. 61 cm ;
H. 91 × L. 80,5 × l. 64 cm (socle)
GALERIE MAX HETZLER, PARIS, FRANCE

Cat. 22 Lucio Fontana
Coquillages (Mer), 1935-1936
Grès réfractaire
H. 36,5 × L. 80 × l. 49,5 cm
MUSÉE D'ART MODERNE DE PARIS, FRANCE
ACQUISITION GRÂCE AU SOUTIEN DE LA SAMAM ET DU COMITÉ INTERNATIONAL, 2015
INV. AMVP-2015-124

Cat. 23 Simone Fattal
Dionysos, 1999
Grès émaillé
H. 80 × L. 31 × l. 10 cm
COURTESY DE L'ARTISTE ET GALERIE BALICE HERTLING, PARIS, FRANCE

I.3.B COFFRAGE, PLAQUAGE

Cat. 24 Alison Britton
Connected pot, 1987
Terre cuite émaillée façonnée à la plaque et peinte
H. 31 × L. 41 × l. 25 cm
COLLECTION MARDOCHÉE FRANCO, PARIS, FRANCE

Georges Jeanclos
Dormeur, 1978
Terre cuite
H. 21,5 × L. 41,5 × l. 25 cm
MUSÉE D'ART MODERNE DE PARIS, FRANCE
INV. AMS 563

Katinka Bock
Système sonore K, 2019
« Terre papier » à base de faïence, cuivre
H. 116 × L. 25 × l. 25 cm (installation) ;
H. 100 × D. 0,2 cm (tube en cuivre) ;
H. 58 × L. 25 × l. 25 cm (céramique)
GALLERY 303, NEW YORK, ÉTATS-UNIS

I.3.C COLOMBINAGE

Elizabeth Lasserre
Femmes travaillant le colombin au Maroc, 2016
Reproduction

Cat. 25 Francine Del Pierre
Sans titre (Grand vase), vers 1960
Faïence montée au colombin, céladon
H. 33 cm
COLLECTION PARTICULIÈRE, PARIS, FRANCE

Cat. 26 Enzo Mari
Fatti a Mano/Samos R, 1973
Porcelaine blanche, assemblage de fragments de colombins en quatre quarts
H. 5,5 × D. 28,5 cm
FONDS NATIONAL D'ART CONTEMPORAIN, EN DÉPÔT AU MUSÉE DES ARTS DÉCORATIFS, PARIS, FRANCE
INV. FNAC 03-246

Cat. 27 Anonyme (Ouergha, Maroc)
Pot, avant 1934
Terre cuite, pigment végétal
H. 23 × L. 28 × l. 20 cm
MUSÉE DU QUAI BRANLY – JACQUES CHIRAC, PARIS, FRANCE
COLLECTÉ ENTRE 1931 ET 1934 PAR ADDA RICARD, DONNÉ AU MUSÉE DE L'HOMME EN 1937 PAR M. DAVID-WEILL
INV. 71.1937.63.217

I.3.D IMPRESSION 3D

Cat. 28 Ianis Lallemand
Unspecified clay – Echantillon 20170124162914, 2017
Grès émaillé, impression 3D
H. 10,5 × L. 24 × l. 23 cm
COURTESY DE L'ARTISTE ET CO-DE-IT

Laureline Galliot
Teapot, 2017
Impression 3D par projection de liant coloré sur poudre de gypse
H. 20 × L. 22 × l. 16,5 cm
COLLECTION DE L'ARTISTE

I.3.E TOURNAGE

Susan Fanshel et Ann Voulkos
Peter Voulkos au travail (Archie Bray), 1955 (extrait)
8 min 11
COURTESY SMITHSONIAN AMERICAN ART MUSEUM, WASHINGTON, ÉTATS-UNIS

Cat. 29 Peter Voulkos
Covered vessel, 1960
Grès, cobalt, couverte à l'oxyde de fer
H. 55,9 × L. 24,1 cm
ARIZONA STATE UNIVERSITY ART MUSEUM, TEMPE, ÉTATS-UNIS
ACQUISITION GRÂCE AU SOUTIEN DE LA STEPHANE JANSSEN ART FOUNDATION
INV. 2000.030.001

Pierre Bayle
Boîte à la patte de poule, 1996
Terre sigillée
H. 53 × L. 10 × l. 10 cm
COLLECTION MARDOCHÉE FRANCO, PARIS, FRANCE

Claude Varlan
Jarre monumentale jaune citron pâle en forme d'olive, 1989
Grès, touches d'émail
H. 76 cm
COLLECTION CHARLES-ADRIEN BUÉNO

I.3.F MOULAGE

Cat. 30 Atelier parisien inspiré de Bernard Palissy
Bassin ovale à décor de rustiques figulines, 1re moitié du XVIIe siècle
Terre cuite glaçurée
H. 54 × L. 41 cm
MUSÉE NATIONAL DE LA RENAISSANCE, ÉCOUEN, FRANCE
INV. E.CL. 13202

Cat. 31 Atelier de Bernard Palissy
Deux moules et un tirage de grenouille, 1555-1575
Plâtre, terre cuite
H. 9,1 × L. 7,7 × l. 2,2 cm (moule) ;
H. 10,3 × L. 8 cm (moule) ;
H. 5,5 × L. 4 × l. 1,5 cm (grenouille)
MUSÉE NATIONAL DE LA RENAISSANCE, ÉCOUEN, FRANCE
INV. EP 2662, EP 1422 ET EP 2102

Cat. 32 Philippe Barde
Hommage à B., 2010
Grès moulé par coulage, émail noir lustré mat poli
H. 28 × L. 23 × l. 22,5 cm
MUSÉE ARIANA, GENÈVE, SUISSE
INV. AR 2010-15

Cat. 33 Paul-Ami Bonifas
Moule de vase, 1922-1940
Plâtre en cinq parties
H. 28 × D. 42 cm
MUSÉE ARIANA, GENÈVE, SUISSE
INV. AR 2014-6

Cat. 34 Nicole Giroud
Fontaine, 1983
Biscuit de porcelaine dure
H. 40 × L. 33 × l. 31 cm
SÈVRES – MANUFACTURE ET MUSÉE NATIONAUX, FRANCE
INV. MNC 28412

I.4 DÉCORS ET EFFETS

Emmanuel Boos
Monolithe XI (Le baiser de Sèvres), 2017
Porcelaine tendre émaillée
H. 40 × L. 10 × l. 15 cm
GALERIE JOUSSE ENTREPRISE, PARIS, FRANCE

Cat. 35 Lawson Oyekan
Body undivided, 1994
Grès anglais, argile
H. 55 × D. 35 cm
COLLECTION HELEN AZIZA, PARIS, FRANCE

Cat. 36 Jean Girel
Vues macro des émaux de l'artiste, années 20
Reproduction

I.4.A TEXTURES

Anonyme (Quiberon, France)
Vase trouvé au dolmen du Conguel, début du IIIe millénaire avant notre ère
Terre cuite, décor incisé
H. 12 × D. 15 cm
MUSÉE D'ARCHÉOLOGIE NATIONALE, SAINT-GERMAIN-EN-LAYE, FRANCE
INV. MAN 72822

Cat. 37 Bente Skjøttgaard
Mnemiopsis Leidyi n° 1825, 2018
Grès émaillé
H. 26 × H. 17 × l. 15 cm
GALERIE MARIA LUND, PARIS, FRANCE

Georges Serré
Coupe avec décor de poisson, 1947
Grès chamotté
H. 14 × D. 14 cm
MUSÉE DES ARTS DÉCORATIFS, PARIS, FRANCE

Cat. 38 Anonyme (Caucase, Monde iranien)
Coupe entière, XIIe-XIIIe siècle
Céramique siliceuse, décor ajouré sous glaçure transparente
H. 6 × D. 10,7 cm
MUSÉE DU LOUVRE, PARIS, FRANCE
INV. MAO 936/896

Cat. 39 Fance Franck
Vase rectangulaire à col étroit, 1996
Porcelaine, couverte noir bleuté, décor de croisillons (*tenmoku*)
H. 25 cm
COLLECTION PARTICULIÈRE, PARIS, FRANCE

I.4.B COULEURS, ENGOBES, PEINTURES, COUVERTES ET ÉMAUX

Cat. 40 Anonyme (El-Amrah, Égypte)
Vase à bord supérieur noirci, Nagada I (vers 3800-3500 avant notre ère)
Céramique en cuisson réductrice avec ouverture enfouie dans les cendres
H. 27,2 × L. 13,9 cm
MUSÉE D'ARCHÉOLOGIE NATIONALE, SAINT-GERMAIN-EN-LAYE, FRANCE
DON JACQUES DE MORGAN, 1909-1910
INV. MAN 77705.I

Cat. 41 Émile Decœur
Vase vert amande à bord brun-noir, vers 1930
Grès, émail
H. 25,5 cm
MUSÉE D'ART MODERNE DE PARIS, FRANCE
INV. AMOA 90

Alexandre Sandier
Vase de Chevilly, 1898-1905
Porcelaine dure, décor de cristallisations, monture en bronze doré
H. 24,3 × L. 8,5 × l. 6 cm
SÈVRES – MANUFACTURE ET MUSÉE NATIONAUX, FRANCE
INV. MNC 16062

Anonyme (Savoie, France)
Jatte à décor jaspé, XIXe siècle
Poterie plombifère vernissée
H. 6,5 × D. 21,5 cm
MUSÉE DES CIVILISATIONS DE L'EUROPE ET DE LA MÉDITERRANÉE, MARSEILLE, FRANCE, EN DÉPÔT À SÈVRES – MANUFACTURE ET MUSÉE NATIONAUX, FRANCE
INV. MNC 18804

Cat. 42 Daniel de Montmollin
Petit pot boule rouge pompéien – Rêve de pierre précieuse, 1986
Grès, émaux cendrés
H. 20 × L. 20 × l. 20 cm
COLLECTION CHARLES-ADRIEN BUÉNO

Cat. 43 Navid Nuur
Post-Paris, 2019
Grès, porcelaine, matériaux trouvés à Paris (pierre de Paris, verre, asphalte, roches, cendres de charbon, coquillages de restaurants, journaux brûlés, tubes en cuivre poli, métal)
H. 5,5 × D. 18 cm
GALERIE MAX HETZLER, PARIS, FRANCE

Anonyme (Chine)
Vase, dynastie Qing (1644-1911), XIXe siècle
Grès à couverte rouge de cuivre flambée
H. 37 × D. 22,5 cm
MUSÉE DES ARTS DÉCORATIFS, PARIS, FRANCE
LEGS D'ALEXANDRINE LOUISE GRANDJEAN, 1923

Anonyme (Jingdezhen, Chine)
Bol, dynastie Qing (1644-1911), règne de Kangxi (1661-1722)
Porcelaine, émail jaune
H. 5,4 × D. 13,7 cm
MUSÉE NATIONAL DES ARTS ASIATIQUES – GUIMET, PARIS, FRANCE
DONATION GRANDIDIER AU MUSÉE DU LOUVRE, 1945

Cat. 44 Anonyme (Jingdezhen, Chine)
Pot à pinceaux (Pitong), dynastie Qing (1644-1911), fin XVIIIe ou XIXe siècle
Porcelaine, émaux soufflés
H. 12 × D. 10 cm
MUSÉE NATIONAL DES ARTS ASIATIQUES – GUIMET, PARIS, FRANCE
ANCIENNE COLLECTION ÉMILE GUIMET

Cat. 45 Anonyme (Jingdezhen, Chine)
Jarre « 1 000 fleurs », dynastie Qing (1644-1911), règne de Qianlong (1736-1795)
Porcelaine, émaux sur couverte transparente
H. 39 × D. 34 cm
MUSÉE NATIONAL DES ARTS ASIATIQUES – GUIMET, PARIS, FRANCE
ANCIENNES COLLECTIONS JOHN PIERPONT MORGAN, CARMEN CARVEN ET RENÉ GROG

Cat. 46 Anonyme (Manises, Espagne)
Plat creux, 1re moitié du XVIIIe siècle
Faïence stannifère peinte au lustre métallique
H. 9,5 × D. 42 cm
SÈVRES – MANUFACTURE ET MUSÉE NATIONAUX, FRANCE
DON DIDIER PETIT DE MEURVILLE, 1856
INV. MNC 5175.1

Cat. 47 Salvador Dalí et manufacture Royal Crown Derby (Derby, Royaume-Uni)
Tasse et soucoupe, 1938-1939
Porcelaine à la cendre d'os, fond bleu, émaux peints, dorure
D. 6,5 cm (tasse) ; D. 14 cm (soucoupe)
THE ROYAL CROWN DERBY MUSEUM CHARITABLE TRUST, DERBY, ROYAUME-UNI

Cat. 48 Clément Massier
Plat, 1890-1895
Faïence, lustre métallique
D. 59 cm
MUSÉE D'ORSAY, PARIS, FRANCE

Cat. 49 Lucie Rie
Coupe, vers 1980
Grès
H. 11 × L. 35,3 × L. 34,9 cm
SÈVRES – MANUFACTURE ET MUSÉE NATIONAUX, FRANCE
INV. MNC 28679

Cat. 50 Atelier d'Édouard Peyrusson (Limoges, France)
Palette de couleurs d'Édouard Peyrusson, 27 décembre 1891, 1891
Porcelaine dure, décor sous émail
H. 2,9 × L. 23,2 cm
MUSÉE NATIONAL ADRIEN DUBOUCHÉ, LIMOGES, FRANCE
DON ÉDOUARD PEYRUSSON, 1891

Cat. 51 Félix Massoul
Vase globuleux à décor de disques bleu nuit rehaussés de dorure sur fond bleu turquoise, avant 1937
Faïence siliceuse, pâte siliceuse, glaçure alcaline
H. 20 × D. 14 cm
MUSÉE D'ART MODERNE DE PARIS, FRANCE
INV. AMOA 173

Anonyme (Betschdorf, France)
Bombonne, vers 1940-1950
Grès au sel, motif au bleu de cobalt
H. 39 × D. 26 cm
COLLECTION MICHEL WOHLFAHRT, SAINT-QUENTIN-LA-POTERIE, FRANCE

I.4.C IMPRESSION, TRANSFERTS

Anonyme (Royaume-Uni)
Mug Harry et Meghan, 2011
Impression sur porcelaine
H. 9,7 × D. 8,2 cm
MUSÉE DES CIVILISATIONS DE L'EUROPE ET DE LA MÉDITERRANÉE, MARSEILLE, FRANCE

Manufacture de Creil (France)
Assiette plate, vers 1820
Faïence fine, décor imprimé
H. 2,2 × D. 24,9 cm
SÈVRES – MANUFACTURE ET MUSÉE NATIONAUX, FRANCE
INV. MNC 28576-1

Cat. 52 Carol McNicoll
Pile up, 2018
Faïence blanche, cuisson haute température, dessin au transfert
H. 27 × L. 25 cm
COLLECTION HELEN AZIZA, PARIS, FRANCE

Marc Germain
La guêpe potière : Eumenes pomiformis F. 2012
2 min 48, couleur, son

Cat. 53 *Photographie du vaisselier de la maison des Deuffic à Goulien (France)*, sans date
Reproduction
MUSÉE DES CIVILISATIONS DE L'EUROPE ET DE LA MÉDITERRANÉE, MARSEILLE, FRANCE

Cat. 54 Ichino Masahiko
Mizusashi (Contenant à eau fraîche pour la cérémonie du thé), 2012
Céramique de Tamba, couvercle en laque
H. 19 × L. 22 × l. 15 cm ;
H. 4 × L. 21 × l. 14,5 cm (couvercle)
COLLECTION PARTICULIÈRE
COURTESY GALERIE MINGEI, PARIS, FRANCE

II. USAGES

Ron Nagle
Captive Morgan, 2012
Faïence, émail, polyuréthane catalysé, résine époxy
H. 13,3 × L. 14,6 × l. 14,6 cm
COLLECTION PARTICULIÈRE

Anonyme (Apulie, Italie)
Rhyton apulien en forme de tête de bélier, vers 340 avant notre ère
Céramique moulée à figures rouges
H. 9 × L. 16 × D. 11 cm
PETIT PALAIS – MUSÉE DES BEAUX-ARTS DE LA VILLE DE PARIS, FRANCE
INV. ADUT381

Matias Faldbakken
Remainder XX, 2021
Carreaux en terre cuite émaillée, peinture glycéro
Dimensions variables
COURTESY DE L'ARTISTE ET EVA PRESENHUBER, ZURICH, SUISSE

Sarah Lucas
Sucky thing, 2011
Reproduction
COURTESY SADIE COLES HQ, LONDRES, ROYAUME-UNI

II.1.A CONTENANTS

Cat. 55 Édouard Vuillard et manufacture Haviland (Limoges, France)
Service « Schopfer », compotier, service de table à décor de figures féminines, 1895
Porcelaine de Limoges
H. 15 × D. 24 cm
COLLECTION LAROCK-GRANOFF, PARIS, FRANCE

Manufacture Theodor Paetsch (Francfort, Allemagne)
Plat, vers 1930
Faïence fine, décor à l'aérographe
D. 30,5 cm
MUSÉE ARIANA, GENÈVE, SUISSE
INV. AR 2020-042

Cat. 56 André Metthey
Plat, vers 1900
Grès
H. 3 × D. 33 cm
PETIT PALAIS – MUSÉE DES BEAUX-ARTS DE LA VILLE DE PARIS, FRANCE
DON AMBROISE VOLLARD, 1937
INV. PP 01937

Cat. 57 André Metthey et Maurice de Vlaminck
Assiette, 1907-1909
Faïence stannifère peinte
D. 31,5 cm
MUSÉE D'ART MODERNE DE PARIS, FRANCE
DON AMBROISE VOLLARD, 1937
INV. AMOA 218

Anonyme (Japon)
Plat à décor umanome (Yeux de cheval), Période Edo (1603-1868)
Céramique de Seto peinte à l'oxyde de fer
H. 4,4 × D. 27 cm
MUSÉE CERNUSCHI – MUSÉE DES ARTS DE L'ASIE DE LA VILLE DE PARIS, FRANCE
LEGS HARLEY HALL PRESTON, 2018

Cat. 58 Anonyme (Cafaggiolo, Italie)
Assiette avec portrait de profil, 1520-1540
Faïence (majolique)
H. 5,3 × D. 35 cm
MUSÉE NATIONAL DE LA RENAISSANCE, ÉCOUEN, FRANCE
INV. E.CL. 2423

Cat. 59 Anne Dangar
Légumier, vers 1938
Terre cuite vernissée
H. 21 × L. 10,5 cm
MUSÉE D'ART MODERNE DE PARIS, FRANCE
ACQUISITION AUPRÈS DE L'ARTISTE, 1938
INV. AMOA 88

Cat. 60 Karen Karnes
Soupière de cuisson, vers 1980
Grès émaillé, cuisson au sel
H. 18 × L. 25,5 × l. 21 cm
COLLECTION BENJAMIN LIGNEL, MONTREUIL, FRANCE

Stig Lindberg et manufacture Gustavsberg (Värmdö, Suède)
Bol de la série « Berså », modèle LL, années 1960
Porcelaine
H. 8 × D. 16 cm
COLLECTION A. D., PARIS, FRANCE

Cat. 61 Peter Shire
Untitled (Teapot), 1977
Faïence émaillée
H. 20,5 × L. 32 × l. 18 cm
COLLECTION PARTICULIÈRE

Martine Damas
V27 vert nuit, jaune pomme, rose, 2009
Terre pigmentée cuite
H. 20 × D. 18 cm
GALERIE BERNARD JORDAN, PARIS, FRANCE

Cat. 62 Walter Gropius et manufacture de Rosenthal (Paris, France)
Service « Tac I », 1969
Porcelaine blanche et noire
H. 12, 5 cm (théière) ; H. 10,5 cm (crémier) ; H. 8,5 cm (sucrier) ; H. 5 × D. 10 cm (tasses) ; H. 2 × D. 15 cm (soucoupes) ; H. 2 × D. 19,5 cm (assiettes)
CENTRE POMPIDOU – MUSÉE NATIONAL D'ART MODERNE – CENTRE DE CRÉATION INDUSTRIELLE, PARIS, FRANCE
DON ROSENTHAL FRANCE, 1993

Cat. 63 Giorgio Morandi
Nature morte, 1955
Huile sur toile
H. 24 × D. 37 cm (sans cadre)
COLLECTION PARTICULIÈRE, FLORENCE, ITALIE
COURTESY TORNABUONI ARTE, PARIS, FRANCE

Cat. 64 Atelier Lempereur (Sars-Poteries, France)
Mangeoire à pigeon, fin XIXe-début XXe siècle
Grès vernissé et tourné
H. 13 × L. 6,5 × l. 7,7 cm
MUSÉE DES CIVILISATIONS DE L'EUROPE ET DE LA MÉDITERRANÉE, MARSEILLE, FRANCE

Cat. 65 Fausto Melotti
Coupes, 1960
Terre cuite émaillée
H. 6,4 × D. 13,9 cm ; H. 6,4 × D. 14,6 cm
COLLECTION KARSTEN GREVE, PARIS, FRANCE

Anonyme (Toscane probablement, Italie)
Cruche, fin du XIVe siècle
Faïence stannifère
H. 22 × L. 14,1 cm
MUSÉE DU LOUVRE, PARIS, EN DÉPÔT À SÈVRES – MANUFACTURE ET MUSÉE NATIONAUX, FRANCE
INV. OA 7395

Hamed Oudderzane et Mohammed Oudderzane
Chakwa, années 1990
Argile tournée, moulée et peinte
H. 30 × L. 28 × l. 45 cm
MUSÉE DES CIVILISATIONS DE L'EUROPE ET DE LA MÉDITERRANÉE, MARSEILLE, FRANCE

Cat. 66 Anne Kjærsgaard
Pichet, avant 1987
Grès émaillé
H. 28,5 × L. 23,5 cm
MUSÉE DES BEAUX-ARTS, LYON, FRANCE
DON DENISE ET MICHEL MEYNET

Cat. 67 Ed Ruscha
Fido, 2010
Porcelaine
D. 28 cm
COLLECTION DAVID ET MARCEL FLEISS
COURTESY GALERIE 1900-2000, PARIS, FRANCE

André Borderie
Cendrier, vers 1960
Céramique émaillée
H. 3 × L.17,5 × l. 12,5 cm
GALERIE JOUSSE ENTREPRISE, PARIS, FRANCE

Cat. 68 Gio Ponti et manufacture Richard Ginori (Doccia, Italie)
Bonbonnière « Le Ballet », 1925
Porcelaine dure
H. 27 cm
SÈVRES – MANUFACTURE ET MUSÉE NATIONAUX, FRANCE
INV. MNC 17643

Cat. 69 Anonyme (Viêtnam)
Pot à chaux à poignée en forme de chimère ou de tigre, XIVe siècle
Grès beige, couverte ivoire, rehauts d'oxyde de fer, émail craquelé
H. 24,5 × D. 21 cm
MUSÉE NATIONAL DES ARTS ASIATIQUES – GUIMET, PARIS, FRANCE

Cat. 70 Kazuya Sugita
Keito, Goya, Paprika, Rendai (Composition ikebana), 2009
Photographie d'une céramique de Mutsuo Yanagihara (Japon, 1934)
Reproduction

Cat. 71 Kanjirō Kawai
Vasque aux émaux tricolores, vers 1960
Grès émaillé
H. 18,2 × L. 20,3 × l. 19,7 cm
SOKYO GALLERY ET CONTEMPORARY ART CULTURAL FOUNDATION, KYOTO, JAPON

Manufacture de Kameyama (Japon)
Vase à fleurs (Hana-ike), vers 1840
Grès, décor peint en bleu sous couverte
H. 21 × D. 7,5 cm
MUSÉE CERNUSCHI – MUSÉE DES ARTS DE L'ASIE DE LA VILLE DE PARIS, FRANCE
ACQUISITION HENRI CERNUSCHI, 1896

Cat. 72 Marguerite Wildenhain
Face vase, années 1970
Grès
H. 24,9 × L. 22,7 × l. 16 cm
ARIZONA STATE UNIVERSITY ART MUSEUM, TEMPE, ÉTATS-UNIS
ACQUISITION GRÂCE AU SOUTIEN DU NATIONAL ENDOWMENT FOR THE ARTS MARCHING FUND GRANT

Cat. 73 Suzanne Ramié et atelier Madoura (Vallauris, France)
Vase oreilles (Grand modèle), 1955
Faïence émaillée bleu nuit, intérieur noir
H. 39,5 × D. 29 cm
GALERIE THOMAS FRITSCH ARTRIUM, PARIS, FRANCE

Cat. 74 Marc Camille Chaimowicz
Vase, 1989-1990
Faïence
H. 23 × L. 20 × l. 15 cm
CENTRE NATIONAL DES ARTS PLASTIQUES, LA DÉFENSE, FRANCE
INV. FNAC 90528

Jean Mayodon et Claude Boulmé
Vase n° 31, 1961
Porcelaine dure nouvelle
H. 43,3 cm
SÈVRES – MANUFACTURE ET MUSÉE NATIONAUX, FRANCE
INV. MNC 25484

Cat. 75 Valentine Schlegel
Vase arbre, vers 1960
Faïence
H. 40,5 × L. 38 × l. 26 cm
SÈVRES – MANUFACTURE ET MUSÉE NATIONAUX, FRANCE
INV. MNC 26507

Cat. 76 Josep Llorens Artigas et Raoul Dufy
Jardin d'appartement, 1927 (d'après l'architecture de Nicolás María Rubió, 1891-1981)
Terre engobée à émail stannifère graffité et peint
H. 40,5 × L. 37 × l. 13 cm
COLLECTION LAROCK-GRANOFF, PARIS, FRANCE

Isamu Noguchi
Vase tripode, 1952
Reproduction
COURTESY ISAMU NOGUCHI FOUNDATION, NEW YORK, ÉTATS-UNIS

Cat. 77 Alina Szapocznikow
Pot V (Garçon aux grandes oreilles), 1956-1957
Terre cuite
H. 23 × L. 18 × l. 15 cm
COURTESY DES AYANTS DROIT DE L'ARTISTE, PIOTR STANISLAWSKI, GALERIES LOEVENBRUCK (PARIS, FRANCE) ET HAUSER & WIRTH (ZURICH, SUISSE)

Cat. 78 Marc Camille Chaimowicz
Vase (red orange), 2005
Papier peint, édition The Art of Wallpaper, Norfolk, Royaume-Uni
COURTESY DE L'ARTISTE ET CABINET, LONDRES, ROYAUME-UNI

Cat. 79 Anonyme (Nièvre, France)
Égouttoir à fromage, XVIIIe-2e moitié XIXe siècle
Terre cuite tournée et ajourée, émaillée et glaçurée
H. 5,8 × L. 20,2 cm
MUSÉE DES CIVILISATIONS DE L'EUROPE ET DE LA MÉDITERRANÉE, MARSEILLE, FRANCE
ANCIENNE COLLECTION DU MUSÉE NATIONAL DES ARTS ET TRADITIONS POPULAIRES, DON GEORGES HENRI RIVIÈRE

Cat. 80 Lucio Fontana
Concept spatial, vers 1955
Terre cuite
D. 50 cm
COLLECTION LAROCK-GRANOFF, PARIS, FRANCE

II.1.B TRANSITIONNEL ET STRUCTUREL

Marque DEPQ (France)
Poupée, 1900
Porcelaine, verre, cheveux, carton bouilli, soie, bois, coton, laine, chemise de jour, fil, cuir, métal
H. 61,5 × L. 36 × l. 11 cm
MUSÉE DES CIVILISATIONS DE L'EUROPE ET DE LA MÉDITERRANÉE, MARSEILLE, FRANCE

Cat. 81 Anonyme (Garoua, Cameroun)
Jouet en forme de cheval, vers 1936
Terre crue modelée
H. 20,5 × L. 9,5 × l. 21,8 cm
MUSÉE DU QUAI BRANLY – JACQUES CHIRAC, PARIS, FRANCE
COLLECTÉ LORS DE LA MISSION SAHARA-CAMEROUN DIRIGÉE PAR MARCEL GRIAULE EN 1936, INVENTORIÉ PAR LE MUSÉE DE L'HOMME, PARIS, FRANCE
INV. 71.1938.46.618

Anonyme (Marseille, France)
Bibelot souvenir, 1975
Terre vernissée beige, noire, rose et verte
H. 3,2 × L. 11,6 cm
MUSÉE DES CIVILISATIONS DE L'EUROPE ET DE LA MÉDITERRANÉE, MARSEILLE, FRANCE
INV. 1977.49.2

Marcel Dupont
Deux sifflets, vers 1940
Grès
H. 7 × D. 7 cm
MUSÉE DE LA POTERIE DE LA BORNE, FRANCE

Françoise Pétrovitch
Lapin oiseau, 2016
Grès émaillé, verre
H. 32 × L. 66 × l. 29 cm
COURTESY SEMIOSE, PARIS, FRANCE

Niki de Saint-Phalle
Vase cœur, 1986
Céramique émaillée et peinte, application de feuilles d'or (édition 7/25)
H. 17,5 × L. 17,5 × l. 6,9 cm
MUSÉE DES ARTS DÉCORATIFS, PARIS, FRANCE
DONATION NIKI DE SAINT-PHALLE, 2001

Cat. 82 Florian Bézu
Sans titre, 2015
Terre cuite, crayons de couleur
H. 26 × L. 27 × l. 24 cm
COLLECTION DE L'ARTISTE

D'après Bruno Munari
Bull dog, 2021 (édition originale, 1934)
Terre cuite émaillée
H. 25 × L. 27 × l. 16 cm
GALERIE LOEVE&CO, PARIS, FRANCE

Cat. 83 Liz Craft
Stalactites left, 2018
Céramique, bois, aluminium
H. 76 × L. 81 × l. 10 cm
COURTESY DE L'ARTISTE ET GALERIE TRUTH AND CONSEQUENCES, GENÈVE, SUISSE

Anonyme (Jingdezhen, Chine)
Repose-pinceaux, dynastie Qing (1644-1911), XVIIIe siècle
Porcelaine, glaçure alcaline
H. 8,6 × L. 20 cm
MUSÉE CERNUSCHI – MUSÉE DES ARTS DE L'ASIE DE LA VILLE DE PARIS, FRANCE

Cat. 84 Anonyme (Girsu, Irak)
Tablette, dynastie Ur III (IIIe millénaire avant notre ère)
Argile modelée et imprimée
H. 9,3 × L. 5 × l. 2,8 cm
MUSÉE DU LOUVRE, PARIS, FRANCE
INV. AO 3450

Animation 3D du sceau cylindre d'Ibni-Sharrum
Anonyme (Sumer, Irak)
Sceau cylindre, empire d'Akkad (2217-2193 avant notre ère)
Diorite gravée
H. 3,9 × D. 2,6 cm
MUSÉE DU LOUVRE, PARIS, FRANCE
INV. AO 22303

Anonyme (France probablement)
Poignée en porcelaine blanche, sans date
Fer forgé, assemblage porcelaine, moulé, glaçuré et peint
H. 11,7 × D. 0,5 cm
MUSÉE DES CIVILISATIONS DE L'EUROPE ET DE LA MÉDITERRANÉE, MARSEILLE, FRANCE

Cat. 85 Entreprise I.Ceram (Limoges, France)
Prothèse de hanche, 2006
Inox, céramique
H. 24 × L. 7 cm
COURTESY I.CERAM, LIMOGES, FRANCE

Didier Faustino et Centre de recherche sur les arts du feu et de la terre (Limoges, France)
Naked lunch, 2010
Porcelaine émaillée
H. 30 × L. 16 × l. 19 cm
CENTRE DE RECHERCHE SUR LES ARTS DU FEU ET DE LA TERRE, EN DÉPÔT AU MUSÉE NATIONAL ADRIEN DUBOUCHÉ, LIMOGES, FRANCE

Production artisanale française
Prothèse dentaire, 2020
Porcelaine
L. 10 cm env.

Cat. 221 Stephen K. Robinson
Photographie de la ventrale du nez de la navette spatiale Discovery, 2005
Reproduction

Cat. 86 Elmar Trenkwalder
WVZ 90 B TRE 10 – Dessin cadre, 2010
Terre cuite émaillée, mine de plomb sur papier
H. 135 × L. 110 × l. 15 cm
COLLECTION SOPHIE LEFÈVRE, PARIS, FRANCE
COURTESY GALERIE BERNARD JORDAN, PARIS, FRANCE

Manufacture La Reine (Saint-Yrieix-la-Perche, France)
Lithophanie en forme de coloquinte, 1996
Porcelaine dure (édition en série)
H. 13 × D. 13,8 cm
MUSÉE NATIONAL ADRIEN DUBOUCHÉ, LIMOGES, FRANCE
DON MANUFACTURE LA REINE, 1998

Anonyme (Vallauris, France)
Lampe, années 1960
Faïence émaillée
H. 12 × L. 5 cm
COLLECTION A. D., PARIS, FRANCE

Cat. 87 Dorothy Iannone et We Do Not Work Alone (Paris, France)
Lampe Forever true, 2019
Céramique, émail cloisonné, laiton, émaux de Longwy
H. 40 × L. 32,5 × l. 11,5 cm
Courtesy We Do Not Work Alone, Paris, France

Gisèle Favre-Pinsard – Les 4 Potiers
Applique, milieu du XXe siècle
Faïence stannifère
H. 17,5 × L. 37 × l. 26,5 cm
SÈVRES – MANUFACTURE ET MUSÉE NATIONAUX, FRANCE
INV. MNC 21120

Georges Jouve
Lampe oiseau, 1956
Céramique émaillée noir lustré argent
H. 32,5 cm
GALERIE THOMAS FRITSCH ATRIUM, PARIS, FRANCE

Cat. 88 Andrée Hirlet et Michel Hirlet
Sculpture murale avec éclairage intégré, 1969
Grès chamotté émaillé
H. 225 × L. 80 cm
COLLECTION HIRLET, PARIS, FRANCE

Andrée Hirlet et Michel Hirlet
Table conteneur avec vase intégré, 1968
Grès chamotté émaillé
H. 93 × L. 50 cm
COLLECTION HIRLET, PARIS, FRANCE

Cat. 89 Nick Mauss
Untitled 1, 2017
Céramique émaillée
H. 60 × L. 30 cm ; H. 60 × L. 60 cm
COLLECTION PARTICULIÈRE
COURTESY CAMPOLI PRESTI, LONDRES, ROYAUME-UNI/PARIS, FRANCE

Anonyme (Calvados, France)
Épi de faîtage, XVIIe siècle
Terre cuite, argile, glaçure plombifère
H. 144 cm
PETIT PALAIS – MUSÉE DES BEAUX-ARTS DE LA VILLE DE PARIS, FRANCE

Cat. 90 Anonyme (Suse, Iran)
Éléments de la frise des Archers du palais de Darius Ier, époque achéménide (VIe-IVe siècle), règne de Darius Ier (vers 510 avant notre ère)
Briques siliceuses à glaçure
H. 18 × L. 68 × l. 17 cm
MUSÉE DU LOUVRE, PARIS, FRANCE
MISSION DIEULAFOY, TRANSPORT PAR JACQUES DE MORGAN
INV. SB21335-SB21881-SB21346

Cat. 91 William Frend de Morgan et William Morris
Panneau de revêtement mural, 1876-1877
Faïence émaillée, montage de 66 carreaux
H. 100 × L. 63,5 × l. 9,5 cm
MUSÉE D'ORSAY, PARIS, FRANCE
DON SOCIÉTÉ DES AMIS DU MUSÉE D'ORSAY, 1989

Cat. 92 Miquel Barceló
Paret seca, 2021
Briques, argile, torchis, bois, métal
Dimensions variables
COURTESY DE L'ARTISTE ET GALERIE ALMINE RECH, PARIS, FRANCE/BRUXELLES, BELGIQUE/LONDRES, ROYAUME-UNI/ NEW YORK, ÉTATS-UNIS/SHANGHAI, CHINE

Raymond Isidore
Maison Picassiette, 1935-1952 (construction)
Reproduction
MUSÉE DES BEAUX-ARTS DE CHARTRES, FRANCE

Harun Farocki
In comparison, 2009
61 min, couleur, son

Per Kirkeby
Sculpture, Middelheim, Anvers, 1993
Reproduction
KRÖLLER-MÜLLER MUSEUM, OTTERLO, PAYS-BAS

Fragment préhistorique de Jéricho, Palestine, 8300-7600 avant notre ère
Brique en terre crue
Reproduction
ASHMOLEAN MUSEUM – UNIVERSITY OF OXFORD, ROYAUME-UNI

Cat. 93 Jacques Kaufmann
Fac-similé de la plus vieille brique du monde, dite « au nombril, ayant été longuement caressée pour arriver jusqu'à nous » ; Anonyme ; Dans la danse ; Hommage à Lucio Fontana ; Enlacé·es, 2019
Terre cuite
Dimensions variables
COLLECTION DE L'ARTISTE, VANZY, FRANCE

Anonyme (Saint-Maurice-des-Lions, France)
Tuile, 1938
Terre cuite (avec les initiales de Georges Henri Rivière et Marc Leproux)
H. 19 × l. 37 cm
MUSÉE DES CIVILISATIONS DE L'EUROPE ET DE LA MÉDITERRANÉE, MARSEILLE, FRANCE

Cat. 94 Nathalie du Pasquier
Un giardino dove pensare, 1991
Terre cuite
H. 30 × L. 30 × l. 20 cm
COLLECTION DE L'ARTISTE, MILAN, ITALIE

Setsuko Nagasawa
Nomade, 2008
Terre cuite orange enfumée
H. 39 × L. 50 × l. 37 cm
COLLECTION DE L'ARTISTE, PARIS, FRANCE

Joyce Kozloff
Papier peint Tut, 1979
Sérigraphie sur soie, carreaux de céramique, joint sur contreplaqué
Reproduction
MUMOK – MUSEUM MODERNER KUNST STIFTUNG LUDWIG WIEN, VIENNE, AUTRICHE

Kate Newby
Wild was the night, 2019
Grès, cuisson au sel et bicarbonate, oxydes (45 éléments)
Dimensions variables
COURTESY DE L'ARTISTE ET THE SUNDAY PAINTER (LONDRES, ROYAUME-UNI), EN DÉPÔT CHEZ SOPHIE VON OLFERS (BEAULIEU, FRANCE)

II.1.C USÉ, RÉPARÉ

Cat. 95 Kader Attia
Separated together, 2019
Carreaux traditionnels en terre cuite, agrafes métalliques
H. 140 × L. 120 × l. 3,5 cm
COLLECTION PARTICULIÈRE, SUISSE,
COURTESY REGENT PROJECTS, LOS ANGELES, ÉTATS-UNIS

Yoko Ono
Mend piece, 1966
Reproduction
COURTESY DE L'ARTISTE
© 1966/2021 YOKO ONO

Cat. 96 Anonyme (Karatsu, Japon)
Bol à thé chawan, réparé à la technique kintsugi, période Edo (1603-1868)
Grès, laque d'or, agrafe
H. 7,5 × L. 11,5 × l. 10,5 cm
GALERIE MINGEI, PARIS, FRANCE

Cat. 97 Erik Dietman
Quelques mètres et centimètres d'Albuplast, 1963
Égouttoir et vaisselle recouverts d'Albuplast
H. 34 × L. 40 × l. 29 cm
MUSÉE DES BEAUX-ARTS, LYON, FRANCE
DON FAMILLE ROBELIN

Cat. 98 Trevor Yeung
Pre-broken vase (Tainan M), 2019
Terre cuite
H. 19,5 × L. 15,5 × l. 15 cm
COLLECTION CÉLINE ET OLIVIER DIAZ, PARIS, FRANCE

Cat. 99 Robert Filliou et éditions Vice-Versand (Remscheid, Allemagne)
Optimistic box no 4 and 5, 1981
Céramique peinte
H. 9,5 × L. 12,5 × l. 11 cm
CENTRE POMPIDOU – MUSÉE NATIONAL D'ART MODERNE – CENTRE DE CRÉATION INDUSTRIELLE, PARIS, FRANCE
ACQUISITION EN 2003

II.2.A APPARAT ET ARTIFICATION

Anonyme (Loir-et-Cher, France)
Bouillotte de lit, 1850-1900
Terre cuite émaillée et gravée
H. 11,4 × L. 14,4 × l. 28,1 cm
MUSÉE DES CIVILISATIONS DE L'EUROPE ET DE LA MÉDITERRANÉE, MARSEILLE, FRANCE

Cat. 100 Anonyme (Jingdezhen, Chine)
Bourdaloue à « décor Pompadour », 1750
Porcelaine à décor cinq couleurs
H. 10 × L. 25,5 × l. 11,5 cm
SÈVRES – MANUFACTURE ET MUSÉE NATIONAUX, FRANCE
DON COMTE DE PIMODAN, 1902
INV. MNC 11297

Cat. 101 Betony Vernon
Glam clam, 2021
Faïence (majolique) peinte au lustre de nacre, fixation troisième feu à 720 degrés
H. 80 × L. 50 × l. 60 cm (lavabo) ;
H. 70 × L. 65 cm (miroir)
COLLECTION DE L'ARTISTE, PARIS, FRANCE

Cat. 102 Marcel Duchamp et Ulf Linde
Fountain, 1963 (réplique de l'œuvre de 1917)
Porcelaine, briques
H. 31,5 × L. 51 × l. 62,5 cm
MODERNA MUSEET, STOCKHOLM, SUÈDE
DONATION AMIS DU MODERNA MUSEET, 1965

Cat. 103 Manufacture de Meissen (Allemagne)
L'arlequin indiscret, vers 1740-1750 (sur un modèle de Johann Joachim Kändler, 1706-1775)
Porcelaine dure, dorée et émaillée
H. 16 × L. 15,5 × l. 14 cm
PETIT PALAIS – MUSÉE DES BEAUX-ARTS DE LA VILLE DE PARIS, FRANCE
INV. OTUCK132

Manufacture de Vincennes (France)
Fleurs (provenant d'un bouquet et d'une jardinière), XVIIIe siècle
Porcelaine tendre polychrome
Dimensions variables
MUSÉE DES ARTS DÉCORATIFS, PARIS, FRANCE

Cat. 104 Taxile Doat
Coloquinte, 1903
Porcelaine dure
H. 33,6 cm
GALERIE OSCAR GRAF, PARIS, FRANCE

Cat. 105 Richard Slee
Boy and hut, 1997
Céramique émaillée, céramique trouvée
H. 47 × L. 27 × l. 27 cm
COLLECTION HELEN AZIZA, PARIS, FRANCE

Louise Lawler
Pollock and tureen, arranged by Mr. and Mrs. Burton Tremaine, Connecticut, 1984
Reproduction
THE METROPOLITAN MUSEUM OF ART, NEW YORK, ÉTATS-UNIS

Cat. 106 Magdalene Odundo
Untitled, 2013
Céramique montée au colombin et polie
H. 58 × L. 28 × l. 28 cm
COURTESY PIERRE MARIE GIRAUD, BRUXELLES, BELGIQUE

Cat. 107 Adrian Saxe et manufacture de Sèvres (France)
Théière 2 CV, 1984
Porcelaine tendre
H. 33 × L. 20,5 cm
SÈVRES – MANUFACTURE ET MUSÉE NATIONAUX, FRANCE

Cat. 108 Pablo Picasso
Fleurs dans un vase, 1948
Terre blanche (trois pièces tournées et assemblées dont l'une remodelée), décor aux engobes, émail blanc, incisions
H. 55 × L. 32,5 × l. 32 cm
MUSÉE NATIONAL PICASSO, PARIS, FRANCE
DATION PABLO PICASSO, 1979
INV. MP3756

Patrick Loughran
Tuna melt, 2013
Terre cuite émaillée
H. 44 × L. 52 × l. 36 cm
COLLECTION DE L'ARTISTE

Cat. 109 Séraphin Soudbinine
Vide-poche, vers 1930
Grès émaillé
H. 15,5 × L. 28 × l. 7,5 cm
MUSÉE D'ART MODERNE DE PARIS, FRANCE
INV. AMOA 196

Ursula Morley Price
Heart form, 2007
H. 20 × L. 29 × D. 32 cm
COLLECTION NATHALIE GUIOT, PARIS, FRANCE

Cat. 110 Maria Poveka Martinez
Bol au décor de plumes noires sur fond noir, 1943-1956
Faïence polie
H. 10,2 × L. 15,2 cm
ARIZONA STATE UNIVERSITY ART MUSEUM, TEMPE, ÉTATS-UNIS
DON M. ET MME JOHN H. EVERSOLE

Cat. 111 Gilbert Wah Peen Atencio
Maria et une touriste blonde observant des poteries, 1945
Gouache sur papier
Reproduction
MUSEUM OF INDIAN ARTS AND CULTURE, SANTA FE, ÉTATS-UNIS

II.2.B SCULPTURAL

Cat. 112 Viola Frey
Self-portrait, 1974
Faïence blanche émaillée
H. 153 × L. 63,5 × l. 53,3 cm
EN COURS DE DONATION PAR L'ARTISTS' LEGACY FOUNDATION, OAKLAND, ÉTATS-UNIS, AU MUSÉE D'ART MODERNE DE PARIS, FRANCE

Cat. 113 Ruby Neri
In the field, 2020
Faïence émaillée
H. 61 × L. 79 × l. 47 cm
GALERIE SALON 94, NEW YORK, ÉTATS-UNIS

Cat. 114 Arlène Shechet
Now playing, 2015
Céramique émaillée, bois peint, acier
H. 134,6 × L. 89 × l. 58,4 cm
CENTRE POMPIDOU – MUSÉE NATIONAL D'ART MODERNE – CENTRE DE CRÉATION INDUSTRIELLE, PARIS, FRANCE
DÉPÔT DES AMERICAN FRIENDS OF THE CENTRE POMPIDOU, 2020
INV. AM 2020-DEP 8

Cat. 115 José Vermeersch
Personnage assis et son chien, 1984
Terre cuite modelée à la plaque
H. 117 × L. 52 × l. 70 cm (homme) ;
H. 50 × L. 33 × l. 80 cm (chien)
COLLECTION FAMILLE JOSÉ VERMEERSCH

Cat. 116 Marisa Merz
Sans titre, sans date
Argile non cuite, pastel, peinture métallisée, peinture
H. 20 × L. 18 × l. 11 cm
COURTESY DE L'ARTISTE, GLADSTONE GALLERY (NEW YORK, ÉTATS-UNIS) ET THOMAS DANE GALLERY (LONDRES, ROYAUME-UNI)

Cat. 117 Roger Brown
Virtual still life #17– Cups with handles and desert landscape, 1995
Huile sur toile, technique mixte
H. 63,5 × L. 64,8 × l. 22,9 cm
THE SCHOOL OF THE ART INSTITUTE OF CHICAGO, ÉTATS-UNIS
COURTESY BROWN FAMILY ET KAVI GUPTA

Cat. 118 Lucile Littot
Les hasards heureux de l'escarpolette, 2017
Faïence, émail, lustre doré, peau d'agneau, chaînes, miroir, peinture
Dimensions variables
COURTESY DE L'ARTISTE ET NEW GALERIE, PARIS, FRANCE

Cat. 119 Margrit Linck
Femme bleue, 1951
Terre cuite, engobe
H. 20,8 × L. 18 × l. 16 cm
COURTESY DES AYANTS DROITS DE MARGRIT ET WALTER LINCK
INV. ML 022

Cat. 120 Kiki Kogelnik
Sleepy head, 1974
Faïence
H. 45 × L. 17 × l. 17 cm
KIKI KOGELNIK FOUNDATION, NEW YORK, ÉTATS-UNIS

Manufacture de Sèvres (France)
Flore accroupie, 1912 (d'après l'original de Jean-Baptiste Carpeaux, 1827-1895)
Biscuit de porcelaine
H. 45 × L. 26 × l. 19 cm
SÈVRES – MANUFACTURE ET MUSÉE NATIONAUX, FRANCE

Cat. 121 Vera Székely
Vivi, 1952
Terre chamottée émaillée
H. 62,5 cm
COLLECTION MARIA SZÉKELY CONCHARD ET MARTIN SZEKELY, PARIS, FRANCE

Cat. 122 Rosemarie Trockel
Opening, 2008
Céramique émaillée
H. 22 × L. 27 × l. 17 cm
GALERIE MAX HETZLER, PARIS, FRANCE

Cat. 123 Paul Gauguin
Vase à deux embouchures, 1887-1888
Grès peint et émaillé, décors d'engobes colorés, glaçures
H. 14 × 20 × l. 9,5 cm
PETIT PALAIS – MUSÉE DES BEAUX-ARTS DE LA VILLE DE PARIS, FRANCE
INV. PP 03439

Cat. 124 Fernand Léger
Visage à une main sur fond ocre, 1953
Céramique à décor polychrome émaillé (édition 3/250)
H. 44,5 × L. 31 × l. 5,8 cm
COLLECTION PARTICULIÈRE

Cat. 125 Polly Apfelbaum
My hands 11, 2017
Porcelaine colorée et émaillée
H. 21,5 × L. 23 × l. 1 cm
COURTESY DE L'ARTISTE ET FRITH STREET GALLERY, LONDRES, ROYAUME-UNI

Victor Anicet
Sculpture, vers 1998
Terre cuite, engobe
H. 42,5 × L. 46,3 cm
SÈVRES – MANUFACTURE ET MUSÉE NATIONAUX, FRANCE
INV. MNC 27716

Anonyme (Bida, Nigeria)
Pot anthropomorphe, avant 1996
Terre cuite, décor incisé
H. 57,5 × L. 30,5 × l. 30,5 cm
MUSÉE DU QUAI BRANLY – JACQUES CHIRAC, PARIS, FRANCE
ACQUISITION EN 1996 PAR LE MUSÉE NATIONAL DES ARTS D'AFRIQUE ET D'OCÉANIE, PARIS, FRANCE
INV. 73.1996.1.92

Cat. 126 Claire Debril
Vase torse ou anthropomorphe, 1997
Faïence montée en colombin
H. 37 × L. 48 × l. 19 cm
COLLECTION MARDOCHÉE FRANCO, PARIS, FRANCE (ANCIENNE COLLECTION PIERRE STAUDENMEYER)

Cat. 127 Liz Larner
vii (subduction), 2015
Céramique, résine époxy
H. 51 × 91,5 × 23,5 cm
GALERIE MAX HETZLER, PARIS, FRANCE
COURTESY REGEN PROJECTS, LOS ANGELES, ÉTATS-UNIS

Cat. 128 Lynda Benglis
Metal force, 1993
Grès émaillé
H. 61 × L. 55,2 × l. 45 cm
COURTESY DE L'ARTISTE, PACE GALLERY (LONDRES, ROYAUME-UNI), THOMAS DANE GALLERY (LONDRES, ROYAUME-UNI)

Cat. 129 Yagi Kazuo
Une chaise pour une dame, 1967
Céramique avec couverte noire, verre
H. 33,3 × L. 23 × l. 20,7 cm
SOKYO GALLERY ET CONTEMPORARY ART CULTURAL FOUNDATION, KYOTO, JAPON

Cat. 130 Beate Kuhn
Sculpture, 2008
Grès tourné, modelé, émaux polychromes, cuisson four électrique à 1 240 degrés
H. 21,4 × L. 40,4 × l. 38,8 cm
MUSÉE ARIANA, GENÈVE, SUISSE
INV. AR 2015-238

Cat. 131 Jesse Wine
Old Peter, 2014
Céramique
H. 50 × L. 30 × l. 44 cm
GALERIE HUSSENOT, PARIS, FRANCE

Cat. 132 Hervé Rousseau et atelier de Boisbelle (France)
Sans titre (Scribe), 2011
Grès, cuisson four à bois *anagama*
H. 40 × L. 30 cm
COLLECTION PARTICULIÈRE, PARIS, FRANCE

Cat. 133 Christian Holstad
Stag leap (Dancer), 2020
Faïence (majolique)
H. 56 × L. 72 × l. 20 cm
COURTESY DE L'ARTISTE ET MASSIMODECARLO, MILAN, ITALIE

Cat. 134 Betty Woodman
Alessandro's room, 2011
Faïence émaillée, résine époxy, laque, peinture acrylique, toile
H. 260 × L. 900 × l. 40 cm
COURTESY THE WOODMAN FAMILY FOUNDATION (NEW YORK, ÉTATS-UNIS), SALON 94 (NEW YORK, ÉTATS-UNIS) ET DAVID KORDANSKY GALLERY (LOS ANGELES, ÉTATS-UNIS)

Cat. 135 Johan Creten
Présentoir d'orange, 1988-2017
Grès émaillé rouge, orange
H. 65 × L. 19 × l. 14 cm
COURTESY DE L'ARTISTE ET GALERIE EMMANUEL PERROTIN, PARIS, FRANCE/BRUXELLES, BELGIQUE/LONDRES, ROYAUME-UNI/NEW YORK, ÉTATS-UNIS/SHANGHAI, CHINE

Daniel Dewar et Gregory Gicquel
Le menuet, 2012
Gif animé, boucle de 3 s, couleur, muet (édition 3/3)
COURTESY CLEARING (NEW YORK, ÉTATS-UNIS/BRUXELLES, BELGIQUE), JAN KAPS (COLOGNE, ALLEMAGNE) ET LOEVENBRUCK (PARIS, FRANCE)

II.3.A RITUELS LIÉS À LA RELIGION ET À LA MORT

Anonyme (Jingdezhen, Chine)
Paire de lions, dynastie Qing (1644-1911), XVIIIe siècle
Grès à glaçures aubergine et turquoise
H. 18,5 × L. 10 × l. 19 cm
MUSÉE CERNUSCHI – MUSÉE DES ARTS DE L'ASIE DE LA VILLE DE PARIS, FRANCE
LEGS HENRI CERNUSCHI, 1896

Cat. 136 Anonyme (plateau de Jos, Nigeria)
Tête anthropomorphe, 500-200 avant notre ère (fragment)
Terre cuite, quartz, mica
H. 10,5 × L. 9 × l. 5,5 cm
MUSÉE DU QUAI BRANLY – JACQUES CHIRAC, PARIS, FRANCE
ACQUISITION EN 1996 PAR LE MUSÉE NATIONAL DES ARTS D'AFRIQUE ET D'OCÉANIE, PARIS, FRANCE
INV. 73.1996.1.3

Laurence Crespin
Urne, 2012
Grès noir chamotté, travaillé à la plaque, émaillé, cuisson four électrique à 1 260 degrés
H. 27 × L. 28 × l. 12 cm
COLLECTION HELEN AZIZA, PARIS, FRANCE

Anonyme (Limousin, France)
Plaque funéraire, 1875
Faïence moulée et imprimée
H. 1,5 × D. 19,8 cm
MUSÉE DES CIVILISATIONS DE L'EUROPE ET DE LA MÉDITERRANÉE, MARSEILLE, FRANCE

Tiphaine Massari
Dessin (d'après une coupe en terre cuite peinte percée, Nouveau-Mexique, États-Unis, vers 1100-1400), 2021
MUSÉE DU QUAI BRANLY – JACQUES CHIRAC, PARIS, FRANCE
INV. 71.1952.41.3 D

Anonyme (Pérou, Amérique du Sud)
Vase à scène, deux personnages accouplés, période intermédiaire tardive (1000-1476)
Terre cuite noire
H. 19,6 × L. 7,4 × l. 15 cm
MUSÉE DU QUAI BRANLY – JACQUES CHIRAC, PARIS, FRANCE
ACQUISITION EN 1854 PAR LE MUSÉE DU LOUVRE, TRANSFÉRÉ AU MUSÉE DE L'HOMME, PARIS, FRANCE
INV. 71.1887.114.22

Anonyme (Japon)
Tête de femme haniwa, Kofu tardif (vers 350-550)
Reproduction
MUSÉE NATIONAL DES ARTS ASIATIQUES – GUIMET, PARIS, FRANCE
INV. MA1712

Cat. 137 Anonyme (Gongyi, Chine)
Statuettes funéraires mingqi, dynastie Tang (618-907), VIIe siècle
Terre cuite, peinture
H. 24,3 × L. 11,3 × l. 7,5 cm
MUSÉE NATIONAL DES ARTS ASIATIQUES – GUIMET, PARIS, FRANCE
LEGS DE RAYMOND KOECHLIN EN 1932 AU MUSÉE DU LOUVRE, ANCIENNE COLLECTION ROBERT ROUSSET, DON EN 1978

Michel Wohlfahrt
Volte-face, 2017
Terre cuite peinte, pigments minéraux, silicates
H. 180 × L. 28 × l. 20 cm
COLLECTION DE L'ARTISTE, SAINT-QUENTIN-LA-POTERIE, FRANCE

Anonyme (Iznik, Turquie)
Carreau portant une invocation à Allah, XVIIIe siècle
Céramique, décor peint sous glaçure
H. 25,2 × L. 25,2 cm
UNION CENTRALE DES ARTS DÉCORATIFS, EN DÉPÔT AU MUSÉE DU LOUVRE, PARIS, FRANCE
DON THOMAS BRYAN WHITNEY, 1931
INV. AD 27755

Anonyme (Japon)
Plateau représentant des tsukumogami (esprits-fantômes de 99 ans), ère Meiji (1868-1912), avant 1890
Grès à couverte céladon craquelée, décor émaillé
H. 3,1 × D. 17,4 cm
SÈVRES – MANUFACTURE ET MUSÉE NATIONAUX, EN DÉPÔT AU MUSÉE NATIONAL ADRIEN DUBOUCHÉ, LIMOGES, FRANCE
INV. MNC 8827.1

Atelier Della Robbia (Florence, Italie)
Bas-relief de la Vierge et l'Enfant, deux chérubins et colombe du Saint-Esprit, après 1502
Terre cuite, émail
H. 60 × L. 40 × l. 13,5 cm
PETIT PALAIS – MUSÉE DES BEAUX-ARTS DE LA VILLE DE PARIS, FRANCE
INV. SDUT1162

II.3.B RITUELS LIÉS À LA VIE

Ana Mendieta
Birth ("Gunpowder" works), 1981
2 min 59, Super 8 transféré en HD, noir et blanc, muet
ANA MENDIETA FILMWORKS N° 97
THE ESTATE OF ANA MENDIETA COLLECTION, LLC

Cat. 138 Anonyme (Tchéquie)
Vénus de Dolni Vestonice, paléolithique supérieur, gravettien (29000-25000 avant notre ère)
Terre cuite
H. 11,1 × L. 4,3 cm
Animation 3D
COURTESY MUSÉE DE MORAVIE, BRNO, TCHÉQUIE

Sébastien
La naissance de l'âme, vers 1950
Terre cuite
H. 26,7 × L. 17,5 × l. 4,5 cm
SÈVRES – MANUFACTURE ET MUSÉE NATIONAUX, FRANCE
INV. 2015.2.33

Anonyme (Italie pré-romaine)
Figurine utérus, période hellénistique (IVe-IIe siècle avant notre ère)
Argile
H. 6,3 × L. 13 × l. 7,5 cm
MUSÉE DU LOUVRE, PARIS, FRANCE
INV. ED 2098

Anonyme (vallée de l'Indus, Pakistan)
Déesse mère, statuette féminine liée au culte de la fécondité, 300 avant notre ère
Reproduction
MUSÉE NATIONAL DES ARTS ASIATIQUES – GUIMET, PARIS, FRANCE
INV. MG2 1024

Cat. 139 Anonyme (Ocumicho, Mexique)
Arbre de vie, 2004
Terre cuite sculptée, peinte et modelée
H. 101 × L. 74 × l. 15,8 cm
MUSÉE DES CIVILISATIONS DE L'EUROPE ET DE LA MÉDITERRANÉE, MARSEILLE, FRANCE

Cat. 140 Jacqueline Lerat
Femme à l'enfant, 1961
Grès chamotté, cuisson bois
H. 38 × L. 18 cm
COLLECTION LERAT

Cat. 141 Seyni Awa Camara
Sans titre, avant 1980
Terre cuite
H. 58 × L. 24 cm
COLLECTION PARTICULIÈRE

Anonyme (Provence, France)
Santon, figurine de crèche, âne, fin XIXe-début XXe siècle
Terre cuite
H. 5,3 × L. 7,9 cm
MUSÉE DES CIVILISATIONS DE L'EUROPE ET DE LA MÉDITERRANÉE, MARSEILLE, FRANCE

Anonyme (Choisy-le-Roi, France)
Pot de chambre, 1938
Pâte fine au tour, émaillée et glaçurée transparente, peinte (poinçonnée et estampillée)
H. 13,5 × L. 25,5 cm
MUSÉE DES CIVILISATIONS DE L'EUROPE ET DE LA MÉDITERRANÉE, MARSEILLE, FRANCE

Anonyme (France ?)
Fève, galette des rois, début du XXe siècle
Porcelaine peinte, moulée
H. 1,1 × L. 2,8 cm
MUSÉE DES CIVILISATIONS DE L'EUROPE ET DE LA MÉDITERRANÉE, MARSEILLE, FRANCE

Anonyme (Paris, France)
Porte-bonheur, vers 1900
Céramique
H. 2,5 × L. 4 × l. 5,5 cm
MUSÉE DES CIVILISATIONS DE L'EUROPE ET DE LA MÉDITERRANÉE, MARSEILLE, FRANCE
DON LIONEL BONNEMÈRE AU MUSÉE D'ETHNOGRAPHIE DU TROCADÉRO, 1901

Faïencerie de Creil-Montereau (Montereau, France)
Assiette du Seder, série « Tepper », 2e moitié du XIXe siècle
Faïence peinte
H. 13,5 × L. 27,7 cm
MUSÉE DES CIVILISATIONS DE L'EUROPE ET DE LA MÉDITERRANÉE, MARSEILLE, FRANCE

Cat. 142 Raku Kichizaemon XI
Bol chawan pour la cérémonie du thé, 1885
Céramique raku noir
H. 8 × D. 11 cm
COLLECTION BERNARD BACHELIER, PARIS, FRANCE

Anonyme (Japon)
Fouet, louche et ustensiles pour la cérémonie du thé, XXIe siècle
Bambou, bois, céramique
Dimensions variables
COLLECTION NATSUKO UCHINO, BELVÉZET, FRANCE

Anonyme (Athènes, Grèce)
Pélikè du peintre de Carlsruhe, vers 470-460 avant notre ère
Céramique à figures rouges
H. 22 × D. 16 cm
PETIT PALAIS – MUSÉE DES BEAUX-ARTS DE LA VILLE DE PARIS, FRANCE
INV. ADUT 1946

II.3.C NEW AGE

Florent Dubois
Chasse-spleen, 2021
5 min, vidéo HD, couleur, son
Courtesy de l'artiste

Cat. 143 Mimosa Echard et Cercco-Head (Genève, Suisse)
Mauve dose, 2018/2021 (échantillon de carreaux pour les murs de la maternité des HUG, Genève, Suisse)
Grès émaillé
H. 70 × L. 70 cm (chaque carreau)
Installation *in situ*
COURTESY DE L'ARTISTE

Cat. 144 Ettore Sottsass et Anthologie Quartett (Essen, Allemagne)
Théière Lapislazuli, 1987
Céramique modelée et émaillée en bleu
H. 20 × L. 20,1 × 18,5 cm
CENTRE NATIONAL DES ARTS PLASTIQUES, EN DÉPÔT AU MUSÉE NATIONAL ADRIEN DUBOUCHÉ, LIMOGES, FRANCE
INV. FNAC 991025

Cat. 145 Claudine Monchaussé
Totems, 2019
Grès, cuisson bois
Dimensions variables
COLLECTION R. R.

Cat. 146 Matthew Lutz-Kinoy
Dicembre, 2017
Céramique émaillée, cuisson en atmosphère réductrice
H. 40 × L. 29 × l. 15 cm
COLLECTION SUZANNE KOLLER

Cat. 147 Luigi Ontani
Bellimbusto Wewha, 1997
Faïence (majolique) polychrome, or pur
H. 184 × L. 48 × l. 37 cm
COURTESY DE L'ARTISTE ET MASSIMODECARLO, MILAN, ITALIE

Lou Masduraud
Plan d'évasion, 2021
Céramique émaillée, matériaux divers
Dimensions variables
COURTESY DE L'ARTISTE, GENÈVE, SUISSE

III. MESSAGES

Cat. 148 Anonyme (Chine)
Brûle-parfum, dynastie Qing (1644-1911), règne de Qianlong (1736-1795)
Porcelaine, couverte vert bronze avec taches bleues *kou long*
H. 34,5 × D. 24 cm
SÈVRES – MANUFACTURE ET MUSÉE NATIONAUX, FRANCE
DON, 1888
INV. MNC 8650

Cat. 149 Claire Fontaine
"Society of the Spectacle" Brickbat, 2006
Brique, fragments de brique, impression numérique sur papier Archival, colle
H. 21,6 × L. 13,5 × l. 6 cm
COURTESY CLAIRE FONTAINE ET AIR DE PARIS, ROMAINVILLE, FRANCE

Cat. 150 Takuro Kuwata
Bowl, 2014
Porcelaine, émail
H. 13 × L. 13,5 × l. 14,5 cm
COURTESY DE L'ARTISTE ET PIERRE MARIE GIRAUD, BRUXELLES, BELGIQUE

III.1.A APPROPRIATION ET TRANSFERTS CULTURELS

Cat. 151 Manufacture du prince de Condé (Chantilly, France)
Pot-pourri chinois et vase couvert d'inspiration kakiemon, vers 1745-1750
Porcelaine tendre, émail stannifère, couleurs de grand feu
H. 11,2 × L. 18,2 × l. 9 cm
SÈVRES – MANUFACTURE ET MUSÉE NATIONAUX, FRANCE
INV. MNC 27710

Anonyme (Jingdezhen, Chine)
Assiette représentant la résurrection du Christ, dynastie Qing (1644-1911), XVIIIe siècle
Porcelaine dure
H. 2,5 × D. 23,2 cm
MUSÉE NATIONAL ADRIEN DUBOUCHÉ, LIMOGES, FRANCE
DON ADRIEN DUBOUCHÉ, 1881

Anonyme (Jingdezhen, Chine)
Plat, dynastie Qing (1644-1911), règne de Kangxi (1661-1722)
Porcelaine peinte à l'oxyde de cobalt, couverte « bleu et blanc »
H. 6,2 × D. 39,1 cm
MUSÉE CERNUSCHI – MUSÉE DES ARTS DE L'ASIE DE LA VILLE DE PARIS, FRANCE
LEGS HENRI CERNUSCHI, 1896

Manufacture Louis Leroy (Alcora, Espagne)
Assiette, XVIIIe siècle
Faïence, décor peint en bleu de grand feu
H. 2,9 × D. 23,5 cm
MUSÉE ARIANA, GENÈVE, SUISSE
INV. 19005

Théodore Deck
Vase persan à trois anses (copie d'une lampe de mosquée), 1884
Faïence, décor à l'or
H. 40 × L. 24 cm
MUSÉE D'ORSAY, DÉPÔT DU MOBILIER NATIONAL, PARIS, FRANCE

Cat. 153 Anonyme (Iznik, Turquie)
Plat aux deux palmes, vers 1580
Faïence siliceuse tournée, céramique à pâte engobée blanche, décor de glaçure polychrome, couverte transparente
H. 6 × D. 33,1 cm
MUSÉE NATIONAL DE LA RENAISSANCE, ÉCOUEN, FRANCE
ANCIENNE COLLECTION AUGUSTE SALZMANN, ACQUISITION EN 1886

Cat. 154 *Vue du mur de la Qibla, salle de la mosquée, maison de Pierre Loti*
Cliché numérique, couleur, 2019
Reproduction
MUSÉES MUNICIPAUX, ROCHEFORT, FRANCE

Cat. 155 Matthew Lutz-Kinoy et Natsuko Uchino
Keramikos 3, petites et grandes assiettes, plat, 2019
Grès émaillé
D. 20 cm (petites assiettes) ; D. 28 cm (grandes assiettes) ; D. 40 cm (plat)
COLLECTION DES ARTISTES

Cat. 156 Theaster Gates
Opium den, 2016
Argile émaillée
H. 183 × L. 79 × l. 74 cm (avec socle)
MADAR FINE ART, PARIS, FRANCE

Cat. 157 Shōji Hamada
Vase, 1966
Grès
H. 25,4 cm
SÈVRES – MANUFACTURE ET MUSÉE NATIONAUX, FRANCE
INV. MNC 26330

Cat. 158 Bernard Leach
Vase à couvercle décoré d'un éléphant, 1950
Grès
H. 30 × D. 25 cm
SÈVRES – MANUFACTURE ET MUSÉE NATIONAUX, FRANCE
INV. MNC 27638

Pablo Picasso
Fragment de pignate décoré d'un visage, 1950
Terre rouge, décor au crayon
H. 16,5 × L. 21 × l. 6,5 cm
MUSÉE NATIONAL PICASSO, PARIS, FRANCE
DATION PABLO PICASSO, 1979
INV. MP3707

Cat. 159 Anonyme (Pérou, Amérique du Sud)
Récipient à double goulot et anses plates, 100 avant notre ère-700 après notre ère
Terre cuite polychrome
H. 7,3 × L. 7,6 × l. 7,6 cm
MUSÉE DU QUAI BRANLY – JACQUES CHIRAC, PARIS, FRANCE
INV. 71.1960.110.8

Keith Haring
Untitled, 1988
Encre sur terre cuite
Reproduction
COURTESY THE KEITH HARING FOUNDATION, NEW YORK, ÉTATS-UNIS

Cat. 160 Michael Rakowitz
Oil lamp et Pierced pendant, 2021
Papier mâché (journaux de langue arabe et emballages alimentaires)
D'après des objets originaux (argile et terre cuite), certains provenant de Dallaya (Irak), datant des périodes néo-babylonienne (625-539 avant notre ère) et paléo-babylonienne (début du IIe millénaire avant notre ère)
H. 8 × D. 4,5 cm (lampe) ; H. 2,5 × D. 15,2 cm (pendentif)
COURTESY DE L'ARTISTE ET GALERIE BARBARA WIEN, BERLIN, ALLEMAGNE

Jerry Brown
Face jug, 1994
Grès modelé
H. 23,5 × L. 21,6 × l. 20,5 cm
COLLECTION PARTICULIÈRE, PARIS

Richard Dewar
Saltglaze teapot, 1999
Pièce tournée, modifiée avec couvercle et bec tourné, poignée tirée et modelée, kaolin et engobe de feldspath, coloration aux oxydes de fer, cobalt et chrome, cuisson unique à 1 320 degrés en atmosphère de vapeur de sel
H. 17 × L. 21 × l. 14 cm
COLLECTION M. ET Mme SIMEON-DOBBINS

Alain Vernis
Bol « neige », 2017
Grès émaillé
H. 9,5 × D. 11 cm
COLLECTION BERNARD BACHELIER, PARIS, FRANCE

Cat. 161 Claude Champy
Théière, 2013
Grès émaillé
H.13 × L. 36 cm
MUSÉE DES BEAUX-ARTS, LYON, FRANCE
DON DENISE ET MICHEL MEYNET

III.1.B MATIÈRES SIMULÉES

Cat. 162 Jean Girel
Bol, 2018
Grès émaillé (*tenmoku*)
H. 6,7 × D. 12,5 cm
MUSÉE DES ARTS DÉCORATIFS, PARIS, FRANCE
DON T. K. NGIAM, 2019

Yannick Coutheron
Yohen, l'univers dans un bol, 2018 (extraits)
Vidéo HD, couleur, son
FOLLE ALLURE

Manufacture de Sèvres (France) et Gabrielle Binet
Assiette au motif emprunté aux soieries lyonnaises, 1790
Porcelaine tendre, décor sur émail
H. 4,2 × D. 21 cm
MUSÉE NATIONAL ADRIEN DUBOUCHÉ, LIMOGES, FRANCE
ACQUISITION EN 2010

Anonyme (provenance inconnue)
Panier, 1950-1960
Terre vernissée, alquifoux, oxyde de fer
H. 20 × D. 36 cm
COLLECTION MICHEL WOHLFAHRT, SAINT-QUENTIN-LA-POTERIE, FRANCE

Cat. 163 Marie-Victoire Jaquotot
Portrait d'Isabel de Cardona de Requesens, vice-reine de Naples, dite autrefois Jeanne d'Aragon, 1837 (d'après Raphaël, 1483-1520)
Peinture sur porcelaine dure
H. 53 × L. 46,5 cm (avec cadre) ; H. 36 × L. 28 cm (sans cadre)
SÈVRES – MANUFACTURE ET MUSÉE NATIONAUX, FRANCE
INV. MNC 7653

Henri Kilian et faïencerie de Niderviller (France)
Chocolatière, vers 1767
Faïence stannifère, décor de petit feu, faux bois, camaïeu pourpre
H. 25 × L. 21,7 × l. 13,5 cm
MUSÉE DE CLUNY – MUSÉE NATIONAL DU MOYEN ÂGE, PARIS, EN DÉPÔT À SÈVRES – MANUFACTURE ET MUSÉE NATIONAUX, FRANCE
INV. MNC 25962

Anonyme (Jingdezhen, Chine)
Vase bouteille, dynastie Qing (1644-1911), règne de Kangxi (1661-1722)
Porcelaine, céladon
H. 19 × D. 11,5 cm
MUSÉE NATIONAL DES ARTS ASIATIQUES – GUIMET, PARIS, FRANCE
ANCIENNE COLLECTION DU MUSÉE DU LOUVRE, DONATION GRANDIDIER

Cat. 164 Anonyme (Japon)
Jarre de conservation jōmon doki, période Jōmon moyen (2920-2160 avant notre ère)
Terre cuite
H. 61 × L. 36,5 × l. 36,5 cm
COLLECTION G. ET N. SCHMITT, PARIS, FRANCE
COURTESY GALERIE MINGEI, PARIS, FRANCE

Cat. 165 Kimiyo Mishima
Work 18-C3, 2018
Grès sérigraphié (canettes), acier (poubelle)
H. 80 × D. 56 cm
SOKYO GALLERY ET CONTEMPORARY ART CULTURAL FOUNDATION, KYOTO, JAPON

Cat. 166 Ernest Chaplet
Vase, 1882
Porcelaine dure, couverture flammée, émail sang de bœuf
H. 25,4 × D. 15 cm
SÈVRES – MANUFACTURE ET MUSÉE NATIONAUX, FRANCE
INV. MNC 10128

Cat. 167 Kristin McKirdy
Space Mountain, 2013
Faïence
D. 45 cm
MUSÉE NATIONAL ADRIEN DUBOUCHÉ, LIMOGES, FRANCE
DON ASSOCIATION ADRIEN DUBOUCHÉ (CLUB DES MÉCÈNES), 2018

Sandra Berrebi avec Louis-David Garnier pour la fragrance
Volcan – Fragrance « Fumerolles », 2021
Grès, cuisson bois, vapeur
H. 27,5 × D. 40 cm
COLLECTION DE L'ARTISTE

Cat. 168 Anonyme (Allemagne)
Vase Marel, décor Lava, modèle 4303, 1970
Céramique, émail volcanique
H. 31,5 × D. 14,5 cm
COLLECTION NICOLAS TREMBLEY, PARIS, FRANCE

Manufacture d'Alcora (Espagne), d'après François Haly
Maquette de four, 1756
Faïence stannifère
H. 20 × L. 15 × l. 17 cm
SÈVRES – MANUFACTURE ET MUSÉE NATIONAUX, FRANCE
INV. MNC 6536

Cat. 169 Manufacture Francastel (France)
Hure de sanglier, milieu du XIXe siècle
Faïence, décor de grand feu
H. 36 × L. 36,5 × l. 45,3 cm
MUSÉE NATIONAL ADRIEN DUBOUCHÉ, LIMOGES, FRANCE
DON ADRIEN DUBOUCHÉ, 1875

Pol Chambost
Service « Coquillages », vers 1955
Faïence émaillée
D. 30 cm (grande assiette) ; D. 20 cm (petites assiettes)
MUSÉE DES ARTS DÉCORATIFS, PARIS, FRANCE
DON PHILIPPE CHAMBOST, 2003

Cat. 170 Anonyme (Jian, Fujian, Chine)
Bol temmoku à couverte « fourrure de lièvre », dynastie Song du Sud (1127-1279), vers 1150-1250
Grès, couverte riche en fer
H. 5,5 × D. 12 cm
MUSÉE NATIONAL DES ARTS ASIATIQUES – GUIMET, PARIS, FRANCE
LEGS COLLECTION ATHERTON CURTIS, 1950

Cat. 171 Meret Oppenheim
Souvenir du « déjeuner en fourrure », 1972
Technique mixte (édition 1/120)
H. 20 × L. 17 × l. 5 cm
COLLECTION PARTICULIÈRE, SUISSE
COURTESY KARMA INTERNATIONAL, ZURICH, SUISSE/LOS ANGELES, ÉTATS-UNIS

Anonyme (Jingdezhen, Chine)
Vase à eau en forme de citrouille, dynastie Qing (1644-1911), règne de Qianlong (1736-1795)
Porcelaine et émaux sur couverte
H. 6,5 × D. 9,5 cm
MUSÉE NATIONAL DES ARTS ASIATIQUES – GUIMET, PARIS, FRANCE
ANCIENNE COLLECTION MUSÉE DU LOUVRE, DONATION GRANDIDIER

Cat. 172 Morgan Courtois
Pli III, 2019
Grès émaillé
H. 140 × L. 100 × l. 40 cm
COURTESY DE L'ARTISTE ET GALERIE BALICE HERTLING, PARIS, FRANCE

Manufacture Ampholia (Tornac, France)
Vase d'Anduze, 2017
Patine à l'ancienne, blanc cendré, gris lichen, gris taupe, jaspé, blanc rouillé, terracotta
H. 50 × D. 40 cm
COURTESY MANUFACTURE AMPHOLIA

III.2.A ACCIDENT

Cat. 173 Torbjørn Kvasbø
Stack, tube forms, 2018
Grès riche en fer, cuisson en réduction au four *anagama*, éléments extrudés de forme tubulaire, sablage
H. 80 × D. 70 cm
COLLECTION DE L'ARTISTE

Anne Barrès
Support-surface, vers 1984
Porcelaine, fer à béton
H. 120 × L. 120 cm
COLLECTION DE L'ARTISTE, AVRAINVILLE, FRANCE

Cat. 174 Anne Verdier
Affleurant, 2017
Porcelaine modelée sur un rocher par temps de neige, transportée dans le four une fois gelée
H. 25,5 × L. 58 × l. 35 cm
MUSÉE DES BEAUX-ARTS, LYON, FRANCE
DON DENISE ET MICHEL MEYNET

Cat. 175 Anonyme (Japon)
Vase au décor de rakan, période Edo (1603-1868)
Grès
H. 27,2 cm
MUSÉE NATIONAL DES ARTS ASIATIQUES – GUIMET, PARIS, FRANCE
ACQUISITION ÉMILE GUIMET

Cat. 176 Josep Llorens Artigas et Joan Miró
Personnage, 1956
Grès chamotté
H. 32,5 × L. 19 × l. 12 cm
COLLECTION LAROCK-GRANOFF, PARIS, FRANCE

Cat. 177 George E. Ohr
Untitled, 1900
Grès, cuisson bois
H. 8,9 × L. 12,1 × D. 12,1 cm
THE MUSEUM OF EVERYTHING, LONDRES, ROYAUME-UNI

Portrait photographique de George E. Ohr, dit « le potier fou »
Reproduction
COURTESY OHR-O'KEEFE MUSEUM OF ART, BILOXI, ÉTATS-UNIS

Cat. 178 *Accident de cuisson en céramique*
Reproduction

Cat. 179 Pierre Adrien Dalpayrat et Adèle Lesbros
Pichet, 1894
Grès émaillé
H. 23,7 × L. 19 cm
MUSÉE D'ORSAY, PARIS, FRANCE
ACQUISITION EN 1986

III.2.B « SLOPPY »

Cat. 180 Georges Hoentschel
Vase algue, 1900
Grès émaillé, cuisson bois
H. 115, 9 × 57,2 × 61,3 cm
COLLECTION RICK OWENS ET MICHÈLE LAMY, PARIS, FRANCE

Cat. 181 Tony Marsh
Cauldron #3, 2018
Faïence émaillée
H. 35,6 × D. 20,4 cm
SOKYO GALLERY ET CONTEMPORARY ART CULTURAL FOUNDATION, KYOTO, JAPON

Cat. 182 Sharif Farrag
Garden jar (winkydoodle), 2018-2019
Grès émaillé
H. 25,4 × D. 15,2 cm
GALERIE LEFEBVRE ET FILS, PARIS, FRANCE

Cat. 183 Lamarche-Ovize
Vase (Banane), 2014
Faïence émaillée, fleur en tissu
H. 17 × L. 20 × l. 40 cm
COLLECTION LE CHAMP DES POSSIBLES, PARIS, FRANCE

Martha Nieuwenhuys ou Olga Nieuwenhuys
Sans titre, vers 1957-1958
Peinture sur une assiette en porcelaine de la manufacture FAC à Albisola Superiore, Italie
D. 23,5 cm
MUDA – CASA MUSEO ASGER JORN, ALBISSOLA MARINA, ITALIE

Asger Jorn et Ceramiche San Giorgio (Albissola Marina, Italie)
Sans titre, 1966
Faïence émaillée
H. 44 × L. 27 × l. 20 cm
MUDA – CASA MUSEO ASGER JORN, ALBISSOLA MARINA, ITALIE

Cat. 184 Tito Topasio
Vue de la Casa Museo Asger Jorn, à Albissola Marina
Pour l'ouvrage *Le Jardin d'Albisola* publié en 1974
Reproduction
COURTESY MUDA – CASA MUSEO ASGER JORN, ALBISSOLA MARINA, ITALIE

Cat. 185 Nick Weddell
Wednesday, 2019
Grès émaillé
H. 151 × L. 95 × l. 103 cm
GALERIE LEFEBVRE ET FILS, PARIS, FRANCE

Cat. 186 Sterling Ruby
Basin theology, red paw, 2013
Céramique
H. 27,3 × L. 66,7 × l. 70,5 cm
MUSÉE D'ART MODERNE DE PARIS, FRANCE
DON AMA, 2015
AMVP-2015-139

III.2.C JOUISSIF ET ABJECT

Cat. 187 Cameron Jamie
Ma tramp, 2018
Céramique, email
H. 81 × L. 24 × l. 28 cm
GALERIE KAMEL MENNOUR, PARIS, FRANCE

Cat. 188 Marc Alberghina
Canis lingua, 2020
Grès émaillé
H. 25 × L. 35 × l. 44 cm
COLLECTION DE L'ARTISTE

Jean Carriès
Masque grotesque au serpent, entre 1891 et 1894 (fragment du revers de la « Porte monumentale »)
Grès émaillé, moulage d'après modelage, cuisson bois
H. 36 × L. 31 × l. 18 cm
PETIT PALAIS – MUSÉE DES BEAUX-ARTS DE LA VILLE DE PARIS, FRANCE
INV. PPS 440

Cat. 189 Caroline Achaintre
Supino, 2020
Porcelaine émaillée
H. 74 × L. 33 × l. 10 cm
COLLECTION NATHALIE GUIOT, PARIS, FRANCE

Jerry Zucker
Ghost, 1990 (extrait)
Couleur, son
PARAMOUNT PICTURES

Cat. 190 Auguste Rodin
Torse d'Adèle, avant 1884
Terre cuite estampée, bois
H. 11 × L. 37,5 × l. 16,4 cm
MUSÉE RODIN, PARIS, FRANCE
DONATION RODIN, 1916
INV. S.01177

Per B. Sundberg
Flöjtar, 2016
Grès
H. 18 × L. 5,5 cm
GALERIE ANDRÉHN-SCHIPTJENKO, STOCKHOLM, SUÈDE/PARIS, FRANCE

Cat. 191 Roger Herman
Untitled, 2017
Grès émaillé
H. 70 × D. 31 cm
GALERIE LEFEBVRE ET FILS, PARIS, FRANCE

Cat. 192 Robert Arneson
Porcelain bust, 1981
Porcelaine
H. 19 × L. 10,2 × l. 7,6 cm
ARIZONA STATE UNIVERSITY ART MUSEUM, TEMPE, ÉTATS-UNIS
DON STÉPHANE JANSSEN

Cat. 193 Elsa Sahal
Arlequin III, 2009
Céramique émaillée et dorée
H. 102 × L. 44 × l. 32 cm
COLLECTION MARDOCHÉE FRANCO, PARIS, FRANCE

Cat. 194 Carolein Smit
Leda et le cygne, 2016
Faïence émaillée
H. 62 × L. 96 × l. 58 cm
GALERIE MICHÈLE HAYEM, PARIS, FRANCE

Cat. 195 Frédéric Bauchet
Amoureuse, amoureuse, 2015
Vase Bolvry et vase Clermont n° 2, fond putoisé, transfert offset postillonné
H. 32 × D. 14 cm ; H. 31 × D. 11 cm
COLLECTION DE L'ARTISTE, NICE, FRANCE

Cat. 196 José Sierra
Untitled (JS#25), 2019
Grès, céramique
H. 63 × L. 45 cm
GALERIE LEFEBVRE ET FILS, PARIS, FRANCE

Cat. 197 Wayne Fischer
Metamorphosis, 2006
Porcelaine émaillée et sablée, forme construite en double paroi
H. 32 × L. 32 × l. 35 cm
SÈVRES – MANUFACTURE ET MUSÉE NATIONAUX, FRANCE
INV. 2013.14.1

Cat. 198 Ken Price
Oki, 2007
Argile cuite et peinte
H. 37 × L. 61 × l. 56 cm
COLLECTION XAVIER HUFKENS, BRUXELLES, BELGIQUE

Cat. 199 Jean-Jacques Lagrenée le Jeune, Louis Simon Boizot et manufacture de Sèvres pour la laiterie de Rambouillet (France)
Jatte téton dite « bol sein » et son trépied, 1787-1788
Porcelaine tendre (bol), dure (trépied)
H. 16 × L. 13,4 × l. 12,2 cm
SÈVRES – MANUFACTURE ET MUSÉE NATIONAUX, FRANCE
INV. MNC 23399

Cat. 200 Cécile Noguès
Wrapped – Naked, 2019
Grès émaillé, chaînes
H. 25 × L. 23 × l. 16 cm (*Wrapped*) ; H. 36 × L. 22 × l. 12 cm (*Naked*)
COLLECTION DE L'ARTISTE, PARIS

III.3.A RETOUR À LA TERRE

Paul Beyer
Coq, vers 1936
Grès tourné, vernis au sel
H. 25 × L. 22 × l. 12 cm
MUSÉE D'ART MODERNE DE PARIS, FRANCE
ACQUISITION EN 1936
INV. AMOA 79

Émile Lenoble
Vase à col long, avant 1937
H. 35 cm
MUSÉE D'ART MODERNE DE PARIS, FRANCE
INV. AMOA 139

Cat. 201 Hélène Garache
Massif du Mont-Blanc vu du Brévent – Aiguille du Midi, Mont-Blanc du Tacul, Mont-Maudit, Mont-Blanc, dôme du Goûter, aiguille du Goûter et glaciers des Bossons et du Taconnaz, 2001
Terre cuite, couleurs noire et blanche, émail transparent, cuisson à 950 degrés, re-cuisson à température inférieure (émail)
H. 19,5 × L. 39 × l. 20,5 cm
ATELIER DE L'ARTISTE, PARIS, FRANCE

Bouture de céramique sur du corail
Technologie développée par I.Ceram, Limoges, France
Reproduction
COURTESY I.CERAM, LIMOGES, FRANCE

Anonyme (Nghi-Vê, Viêtnam)
Pavillon de ferme isolé, époque de Giao Chi (Ier-IIIe siècle)
Terre cuite
H. 10 × L. 15,5 × l. 12 cm ; H. 16 × L. 13 × l. 4 cm (toit)
MUSÉE CERNUSCHI – MUSÉE DES ARTS DE L'ASIE DE LA VILLE DE PARIS, FRANCE
PROVENANCE MISSION JANSE (1934-1935), TOMBEAU N° 2 DE NGHI-VÊ

Cat. 202 Norbert Bézard
Assiette, 1953
Faïence émaillée polychrome
H. 4 × D. 23,5 cm
CENTRE NATIONAL DES ARTS PLASTIQUES, LA DÉFENSE, FRANCE
DON LE CORBUSIER, 1964
INV. FNAC 2014-0204

Cat. 203 Tyra Carolina Lundgren
Lotte, années 1940
Grès
H. 16 × L. 60 × l. 12 cm
MUSÉE D'ART MODERNE DE PARIS, FRANCE
INV. AMOA 190

Anonyme (France)
Fac-similé assiette Extinction/Rébellion, 2021
Grès émaillé
D. 20 cm environ

Cat. 204 Camille Virot
Bol genèse n° 45, 2008
Raku noir, béton réfractaire
H. 25 × D. 23 cm
MUSÉE DES BEAUX-ARTS, LYON, FRANCE
DON DENISE ET MICHEL MEYNET

Rirkrit Tiravanija
Série « Dirty dishes », 2019-2020
Céramique
H. 17 × D. 20 cm
COLLECTION A. D., PARIS, FRANCE

Cat. 205 Manufacture de Sèvres (France)
Service dit « de chasse » en porcelaine dure commandé par Hermann Goering, 1943-1944
Reproduction
SÈVRES – MANUFACTURE ET MUSÉE NATIONAUX, FRANCE

Brigitte Pénicaud et Natsuko Uchino
Sans titre, 2021
Séquoia, céramiques
H. 33 × L. 180 × l. 38 cm
COURTESY DES ARTISTES ET GALERIE ALLEN, PARIS, FRANCE

III.3.B MESSAGES POLITIQUES

Cat. 206 Richard Notkin
Cube skull teapot, 1992
Grès
H. 21,6 × L. 17,1 cm
ARIZONA STATE UNIVERSITY ART MUSEUM, TEMPE, ÉTATS-UNIS
DON STÉPHANE JANSSEN

Cat. 207 Louis Marcel Botinelly et manufacture Camille Tharaud (Limoges, France)
Médaillon portrait de Pétain, 1940
Biscuit de porcelaine dure
H. 1,4 × D. 17,4 cm
MUSÉE NATIONAL ADRIEN DUBOUCHÉ, LIMOGES, FRANCE
DON ANONYME, 2001

Manufacture Alluaud (Limoges, France)
Assiette « sauvagesse iroquoise » représentant un guerrier iroquois, début du XIXe siècle (d'après l'*Encyclopédie des voyages* de J. Grasset Saint-Sauveur, 1796)
Porcelaine dure
H. 3,1 × D. 23,6 cm
MUSÉE NATIONAL ADRIEN DUBOUCHÉ, LIMOGES, FRANCE
ACQUISITION EN 1990

Cat. 208 Manufacture de Sèvres (France)
Médaillon « Ne suis-je pas un homme, un frère ? », 1789
Porcelaine tendre
H. 0,6 × D. 8,5 cm
MUSÉE NATIONAL ADRIEN DUBOUCHÉ, LIMOGES, FRANCE
DON ADRIEN DUBOUCHÉ, 1881

Mikhail M. Adamovich
Lenin Portreli, 1921
Reproduction
THE WOLFSONIAN – FLORIDA INTERNATIONAL UNIVERSITY, MIAMI BEACH, ÉTATS-UNIS
THE MITCHELL WOLFSON, JR. COLLECTION, XX1990.1337

Lettre du 17 mai 1864 de la gendarmerie impériale à la préfecture de la Haute-Vienne mentionnant la « grève de la fente »
Reproduction
ARCHIVES DÉPARTEMENTALES DE LA HAUTE-VIENNE, FRANCE
10 M 132 (12)

Lettre du 25 janvier 1944 de la Feldkommandantur de Saint-Cloud à la manufacture nationale de Sèvres à propos de la surveillance de son personnel
Série S5, liasse 1, dossier 1
Reproduction
SÈVRES, MANUFACTURE ET MUSÉE NATIONAUX, SERVICE DES COLLECTIONS DOCUMENTAIRES, ARCHIVES DE LA MANUFACTURE DE SÈVRES, FRANCE

Cat. 209 David Drake, dit Dave the Potter
Grès signé *« May 3rd 1862 »*, 1862
Reproduction
SMITHSONIAN NATIONAL MUSEUM OF NATURAL HISTORY, WASHINGTON, ÉTATS-UNIS

Cat. 210 General Idea
Test pattern TV, dinner plate, 1988
Porcelaine, boîte carton avec sticker (présentation)
H. 22,5 × L. 30 × l. 1,5 cm (plat) ; H. 24,5 × L. 31 × l. 28 cm (boîte)
FRAC-ARTOTHÈQUE NOUVELLE-AQUITAINE, LIMOGES, FRANCE

Yasuo Hayashi
Prélude, 1994
Grès, décor d'engobes colorés superposés, appliqués à la spatule
H. 38 × L. 34 × l. 32 cm
SÈVRES – MANUFACTURE ET MUSÉE NATIONAUX, FRANCE
INV. MNC 27273

Cat. 211 Ehren Tool
Mug, avant 2016
Grès
H. 11 × D. 9 cm
COLLECTION BENJAMIN LIGNEL, MONTREUIL, FRANCE

Anonyme (Chine)
Boîte réalisée à partir d'un fragment de vase, dynastie Tang (vers 618-907) pour le fragment, révolution culturelle (1966-1976) pour la boîte
Porcelaine et argent
H. 4,7 × L. 6,8 × l. 3,2 cm
COLLECTION CHRISTODOULOS PANAYIOTOU, LIMASSOL, CHYPRE

Wilhelm Kåge
Assiette du service « Pour les travailleurs », après 1917
Porcelaine siliceuse, décor peint
D. 20 cm env.
COLLECTION A. D., PARIS, FRANCE

Françoise Quardon et manufacture de Sèvres (France)
Assiette à dessert « Les douceurs », service « Les délices des harpies », 2008 (choisi par l'Élysée en 2009) Porcelaine dure
H. 2,7 × D. 23,5 cm
SÈVRES – MANUFACTURE ET MUSÉE NATIONAUX, FRANCE
INV. 2009.4.2

Manufacture Wedgwood (Burslem, Royaume-Uni)
Assiette « Peter Rabbit », XXe siècle (d'après Beatrix Potter, 1866-1943)
Porcelaine peinte
H. 3 × D. 16,5 cm
COLLECTION A. D., PARIS, FRANCE

Cat. 212 Anonyme (Nevers, France)
Saladier « J'aime la liberté », 1791-1793
Faïence polychrome
D. 32 cm
MUSÉE CARNAVALET – HISTOIRE DE PARIS, FRANCE
INV. C 456

Anonyme (Picardie, France)
Pichet (Contre-révolutionnaire), 1848-1852
Faïence
H. 22 × L. 15 × l. 21 cm
MUSÉE DES CIVILISATIONS DE L'EUROPE ET DE LA MÉDITERRANÉE, MARSEILLE, FRANCE

Anonyme (Cafaggiolo, Italie)
Assiette à aile large aux armoiries des Médicis et des Girolami del Vescovo, vers 1510-1520
Faïence stannifère, décor de grand feu
H. 4 × D. 25 cm
SÈVRES – MANUFACTURE ET MUSÉE NATIONAUX, FRANCE
INV. MNC 4652

André Metthey et Georges Rouault
Plaise à la cour, 1911
Faïence tournée et peinte
D. 31,5 cm
MUSÉE D'ART MODERNE DE PARIS, FRANCE
DON AMBROISE VOLLARD, 1937
INV. AMOA 240

Cat. 213 Magdalena Suarez Frimkess
Condorito teapot, sans date
Grès émaillé
H. 20 × L. 16 × l. 12 cm
COLLECTION SYLVIE AUVRAY, PARIS, FRANCE
COURTESY SOUTH WILLARD GALLERY, LOS ANGELES, ÉTATS-UNIS

Cat. 214 David Gilhooly
Dagwood, 1987
Faïence blanche émaillée
H. 33 × L. 12,7 × l. 12,7 cm
ARIZONA STATE UNIVERSITY ART MUSEUM, TEMPE, ÉTATS-UNIS
DON STÉPHANE JANSSEN

Cat. 215 Honoré Daumier
Portrait-charge du baron Benjamin Delessert (1773-1848), industriel et député, 1927 (édition originale, 1833)
Terre cuite, polychromie
H. 18 × L. 14,5 × l. 10 cm
MUSÉE CARNAVALET – HISTOIRE DE PARIS, FRANCE
INV. S 3422

Honoré Daumier
Portrait-charge de Jean-Auguste Chevandier de Valdrome (1781-1878), député et pair de France, 1927 (édition originale, 1833)
Terre cuite, polychromie, estampage
H. 18 × L. 14,5 × l. 12 cm
MUSÉE CARNAVALET – HISTOIRE DE PARIS, FRANCE
INV. S 3434

Cat. 216 Fabrique Bordallo Pinheiro (Caldas da Rainha, Portugal)
Crachoir « L'usurier », 2020 (d'après Raphael Bordallo Pinheiro, 1846-1905)
Argile rouge émaillée
H. 12,5 × L. 22 × l. 34,1 cm
FABRIQUE BORDALLO PINHEIRO, LISBONNE, PORTUGAL

III.3.C TRANSFÉMINISME, CAMP ET QUEER

Cat. 217 Marie Talbot
Fontaine de propreté, vers 1840
Pâte grésée, tournée et modelée, visage estampé matricé, émail à la cendre
H. 66,4 × L. 21,5 × l. 26 cm
MUSÉE DES CIVILISATIONS DE L'EUROPE ET DE LA MÉDITERRANÉE, MARSEILLE, FRANCE

Cat. 218 Judy Chicago
Hrotsvitha test plates #1, 2 and 3, 1975-1978
Trois assiettes craquelées, biscuit, émail, peinture sur porcelaine
H. 3,2 × D. 35,6 cm
COURTESY DE L'ARTISTE ET SALON 94, NEW YORK, ÉTATS-UNIS

Judy Chicago
Vue de l'installation de la seconde aile de « The Dinner Party », 1979
Reproduction
BROOKLYN MUSEUM, NEW YORK, ÉTATS-UNIS
DON FONDATION SACKLER

Cat. 219 Vanessa Bell et Duncan Grant
« Reine de Saba, Virginia Woolf, George Sand, Greta Garbo, Vanessa Bell » plates – « The famous women dinner service », 1932-1934
Céramique (manufacture Wedgwood) peinte à la main
D. 25,5 cm ; D. 23,5 cm (*Greta Garbo*)
THE CHARLESTON TRUST, FIRLE, ROYAUME-UNI

Cat. 220 Cindy Sherman
Madame de Pompadour née Poisson (1721-1764), 1990
Porcelaine sérigraphiée, décorée à la platine
H. 37 × L. 56 × l. 30 cm
COURTESY DE L'ARTISTE ET GALERIE ALMINE RECH, PARIS, BRUXELLES/ LONDRES, ROYAUME-UNI/ NEW YORK ÉTATS-UNIS/SHANGHAI, CHINE

Susan Peterson
Wheels, kilns and clay, 1967-1968 (extrait de l'émission diffusée sur la chaîne CBS-KNXT)
Couleur, son
COURTESY DES AYANTS DROIT DE L'ARTISTE ET CBS

Cat. 222 JJ Lerat
Vue de la façade du lycée Marguerite de Navarre à Bourges, France Six médaillons-portraits en grès (parmi 41) de femmes célèbres par JJ Lerat : Jeanne d'Arc, Flora Tristan, Rosa Bonheur, Maryse Bastié, Marie Curie, Simone Weil, 1951
Reproduction
INVENTAIRE DU PATRIMOINE CULTUREL, RÉGION CENTRE-VAL DE LOIRE

Cat. 223 Sylvie Auvray
Sans titre, 2020
Céramique émaillée, plastique, corde, paille, ficelle
Dimensions variables
EN COURS D'ACQUISITION PAR LE FONDS D'ART CONTEMPORAIN – PARIS COLLECTIONS, FRANCE, COURTESY LAURENT GODIN, PARIS

Cat. 224 Richard Milette
Andreas, Ioudas, 1986
Faïence blanche, glaçure noire, lustre métallique blanc
H. 12,3 × L. 13,1 × l. 14 cm (*Andreas*) ;
H. 12,7 × L. 12,8 × l. 13,7 cm (*Ioudas*)
COLLECTION DE L'ARTISTE, MONTRÉAL, CANADA

Cat. 225 Jean-Luc Verna
Vase misère #2, 2014
Grès, émail, bronze
H. 48 × L. 29 × l. 44 cm
COURTESY DE L'ARTISTE ET AIR DE PARIS, ROMAINVILLE, FRANCE

Cat. 226 Daniel Kruger
Assiette, 1997
Transfert, peinture sur porcelaine
D. 34 cm
COURTESY DE L'ARTISTE ET GALLERIA ANTONELLA VILLANOVA, FLORENCE, ITALIE

Cat. 227 Grayson Perry
Transvestite looking in mirror, 2009
Faïence émaillée
H. 83 × L. 55,5 × l. 8 cm
COLLECTION PARTICULIÈRE, GENÈVE, SUISSE
COURTESY VICTORIA MIRO, LONDRES, ROYAUME-UNI

Cat. 228 Mai-Thu Perret
Nine sculptures of pure self-expression (the male principle), 2003
Faïence émaillée, table en bois
H. 60 × L. 120 × l. 120 cm
COLLECTION FABRICE STROUN, GENÈVE, SUISSE

Cat. 229 Nicki Green
Swaddle 4, 2017
Briques provenant du four de Peter Voulkos à Berkeley, feutre et sangle sur tabouret
Dimensions variables
COURTESY DE L'ARTISTE

Tom Neff
Beatrice Wood Mama of Dada, 1993 (extraits)
9 min 5, couleur, son

Cat. 230 Beatrice Wood
To be digested, 1987
Faïence émaillée
H. 33 × L. 43,2 × l. 14 cm
ARIZONA STATE UNIVERSITY ART MUSEUM, TEMPE, ÉTATS-UNIS
DON STÉPHANE JANSSEN

Jeanne Mammen
Sirène (créature fabuleuse), sans date
Argile non cuite peinte, décorée au transfert avec des coquillages
H. 39 × L. 15 × l. 24,5 cm
REPRODUCTION (CATALOGUE RAISONNÉ P5)
COLLECTION PARTICULIÈRE

Attribué à Richard William Binns, James Hadley et Worcester Royal Porcelain (Stoke-on-Trent, Royaume-Uni)
Teapot, vers 1882
Porcelaine à pâte molle, à base de stéatite
Reproduction
COURTESY BROOKLYN MUSEUM, NEW YORK, ÉTATS-UNIS, BEQUEST OF LAURA L. BARNES AND GIFT OF JOHN D. ROCKEFELLER III, BY EXCHANGE, 2009.69A-B

Cat. 231 Simone Leigh
"Village" series, 2020
Grès émaillé
H. 63 × D. 35,6 cm
COLLECTION DE IORIO, TRENTE, ITALIECOURTESY HAUSER & WIRTH, ZURICH, GSTAAD, SUISSE/LONDRES, ROYAUME-UNI/HONG KONG, CHINE/NEW YORK, LOS ANGELES, ÉTATS-UNIS

Cat. 232 Vally Wieselthier et manufacture de la Wiener Werkstätte (Vienne, Autriche)
Tête de femme aux yeux cernés de bleu, 1928
Céramique rouge, émaux polychromes
H. 28,5 × L. 13,5 × l. 14,5 cm
GALERIE BEI DER ALBERTINA, VIENNE, AUTRICHE

Anonyme (Basse-Égypte)
Baubo, époque romaine (Ier siècle avant notre ère-Ier siècle après notre ère)
Terre cuite (figurine), onyx (socle)
H. 6,6 × L. 3,5 × l. 3 cm
MUSÉE RODIN, PARIS, FRANCE
DONATION RODIN, 1916
INV. CO. 02714

Cat. 233 Skythès (?), classe d'Épilycos (Athènes, Grèce)
Aryballe « janiforme », vers 520-510 avant notre ère
Argile moulée et peinte, figures rouges
H. 11,3 × L. 9,5 cm
MUSÉE DU LOUVRE, PARIS, FRANCE
INV. CA 987

Cat. 234 Marie Vassilieff et atelier Lafourcade
Statuette androgyne, 1948
Faïence
H. 27,2 × L. 9 × l. 6,2 cm
COLLECTION CLAUDE BERNÈS, PARIS, FRANCE

Cat. 235 Anton Prinner
Assiette « Le bateleur », 1952
Terre cuite teinte
D. 23 cm
COLLECTION LAROCK-GRANOFF, PARIS, FRANCE

Cat. 236 Carissa Rodriguez
La collectionneuse, 2015
Porcelaine émaillée, lames de rasoir en chrome platine
H. 16,5 × D. 12 cm
COURTESY KARMA INTERNATIONAL, ZURICH, SUISSE/LOS ANGELES, ÉTATS-UNIS

Cat. 237 Jeanne Malivel et faïencerie Henriot (Quimper, France)
Assiette hexagonale à décor géométrique, 1925
Faïence
D. 23,8 cm
COLLECTION ANNE DELAMAIRE, RENNES, FRANCE

ŒUVRES DU MUSÉE PRÉSENTÉES DANS LES COLLECTIONS

Josep Llorens Artigas
Vase, 1935
Grès émaillé
H. 29 × D. 19 cm
MUSÉE D'ART MODERNE DE PARIS, FRANCE
INV. AMOA 499

André Metthey et Henri Matisse
Vase, vers 1907
Faïence stannifère peinte
H. 24 × D. 20 cm
MUSÉE D'ART MODERNE DE PARIS, FRANCE
DON ANONYME, 1979
INV. AMOA 459

Thomas Schütte
Citrons noirs, 1989
Céramique noire émaillée
H. 69 × D. 41 cm
MUSÉE D'ART MODERNE DE PARIS, FRANCE
INV. AMS 666-1990

Cat. 238 Natsuko Uchino
Vanitas bench, 2018
Grès, grès émaillé, peinture à la chaux
H. 130 × L. 80 × l. 30 cm
MUSÉE D'ART MODERNE DE PARIS, FRANCE
INV. AMVP 2019-55

Maurice Louis Savin
Chanteuse ; La médisance ; Vierge noire, avant 1937
Terres cuites émaillées
H. 40 cm (*Chanteuse*) ; H. 44 cm (*La médisance*) ; H. 42 cm (*Vierge noire*)
MUSÉE D'ART MODERNE DE PARIS, FRANCE
ACQUISITION AUPRÈS DE L'ARTISTE
INV. AMOA 188, AMOA 189, AMOA 243

Daniel Dewar et Gregory Gicquel
Stoneware pitcher and basin wash set 2, 2014
Grès émaillé grand feu, cuisson bois
Dimensions variables
MUSÉE D'ART MODERNE DE PARIS, FRANCE
INV. AMVP-2015-35

Présence Panchounette
L'art à tout casser, 1990
Discobole placé sur un lave-vaisselle Miele, plâtre, faïence et porcelaine cassées
Dimensions variables
MUSÉE D'ART MODERNE DE PARIS, FRANCE
INV. 3687

Auguste Delaherche
Grand vase, vers 1910
Grès émaillé
H. 32,5 × D. 12 cm
MUSÉE D'ART MODERNE DE PARIS, FRANCE
INV. AMOA 126

Cet ouvrage est publié sous la direction
d'Anne Dressen à l'occasion de l'exposition
« Les flammes. L'âge de la céramique »
présentée au musée d'Art moderne de Paris
du 15 octobre 2021 au 6 février 2022.

COMITÉ D'HONNEUR

Anne Hidalgo, maire de Paris

Carine Rolland, adjointe à la maire de Paris
en charge de la culture et de la ville du quart d'heure,
présidente de Paris Musées

Afaf Gabelotaud, adjointe en charge des politiques
des entreprises, de l'emploi et du développement
économique, vice-présidente de Paris Musées

PARIS MUSÉES

Anne-Sophie de Gasquet, directrice générale

MUSÉE D'ART MODERNE DE PARIS

Fabrice Hergott, directeur

Commissariat
Anne Dressen
Assistée de Margot Nguyen

Laurie Szulc, secrétaire générale

Régie des œuvres
Claire Böhm, responsable du service
Solène Delanoue, régisseuse de l'exposition

Service culturel
Annabelle Constant, responsable du service
Mathilde Frotiée, chargée du développement
des publics et de l'action culturelle
Laurence Fontaine, chargée d'action culturelle
Robert Riano, billetterie et réservations
Marie-Josèphe Bérengier, chargée de médiation publics
adultes et handicapés
Isabelle Martinez, chargée de médiation jeune public
et l'ensemble des intervenants culturels

Communication
Claire Schillinger, responsable du service
Maud Ohana, relations presse
Peggy Delahalle, chargée de communication
Lisa Valentin, assistante communication

Mécénats et partenariats
Sonia Legros, responsable du service
Johanna Frayssignes, chargée du développement
et des partenariats

Coordination technique
Hamed Belarbi, responsable du service
Jean-Luc Léger, adjoint au responsable du service
Carmen Sokolenko, coordinatrice technique
des expositions
et l'ensemble des équipes techniques

Service audiovisuel
Philippe Sasot, Jean-Marie Albet, Carlos Martinez

Et l'ensemble des collaborateurs du musée d'Art
moderne.

EXPOSITIONS ET PUBLICATIONS

Julie Bertrand, directrice

Fanny Hollman, directrice adjointe
et cheffe du service des expositions

Émilie Augier, Pierre Malachin, Tatiana Titli,
responsables de projet
Mathilde Bartier, chargée de production
Charlotte Kolasinski, stagiaire

Muriel Rausch, adjointe à la directrice
et cheffe du service des éditions
Saint-Véron Pompée, chef de fabrication
Victoire Varenne, iconographe
Marion Assémat, responsable commerciale
Claude Ribeiro, administrateur des ventes

Éric Landauer et l'équipe des Ateliers des musées
de la Ville de Paris

DÉVELOPPEMENT DES PUBLICS, DES PARTENARIATS ET DE LA COMMUNICATION

Josy Carrel-Torlet, directrice

Nina Garnier, cheffe du service communication
Blandine Cottet, responsable de communication
et des partenariats
Florian Brottes, chargé de communication
Andréa Longrais, chargée des relations presse
et des relations publiques
Hélène Boubée, chargée de l'éditorialisation numérique
Alice Briez, assistante de communication

Scarlett Greco, cheffe du service numérique
Marine Baudry, responsable de projet
et médiation numériques
Léa Gomes, chargée de développement numérique

Anne-Claude d'Argent, cheffe de service mécénat
et des activités commerciales
Ludivine Mispelaere, chargée de mécénat

Frédérique Leseur, cheffe du service des publics
Sophie Biraud, chargée de projet médiation
Audrey Della Faille, chargée de l'offre culturelle
et événementielle

ADMINISTRATION ET FINANCES

Solveig Mondy, directrice

Eva Cecotti, responsable du pôle juridique

Jérôme Berrier, chef du service achats et logistique
Clémence Raunet-Breger, adjointe et acheteuse publique

Et l'ensemble des collaborateurs de Paris Musées

« Les flammes. L'âge de la céramique »
Cros & Patras, scénographie
Tiphaine Massari, graphisme
Sarah Scouarnec, conception éclairage

Paris Musées remercie tous les prêteurs, responsables d'institutions et propriétaires particuliers des œuvres ayant permis, par leur généreux concours, la réalisation de cette exposition : qu'ils trouvent ici l'expression de notre profonde gratitude, ainsi que tous ceux qui ont souhaité garder l'anonymat.

REMERCIEMENTS

Nous tenons en premier lieu à remercier les artistes et les céramistes, anonymes ou non, qui ont créé des pièces et suscité des réflexions auxquelles cette exposition entend rendre hommage.

Notre profonde gratitude va aussi aux experts invités : Frédéric Bodet, Thomas Golsenne, Stéphanie Le Follic-Hadida et la conseillère artistique Natsuko Uchino, pour leur apport précieux à l'élaboration de l'exposition, ainsi qu'à Margot Nguyen pour son aide capitale. Nous tenons également à remercier les équipes de la conservation du musée et particulièrement Charlotte Barat, Sophie Krebs, Hélène Leroy, Jacqueline Munck et Fanny Schulmann.

Merci aux auteurs pour leurs contributions lumineuses : Glenn Adamson, Frédéric Bauchet, Frédéric Bodet, Marie-Charlotte Calafat, Garth Clark, James Clifford, Dave Drake, Anne Dressen, Stéphanie le Follic-Hadida, Jean Girel, Thomas Golsenne, Nicki Green, Ayumi Horie, Tim Ingold, François Lissarague, Anne-Claire Schumacher, Erik Scollon, Ezra Shales, Natsuko Uchino, Sōetsu Yanagi, Jenni Sorkin, ainsi que les traductrices Jeanne Bouniort et Émilie Notéris.
Notre reconnaissance va aussi à Alexandre Curnier, à l'atelier Pentagon (Vanessa Gœtz et Guillaume Allard), pour le graphisme, à Victoire Varenne et Lisa Andrieu pour l'iconographie, à Virginie Vernevaut pour la relecture, ainsi qu'à Blandine Longre pour les traductions de la signalétique.

Nous souhaitons également remercier la société des Amis du musée d'Art moderne pour son engagement à nos côtés.
Nous sommes extrêmement reconnaissants aux incroyables stagiaires qui nous ont épaulés pendant la préparation du projet : Noam Alon, Vicky Buring, Isabella D'Aprile, Charlotte Kosalinski, Forrest Pelsue, Anna Priot, Elisa Reboul, Camille Rey et Pauline Roches.

Que soient aussi chaleureusement remerciés l'atelier Cros & Patras, en particulier Violette Cros pour l'élaboration de la scénographie de cette exposition, et Tiphaine Massari pour son graphisme.

Nos remerciements s'adressent également à toutes celles et ceux qui, à titre divers, ont contribué activement à ce projet, malgré la crise sanitaire.
Nous souhaitons particulièrement remercier les collègues, amis dont les discussions ont continuellement enrichi le projet : Glenn Adamson, Sylvie Auvray, Helen Aziza, Thomas Bernard, Sandra Berrebi, Hélène Bertin, Luca Bochicchio, Marie-Charlotte Calafat, Marie Canet, Judith Cernogora, Mathis Collins, Sébastien Cotte, Julien Creuzet, Abraham Cruzvillegas, Bice Curiger, Jean d'Albis, Daniel Dewar, Tiphanie Dragault-Lupescu, Anne-Claire Duprat, Maximilien Durand, Claire Durand-Ruel, Peter Fend, Jill Gasparina, Christine Germain-Donnat, Anne-Laure Garnier, Jean Girel et Valérie Hermans, Bruno Godichon, Jeanne Graff, Jean-Charles Hameau, Hélène Huret, Max Jacob, Jason Jacques, Adélaïde Lacotte, Karine Lacquemant, Enguerrand Lascols, Ethan Lassner, Clotilde Lebas, Gwen Lecoin (association des Amis de Jeanne Malivel), Louis Lefebvre, Jean-François Lerat, Benjamin Lignel, Clovis Maillet, Tony Marsh (et Long Beach University), Nick Mauss, Amaury Nauroy, Rodney et Taka Nonaka-Hill, Hélène Nguyen-Gateff, Gloria Reiko Pedemonte, Dorothée Perret, Mai-Thu Perret, Zahia Rahmani, Joël Riff, Graziella Semerciyan, Fabienne Stephan, Ebba Svennung, Claire Tancons, Alain Tarica, Tatiana Titli, Nicolas Trembley, Elsa Sahal, Gisèle Vienne, Ryan Conder, Namita Wiggers, Zairong Xiang et Amy Yao.

Ainsi que : Julie Arnaud, Anna Arutyunova, Jérôme Benoit, Philippe Bischof, Marc Bureau, Paul-Vincent Diquéro, Olivier Fournier, Rachele Giudici Legittimo, Anouk Golly, Tomoko Ito, Claude Kopff, Frédéric Mauger, Éric Mollet, Rémy Montrieux, Catherine Munger, Laurent Pejoux, Jean-Luc Thesmar, Yves de Thalouet, pour leur engagement capital.

Cette exposition repose sur les prêts et l'engagement exceptionnel d'institutions partenaires, publiques et privées, en France et à l'étranger. Nous voudrions chaleureusement remercier les institutions et les fondations suivantes, en France et à l'étranger, et leurs directeurs et collaborateurs :

Archives de la Nièvre, Limoges, Jean-Marie Linsolas
Archives départementales de la Haute-Vienne, Muriel Souchet
Arizona State University Art Museum, Tempe, États-Unis, Mary Beth Buesgen et Elisa Hayes
Centre national des arts plastiques, La Défense, Béatrice Salmon et Amélie Matray
Centre Pompidou, Paris, Musée national d'art moderne – Centre de création industrielle, Bernard Blistène et Brigitte Léal-Rodenas, Raphaëlle Bianchi, Mélissa Etave
Charleston House, Charleston, Royaume-Uni, Nathaniel Hepburn et Darren Clark
Commune d'Albissola Marina – MuDA Casa Museo Asger Jorn, Albissola, Luca Bochicchio et Nicoletta Veppo
Contemporary Art Cultural Foundation, Kyoto, Japon
Craft, Limoges, Pauline Mâle
Fondation Thalie, Bruxelles, Nathalie Guiot et Jenna Barberot
Frac – Artothèque du Limousin, Limoges, Catherine Texier et Isabelle Rocton
Isamu Noguchi Foundation, Long Island City, New York
Kiki Kogelnik Foundation, New York, Stephen Hepworth et Anna Sauer
Maison Pierre-Loti, Rochefort, Claude Stefani
Moderna Museet, Stockholm, Gitte Ørskou et Jo Widoff, Olle Eriksson et Kristina von Knorring
Mucem, Jean-François Chougnet, Marie-Charlotte Calafat, Frédéric Mougenot et Mélisandre Engelbrecht
Musée Bourdelle, Paris, Amélie Simier
Musée Carnavalet, Paris, Valérie Guillaume et Marie-Laure Deschamps
Musée Cernuschi, Paris, Éric Lefebvre, Manuela Moscatiello, Mael Bellec, Anne Fort et Charlotte Lanciot
Musée d'Archéologie nationale, Saint-Germain-en-Laye, Rose-Marie Mousseaux, Rolande Simon-Millot, Delphine Peschard
Musée d'Orsay, Paris, Laurence des Cars, Isolde Pludermacher, Stéphane Bayard et Odile Michel
Musée de l'Ariana, Genève, Isabelle Naef Galuba, Anne-Claire Schumacher et Tania Veuillet
Musée de Moravie, Brno, Petr Neruda
Musée des Arts décoratifs, Paris, Olivier Gabet, Dominique Forest, Béatrice Quette, Karine Lacquemant et Luna Violante
Musée des Beaux-Arts de la Ville de Paris – Petit Palais, Christophe Leribault, Patrick Lemasson, Dominique Morel, Juliette Singer, Paulette Pelletier-Hornby et Hubert Cavaniol
Musée des Beaux-Arts de Lyon, Sylvie Ramond, Salima Hellal et Armelle Bonneau-Alix
Musée du Louvre, Paris, Jean-Luc Martinez, Yannick Lintz, Ariane Thomas, Françoise Gaultier, Jorge Vasquez, Fanny Lesèche et Milena Planche
Musée du Quai Branly, Paris, Emmanuel Kasarhérou et Jonathan Astoul, Hélène Joubert, Paz Nunez-Regueiro et Steve Bourget
Musée Guimet, Paris, Sophie Makariou et Vincent Lefevre, Claire Delery et Adil Boulghallat
Musée national Adrien Dubouché, Limoges, Céline Paul et Jean-Charles Hameau
Musée national de la Renaissance, Écouen, Thierry Crépin-Leblond, Aurélie Gerbier et Laure Roset
Musée national Picasso, Paris, Laurent Lebon et Sarah Lagrevol
Musée Rodin, Paris, Catherine Chevillot et Mariolina Cilurzo
Museo Bordalo, Lisbonne, Nuno Barra et Isabelle Dehillotte
Ohr-O'Keefe Museum of Art, Biloxi
Royal Crown Derby Museum, Derby, Elizabeth Woledge
Sèvres – Manufacture et musée nationaux, Romane Sarfati et Charlotte Vignon, Judith Cernogora, Laurence Tillard, Delphine Miroudot, Damien Lucas, Soazig Guilmin
The Wolfsonian – Florida International University, Miami Beach, États-Unis

Nos remerciements vont aussi aux galeries, *estates*, et aux collectionneurs privés dont l'aide nous a été précieuse tout au long de la préparation de l'exposition :

Galeries et *estates*
Annex 14, Zurich, Suzanne Friedli & Andreas Furrer
Cabinet Gallery, Londres, Freddy Checketts
Frith Street Gallery, Londres, Ali MacGilp
Galerie 1900-2000, Paris, David et Marcel Fleiss, Sylvain Rouillon et Rodica Sibleyras
Galerie Air de Paris, Romainville, Florence Bonnefous, Géraldine Convert et Jérémie Bonnefous
Galerie Allen, Paris, Joseph Allen et Lila Casidanus
Galerie Almine Rech, Paris, Bruxelles, Almine Rech et Gwenvael Launay
Galerie Andréhn-Schiptjenko, Stockholm, Paris, Cilène Andréhn et Joséphine Bursachi
Galerie Antonella Villanova, Florence, Antonella Villanova
Galerie Art : Concept Paris, Olivier Antoine et Alice King
Galerie Balice Hertling, Paris, Daniele Balice, Alexander Hertling et Jules Goupy
Galerie Barbara Wien, Berlin, Barbara Wien et Aylin Kowalewsky
Galerie Bei der Albertina, Vienne, Mag. Katharina Zetter-Karner, Maximilian Matuschka, Nicoletta Müller
Galerie Bernard Jordan, Paris, Bernard Jordan
Galerie Campoli Presti, Paris, Emanuela Campoli et Elena Cardin
Galerie Chantal Crousel, Paris, Philippe Manzone, Laura Turcan et Julie Mouradian
Galerie Éric Hussenot, Paris, Éric Hussenot
Galerie Eva Presenhuber, Zurich, Eva Presenhuber
Galerie Jocelyn Wolff, Paris, Jocelyn Wolff
Galerie Jousse Entreprise, Paris, Philippe et Karine Jousse
Galerie Kamel Mennour, Paris, Kamel Mennour et Lorenza Brandodoro
Galerie Karma International, Zurich, Karolina Dankow et Meret Aeschbach
Galerie Karsten Greve, Paris, Karsten Greve et Costanza Ballardini
Galerie Lefebvre & Fils, Paris, Louis Lefebvre et Carole Cossart
Galerie Lelong&Co, Paris, Jean Frémon et Daniel Lelong
Galerie Loeve&Co, Paris, Stéphane Corréard, Dahlia Sicsic
Galerie Loevenbruck, Paris, Hervé Loevenbruck et François Jupin
Galerie Maria Lund, Paris, Maria Lund
Galerie Max Hetzler, Berlin, Allemagne, Paris, France, Londres, Royaume-Uni, Samia Saouma et Rachel Rechner
Galerie Mercier et Associés, Paris, Jean-Philippe Mercier
Galerie Michèle Hayem, Paris, Michèle Hayem
Galerie Mingei, Paris, Philippe Boudin et Zoé Niang
Galerie Oscar Graf, Paris, Oscar Graf et Diane Boudin
Galerie Perrotin, Paris, Emmanuel Perrotin et Emmanuelle Orenga
Galerie Pierre Marie Giraud, Bruxelles, Pierre Marie Giraud
Galerie Semiose, Paris, Benoît Porcher et Jérôme Menasché
Galerie Sultana, Paris, Guillaume Sultana
Galerie Thomas Dane, Londres, Thomas Dane et François Chantala, Hannah Wright
Galerie Thomas Fritsch-Artrium, Paris, Thomas Fritsch
Galerie Tornabuoni, Paris, Isabella Capolei et Isabella Lastrucci
Galerie Truth and Consequences, Genève, Paul-Aymar Mourgue d'Algue
Kavi Gupta Gallery, Chicago, Craig Cotsones et David Mitchell
MASSIMODECARLO, Milan, Italie, Londres, Royaume-Uni, Hong-Kong, Chine, Massimo De Carlo, Laura Ravelli et Stefania Galvan
Matthew Marks Gallery New York, Los Angeles, Matthew Marks et Ted Turner
New Galerie, Paris, Marion Dana et Corentin Hamel
Salon 94, New York, Jeanne Greenberg, Allison Raddock, Fabienne Stephan, et Jennifer Grimyser
Sokyo Gallery, Kyoto, Atsumi Fujita et Yemin Wang
The Museum of Everything, Londres, James Brett
Victoria Miro, Victoria Miro et Erin Manns
Regen Projects, Shaun Regen
We Do Not Work Alone, Paris, Louise Grislain, Anna Klossowski, Charlotte Morel

Ainsi que :
Artists Legacy Foundation, Oakland, Viola Frey Estate, Cynthia de Bos
Jeanne Mammen Stiftung
The Estate of Alina Szapocznikow, Piotr Stanislawski, Galerie Loevenbruck Paris, Hauser & Wirth
The Estate of Margrit and Walter Linck
The Estate of Ana Mendieta Collection, LLC
The Estate of Susan Peterson, Jill Hoddick, Jan Peterson, Taag Peterson
Beatrice Wood Center for the Arts, Happy Valley Cultural Center for the Arts
The Woodman Family Foundation, Katarina Jenrinic, Ryan Brady et Eliza Little

Collectionneurs privés et artistes prêteurs
Marc Alberghina
Sylvie Auvray
Helen Aziza
Frédéric Bauchet
Anne Barrès et Sophie Serra
Miguel Macedo Basto de Carvalho
M. et Mme Simeon Dobbins
Claude Bernès
Sandra Berrebi
Philippe Bertherat
Florian Bézu
Collection Bernard Bachelier
Collection Charles-Adrien Bueno, Luce Bueno
Collection De Iorio, Trente, Sophie Nurse, Giulia Corradi
Collection Le champ des possibles, Paris
Collection Michel et Andrée Hirlet
Collection Sorry We're Closed, Bruxelles
Anne Delamaire
Céline et Olivier Diaz
Mimosa Echard
Susan Fanshel et Ann Voulkos
Mardochée Franco, Paris
Laureline Galliot
Claude Gaget
Helene Garache
Nicki Green
Xavier Hufkens
Jacques Kaufmann
Suzanne Koller
Patrik König
Torbjørn Kvasbø
Ianis Lallemand & Co-de-iT
Marc Larock
Sophie Lefèvre
Famille Lerat
Benjamin Lignel
Patrick Loughran
Matthew Lutz-Kinoy
Jean Madar
Manufacture Ravel, Aubagne et Marion Ravel
Claire Margat
Lou Masduraud
Richard Milette
Setsuko Nagasawa
Kate Newby et Sophie von Olfers, Beaulieu
Cécile Noguès
Rick Owens et Michèle Lamy
Christodoulos Panayiotou
Nathalie Du Pasquier
Brigitte Penicaud
Poterie Ampholia, Anduze, Tornac
Daphné et Jean-Pierre Raynaud
R. R.
Gérard et Noëlle Schmitt
Fabrice Stroun, Genève
Studio Marc-Camille Chaimowicz et Anna C. Clifford
Studio Judy Chicago, Meghan Schultz et Michael Apolo Gomez
Alev Siesbye
Studio Creten, Paris et Maeva Cence
Studio Matias Faldbakken, Oslo
Studio Clare Twomey, Londres
Studio Yoko Ono
Maria Székely Conchard et Martin Szekely

Nicolas Trembley
Natsuko Uchino
Rik Vermeersch
Betony Vernon
Lisa Wenger
Michel Wohlfahrt

Nous remercions également :
Marty Gross Film Production Inc.
Société de production Daiei
Philippe Bonnier, Sloughi Productions
Entomo30
Folle allure films
Wild Wolf Productions, Edited by Barry Rubinow,
Distributed by PBS

Ainsi que toutes celles et ceux qui ont préféré garder l'anonymat.

Nous sommes aussi gré aux prêteurs qui nous ont apporté un soutien, notamment pour les transports des œuvres :
Marc Alberghina
Sylvie Auvray
Helen Aziza
Miguel Macedo Basto de Carvalho
Frédéric Bauchet
Florian Bézu
Emmanuel Boos
Centre céramique contemporain La Borne,
Communauté de communes Terres du Haut Berry
Daniel Dewar
Fábrica Bordallo Pinheiro
Fondation Thalie
Frith Street Gallery
Galerie Antonella Villanova
Galerie Bernard Jordan
Galerie Max Hetzler
Galerie Karma International
Galerie Maria Lund
Galerie Almine Rech
Galerie Chantal Crousel
Galerie Hussenot
Galerie Kamel Mennour
Galerie Andréhn-Schiptjenko
Galerie Michèle Hayem
MASSIMODECARLO
Pierre Marie Giraud
Oscar Graf Gallery
Kavi Gupta Gallery
Kiki Kogelnik Foundation
Xavier Hufkens
I.Ceram, Limoges et Paola Vijil
Ianis Lallemand
Louis Lefebvre
Les artisans prothésistes dentaires français
Benjamin Lignel
Ionne Rosa
Salon 94
Sokyo Gallery
Sophie Serra
Thomas Dane Gallery
Rik Vermeersch
Barbara Wien

Cette exposition n'aurait pu être réalisée sans la généreuse contribution de nos partenaires et mécènes :

Würth France

Crédit municipal de Paris

Fondation d'entreprise Hermès

Avec le soutien de Pro Helvetia,
Fondation suisse pour la culture

Japan Foundation et la Maison de la culture du Japon à Paris

Rairies Montrieux

Olivier Diaz

Ainsi que :
Confédération des industries céramiques de France :
Anne-Laure Halphen
Bretagne Céramique Industrie
Faïencerie de Gien
Revol Porcelaine

Education program de French Heritage Society, Paris, Diane de Roquette, Amy Fienga, et Samantha Kohli-Brisolier pour avoir financé la venue et les recherches de la stagiaire américaine Forrest Pelsue de Parsons School Paris

Ministère des Affaires étrangères – Norwegian Crafts/ Irude Ugelstad

Ouvrage publié avec le soutien de
Fondation franco-japonaise Sasakawa

Enfin, nous exprimons notre sincère gratitude à tous les partenaires du programme culturel pour leur complicité et leur soutien sur ce projet, en particulier :

L'Esat Ménilmontant, Catherine de Saint Étienne, et tous les artistes impliqués
L'école Duperré
Le Centre céramique contemporain La Borne et Tiphanie Dragault-Lupescu
L'agence Gaia pour l'interface numérique autour du projet de la collecte
Clotilde Lebas et son projet de contes pour enfants
Natsuko Uchino, Clovis Maillet et Antonia Carrara d'After 8 Books pour le projet de l'exposition en valise, rendu possible grâce au soutien de la fondation d'entreprise Hermès
TALM Le Mans
Tous les intervenants des ateliers autour de la cérémonie du thé, des arts de l'ikebana et kintsugi à venir
Le service culturel de Sèvres – Manufacture et musée nationaux et Alexandra Brondex
Et l'ensemble des conférenciers du musée d'Art moderne et à Dinah Bird pour ses enregistrements de podcasts

Enfin nous remercions, pour leur collaboration fructueuse, la société des Amis de Sèvres, la manufacture et le musée nationaux de Sèvres et le musée des Arts décoratifs : Charlotte Vignon, Cécile Dupont-Logié, Florence Stiline, Sébastien Quéquet, Vincent Bastien et Jean-Marc Reynaud, dans le cadre de l'organisation conjointe du colloque « Céramique et politique », qui se tiendra en janvier 2022 à l'Institut national d'histoire de l'art, grâce à l'hospitalité et à la collaboration précieuse d'Éric de Chassey, Zahia Rahmani et Elsa Nadjm, et à l'engagement des intervenants : Glenn Adamson, Sonia Banting, Silvia Barisione, Christophe Beyeler, Marie-Charlotte Calafat, Fulvia Carnevale, Éric de Chassey, Soazig Guilmin, Lucie Lachenal, Anne Lafont, Stéphanie Le Follic-Hadida, Thomas Golsenne, Garth Johnson, Clovis Maillet, Meredith Martin, Delphine Miroudot, Morad Montazami, Émilie Notéris, Jacqueline Du Pasquier, Tamara Préaud, Béatrice Quette, Zahia Rahmani, Catherine Trouvet, Larissa Sansour, Romane Sarfati, Évelyne Toussaint, Natsuko Uchino, Frédéric Vergnes, Edmund de Waal et John Whitehead

Couverture et 4e : Ron Nagle et galerie Matthew Marks / crédit photo : collection privé / photo Julio Piatti

Droits patrimoniaux

p. 4 : © Adagp, Paris, 2021 / Natsuko Uchino / photo Louis Canadas ; © Clare Twoney / Photo Dan Prince : p. 6 ; Courtesy galerie Truth and Consequences / Photo Annik Wetter : p. 8 ; © Adagp, Paris, 2021 / Jean-Pierre Raynaud : p. 10 (g.) ; p. 10 (2) : Courtesy Collection Larock-Granoff / © Fondation Lucio Fontana, Milano / by SIAE / Adagp, Paris, 2021 : p. 1 (2) ; © Adagp, Paris, 2021 / Meret Oppenheim : p. 10 (3) ; p. 15 : © Galerie Mingei – Paris / Photo Michel Gurfinkel ; p. 15 : © Emile Decoeur / Musée d'art moderne / Paris Musées ; p. 19, 23 : © Adagp, Paris, 2021 / Jean Girel ; p. 27 : © Adagp, Paris, 2021 / Roberto Cuoghi ; p. 27 (2) : Courtesy Balice Hertling Gallery. Image © Aurélien Mole ; p. 25 : RMN-Grand Palais (Sèvres - Manufacture et musée nationaux) ; p. 27 (4) : Courtesy Galerie Mercier et Associés / © Adagp, Paris, 2021 / Guidette Carbonell ; p. 27 (5) : Courtesy galerie Sultana / photo Aurélien Mole / © Adagp, Paris, 2021 ; p. 28-29 : © Dewar & Gicquel / Cnap / crédit photo : Fabrice Gousset ; p. 31 : © Jacques Kaufmann ; p. 33 : © def image / Courtesy Max Hetzler / photo Mike Bruce ; p. 33 (1) : © Enzo Mari / Cnap / crédit photo : Jean Tholance/Les Arts Décoratifs ; p. 33 (2) : © Paul-Ami Bonifas ; p. 33 (3) : © Philippe Barde ; p. 35 : © Rebecca Warren © def image / Courtesy Galerie Max Hetzler ; p. 37 : © Adagp, Paris, 2021 / Nicole Giroud ; p. 37 (1) : © Francine Del Pierre ; p. 37 (2) : © Peter Voulkos ; p. 37 (3) : © Alison Britton photo David Cripps ; p. 40 (1) : © Giorgio Morandi / courtesy Galerie Tornabuoni ; p. 40 (3) : © France Franck / photo Thomas Hennocque ; p. 40 : © Oyekan Lawson /Courtesy Maison-galerie 19PaulFort / photo Hervé Abbadie ; p. 42 (1) : © Adagp, Paris, 2021 / Alev Siesbye / photo Patrick Müller ; p. 42 (2) : © Lucie Rie ; p. 46 : © Navid Nuur / Courtesy Galerie Max Hetzler / photo Charles Duprat ; p. 48 : © Caroll McNicoll / Courtesy Maison-galerie 19PaulFort / photo Hervé Abbadie ; p. 49 : Courtesy the artist and Maria Lund ; p. 52 : © Adagp, Paris, 2021 / Picture: Anders Sune Berg, 2018 ; p. 54 : © Marguerite Wildenhain / Collection of Arizona State University Art Museum ; p. 55 : Courtesy the artist and Galerie Pierre Marie Giraud ; p. 59 : © Adagp, Paris, 2021 / Claude Champy ; p. 60 : © Peter Fischli David Weiss / Courtesy Sprüth Magers, Matthew Marks Gallery New York and Los Angeles, Galerie Eva Presenhuber ; p. 62 : © Adagp, Paris, 2021 / Salvador Dali ; p. 65 : © Adagp, Paris, 2021 / Anne Kjaersgaard ; p. 67 (b.) : © Ed Ruscha ; p. 70 : © Peter Shire Studio courtesy Galerie Lefebvre et fils / photo Rebecca Fanuele ; p. 71 : © Adagp, Paris, 2021 / Walter Gropius ; p. 90 (1) : courtesy the artist and Galerie Allen, Paris / photo : Peng YiHsuan ; p. 72 : © Kader Attia, Courtesy Regen Projects, Los Angeles / © Adagp, Paris, 2021 ; p. 75 (1) : © Adagp, Paris, 2021 / Raoul Dufy ; p. 75 (2) : © Adagp, Paris, 2021 / Maurice de Vlaminck ; p. 76 : © Successió Miró / Adagp, Paris, 2021 / Collection Larock-Granoff ; p. 77 : © Suzanne Ramié / Courtesy Galerie Thomas Fritsch – Artrium ; p. 78 : © Marc Camille Chaimowicz / Cnap / crédit photo : Yves Chenot ; p. 79 : © ADAGP, Paris. Courtesy The Estate of Alina Szapocznikow / Piotr Stanislawski / Galerie Loevenbruck, Paris / Hauser & Wirth. Photo Fabrice Gousset, courtesy Loevenbruck, Paris ; p. 80 : © Michel et Andrée Hirlet / Galerie | Mélissa Paul et galerie Yves Gastou ; p. 81 : © Adagp, Paris, 2021 / Valentine Schlegel ; p. 84 : Courtesy the artist, We do not work alone, Paris and Air de Paris, Romainville / photo : Claire Israel ; p. 86 (h.) : © Kawai Kanjiro Courtesy of Contemporary Art Cultural Foundation, Kyoto, Japan. Photo by Yuji Imamura. ; p. 86 (b) : © Elmar Trenkwalder / Collection privée, Paris courtesy Galerie Bernard Jordan ; p. 86 : © Kazuya SUGITA ; p. 88 : © Marc Camille Chaimowicz ; p. 90 : © Laetitia Badaut-Haussmann / CAC Passerelle Brest ; p. 91 : Courtesy of the artist, private collection, and Campoli Presti, London/Paris ; p. 92-93 : © Adagp, Paris, 2021 / Natsuko Uchino / photo © François Deladerrière ; p. 96 (3) © Richard Slee / Courtesy Maison-galerie 19 PaulFort ; p. 96 : Courtesy: l'artiste et New Galerie / Photographie : Aurélien Mole ; p. 98 : © Succession Picasso 2021 ; p. 102-103: photo Carl Brunn ; p. 104 : Courtesy of the artist and Salon 94, New York. © Ruby Neri ; p. 105 (2) : © Adagp, Paris, 2021 / Fernand Léger ; p. 105 (3) : © Adagp, Paris, 2021 / Vera Szekely ; p. 106 : Courtesy Massimo De Carlo, Milan/London/Hong Kong / Photo : Alessandro Zambianchi ; p. 107 : Courtesy 1974 Kiki Kogelnik Foundation ; p. 108 (1) : © Vidya Gastaldon / Courtesy de Art Concept, Paris © Nathalie Rebholz ; p. 108 (2) : © Adagp, Paris, 2021 / Claire Debril / photo Patrick H. Müller ; p. 108 (3) : Courtesy the artist and Frith Street Gallery, London ; p. 109 : © Margrit Linck / courtesy Annex 14 ; p.119 : © Adagp, Paris, 2021 / Rosemarie Trockel / Collection Privé / Courtesy Galerie Max Hetzler. Photo : def image ; p. 112 : © The School of the Art Institute of Chicago and the Brown family. Courtesy of Kavi Gupta. Photo: James Connolly ; p. 113 : © Adagp, Paris, 2021 / Fausto Melotti / Courtesy Galerie Karsten Greve ; p. 114 : © Yagi Kazuo Courtesy of Contemporary Art Cultural Foundation, Kyoto, Japan. Photo by Tadaaki Nakagawa. ; p. 115 : © Adagp, Paris, 2021 / José Vermeesch / Photographie Christine ; p. 116 : © Adagp, Paris, 2021, Viola Frey / 2020 © Artists' Legacy Foundation ; p. 201 : Photo: Phoebe d'Heurle Courtesy of the Artist and Almine Rech ; p. 119 : © Adagp, Paris, 2021 / Marcel Duchamp ; p. 120 : © Betony Vernon / Photograph: Aeroplano/Giovanni Collina ; p. 121 : Courtesy Johan Creten & Perrotin ; p. 122 (1) : © Ichino Masahiko - Galerie Mingei - Paris / Photo Michel Gurfinkel ; p. 122 (2) : Courtesy de l'artiste et Galerie Hussenot ; p. 122 (3) : © Liz Larner -Galerie Max Hetzler / photo Charles Duprat ; p. 123 : © Marisa Merz. Courtesy the artist, Gladstone Gallery, New York and Thomas Dane Gallery ; p. 124 : © Adagp, Paris, 2021 / Lynda Benglis. Courtesy the artist, Pace Gallery and Thomas Dane Gallery. Photo: Amadeo Benestante ; p. 125 : © Beate Kuhn / Mauro Magliani & Barbara Piovan, © Musée Ariana, Ville de Genève ; p. 126-127 : © Woodman Family Foundation / Artists Rights Society (ARS), New York and Adapg, Paris, 2021 ; p. 128 (1) : © Seyni Awa Camara ; p. 128 (2) : Jacqueline Lerat – JF Lerat / photo Paul Antoine Levasseur ; p. 131 (1) : © Maria Poveka Martinez ; p. 131 (2) : © Gilbert Wah-peen Atencio ; p. 134-135 : © Adagp, Paris, 2021 / Mimosa Echard / photo Serge Fruehauf ; p. 136 (h.) : © Claudine Monchaussé / photo Pascal Vangysel ; p. 136 (b.) : © Adagp, Paris, 2021 / Ettore Sottsass / © CNAP / Yves Chenot ; p. 137 : © Matthew Lutz-Kinoy ; p. 140 : © Adapg, Paris, 2021 Claire Fontaine - Courtesy the artist and Air de Paris, Romainville ; p. 141 : Photography by the Artist Courtesy of Contemporary Art Cultural Foundation, Kyoto, Japan with the support of the Sokyo Gallery, Kyoto, Japan ; p. 146 (2) : © Adagp, Paris, 2021 / Louis-Marcel Botinelly ; p. 148 (h.) : Copyright the Estate of Vanessa Bell, courtesy of Henrietta Garnett and Duncan Grant Estate, Adagp, Paris, 2021. Digital image courtesy of Piano Nobile (Robert Travers Works of Art Limited) ; p. 148 (b.) : © Adagp, Paris, 2021 / Judy Chicago ; p.149 : © Jacqueline Lerat / © Région Centre-Val de Loire, Inventaire general / photo Thierry Cantalupo ; p. 150 : © Adagp, Paris, 2021 / Judy Chicago ; p. 153 : Courtesy the artist and Massimo De Carlo, Milan/London/Hong Kong / Photo Credit: Alessandro Zambianchi ; p. 153 (3) : © Theaster Gates. Photo © White Cube (Todd-White Art Photography) ; p. 143 (4), p.175 (2) : DR ; p. 158 : © Adagp, Paris, 2021 / Bernard Leach ; p. 163 (1) : the artist & Galerie Barbara Wien, Berlin / Photo : Robert Chase Heishman ; p. 164 : © David Gilhooly / Collection of Arizona State University Art Museum ; p. 165 : Courtesy of Contemporary Art Cultural Foundation, Kyoto, Japan with the support of the Sokyo Gallery, Kyoto, Japan / Photo by Yuji Imamura. ; p. 169 (h.) : © Cameron Jamie - Courtesy the artist and kamel mennour, Paris/London ; p. 169 (b.) : © Adagp, Paris, 2021 / Torbjørn Kvasbø/ photo Jørn Hagen ; p. 170 : © Anne Verdier ; p. 171 (1) : collection privé / photo Nick Weddell / galerie Lefebvre et fils et galerie Jason Jacques NYC ; p. 171 (2) : Courtesy the artist and Galerie Pierre Marie Giraud ; p. 171 (3) : **Photo by Robert Wedemeyer. Courtesy Sterling Ruby Studio and Gagosian** ; p. 173 : © Morgan Courtois / photo Aurélien Mole ; p. 174 (h.) : © Adagp, Paris, 2021 / Elsa Sahal ; p. 174 (b.) : © Marc Alberghina ; p. 175 (h.) : © Photo credit : HV-studio / Courtesy the Artist and Xavier Hufkens, Brussels ; p. 175 (b.) : © José Sierra - Galerie Lefebvre et fils / photo Rebecca Fanuele ; p. 176 (2) : © Caroline Achaintre / photo Laetizia Debain / Fondation Thalie, 2020 ; p. 176 (3) : © Wayne Fischer ; p. 176 (4) : Galerie Lefebvre et fils / Roger Herman / collection privé ; p. 176 (5) : © Adagp, Paris, 2021 Robert Arneson / Collection of Arizona State University Art Museum ; p. 177 : © Adagp, Paris, 2021 / Carolein Smit / photo Winnifred Limburg ; p. 178-179 : © Cécile Noguès ; p. 181 (h.) : © Adagp, Paris, 2021/ Lamarche Ovize ; p. 181 (b.) : © Florian Bézu / photo Claire Dorn ; p. 182 : © Magdalena Suarez ; p. 183 © Sharif Farrag ; p. 185 : © Adagp, Paris, 2021 : Tyra Lundgren ; p. 188 : © droits réservés / Cnap / crédit photo : Yves Chenot ; p. 190-191 : © Hélène Garache / photo Alberto Ricci ; p. 192 : © Richard Notkin / Collection of Arizona State University Art Museum ; p. 191 (h.) : © Anton Prinner / Collection Larock-Granoff ; p. 60 : © Karen Karnes / photo Benjamin Lignel ; p. 200 : Courtesy Beatrice Wood Center for the Arts/Happy Valley Foundation ; p. 201 : © Cindy Sherman - Photo : Hugard & Vanoverschelde photography Courtesy of the Artist and Almine Rech ; p. 202 : Grayson Perry courtesy of the artist and Victoria Miro, London/Venice ; p. 203 : © Marie Vassilieff / photo Thomas Hennocque ; p. 205 : © Nicki Green ; p. 208 (1) : courtesy of the artist and Karma International ; p. 208 (3) : Daniel Kruger courtesy Galleria Villanova ; p. 208 (4) : General Idea, La collection FRAC-Artothèque Nouvelle-Aquitaine photo : Frédéric Magnoux ; p. 209 : Mai-Thu Perret / photo Annick Wetter ; p. 211 : Collezione De Iorio - Courtesy the artist and Hauser & Wirth © Simone Leigh / Photo : Thomas Barratt ; p. 212-213 : © Sylvie Auvray / Photo : Yann Bohac

Crédit photos

p. 11 (1.d.h.) : © MuCEM, Dist. RMN-Grand Palais / image MuCEM ; p. 11 (3) : Galerie Karma Internationale ; p. 17 : © RMN-Grand Palais (musée d'Archéologie nationale) / Christian Jean ; p. 20 : Courtesy of The Museum of Everything ; p. 21 : © RMN-Grand Palais (musée de la Renaissance, château d'Ecouen) / Stéphane Maréchalle ; p. 23 : © MAD, Paris/ Christophe Dellière ; p. 29 : CC0 Paris Musées / Petit Palais ; p. 30 : photo Fanis Vlastaras & Rebecca Constantopoulou ; p. 31 (1) : © Agence photographique du musée Rodin- Pauline Hisbacq ; p. 27 (3) : Moine de Montmollin / photo © Thomas Hennocque ; p. 33 (2) : © Musée Ariana, Ville de Genève / photo Nicole Loeffel ; p. 33 (3) : © Musée Ariana, Ville de Genève / photo Nathalie Sabato / © Philippe Barde ; p. 38 : © Paris Musées / Musée d'art moderne / Lucio Fontana / photo Julien Vidal ; p. 41 (2) : Collection of Arizona State University Art Museum ; p. 40 : © RMN-Grand Palais (Sèvres - Manufacture et musée nationaux) / Martine Beck-Coppola ; p. 41 : © Thomas Hennocque ; p. 44 (2) : © RMN-Grand Palais (musée d'Archéologie nationale) / Gérard Blot ; p. 46 (2) : © RMN-Grand Palais (Sèvres - Manufacture et musée nationaux) / Martine Beck-Coppola ; p. 46 (3) : © Musée du Louvre, Dist. RMN-Grand Palais / Claire Tabbagh / Collections Numériques ; p. 47 : © RMN-Grand Palais (musée d'Orsay) / Jean Schormans ; p. 48 : © RMN-Grand Palais (MNAAG, Paris) / Michel Urtado ; p. 49 : © RMN-Grand Palais (MNAAG, Paris) / Michel Urtado ; p. 51 : CC0 Musée d'art moderne / Paris Musées ; p. 57 : © Musée du Louvre, Dist. RMN-Grand Palais / Raphaël Chipault ; p. 65 : photo Jérémie Logeay ; p. 67 : © Lyon MBA - Photo Martial Couderette ; p. 62 (1) : © Royal Crown Derby Museum Charitable Trust ; p. 70 (2) : CC0 Musée d'art moderne / Paris Musées ; p. 70 (3) : Collection Larock-Granoff ; p. 71 : © RMN-Grand Palais (MNAAG, Paris) / Thierry Ollivier ; p. 72 : © Lyon MBA - Photo Martial Couderette ; p.73 (h.) : © RMN-Grand Palais (MuCEM) / image MuCEM ; p.74 : © Mucem/Hervé Jezequel ; p. 77 : MUCEM ; p. 79 : © Centre Pompidou, MNAM-CCI, Dist. RMN-Grand Palais / Bertrand Prévost ; p. 72 (2) : Photo Michel Gurfinkel © Galerie Mingei – Paris ; p. 83 (3) : Courtesy of Contemporary Art Cultural Foundation, Kyoto, Japan with the Support of the Sokyo Gallery, Kyoto, Japan ; p. 89 : © RMN-Grand Palais (Sèvres - Manufacture et musée nationaux) / Stéphane Maréchalle ; p. 86 : Courtesy of Contemporary Art Cultural Foundation, Kyoto, Japan with the support of the Sokyo Gallery, Kyoto, Japan ; p.93 : RMN-Grand Palais (Sèvres - Manufacture et musée nationaux) / Tony Querrec © Droits réservés ; p. 97 : RMN-Grand Palais (musée d'Orsay) / Gérard Blot ; p. 104 (1) : CC0 Musée d'art moderne / Paris Musées ; p. 104 (2) : photo Jacques Pépion ; p. 104 (4) : © RMN-Grand Palais (Sèvres - Manufacture et musée nationaux) / Martine Beck-Coppola ; p. 106 : © RMN-Grand Palais (Musée national Picasso-Paris) / Adrien Didierjean ; p. 107 : © Musée du quai Branly - Jacques Chirac, Dist. RMN-Grand Palais / image musée du quai Branly - Jacques Chirac ; p. 108 : CC0 Petit Palais / Paris Musées ; p. 109 : © RMN-Grand Palais (Sèvres - Manufacture et musée nationaux) / Stéphane Maréchalle ; p. 118 : CC0 Petit Palais / Paris Musées ; p. 119 : © Moderna Museet ; p. 136 (1) : © Thomas Hennocque ; p. 136 (3) : © musée du quai Branly - Jacques Chirac, Dist. RMN-Grand Palais / Claude Germain ; p. 136 (4) : © RMN-Grand Palais (musée du Louvre) / Tony Querrec ; p. 131 (1) : Collection of Arizona State University Art Museum ; p. 131 (2) : Courtesy of the Museumm of Indian Arts and Culture, Laboratory of Anthropology, Sante Fe, NM ; p. 141 (1 et 2) : CC0 Paris Musées / Petit Palais ; p. 150 : © RMN-Grand Palais (Sèvres - Manufacture et musée nationaux) / Thierry Ollivier ; p. 151 : © RMN-Grand Palais (MUCEM / Christophe Fouin ; p. 158 (1) : CC0 Musée Carnavalet / Paris Musées ; p. 158 (2) : © RMN-Grand Palais (Limoges, musée national Adrien Dubouché) / Jean-Gilles Berizzi ; p. 163 : ©RMN-Grand Palais (MuCEM) / image RMN-GP ; p. 165 (1) : musée du quai Branly - Jacques Chirac, Dist. RMN-Grand Palais / image musée du quai Branly - Jacques Chirac ; p. 165 (2) : © RMN-Grand Palais (musée de la Renaissance, château d'Ecouen) / René-Gabriel Ojeda ; p. 165 (4) : RMN-Grand Palais (Sèvres - Manufacture et musée nationaux) / Stéphane Maréchalle ; pp. 166-167 : ©Musées-Municipaux Rochefort 17, cliché Art Graphique & Patrimoine. ; p. 169 (h.) : © RMN-Grand Palais (Sèvres - Manufacture et musée nationaux) / Martine Beck-Coppola ; p. 157 (b.) : Lui Angelo, © Musée Ariana, Ville de Genève ; p. 170 : © RMN-Grand Palais (Sèvres - Manufacture et musée nationaux) / Martine Beck-Coppola ; p. 171 : © Thomas Hennocque ; p. 175 : © Galerie Lefebvre et fils – collection particulière ; p. 174 : RMN-Grand Palais (Sèvres - Manufacture et musée nationaux) / Martine Beck-Coppola ; p. 175 (2) : ©RMN-Grand Palais (Limoges, musée national Adrien Dubouché) / Tony Querrec © Droits réservés ; p. 175 (3) : Courtesy Collection Nicolas Trembley / Photo MLK ; p. 175 (4) : © RMN-Grand Palais (Sèvres - Manufacture et musée nationaux) / Martine Beck-Coppola ; p. 178 : © Musée d'Orsay, Dist. RMN-Grand Palais / Patrice Schmidt ; p. 179 : © RMN-Grand Palais (MNAAG, Paris) / Michel Urtado ; p. 169 (b.) : © Lyon MBA – Photo Martial Couderette ; p. 186 (h.) : © Sèvres - Manufacture et musée nationaux, Dist. RMN-Grand Palais / Gérard Jonca ; p. 176 (1) : © Agence photographique du musée Rodin- Pauline Hisbacq ; p. 176 (3) : © RMN-Grand Palais (Sèvres - Manufacture et musée nationaux) / Tony Querrec ; p. 185 (b.) : © Paris Musées / Musée d'art moderne / Tyra Lundgren / photo Julien Vidal ; p. 187 (h.) : © Roger-Viollet ; p. 33 (b.) : Jean-Marc Cherix, Musée Ariana, Genève. ; p. 188 (g.) : © RMN-Grand Palais (Limoges, musée national Adrien Dubouché) / Jean-Gilles Berizzi ; p. 192 (1) : © RMN-Grand Palais (Sèvres - Manufacture et musée nationaux) / Martine Beck-Coppola ; p. 192 (3) : CC0 Musée Carnavalet / Paris Musées ; p. 197 : © RMN-Grand Palais (musée du Louvre) / Hervé Lewandowski ; p. 197 (b.) : © RMN-Grand Palais (Limoges, musée national Adrien Dubouché) / Martine Beck-Coppola ; p. 200 : Collection of Arizona State University Art Museum ; p. 208 (2) : © Anne Delamaire ; p. 210 : © Galerie bei der Albertina Zetter, Vienna

ÉDITIONS PARIS MUSÉES

Julie Bertrand, directrice des expositions et des éditions
Muriel Rausch, adjointe à la directrice
et cheffe du service des éditions
Saint-Véron Pompée, chef de fabrication
Victoire Varenne, iconographe

Vanessa Gœtz et Guillaume Allard, atelier Pentagon, conception graphique
Virginie Vernavaut, secrétariat d'édition
Jeanne Bouniort, traductrice
Émilie Notéris, traductrice (texte de Nicki Green)
Fotimprim, photogravure, Paris

Le texte de cet ouvrage a été composé en Graebenbach (Camelot-Typefaces), Wulkan Display (The Designers Foundry) et imprimé sur LuxoArt Gloss 150 g et sur Napura Pura Azur pour la couverture

Les musées de la Ville de Paris
27, rue des Petites-Écuries
75010 Paris
www.parismusees.paris.fr
Diffusion Flammarion
Distribution UD-Union Distribution
ISBN 978-2-7596-0503-3
Dépôt légal : octobre 2021
Achevé d'imprimer sur les presses de l'imprimerie Tecnostampa Pigini Group, Loreto, Trevi, (Italie), en septembre 2021